"十四五"普通高等教育规划教材

企业财务管理

杨　欣　刘银楼◎主　编
夏菊子　杨玉龙◎副主编

立信会计出版社
LIXIN ACCOUNTING PUBLISHING HOUSE

图书在版编目(CIP)数据

企业财务管理 / 杨欣,刘银楼主编 0.—上海:立
信会计出版社,2021.3
    ISBN 978 - 7 - 5429 - 6745 - 9

    Ⅰ.①企⋯ Ⅱ.①杨⋯ ②刘⋯ Ⅲ.①企业管理-财
务管理-高等学校-教材 Ⅳ.①F275

中国版本图书馆 CIP 数据核字(2021)第 029141 号

策划编辑　　　王斯龙
责任编辑　　　王斯龙
封面设计　　　南房间

企业财务管理
Qiye Caiwu Guanli

出版发行	立信会计出版社		
地　　址	上海市中山西路 2230 号	邮政编码	200235
电　　话	(021)64411389	传　　真	(021)64411325
网　　址	www.lixinaph.com	电子邮箱	lixinaph2019@126.com
网上书店	http://lixin.jd.com	http://lxkjcbs.tmall.com	
经　　销	各地新华书店		
印　　刷	浙江临安曙光印务有限公司		
开　　本	787 毫米×1092 毫米	1/16	
印　　张	21.75		
字　　数	556 千字		
版　　次	2021 年 3 月第 1 版		
印　　次	2021 年 3 月第 1 次		
印　　数	1—3 100		
书　　号	ISBN 978 - 7 - 5429 - 6745 - 9/F		
定　　价	49.00 元		

如有印订差错,请与本社联系调换

前　言

随着新时代中国特色社会主义市场经济体系日臻完善,社会财富日渐增加,如何理财也日益受到全社会的广泛关注。而具有先进管理理念,掌握科学管理方法和技能,并拥有丰富管理经验的高级财务管理人才正是目前炙手可热的企业急需人才之一。但毋庸置疑,目前我国高等职业人才培养中仍存在不少问题,与培养满足社会亟须的高素质高技能应用型人才的要求仍有较大差距,其中一个突出问题就是缺乏适用的人才培养模式和具有职业特色的专业人才培养资源。

这本《企业财务管理》教材,正是为满足高职高专院校会计、财务管理等经济管理类专业培养高素质高技能应用型人才的需要而组织编写的。本书通过系统阐述现代财务管理的基本理论、基本方法和基本技能,旨在帮助学生建立现代理财观念、熟悉现代理财方法、掌握理财业务内容、精通理财技能和技巧、培养理财能力,为学生今后走向社会,从事财务管理及相关工作打下坚实的基础。本教材具有以下几个特点。

1. 体系完整,轻重有别

本教材在体系上具有系统性、方法上强调逻辑性、内容上侧重应用性,并充分考虑到高职高专院校学生的特点,深入浅出,循序渐进。在夯实理论基础、掌握基本方法前提下,较多地联系实际工作需要,加强训练,特别注重结合企业日常主要财务活动进行案例分析和项目训练应用指导。

2. 版式灵活,易教利学

本教材在编写体例上,在每一项目前增加"学习目标""重点难点""导入案例"等专栏;在每一项目正文中配合学习内容设置"相关链接""小心地雷""你也能做""身边的事""他山之石""要点回顾"等提示性专栏,从而使抽象教学变得生动活泼,融知识性和趣味性于一体;在每一项目后增加"本项小结""专业术语""复习思考""课后练习"等,以引导教师教学和学生自学;并在学完全书后设置"综合实训"。在版式上,本教材力求内容丰富多彩、形式新颖活泼,符合高职高专学生探求欲强烈和好奇心旺盛的特点,增强学习兴趣。

3. 岗位基础,能力本位

本教材在编写过程中坚持"以岗位为基础、以能力为本位、以任务为驱动"的原则,突出高职高专教育的特色,从企业财务管理岗位分析出发,根据理财人员应具备的能力与素质要求,按照企业财务管理活动过程和任务来组织教材内容,侧重对企业"筹资活动""投资活动""营运活动""分配活动"以及"财务分析与评价活动"等财务管理工作的剖析,并结合大量案例解析,从而使学生潜移默化地学会理财方法和技巧,初步具备理财能力。同时,为培养学生综合素质,增强实践应用性,本教材还涉及管理、会计、税收、金融、统计、法律等相关知识技能,注意相关知识之间的衔接。

本教材既可以作为高职高专会计、财务管理等经济管理类专业教学用书,也可作为广大财会人员培训和自学用书。本课程参考学时 96 学时,各项目学时安排见学时分配表。

学时分配表

序号	课程安排	学时数		
		讲授	实训	合计
1	财务管理认知	10	2	12
2	融资管理	12	4	16
3	营运资金管理	8	2	10
4	项目投资管理	8	4	12
5	对外投资管理	8	2	10
6	损益管理	8	2	10
7	财务分析与评价	10	4	14
8	企业常见财务活动与财务关系认知	6	2	8
	机动	2	2	4
合计		72	24	96

　　本教材由杨欣、刘银楼主编。编写人员如下:安徽商贸职业技术学院杨欣(项目一、项目四、综合实训)、安徽商贸职业技术学院刘银楼(项目五、项目六)、安徽商贸职业技术学院杨玉龙(项目二、项目八)、安徽商贸职业技术学院夏菊子(项目三、项目七)。本教材在编写过程中得到各有关院校领导和老师的大力支持,许多兄弟院校老师提出了宝贵的意见和建议,同时参阅、引用了许多同行专家的专著、教材和研究成果,在此一并致谢。当然,由于编者水平所限,书中错谬难免,恳请读者批评指正。

编　者

2021 年 2 月

目　　录

项目一　财务管理认知

知识目标：

1. 掌握财务管理、财务活动与财务关系的含义；
2. 把握财务管理的主要内容；
3. 理解财务管理的目标；
4. 熟悉财务管理基本方法；
5. 熟悉财务管理观念的含义和种类；
6. 掌握资金时间价值概念和复利终值与现值、年金终值与年金现值的计算方法；
7. 认识风险的概念与种类；
8. 了解风险价值及其衡量方法；
9. 了解财务管理的环境。

能力目标：

1. 初步懂得企业财务管理基本方法；
2. 能灵活运用单利和复利方法进行计算；
3. 具备资金时间价值观念，并能运用这一观念分析实际经济问题；
4. 懂得风险价值观念，能初步辨别风险大小；
5. 能运用所学财务管理方法和观念分析和解决一些现实问题。

教学重点：

1. 企业财务活动、财务管理等相关概念；
2. 财务管理的内容；
3. 财务管理目标；
4. 财务管理基本方法；
5. 主要财务管理观念；
6. 资金时间价值的概念和计算。

教学难点：

1. 企业主要财务关系；
2. 企业财务管理目标；
3. 企业财务管理方法；
4. 普通年金终值与现值、即付年金终值与现值、递延年金终值与现值的计算；

5．风险衡量与风险价值的计算；

6．财务管理观念在实际工作中的运用。

案例导入

　　安徽有两种瓜子在全国很有名气，一种是早在 20 世纪 80 年代就享誉大江南北的芜湖傻子瓜子，另一种是目前仍香遍神州大地的合肥洽洽瓜子。小小瓜子折射着时代发展大文章，邓小平同志就曾在讲话和著作中三次提到傻子瓜子。然而现在这两种瓜子却走上两种截然不同的发展之路：傻子瓜子由于仍然采取传统作坊式生产、家族式经营，尽管其香脆可口、馨齿流芳，但其市场份额却日渐萎缩；而洽洽瓜子由于采用现代化生产、引进高级管理人才，特别是充分运用先进理财理念，一年做出了十几亿元的销售额。

　　讨论：如果你是这两家瓜子生产企业的财务总监，你打算怎么办？

任务一　财务管理内容认知

　　财务管理就是对财务活动和财务关系的管理。企业的财务活动总是围绕资金运动开展的，并在财务活动过程中体现各种财务关系。因此，要理解财务管理内容，必须先弄清什么是资金和资金运动，然后进一步理解企业的主要财务活动，最后分析在企业各种财务活动过程中体现了哪些财务关系。

一、资金及其运动形式

（一）资金

　　简单地说，资金就是各种财产物资的货币表现。在市场经济中，企业的一切财产物资都是有价值的，都凝结着相同的社会必要劳动，这种社会必要劳动的货币量化就是资金。可以说，资金是企业开展一切经济活动的血液和灵魂，没有资金，企业就无法存在，整个市场也就不复存在。

（二）资金运动

　　企业的再生产过程是一个不断循环和发展变化的过程，这一过程的开始总是通过各种渠道来取得资金，如投资者投入或借入资金。我们把企业取得资金的活动称为资金投入。从静态来看，企业所取得的资金总是表现为一定的财产物资，但从动态分析，企业资金总是不断从一种形态转化成另一种形态，也就是说，企业的资金总是处于不断地运动之中，企业也正是在资金运动中提供各种商品和服务，从而不断发展壮大。例如，在生产型企业再生产过程中，资金从货币形态开始，依次通过供应、生产和销售三个阶段，分别表现为不同的形态，最终又回到货币形态，这就是资金的循环。而企业的资金循环又周而复始不断重复进行，这就是资金周转。当然，有时部分资金并不直接参与企业再生产过程，而是投资到其他单位，成为对外投资；还有部分资金并不总是处于企业再生产过程中，而是退出企业的资金循环和周转过程，如上缴税费、分配利润、归还债务等，我们称之为资金退出。我们把企业资金投入、资金循环和周转以及资金退出等统称为企业的资金运动（见图 1-1）。

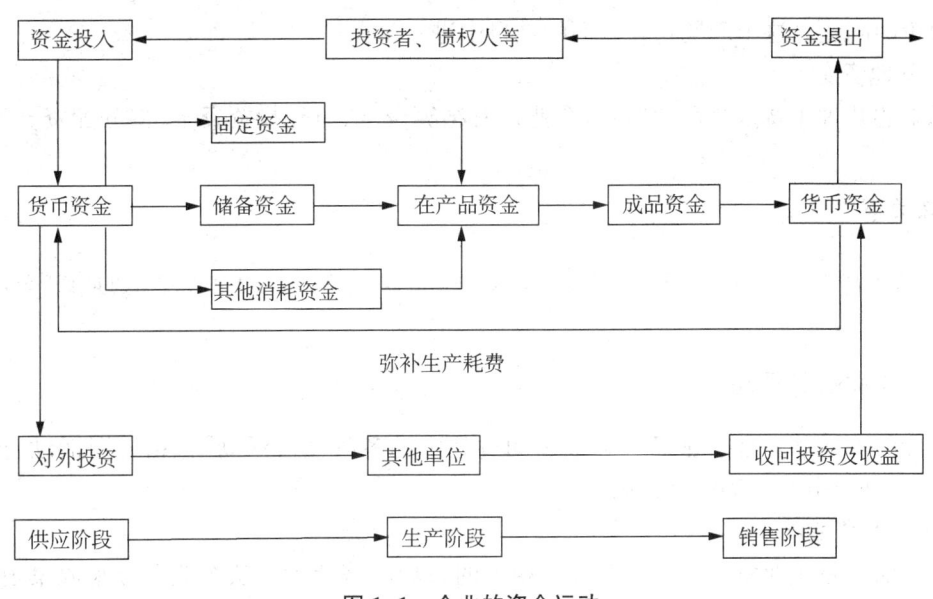

图1-1 企业的资金运动

（三）资金运动形式

在企业的资金循环和周转过程中，就某一特定时点而言，总是表现为一定财产物资，这就是资金运动形式。从图1-1可以看出，企业资金运动通常表现为以下形式。

1. 货币资金

货币资金是企业以现金、银行存款或其他可用于结算和支付形态存在的资金。企业因采购物资、发放工资、支付税费、归还债务等财务活动需要，必须持有适量的货币资金。

▶ **相关链接**
XIANGGUAN LIANJIE

企业到底持有多少货币资金是适量的？这个问题可以先思考，等学习到项目三任务二会找到答案。

2. 固定资金

固定资金是企业固定资产所占用的资金。企业为组织再生产过程，必须拥有厂房、设备等生产资料，关于如何根据企业生产需要进行固定资产投资和管理，本教材项目四将详细介绍。

3. 储备资金

储备资金是企业占用在各种材料物资上的资金。如何根据企业生产需要，合理组织材料物资供应，是企业再生产顺利进行的必要前提，本教材项目三的任务三和任务四将详细分析。

4. 在产品资金

在产品资金是企业占用在生产过程中的资金。在产品资金通常由储备资金、固定资金和其他形式资金转化而来，是再生产连续进行的必要环节。

5. 成品资金

成品资金又称商品资金，是企业占用在产成品上的资金。就企业经营目标而言，企业商品能尽可能多地销售出去、资金能尽可能快地实现回收当然是好事，但往往由于各种原因总有一些商品处于待售状态，使资金不能及时回收。这就涉及如何进行销售管理、制定合适的销售政策的问题。这个问题将在后面的项目中进一步探讨。

6. 其他资金

除上述几种主要资金运动形式,企业还有结算资金、对外投资资金、待分配资金等其他形式。

▶**身边的事**
SHENBIAN DE SHI ⋯⋯⋯⋯⋯⋯⋯⋯⋯⋯⋯⋯⋯⋯⋯⋯⋯⋯⋯⋯⋯⋯⋯⋯⋯⋯⋯⋯⋯⋯⋯⋯⋯⋯⋯

想一想我们来上学时带了多少钱? 钱是怎么来的? 你又花到哪儿去了? 并从理财的角度分析,看看花掉的钱是否该用。

二、企业财务活动

企业财务活动就是企业组织资金运动过程中的各种经济活动,包括筹资活动、投资活动、营运活动和分配活动四个方面。

(一)筹资活动

筹资活动是企业发生的与资金筹集相关的各项经济活动。从企业资金来源渠道看,筹资活动包括权益资金筹集(如发行股票、吸收直接投资等)和借入债务(如发行债券、银行借款和其他单位借款等);从资金流向看,筹资活动包括资金流入(如发行股票或债券获得资金、借入资金等)和资金流出(如归还借款和支付利息、股息、筹资费用等)。关于企业如何进行资金筹集将在项目二阐述。

(二)投资活动

投资活动是企业将资金用于对内和对外投资的行为。我们把企业将资金用于购建固定资产或无形资产的行为称为对内投资或项目投资,把企业将资金用于购买其他企业的股票、债券或直接投资到其他单位的行为称为对外投资。但无论是对内投资还是对外投资,都包括资金支出和收回两个方面。关于对内投资和对外投资将分别在项目四和项目五详细介绍。

(三)营运活动

营运活动是指企业的日常正常生产经营活动。在企业日常经营活动过程中,会发生一系列收支活动,如物资采购、支付工资和各项费用、销售商品收回资金等等。项目三和项目六中将详细阐述。

(四)分配活动

分配活动是企业将一定时期的收支配比实现利润后,按规定上缴各项税费、补偿各项耗费和损失、提取公积金和公益金、向投资者分配利润等一系列经济活动。项目六任务四将专门介绍。

上述四个方面的财务活动并不是孤立的,而是相互联系、相互依存又相互区别的。筹资活动是基础、投资活动和营运活动是主体、分配活动是资金循环的终点和新的起点。正是这四个方面构成了企业财务管理的主要内容。

▶**相关链接**
XIANGGUAN LIANJIE ⋯⋯⋯⋯⋯⋯⋯⋯⋯⋯⋯⋯⋯⋯⋯⋯⋯⋯⋯⋯⋯⋯⋯⋯⋯⋯⋯⋯⋯⋯⋯⋯⋯⋯

理财学作为一门复合性和专业性很强的学科,在当今社会日益受到人们的重视。按照理财主体的分类,理财学可以分为公共理财学(即财政学)、企业理财学(即财务管理学)和私人理财学(即家政学)。

三、企业财务关系

（一）企业与国家的财务关系

企业与国家的财务关系主要是企业依法开展各种经营活动,接受国家有关部门的监督管理,并按规定交纳各项税费;国家保障企业的各种合法权益并为企业创造良好的生产经营环境。企业与财政部门、税务部门、审计部门和市场监管部门的关系都是企业与国家关系的具体体现,其中最主要的是税收征纳关系。

（二）企业与投资人、被投资人之间的财务关系

投资人是企业的所有权人,可以是国家、法人单位、个人或外商,一方面投资人要按合同、协议、章程的约定履行出资义务,另一方面企业应按出资比例或合同、章程的约定向其所有者分配利润。而当企业向其他单位投资时,企业扮演着出资人角色,一方面应按约定出资,另一方面应按规定参与被投资企业的利润分配。因此,企业与投资人、被投资人之间的关系实质上是所有权与经营权的关系。

（三）企业与债权人、债务人之间的财务关系

企业一方面可以作为债务人向金融机构、其他单位或个人借入资金,另一方面可以作为债权人向其他单位或个人提供资金。企业作为债务人必须按约定归还债务并支付利息,作为债权人也同样可按规定收回资金并收取利息。企业与债权人、债务人之间的关系就是债权债务关系。

（四）企业与其他有关单位的财务关系

在企业经营活动过程中,除与国家有关管理部门、投资和被投资人、债权和债务人发生各种财务关系外,还经常与银行、会计师事务所、律师事务所和资产评估机构等发生财务关系。企业与银行等金融机构关系是一种金融管理和金融中介服务关系;企业与会计师事务所、律师事务所和资产评估机构的关系是一种社会会计和审计服务、法律服务和资产价值鉴定服务关系。

当然,在企业外部财务关系中,某一特定主体可能同时扮演多重角色,与企业产生几种不同的财务关系。如银行可能既是企业债权人又是企业债务人,同时对企业实施金融管理、提供金融中介服务。

（五）企业内部的财务关系

企业内部财务关系主要包括内部各部门之间关系和企业与职工的关系。企业内部各部门相互协调、相互配合、相互提供产品或劳务,但在按劳分配和内部经济核算前提下,各部门也有相对独立的经济利益,从而形成内部资金结算关系。在企业与职工的关系中,一方面职工应按企业要求履行劳动职责,完成工作任务;另一方面企业应按劳动数量或质量向职工支付劳动报酬,体现了与职工在劳动成果上的分配关系。

四、财务管理概念及其特征

（一）财务管理概念

综上所述,我们可以把财务管理的概念概括如下:财务管理是企业管理的一个重要组成部分,是企业根据财经法规制度和内部管理制度要求,合理组织财务活动,恰当处理财务关系的一项经济管理工作。

关于什么是财务,很多人理解得很简单:会计是管账的,财务就是管钱的。其实不然,可以说会计和财务是密不可分的,是一个问题的两个方面,会计中有财务,财务中有会计,可以说不懂财务不可能做好会计,而不懂会计更谈不上管财务。

(二) 财务管理特征

1. 综合性

财务管理是一项综合性管理工作,主要是运用价值形式对企业经营活动实施管理。企业管理包括多方面内容,如生产管理、人力资源管理、技术管理、设备管理、销售管理和财务管理等等。尽管各项管理活动是既相互联系、相互配合,又各有分工、各具特点,但其他管理活动都是对某一个别方面或逐步问题进行管理,只有财务管理通过价值形式,把企业的一切物资、技术和人力资源以及经营过程和结果都合理地加以规划和控制,因此,财务管理既是企业管理的一个独立方面,又是企业管理的核心,具有综合性。

2. 广泛性

财务管理与企业内部各方面和外部有关方面具有广泛的联系。在企业内部,一切涉及资金活动的事项都是财务管理内容,而企业内部各部门、各项管理活动又总是离不开资金,因此,财务管理的触角延伸到企业生产、经营、管理的各个角落。企业内部各部门、每个员工都会受到财务制度的约束,企业的每项经济活动都是围绕其经营目标,按照财务部门的指导来安排资金收支。同时,企业的经营活动和资金运动不可能是封闭的,总是要与财政、税务、银行、工商等部门和其他单位和个人打交道,所以,财务管理的内容也同样涉及外部的方方面面。

3. 及时性

企业的生产、经营、管理、销售等各方面情况总是通过财务信息得以及时反馈,从而为改善经营管理、提高经济效益服务。可以说,财务信息能否及时、准确、全面反映,不仅关系到财务管理目标能否实现,也直接影响着企业能否正常组织生产经营活动,关系到企业能否在市场竞争中生存和发展。

4. 科学性

财务管理虽然是价值管理,但也是一项综合性管理,有着一套科学严密的管理手段和方法体系,涉及事前、事中和事后管理。财务管理方法是包括预测、决策、预算、控制、分析等多个方面的完整的方法论体系。

《圣经》中有这样一则故事:马太有三个儿子,他在临死的前一年把他们叫到床前,给他们每人一百金币,并告诉他们一年后请他们带着全部金币来到自己的病床前。一年后三个儿子依约来到了马太的床前,大儿子辛辛苦苦自食其力,一百金币仍完整无缺;二儿子好逸恶劳,将一百金币花得仅剩三个金币;小儿子用一百金币做本钱经商已经有两百多金币了。马太把大儿子和二儿子的金币和全部的家产都交给了小儿子,并说:让穷的更穷、富的更富吧。这就是经济学中常说的"马太效应"。

财务管理是对财务活动和财务关系的管理。企业的财务活动是围绕资金运动展开的,并在财务活动过程中体现各种财务关系。简单地说,资金就是各种财产物资的货币表现。企业的资金总是处于不断的运动之中,我们把企业资金的投入、资金循环和周转以及资金的退出等统称为企业的资金运动。企业财务活动就是企业组织资金运动过程中的各种经济活动,包括筹资活动、投资活动、营运活动和分配活动四个方面。企业与国家、与投资人和被投资人、与债权人和债务人以及与其他有关单位发生不同的财务关系,企业内部财务关系主要包括内部各部门之间关系和企业与职工的关系。财务管理是企业管理的一个重要组成部分,是企业根据财经法规制度和内部管理制度要求,合理组织财务活动,恰当处理财务关系的一项经济管理工作。财务管理具有综合性、广泛性、及时性和科学性特征。

任务二　财务管理目标认知

从经济学和行为学的角度分析,任何一项活动和行为总是在一定的目的的引导下进行的。目标就是人们所期望达到的目的或实现的结果,这种目的或结果又驱动着人们的活动或行为。而按照系统论的观点,正确的目标是保证系统良性循环的基本前提。因此,明确财务管理目标对合理组织财务活动、正确处理财务关系具有极其重要的意义。

一、财务管理目标概念与特征

(一)财务管理目标概念

财务管理目标是企业理财活动所希望实现的结果,是评价企业理财活动是否合理的基本标准。财务管理目标直接反映着理财环境的变化,并根据理财环境的变化作适应性调整,它是财务管理理论体系中的基本要素和行为导向,是财务管理实践中进行财务决策的出发点和归宿。财务管理目标制约着财务运行的基本特征和发展方向,是财务运行的一种驱动力。不同的财务管理目标,会产生不同的财务管理运行机制,科学地设置财务管理目标,对优化理财行为,实现财务管理的良性循环,具有重要意义。

财务管理目标作为企业财务运行的导向力量,其设置若有偏差,则财务管理的运行机制就很难合理。因此,研究财务管理目标问题,既是建立科学的财务管理理论结构的需要,也是优化我国财务管理行为的需要,无论在理论上还是在实践上,都有重要意义。

(二)财务管理目标特征

1. 稳定性

任何一种财务管理目标的出现,都是一定的政治、经济环境的产物,随着环境因素的变化,财务管理目标也可能发生变化。例如,西方财务管理目标就经历了"筹资数量最大化""利润最大化""股东财富最大化"等多个阶段,这些提法虽然有相似之处,但也有很大的区别。在我国,过去虽未明确提出过财务管理的目标,但在过去计划经济体制下,财务管理是围绕国家下达的产值指标来进行的,此时可以概括为"产值最大化"。改革开放以来,我国企业最关心的是利润的多少,企业财务管理工作围绕利润来进行,此时可以把财务管理的目标概括为"利润最大化"。人们对财务管理目标的认识是不断深化的,但财务管理目标是财务管理的根本目的,对财务管理目标的概括凡是符合财务管理基本环境和财务活动基本规律的,就能为人们所公认,否则就被遗弃,但还应明确的是,在一定时期或特定条件下,财务管理的目标是保持相对稳定的。

2. 多元性

多元性是指财务管理目标不是单一的,而是适应多因素变化的综合目标群。现代财务管理是一个系统,其目标也是一个多元的有机构成体系。在这多元目标中,有一个处于支配地位,起主导作用的目标,称为主导目标;其他一些处于被支配地位,对主导目标的实现有配合作用的目标,称为辅助目标。例如,企业在努力实现"企业价值最大化"这一主导目标的同时,还必须努力实现履行社会责任、加速企业成长、提高企业偿债能力等一系列辅助目标。

3. 层次性

层次性是指财务管理目标是由不同层次的系列目标所组成的目标体系。财务管理目标之所以具有层次性,主要是因为财务管理的具体内容可以划分为若干层次。例如,企业财务管理的基本内容可以划分为筹资管理、投资管理、营运资金管理、收益分配管理等几个方面,而每一方面又可以再进行细分。例如,投资管理就可以再分为研究投资环境、确定投资方式、做出投资决策等几个方面。财务管理内容的这种层次性和细分化,使财务管理目标成为一个由整体目标、分部目标和具体目标三个层次构成的层次体系。

二、财务管理目标主要内容

(一)财务管理整体目标

整体目标是指整个企业财务管理所要达到的目标。整体目标决定着分部目标和具体目标,决定着整个财务管理过程的发展方向,是企业财务活动的出发点和归宿。

企业财务管理的整体目标应该和企业的总体目标具有一致性。企业财务管理目标有以下几种具有代表性的模式。

1. 以利润最大化为目标

利润最大化是西方微观经济学的理论基础。西方经济学家以往都是以利润最大化这一概念来分析和评价企业行为和业绩的。

因为企业是以盈利为目的的经济组织,所以以利润最大化作为财务管理的目标很容易被人们所接受。企业追求利润最大化,就必须讲求经济核算,加强管理,改进技术,提高劳动生产率,降低产品成本。这些措施都有利于资源的合理配置和经济效益的提高。

但是,以利润最大化作为财务管理目标也存在如下的缺点:第一,利润最大化没有考虑利润实现的时间,没有考虑资金的时间价值;第二,利润最大化没能有效地考虑风险问题。这可能会使财务人员不顾风险的大小去追求最多的利润;第三,利润最大化往往会使企业财务决策带有短期行为的倾向,即只顾实现目前的最大利润,而不顾企业的长远发展。应该看到,将利润最大化作为企业财务管理的目标,只是对经济效益的浅层次的认识,存在一定的片面性,所以,现代财务管理理论认为,利润最大化并不是财务管理的最优目标。

▶**身边的事**
SHENBIAN DE SHI ···

问一问身边的亲朋好友,看看有没有企业从账面上看是盈利的却出现资金困难的局面,分析为什么会这样。

2. 以股东财富最大化为目标

股东财富最大化是指通过财务上的合理经营,为股东带来最多的财富。在股份经济条件下,股东财富由其所拥有的股票数量和股票市场价格两方面来决定。在股票数量一定时,当股票价格达到最高时，则股东财富也达到最大。所以，股东财富最大化，又演变为股票价格最大化。与利润最大化目标相比，股东财富最大化目标有其积极的方面，这是因为：首先，股东财富最大化目标考虑了风险因素，因为风险的高低，会对股票价格产生重要影响；其次，股东财富最大化在一定程度上能够克服企业在追求利润上的短期行为，因为不仅目前的利润会影响股票价格，预期未来的利润对企业股票价格也会产生重要影响；最后，股东财富最大化目标比较容易量化，便于考核和奖惩。

但应该看到，股东财富最大化也存在一些缺点：第一，它只适合上市公司，对非上市公司则很难适用；第二，它只强调股东的利益，而对企业其他关系人的利益重视不够；第三，股票价格受多种因素影响，并非都是公司所能控制的，把不可控因素引入理财目标是不合理的。尽管股东财富最大化存在上述缺点，但如果一个国家的证券市场高度发达，市场效率极高，上市公司可以把股东财富最大化作为财务管理的目标。

3. 以企业价值最大化为目标

传统上，人们都认为股东承担了企业全部剩余风险，也应享受因经营发展带来的全部税后收益。所以，股东所持有的财务要求权又称为"剩余要求权"。正因为持有剩余要求权，股东在企业业绩良好时可以最大限度地享受收益，在企业亏损时也将承担全部亏损。与债权人和职工相比，其权利、义务、风险、报酬都比较大，这决定了他们在企业中有着不同的地位，所以传统思路在考虑财务管理目标时，都更多地从股东利益出发，选择"股东财富最大"或"股票价格最大"。

但是，现代意义上的企业与传统企业有很大差异，现代企业是多边契约关系的总和，股东当然要承担风险，但债权人和职工所承担的风险也很大，政府也承担相当大的风险。所以，综合来看，企业价值最大化是指通过企业财务上的合理经营，采用最优的财务政策，充分考虑资金的时间价值和风险与报酬的关系，在保证企业长期稳定发展的基础上使企业总价值达到最大。其基本思想是将企业长期稳定发展摆在首位，强调在企业价值增长中满足各方利益关系，具体内容包括以下几个方面：①强调风险与报酬的均衡，将风险限制在企业可以承担的范围之内；②创造与股东之间的利益协调关系，努力培养稳定的股东；③关心本企业职工利益，创造优美和谐的工作环境；④不断加强与债权人的联系，重大财务决策请债权人参加讨论，培养可靠的资金供应者；⑤关心客户的利益，在新产品的研制和开发上有较高投入，不断推出新产品来满足顾客的要求，以便保持销售收入的长期稳定增长；⑥讲求信誉，注意企业形象的宣传；⑦关心政府政策的变化，努力争取参与政府制定政策的有关活动，以便争取出现对自己有利的法规，但一旦立法颁布实施，不管是否对自己有利，都会严格执行。

以企业价值最大化作为财务管理的目标，具有以下优点：第一，企业价值最大化目标考虑了取得报酬的时间，并用时间价值的原理进行了计量；第二，企业价值最大化目标科学地考虑了风险与报酬的联系；第三，企业价值最大化能克服企业在追求利润上的短期行为，因为不仅目前的利润会影响企业的价值，预期未来的利润对企业价值的影响作用更大。进行企业财务管理，就是要正确权衡报酬增加与风险增加的得与失，努力实现二者之间的最佳平衡，使企业价值达到最大。因此，企业价值最大化的观点，体现了对经济效益的深层次认识，它是现代财务管理的最优目标。所以，应以企业价值最大化作为财务管理的整体目标，并在此基础上，确立财务管理的理论体系和方法体系。

（二）财务管理分部目标

分部目标是指在整体目标的制约下，进行某一部分财务活动所要达到的目标。财务管理的分部目标会随整体目标的变化而变化，但对整体目标的实现有重要作用。分部目标一般包括筹资管理目标、投资管理目标、营运资金管理目标、利润及其分配管理目标等几个方面。

1. 企业筹资管理的目标

企业筹资管理的目标是在满足生产经营需要的情况下，不断降低资金成本和财务风险。任何企业，为了保证生产的正常进行或扩大再生产的需要，必须具有一定数量的资金。企业可以从多种渠道、用多种方式来筹集不同来源的资金，但这也造成这些资金可使用时间的长短、附加条款的限制和资金成本的大小都会不同。这就要求企业在筹资时不仅需要从数量上满足生产经营的需要，而且要考虑到各种筹资方式给企业带来的资金成本的高低、财务风险的大小，以便选择最佳筹资方式，实现财务管理的整体目标。

2. 企业投资管理的目标

企业投资管理的目标是认真进行投资项目的可行性研究，力求提高投资报酬，降低投资风险。企业筹来的资金要尽快用于生产经营，以便取得盈利。但任何投资决策都带有一定的风险性，因此，在投资时必须认真分析影响投资决策的各种因素，科学地进行可行性研究。对于新增的投资项目，一方面要考虑项目建成后给企业带来的投资报酬，另一方面也要考虑投资项目给企业带来的风险，以便在风险与报酬之间进行权衡，不断提高企业价值，实现企业财务管理的整体目标。

3. 企业营运资金管理的目标

企业营运资金管理的目标是合理使用资金，加速资金周转，不断提高资金的利用效果。企业的营运资金，是为满足企业日常营业活动的要求而垫支的资金，营运资金的周转，与生产经营周期具有一致性。在一定时期内，资金周转越快，就越是可以利用相同数量的资金生产出更多的产品，取得更多的收入，获得更多的报酬。因此，加速资金周转，是提高资金利用效率的重要措施。

4. 企业利润管理的目标

企业利润管理的目标是采取各种措施，努力提高企业利润水平，合理制定利润分配政策和方案，兼顾各方面利益，处理好眼前和长远利益关系，创造和谐的经营环境。企业进行生产经营活动，会发生一定的生产消耗，也会取得一定的生产成果，获得利润。企业财务管理必须努力挖掘企业潜力，促使企业合理使用人力和物力，以尽可能少的耗费取得尽可能多的经营成果，增加企业盈利，提高企业价值。企业实现的利润，要合理进行分配。企业的利润分配关系着国家、企业、企业所有者和企业职工的经济利益。在分配时，一定要从全局出发，正确处理国家利益、企业利益、企业所有者利益和企业职工利益之间可能发生的矛盾。要统筹兼顾，合理安排，而不能只顾一头，不顾其他。

（三）财务管理具体目标

具体目标是在整体目标和分部目标的制约下，从事某项具体财务活动所要达到的目标。具体目标是财务管理目标层次体系中的基层环节，它是整体目标和分部目标的落脚点，对保证整体目标和分部目标的实现有重要意义。

企业财务管理具体目标体现在每一项具体财务活动之中，如借款目标、发行股票目标、进行证券投资目标、现金管理目标、应收账款管理目标、存货管理目标、固定资产管理目标等,这些将在以后项目中分述。

三、财务管理目标的矛盾与协调

从上述分析可以看出,财务管理目标应与企业多个利益集团有关,是这些利益集团共同作用和相互妥协的结果。在一定时期和一定环境下,某一利益集团可能会起主导作用,但从企业长远发展来看,不能只强调某一利益集团的利益,而置其他集团的利益于不顾。也就是说,不能将财务管理的目标仅仅归结为某一集团的目标,各个利益集团的目标都可以折中为企业长期稳定发展和企业总价值的不断增长,各个利益集团都可以借此来实现他们的最终目的。所以,以企业价值最大化作为财务管理的目标比较科学。

▶你也能做
NIYENENG ZUO

中国和世界很多著名的企业家的创业过程都是十分艰难的,许多人都是从"小本经营"做起。现在也有不少高校毕业生毕业后自主创业,经过几年努力,有些已小有成就。如果是你,你准备怎么做?有自己的创业目标吗?

▶要点回顾
YAODIAN HUIGU

财务管理目标是企业理财活动所希望实现的结果,是评价企业理财活动是否合理的基本标准。财务管理目标具有稳定性、多元性和层次性等特征。财务管理目标由整体目标、分部目标和具体目标三个层次构成。企业财务管理目标代表性的模式有:以利润最大化为目标、以股东财富最大化为目标和以企业价值最大化为目标。分部目标一般包括筹资管理目标、投资管理目标、营运资金管理目标、利润及其分配管理目标等几个方面。具体目标是在整体目标和分部目标的制约下,从事某项具体财务活动所要达到的目标,体现在每一项具体财务活动之中。

任务三　财务管理方法认知

财务管理方法是为了实现财务管理目标,完成财务管理任务,在进行理财活动时所采用的各种技术和手段。

财务管理方法有很多,可按多种标准进行分类:根据财务管理的具体内容,可分为资金筹集方法、投资管理方法、营运资金管理方法、利润及其分配管理方法;根据财务管理的环节,可分为财务预测方法、财务决策方法、财务预算方法、财务控制方法、财务分析方法;根据财务管理方法的特点,可分为定性财务管理方法和定量财务管理方法。以下以财务管理环节为标准,对财务管理的方法进行分述。

一、财务预测

(一)财务预测程序与种类
1. 财务预测的概念
财务预测是财务人员根据历史资料,依据现实条件,运用特定的方法对企业未来的财务活动和财务成果所做出的科学预计和测算。

财务预测是财务决策的基础,是编制财务计划的前提,是组织日常财务活动的必要条件。

2.财务预测的一般程序

预测的工作过程一般包括如下几个方面:

(1)明确预测的对象和目的。

(2)搜集和整理有关信息资料。

(3)选用特定的预测方法进行预测。

3.财务预测的种类

财务预测按不同标准有多种分类:

(1)按预测的时间长短不同,分为短期预测、中期预测和长期预测。预测期在一年以下的是短期预测,预测期在一到五年内的是中期预测,预测期在五年以上的是长期预测。

(2)按预测的内容不同,分为生产预测、销售预测、利润预测、资金预测、成本预测等。生产预测是对生产规模、生产消耗等进行的预测;销售预测是对销售数量、销售趋势、市场变化等进行的预测;利润预测是在收入和成本费用预测基础上对目标利润的预测;资金预测是对资金供求及其变化趋势进行的预测。

(3)按预测方法不同,分为定性预测和定量预测。

(二)财务预测的基本方法

1.定性预测方法

定性预测法又称经验判断法、专家分析法,主要是利用直观材料,依靠个人经验的主观判断和综合分析能力,对事物未来的状况和趋势做出预测的一种方法。这种方法一般是在企业缺乏完备、准确的历史资料的情况下采用的。

其预测过程是:首先由熟悉企业财务情况和生产经营情况的专家,根据过去所积累的经验进行分析判断,提出预测的初步意见;其次,通过召开座谈会或发出各种表格等形式,对上述预测的初步意见进行修正补充。这样经过几次反复后,得出预测的最终结果。

2.定量预测方法

定量预测法是根据变量之间存在的数量关系(如时间关系、因果关系)建立数学模型来进行预测的方法。定量预测法又可分为趋势预测法和因果预测法。

(1)趋势预测法。趋势预测法是按时间顺序排列历史资料,根据事物发展的连续性来进行预测的一种方法。因为是按时间顺序排列历史资料,所以又称时间序列预测法。这类方法又可细分为算术平均法、加权平均法、指数平滑法、直线回归趋势法、曲线回归趋势法等。

(2)因果预测法。它是根据历史资料,并通过综合分析,找出要预测因素与其他因素之间明确的因果关系,建立数学模型来进行预测的一种方法。因果预测法中的因果关系可能是简单因果关系,也可能是复杂因果关系。例如,企业销售收入只和销售价格、销售数量呈简单因果关系,而销售利润则与销售数量、销售价格、销售税金、销售成本等呈复杂因果关系。只有合理地找出变量之间的因果关系,才能科学地进行预测。

定性预测法和定量预测法各有优缺点,在实际工作中可把两者结合起来应用,既进行定性分析,又进行定量分析。

在后面相关章节中将介绍各种方法的具体运用。

二、财务决策

（一）财务决策程序与种类

1.财务决策的概念

财务决策是指财务人员在财务目标的总体要求下,从若干个可以选择的财务活动方案中选择最优方案的过程。在市场经济条件下,财务管理的核心是财务决策,财务预测是为财务决策服务的,财务计划是财务决策的具体化。现代管理理论认为,企业管理的重心在经营,经营的重心在决策,因为决策关系到企业的兴衰成败。

2.财务决策的一般程序

财务决策一般包括如下一些步骤:

（1）根据财务预测的信息提出问题。

（2）确定解决问题的备选方案。

（3）分析、评价、对比各种方案。

（4）拟定择优标准,选择最佳方案。

3.财务决策的种类

财务决策同样可以按不同标准分类:

（1）按决策时效划分,可分为短期财务决策和长期财务决策。

（2）按决策内容划分,可分为投资决策、筹资决策、营运决策、分配决策等。

（二）财务决策的基本方法

决策的方法有很多,常用的有以下几种。

1.对比法

对比法是把各种不同方案排列在一起,按其经济效益的好坏进行优选对比,进而做出决策的方法。对比法是财务决策的基本方法。对比法按其对比方式的不同,又可分为总量对比法、差量对比法、指标对比法等。

（1）总量对比法。总量对比法是将不同方案的总收入、总成本或总利润进行对比,以确定最佳方案的一种方法。

（2）差量对比法。差量对比法是将不同方案的预期收入之间的差额与预期成本之间的差额进行比较,求出差量利润,进而做出决策的方法。

（3）指标对比法。指标对比法是把反映不同方案经济效益的指标进行对比,以确定最优方案的方法。例如,在进行长期投资决策时,可把不同投资方案的净现值、内含报酬率、现值指数等指标进行对比,从而选择最优方案。

2.微分法

微分法是根据边际分析原理,运用数学上的微分方法,对具有曲线联系的极值问题进行求解,进而确定最优方案的一种决策方法。在用微分法进行决策时,凡以成本为判别标准,一般是求极小值;凡以收入或利润为判别标准时,一般是求极大值。在财务决策中,最优资本结构决策、现金最佳余额决策、存货的经济批量决策都要用到微分法。

3.线性规划法

线性规划法是根据运筹学原理,用来对具有线性联系的极值问题进行求解,进而确定最优方案的一种方法。在有若干个约束条件的情况下,这种方法能帮助管理人员对合理组织人力、物力、财力等做出最优决策。

4. 概率法

这是进行风险决策的一种主要方法。所谓风险决策，是指未来情况虽不十分明了，但各有关因素的未来状况及其概率是可以预知的决策。现代财务决策都会或多或少地具有风险性，因而在决策时，必须用概率法来计算各个方案的期望值和标准离差，进而做出决策。这种方法往往把各个概率分枝用树形图表示出来，故有时也称为决策树法。

5. 损益法

这是在不确定情况下进行决策的一种方法。所谓不确定性决策，是指在未来情况很不明了的情况下，只能预测有关因素可能出现的状况，但其概率是不可预知的决策。

在这种情况下决策是很困难的，财务管理中常采用最大最小收益值法或最小最大后悔值法来进行决策，统称为损益决策法，通俗地说，就是"两利相比取其大，两弊相比取其小"。最大最小收益值法又称小中取大法，是把各个方案的最小收益值都计算出来，然后取其最大者。最小最大后悔值法又叫大中取小法，是把各方案的最大损失值都计算出来，然后取其最小者。

三、财务预算

(一) 财务预算的概念和步骤

1. 财务预算的概念

财务预算也称财务计划，是在一定的计划期内以货币形式反映生产经营活动所需要的资金及其来源、财务收入和支出、财务成果及其分配的计划。财务预算是以财务决策确立的方案和财务预测提供的信息为基础来编制的，是财务预测和财务决策的具体化，是控制财务活动的依据。

2. 财务预算的步骤

财务预算一般包括以下步骤：

(1) 根据财务预测和财务决策的要求，分析主、客观条件，全面安排预算指标。

(2) 对需要与可能进行协调，实现综合平衡。

(3) 调整各种指标，编制出计划表格。

(4) 完成预算，编写说明。

(二) 财务预算的内容

财务预算包括多项内容，如现金预算、成本预算、销售预算等。

1. 现金预算

现金预算是对企业在未来特定时期的现金流入与现金流出所作的预计，也是对现金收支差额提出平衡措施的计划。

2. 成本预算

成本预算是在成本预测基础上，对企业一定时期的成本费用指标做出计划安排，如生产成本计划、制造费用计划、可比产品成本降低计划、期间费用计划等。

3. 销售预算

销售预算是根据对收入和利润做出的预测，对一定时期的销售收入等做出的计划安排。

四、财务控制

（一）财务控制的概念与种类

1. 财务控制的概念

财务控制是指在财务管理过程中,利用有关信息和特定手段,对企业的财务活动施加影响或调节,以便实现计划所规定的财务目标。

2. 财务控制的种类和方法

财务控制的种类有很多,可以是事前、事中和事后的控制。以下是几种常见的控制方法。

（1）防护性控制。防护性控制又称排除干扰控制,是指在财务活动发生前,就制定一系列制度和规定,把可能产生的差异予以排除的一种控制方法。例如,为了保证现金的安全和完整,就要规定现金的使用范围,制定好内部牵制制度;为了节约各种费用开支,则可事先规定开支标准等。排除干扰是最彻底的控制方法,但排除干扰要求对被控制对象有绝对的控制能力。在财务管理中,各种事先制定的标准、制度、规定都可以看作是排除干扰的方法。

（2）前馈性控制。前馈性控制又称补偿干扰控制,是指通过对实际财务系统运行的监视,运用科学方法预测可能出现的偏差,采取一定措施,使差异得以消除的一种控制方法。例如,在控制企业短期偿债能力时,要密切注意流动资产与流动负债的对比关系,预测这一比例的发展趋势。当预测到这一比率将变得不合理时,就要采用一定的方法对流动资产或流动负债进行调整,使它们的对比关系保持在合理水平上,补偿干扰也是一种比较好的控制方法,但要求掌握大量的信息,并要进行准确的预测,只有这样,补偿干扰才能达到目的。

（3）反馈控制。反馈控制又称平衡偏差控制,是在认真分析的基础上,发现实际与计划之间的差异,确定差异产生的原因,采取切实有效的措施,调整实际财务活动或调整财务计划,使差异得以消除或避免今后出现类似差异的一种控制方法。平衡偏差控制所平衡的总是实际产生的偏差。在平衡偏差的过程中,由于时滞的存在,还可能会造成新的偏差。但平衡偏差运用起来比较方便,一般不需太多的信息,因为它是根据实际偏差随时调节的。当干扰不能预计或发生很频繁时,平衡偏差是进行控制的典型方法。财务活动受外部环境的干扰较大,因此,在财务控制中,最常用的控制方法便是反馈控制法。

（二）财务控制内容

财务控制内容贯穿于财务活动的各个方面,常见的有现金控制、存货控制、成本控制等。

1. 现金控制

现金控制是根据有关管理规范和现金预算等对现金收、支、存的控制与管理。

2. 存货控制

存货控制是根据生产和销售计划、存货管理制度等对存货购、销、存的控制与管理。

3. 成本控制

成本控制是根据成本预算、生产计划以及成本管理制度等对企业一定时期成本费用开支进行的控制与管理。

五、财务分析

(一) 财务分析的概念和程序

1. 财务分析的概念

财务分析是根据有关信息资料,运用特定方法,对企业财务活动过程及其结果进行分析和评价的一项工作。通过财务分析,可以掌握各项财务计划指标的完成情况,评价财务状况,研究和掌握企业财务活动的规律性,改善财务预测、决策、计划、控制,提高企业经济效益,改善企业管理水平。

2. 财务分析的程序

财务分析的一般程序如下:

(1) 确立题目,明确目标;

(2) 收集资料,掌握情况;

(3) 运用方法,揭示问题;

(4) 提出措施,改进工作。

(二) 财务分析方法

财务分析的方法有许多,常用的分析方法有以下几种:

1. 对比分析法

对比分析法是通过把有关指标进行对比来分析企业财务情况的一种方法。对比分析法要对同一指标的不同方面进行比较,从数量上确定差异,为进一步查找差异原因提供依据。例如,通过同计划数的对比,可以查明该项指标完成计划的程度;通过同历史时期有关数字的对比,可以发现有关财务指标的变动趋势;通过与同类企业之间的有关指标的对比,可以发现先进和落后之间的差距。对比分析法是一种比较好的分析方法,它具有适应面广、分析过程简单、揭示问题清楚等特点。但任何事物之间,只有遵循一定条件,才具有可比性,因此,在运用对比分析法时,必须注意各种指标之间是否可比。

2. 比率分析法

比率分析法是把有关指标进行对比,用比率来反映它们之间的财务关系,以揭示企业财务状况的一种分析方法。根据不同内容和要求,可以计算各种不同的比率并进行对比。其中最主要的比率如下:

(1) 相关指标比率。这是根据财务活动存在的相互依存、相互联系的关系,将两个性质不同但又相关的指标数值相比,求出比率,以便从财务活动的客观联系中进行研究,更深刻地认识企业的财务状况。例如,将资金指标同销售指标、利润指标进行对比,便可求出资金周转率、资金利润率,以便更深入地揭示企业财务状况和经营成果。

(2) 构成比率。这是计算某项指标的各个组成部分占总体的比重,分析其构成内容的变化,从而掌握该项财务活动的特点与变化趋势。例如,将负债资金同全部资金进行对比,求出负债比率,便可揭示财务风险的大小,

(3) 动态比率。这是将某项指标的不同时期的数值相比,求出比率,观察财务活动的动态变化程度,分析有关指标的发展方向和增减速度。

比率分析是财务分析的一种重要方法。通过各种比率的计算和对比,基本上能反映出一个企业的偿债能力、盈利能力、资金周转状况和盈余分配情况,该方法具有简明扼要、通俗

易懂的特点,很受分析人员的欢迎。

3.综合分析法

综合分析法是把有关财务指标和影响企业财务状况的各种因素都有序地排列在一起,综合地分析企业财务状况和经营成果的一种方法。对任何单一指标、单一因素进行分析,都不能全面评价企业的财务状况及其发展变动趋势,必须进行综合分析,才能对企业财务状况做出全面、系统的评价。在进行综合分析时,可采用财务比率综合分析法、因素综合分析法和杜邦分析法等。

▶**身边的事**
SHENBIAN DE SHI

你亲戚朋友中有下岗后自谋职业的吗?不管是开一家小店还是办一家小厂,看看他们是怎么经营的,分析他们经营管理中有哪些成功的经验可以借鉴?又存在哪些问题?你能用你所学的知识帮他们出谋划策吗?

▶**要点回顾**
YAODIAN HUIGU

财务管理方法根据财务管理的不同环节,可分为财务预测方法、财务决策方法、财务预算方法、财务控制方法、财务分析方法等。财务预测是财务人员根据历史资料,依据现实条件,运用特定的方法对企业未来的财务活动和财务成果所做出的科学预计和测算。财务预测方法包括定性预测方法和定量预测方法。财务决策是指财务人员在财务目标的总体要求下,从若干个可以选择的财务活动方案中选择最优方案的过程。财务决策方法包括对比法、微分法、线性规划法、概率法和损益法等多种。财务预算也称财务计划,是在一定的计划期内以货币形式反映生产经营活动所需要的资金及其来源、财务收入和支出、财务成果及其分配的计划。财务预算包括多项内容,如现金预算、成本预算、销售预算等。财务控制是指在财务管理过程中,利用有关信息和特定手段,对企业的财务活动施加影响或调节,以便实现计划所规定的财务目标。财务控制方法包括防护性控制、前馈性控制和反馈控制,财务控制内容贯穿于财务活动的各个方面,常见的有现金控制、存货控制、成本控制等。财务分析是根据有关信息资料,运用特定方法,对企业财务活动过程及其结果进行分析和评价的一项工作。财务分析方法包括对比分析法、比率分析法和综合分析法等。

任务四　财务管理观念认知

一、财务管理观念概述

(一)财务管理观念的含义

财务管理观念,也叫理财观念,或称基本的财务原则,是指财务活动主体在进行财务预测和实施财务决策等财务活动过程中,应具备的价值观念或必须遵循的基本原则。它是从理论中抽象出来的,并在实践中证明是正确可行的行为规范,它反映着理财活动的内在要求。财务管理观念是财务管理的基础,观念的更新会带来管理水平和效益的提高。

(二)财务管理观念的种类

财务管理过程中应具有的理财观念有很多,如资金时间价值观念、风险价值观念、机会成本观念、边际观念、弹性观念、预期观念、杠杆观念等。其中,资金时间价值观念、风险价值观念在实际工作中运用较为普遍。

1. 资金时间价值观念

资金时间价值,是指资金在运动过程中所增加的价值,也叫货币时间价值。它是指同一资金量在投入经济运行中,随着时间的推移而形成的价值差额。它是财务管理中的一个基本的理财观念,在筹资、投资活动中被广泛运用。

2. 风险价值观念

风险是指预期结果的不确定性。一般而言,经营活动中人们都讨厌风险,但有时冒一定的风险可能获得额外的收益,这就是风险价值。风险价值观念是财务管理中的又一个基本的理财观念,在企业筹资、投资、营运和分配活动中,风险价值观念都有应用。

3. 机会成本观念

机会成本原是经济学术语。它以经济资源的稀缺性和多种选择机会的存在为前提,是指在财务决策中应由中选的最优方案负担的、按所放弃的次优方案的潜在收益计算的那部分资源损失,又叫机会损失。在财务管理活动中,尤其在财务决策过程中,应充分考虑所选方案的机会成本,以使财务决策更加科学合理、经济资源得到有效使用,这就是财务管理中的机会成本观念。在财务管理实践中,最佳现金持有量的确定、应收账款决策、存货决策等都必须在这一观念的指导下进行。

4. 边际观念

边际也是经济学术语,是指在具有内在联系的相关因素中,每增加一个单位的因素值所引起的另一因素的变动额。如:每增加一个单位销售量引起的销售收入的增加额,叫边际收入;每增加一个单位的生产量或销售量而引起的生产成本(销售成本)的变动额,叫边际成本;每增加一个单位的销售量而引起的收益的变动额,叫边际利润;投资额每增加一个单位的资金量而导致投资报酬的变动额,叫边际投资报酬;每增加一个单位的筹资额而导致资金成本的变动额,叫边际资金成本;等等。在财务管理活动中,必须考虑边际成本、边际收入、边际利润等的变动情况,力求边际利润(或边际投资报酬)的最优化,合理进行各项财务决策,使生产规模(或投资规模)等处于最优状态,这就是财务管理中的边际观念。在财务管理实践中,定价决策、资本结构决策、销售与利润决策、投资规模决策等都应在这一观念的指导下进行。

5. 弹性观念

弹性是指事物的灵活性和伸缩性。在财务活动过程中,由于客观环境的变化,原有的财务决策要能随着各种内外因素的变化而适时调整、变更,决策结果不能死板和僵化,这就是财务管理中的弹性观念。弹性观念要求财务决策能随着客观环境的变化不断地进行调整,动态地实现决策最优化。在财务管理实践中,资本结构决策、投资结构与规模决策、应收账款决策等都要运用到弹性观念。

▶ **你也能做**
NIYENENG ZUO
··

　　某企业有 100 万元的资金安排投资,现有三个方案可供选择:甲方案是投资某机械加工项目,乙方案是投资某商业零售业务项目,丙方案是进行证券业务投资。如果是你该如何思考? 如何选择? 你决策的依据是什么?

6. 预期观念

财务管理的过程实际上就是一个预测、决策、计划、实施并进行控制、分析的过程。财务管理中的预期观念就是要求财务人员依据已知经济信息和其他有关资料,对未来的财务活动的趋势和状况进行多种可能的预计、推测和估量,以更好地进行财务决策和计划管理。在理财实践中,财务预测、预算管理、财务战略管理等要在这一观念的指导下进行。

二、资金时间价值观念

(一)资金时间价值的概念与表现形式

1. 资金时间价值的概念

资金时间价值,是指资金在运动过程中所增加的价值,也叫货币时间价值。资金时间价值是现代财务管理的基础观念之一,广泛运用于各种财务活动之中,有人称之为理财的第一原则。

资金时间价值原理是"时间就是金钱"这一观念数量化的外化概括。在商品经济中,确实有这样一种现象:即现在的 100 元和 1 年后的 100 元其经济价值不相等。我们将 100 元存入银行,假定一年期存款利率为 5%,则一年后这 100 元就变成了 105 元,增加了 5 元,这 5 元就是资金时间价值。

又如,已探明一个有工业价值的煤田,目前开发可获利 100 亿元,若 10 年后开发,由于价格上涨估计可获利 200 亿元。如果不考虑资金的时间价值,应该认为 10 年后开发更有利。假定企业有其他投资项目,平均每年投资报酬率为 10%,则现在开发煤田获利 100 亿元,投资于其他项目,10 年后将有资金 259 亿元($100 \times 1.10^{10} \approx 259$)。因此,可以认为目前开发更经济有利。后一种思考问题的方法,更符合现实的经济生活。其中的 59 亿元就可以理解为 100 亿元资金在 10 年内的时间价值。

以上所述,并不是说资金因为时间的延续自身创造了时间价值,资金只有被使用,经过劳动者的创造才能增加价值。企业资金的循环是从货币资金开始的,经过生产过程、销售环节,最后又回到货币资金形态。经过一次循环,由于劳动创造了价值,收回的资金大于初始投入资金的数量,增加了一定的数额,并且随着循环次数的增多,增值额也就越大。因此,随着时间的延续,资金总量在不断地循环中按几何级数增长,使得资金具有时间价值。

2. 资金时间价值的表现形式

资金时间价值可以用相对数和绝对数表示。

利率、利润率、投资回报率等都是资金时间价值的相对数表现形式,但不是真正的资金时间价值。在利润平均化规律的影响下,等量货币在相同时间内应获得等量利润。所以,从量的规定性上来说,资金时间价值是在没有风险和没有通货膨胀条件下的社会平均资金利润率。

资金时间价值也可以用绝对数表示,具体表现形式有使用资金的机会成本或资金成本、利息额、利润额、收益额等。但资金时间价值绝对数表现形式只能用于等量资金的比较,不能用于不同资金量的比较。

▶ **小心地雷**
XIAOXIN DILEI

从形式上看,资金时间价值相对数形式和利息率的计算方法相似,但不能将资金的时间价值与利息率等同。现实经济生活中,银行利息率都包含一定的风险价值和通胀因素。政府债券由于安全性很高,基本不存在到期无法偿还的风险,在没有或通货膨胀率很低的情况下,可以把政府债券的利息率视同资金的时间价值。但为了方便初学者理解资金时间价值的计算公式,很多教科书在讲解资金时间价值时,就假定利息率、利润率、贴现率等可以在一定程度上代表资金时间价值。

(二) 资金时间价值的计算

1. 利息计算制度

计算利息可分别按两种制度进行,一种是单利制,另一种是复利制。

(1) 单利制。单利制是指当期利息不计入下期本金,从而不改变计息基础,各期利息额不变的利息计算制度。

若以 P 表示本金,以 n 表示计息期,以 i 表示利息率,以 F 表示到期本利和(也称终值),则单利制下的到期本利和为:

$$\begin{aligned} F &= P + P \times i \times n \\ &= P \times (1 + i \times n) \end{aligned}$$

【例 1-1】 企业年初将 1 000 元存入银行,存款期 5 年,计息期为 1 年,年利息率为 10%。要求:按单利制计算到期本利和。

解:

$$\begin{aligned} F &= P + P \times i \times n \\ &= P \times (1 + i \times n) \\ &= 1\ 000 + 1\ 000 \times 10\% \times 5 \\ &= 1\ 000 \times (1 + 10\% \times 5) \\ &= 1\ 500(\text{元}) \end{aligned}$$

【例 1-2】 企业 3 年后想用 13 000 元购买一台专用设备,在利息率为 10%的情况下,按单利制计算,现在应一次性存入多少元?

解:由单利终值公式 $F = P + P \times i \times n$ 可知:

$$\begin{aligned} P &= \frac{F}{(1 + i \times n)} \\ &= \frac{13\ 000}{(1 + 10\% \times 3)} \\ &= 10\ 000(\text{元}) \end{aligned}$$

(2) 复利制。复利制是指未被支取的利息计入下期本金,各期计息基础不断扩大,使每期利息额递增,利上生利的利息计算制度。

复利制的计算较单利制复杂得多,有多种不同表现形式。

2. 一次性收付款项的终值与现值

(1) 一次性收付款项。在某一特定时点上发生的某项一次性付款(或收款)业务,经过一段时间后再发生与此相关的一次性收款(或付款)业务,称为一次性收付款项。

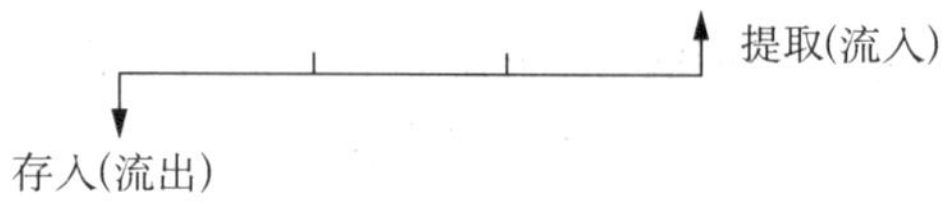

图 1-2 一次性收付款项特征(1)

图注:箭头向下表示资金流出,箭头向上表示资金流入。

一次性收付款项具有以下特征:

第一,在一段时间的开始和结束时分别发生一次性收(或付)和一次性付(或收)。如年初存入 100 元,存期 3 年,到期收取本息和,如图 1-2 所示。

第二,先发生的款项数额小于后发生的款项数额。如向银行借款 100 万元,3 年后一次性归还本息,如图 1-3 所示。

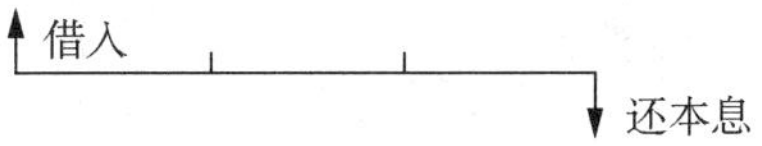

（2）一次性收付款项的终值。一次性收付款在一定时间的起点发生的数额（如本金）称为现值,简记为 P;一次性收付款项在一定时间的终点发生的数额（如本利和）

图 1-3　一次性收付款项特征（2）

称为复利终值,简记为 F;一定时间为计息期间,按复利制要求,即为相邻两次计息的时间间隔,如按年计息、按季计息、按月计息等,除非特别说明,计息期为 1 年,简记为 n。

【例 1-3】　某企业将 100 万元投资某项目,年报酬率为 10%,期限 3 年,到期本利和为多少?

解: 第一年:
$$
\begin{aligned}
F &= P + P \times i \\
&= P \times (1 + i) \\
&= 100 \times (1 + 10\%) \\
&= 110（万元）
\end{aligned}
$$

第二年:
$$
\begin{aligned}
F &= [P \times (1 + i)] \times (1 + i) \\
&= P \times (1 + i)^2 \\
&= 100 \times (1 + 10\%)^2 \\
&= 100 \times 1.21 \\
&= 121（万元）
\end{aligned}
$$

第三年:
$$
\begin{aligned}
F &= [P \times (1 + i)^2] \times (1 + i) \\
&= P \times (1 + i)^3 \\
&= 100 \times (1 + 10\%)^3 \\
&= 133.1（万元）
\end{aligned}
$$

上述计算如图 1-4 所示。

同理,第 n 年的终值则为:
$$
F = P \times (1 + i)^n
$$

上式是一次性收付款的复利终值公式,其中的 $(1 + i)^n$ 被称为复利终值系数或 1 元的复利终值,简记为 $(F/P, i, n)$。如 $(F/P, 8\%, 5)$ 表示利率为 8% 的 5 期

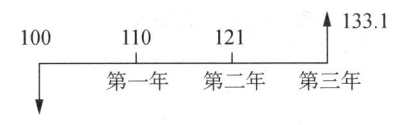

图 1-4　计算结果

复利终值系数。为了便于计算,可编制"复利终值系数表"（见附录一）备用。该表的作用在于在已知 i、n 时查找 1 元的复利终值;或在已知 F、n 时查找对应的 i;或在已知 F、i 时查找对应的 n。

▶**小心地雷**
XIAOXIN DILEI

现值与终值只是同一笔资金在不同时点上的表现形式,它们只有数额上的区别,并没有价值上的区别。如例 1-3 中,100 万元资金在第一年年初、第一年年末、第二年年末、第三年年末分别表现为 100 万元、110 万元、121 万元、133.1 万元,虽然在不同时点上的具体金额不同,但在经济上是相等的。所以,不同时点上的资金数额不宜进行直接比较,需要把它们换算到相同的时间基础上,才能进行大小的比较。

【例 1-4】　某企业现有 10 万元,拟投入报酬率为 7% 的投资项目,经过多少年才能使现有资金增加 30%?

解：
$$F = P \times (1+i)^n$$
$$10 \times (1+30\%) = 10 \times (1+7\%)^n$$
$$(1+7\%)^n = 1.3$$

查"复利终值系数表"，在 $i = 7\%$ 项下寻找 1.3，最接近的值为 $(F/P, 7\%, 4) = 1.3108$

所以，$n \approx 4$(年)，即大约 4 年后可使现有资金增加 30%。

(3) 一次性收付款项的现值。复利终值计算是已知 P、i、n 求 F；复利现值计算是已知 F、i、n 求 P。通过复利终值公式 $F = P \times (1+i)^n$ 可推导：

$$P = \frac{F}{(1+i)^n}$$
$$= F \times (1+i)^{-n}$$

上式中的 $(1+i)^{-n}$ 是把终值折算为现值的系数，称为复利现值系数或 1 元的复利现值，简记为 $(P/F, i, n)$。例如，$(P/F, 10\%, 10)$ 表示利率 10% 的 10 年期复利现值系数。为便于计算，可编制"复利现值系数表"(见附录二)。该表的使用与"复利终值系数表"相同。

复利终值系数与复利现值系数互为倒数。

【例 1-5】　某人拟在 8 年后获得 20 000 元，假定投资报酬率为 8%，他现在应投入多少元？

解：
$$P = F \times (1+i)^{-n}$$
$$= 20\,000 \times (P/F, 8\%, 8)$$
$$\approx 20\,000 \times 0.540$$
$$= 10\,800(元)$$

即现在应一次性投入 10 800 元。

【例 1-6】　某企业现有 10 万元，欲投资某项目 10 年，在投资报酬率为多少的情况下，才能使本金增加 1 倍？

解：
$$P = F \times (1+i)^{-10}$$
$$10 = 10 \times 2 \times (P/F, i, 10)$$
$$(P/F, i, 10) = 0.5$$

查"复利现值系数表"，

$$(1+7\%)^{-10} \approx 0.508$$

所以 $i = 7\%$ 时，约能使现有资金增加 1 倍。

▶ **你也能做**
NIYENENG ZUO

　　张某欲购住房一套，房地产开发公司给出了 2 个方案供张某选择：A 方案，一次性付款 20 万元；B 方案，先付 10 万元，余款 10 年付清，分别在购房日后的第三年年末、第六年年末、第十年年末各自付款 3 万元、4 万元、5 万元。假定资金时间价值率为 10%，你能替张某计算看应选择哪个方案吗？

　　3. 普通年金的终值与现值

　　(1) 年金的含义与种类。如果在一定时期内每隔相同时间(如一年、半年等)就发生相同数额的收款(或付款)，则该等额收付的系列款项称为年金。每期收付的款项记作 A。

　　年金的特征有以下几个方面：

第一,系列性。即在一定时间里必须每隔一段时间发生一次收付业务,形成系列,不得中断(理论上表现为至少2次以上)。

第二,等额性。即每段时点上发生的收付金额必须相等。

第三,等期性。即发生收付金额的各时点的间隔期必须相等。

第四,同方向性。即要么都是系列收款项目,要么就是系列付款项目,不能同时有收有付。

在现实经济生活中,分期等额形成的各种偿债基金、折旧费、保险金、租金、养老金、零存整取、分期付息的债券利息、优先股股息、分期支付工程款等,都属于年金的范畴。

年金包括普通年金、即付年金、递延年金和永续年金等几种形式。其中,普通年金应用最为广泛,其他几种年金均可在普通年金基础上推算,因此,应重点掌握普通年金的计算。

(2)普通年金的终值。从第一期开始,凡在每期期末发生的年金叫普通年金,也称期末年金或后付年金。以后若不加特殊说明的年金形式即为普通年金。

【例1-7】　每年年末存100元,利率为10%,3年后本息和为多少?

解: 该年金的收付形式如图1-5所示。

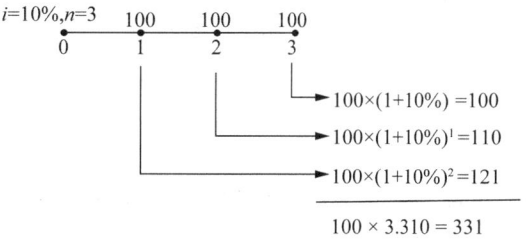

图1-5　收付形式及计算结果

在第一年年末的100元,应得两期利息,到第三年年末本息和为121元;第二年年末的100元,应得1期利息,到第三年年末本息和为110元;第三年年末的100元,没有利息,其第三年年末的本息和仍为100元。整个年金终值为331元。

设年金终值仍为F,则上例可表示为:

$$F = 100 \times (1+10\%) + 100 \times (1+10\%)^1 + 100 \times (1+10\%)^2$$
$$= 100 \sum_{t=1}^{3} (1+10\%)^{t-1}$$

若n期年金,则F就为:

$$F = A \times \sum_{t=1}^{n} (1+10\%)^{t-1}$$

上式为等比数列的和,经过推导,可转化为:

$$F = A \times \frac{(1+i)^n - 1}{i}$$

上式中:$\frac{(1+i)^n - 1}{i}$叫作年金终值系数,也称一元年金终值或年金终值因子,简记为$(F/A, i, n)$,如$(F/A, 10\%, 3)$为$i=10\%$、3期的年金终值因子,通过查"年金终值系数表"(见附录三),可查得$(F/A, 10\%, 3)=3.31$。

(3)偿债基金。偿债基金是指为使年金终值达到既定金额每年应支付的年金数额,即上式中的A。

【例1-8】 某企业将于5年后归还银行本息20万元,从现在起每年年末存入银行一笔等额款项,在存款利率为8%的情况下,每年应存入多少元才能到期偿还20万元本息额?

解:根据普通年金终值公式:

$$F = A \times \frac{(1+i)^n - 1}{i}$$

可知:

$$A = F \div \frac{(1+i)^n - 1}{i}$$
$$= F \times \frac{i}{(1+i)^n - 1}$$

上式中:$\frac{i}{(1+i)^n - 1}$ 为偿债基金系数,它是普通年金终值系数的倒数,简记为$(A/F, i, n)$。偿债基金系数可以制作"偿债基金系数表"用作备查,也可以根据普通年金终值系数的倒数求得。

在例1-8中,将相关数据代入:

$$A = 200\ 000 \times (A/F, 8\%, 5)$$
$$\approx 200\ 000 \times (1/5.867)$$
$$\approx 34\ 088.97(元)$$

即在利率为8%的情况下,每年等额存入34 088.97元,5年的本息和为200 000元,正好偿还贷款的本息和。

(4)普通年金的现值。普通年金的现值是指一定时期内每期期末收付款项的复利现值之和。

【例1-9】 每年等额取得100元,年利率为10%,求期限3年的年金现值。

解:该现值的求取如图1-6所示。

例1-9中若期限为n,则可表式为:

$$P = 100 \times \sum_{t=1}^{n} (1+10\%)^{-t}$$

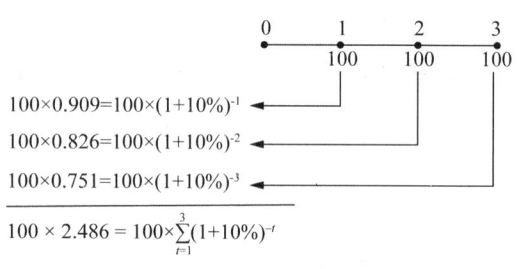

图1-6 年金现值计算结果

若以A代表年金,上式为等比数列的和,经推导可表示为:

$$P = A \times \frac{1-(1+i)^{-n}}{i}$$

同理,$\frac{1-(1+i)^{-n}}{i}$ 被称作年金现值系数,或称一元年金现值、年金现值因子,简记为$(P/A, i, n)$,可通过查年金现值系数表(见附录四)求得。

如例1-9:

$$P = 100 \times (P/A, 10\%, 3)$$
$$\approx 100 \times 2.487$$
$$= 248.70(元)$$

所以,每年取得 100 元的年金现值额约为 248.70 元(与图 1-6 中相差 0.10 是系数尾差)。

(5) 投资基金。投资基金是指为回收既定的年金现值(即投资额),每年应获得的年金数额。

【例 1-10】 某银行向某项目贷款 100 万元,期限 5 年,年利率 10%,要求每年等额还本付息,问每年应等额回收多少金额?

解: 根据年金现值公式可知:

$$100 = A \times \frac{1 - (1 + 10\%)^{-5}}{10\%}$$

$$A = 100 \times \frac{1}{(P/A, 10\%, 5)}$$

$$\approx 100 \times (1/3.791)$$

$$\approx 26.38 (万元)$$

因此,银行每年至少应收回约 26.38 万元,才能收回本息。

$\dfrac{i}{1 - (1 + i)^{-n}}$ 是投资回收系数,它是年金现值系数的倒数,可以根据查年金现值系数表计算求得,也可制作"投资回收系数表"备查使用。

4. 即付年金的终值与现值

即付年金是指在每期期初支付的年金,又称先付年金或预付年金。

(1) 即付年金的终值。即付年金的终值公式可表示为:

$$F = A(1 + i) + A(1 + i)^1 + A(1 + i)^2 + \cdots + A(1 + i)^n$$

上式中各项为等比数列,经推导为:

$$F = A \times \sum_{t=1}^{n} (1 + i)^t$$

$$= A \times \left[\frac{(1 + i)^{n+1} - 1}{i} - 1 \right]$$

式中的 $\left[\dfrac{(1 + i)^{n+1} - 1}{i} - 1 \right]$ 是即付年金终值系数,或称 1 元的即付年金终值,可记作 $[(F/A, i, n+1) - 1]$。与普通年金终值系数相比,期数加 1,而系数减 1,可利用普通年金终值系数表查 $(n+1)$ 的值,再减去 1 后即得 1 元的即付年金终值。

【例 1-11】 张先生每年年初存入银行 5 000 元,年利率 10%,则 10 年后的本利和为多少?

解:

$$F = 500 \times \left[\frac{(1 + 10\%)^{10+1} - 1}{10\%} - 1 \right]$$

$$= 5\ 000 \times [(F/A, 10\%, 10+1) - 1]$$

$$\approx 5\ 000 \times (18.531 - 1)$$

$$= 87\ 655 (元)$$

即 10 年后本利和为 87 655 元。

（2）即付年金现值。即付年金现值的计算公式可表示为：

$$P = A + A \times (1+i)^{-1} + A \times (1+i)^{-2} + \cdots + A \times (1+i)^{-(n-1)}$$

式中各项为等比数列，经推导为：

$$P = A \times \sum_{t=1}^{n} (1+i)^{-(t-1)}$$

$$= A \times \left[\frac{1-(1+i)^{-(n-1)}}{i} + 1 \right]$$

式中的 $\left[\dfrac{1-(1+i)^{-(n-1)}}{i} + 1 \right]$ 是即付年金现值系数，或称 1 元的即付年金现值，记作 $[(P/A, i, n-1)+1]$。与普通年金现值系数相比，期数减 1，而系数加 1，可利用"普通年金现值系数表"查得 $(n-1)$ 期的值，再加上 1，即可得出即付年金的现值。

【例 1-12】 李某分期购买住房一套，每年年初支付 200 000 元，期限 8 年，利率为 7%。问李某若一次性付款应付多少元？

解：
$$P = 200\,000 \times \left[\frac{1-(1+i)^{-(8-1)}}{7\%} + 1 \right]$$
$$= 200\,000 \times [(P/A, 7\%, 8-1)+1]$$
$$\approx 200\,000 \times (5.389 + 1)$$
$$= 1\,277\,800 \text{（元）}$$

即若一次付款约需 1 277 800 元。

5. 递延年金的终值与现值

（1）递延年金是指第一次收付发生在第二期或第二期以后的年金。递延年金的收付形式如图 1-7 所示。从图 1-7 中可以看出，前三期没有发生收付，一般以 m 表示递延数，图 1-7 中 $m=3$，第一次收付发生在第四期期末，连续支付 5 次，即 $n=5$。

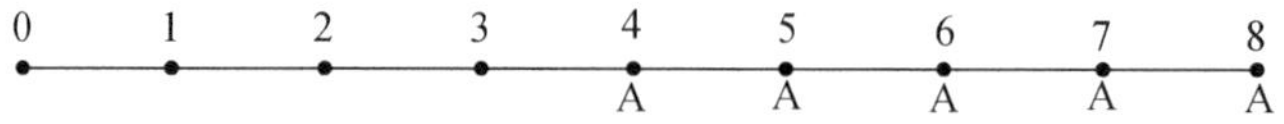

图 1-7 递延年金的收付形式

递延年金终值的计算方法和普通年金相同，但期数只能按实际发生收付的期数计算。

【例 1-13】 以图 1-7 所示，假设 i 为 8%，A 为 9 000 元，其年金终值为多少？

解：
$$F = 1\,000 \times (F/A, 8\%, 5)$$
$$\approx 1\,000 \times 5.867$$
$$= 5\,867 \text{（元）}$$

即 i 为 8%，n 为 5 期的年金终值约为 5 867 元。

（2）递延年金现值的计算有两种方法：

第一种方法，即把递延年金视为普通年金，先计算 n 期的普通年金现值，然后再将此现值调整到第一期的期初现值。

第二种方法，即假设 m 期也发生普通年金，先计算整个 $(m+n)$ 的年金现值，然后再减

去 m 期的年金现值。

【例1-14】　仍以图1-7所示，i 为8%，$A=1\,000$ 元，其年金现值为多少？

从图1-7可知，$n=5$，$m=3$。

按第一种方法计算，则：

$$P = 1\,000 \times (P/A, 8\%, 5) \times (P/F, 8\%, 3)$$
$$\approx 1\,000 \times 3.993 \times 0.794$$
$$\approx 3\,170.44(元)$$

按第二种方法计算，则：

$$P = 1\,000\left[(P/A, 8\%, 3+5) - (P/A, 8\%, 3)\right]$$
$$\approx 1\,000 \times (5.747 - 2.577)$$
$$= 3\,170(元)$$

即递延3期，n 为5期的年金现值约为3 170元（两种计算方法系数有误差）。

6. 永续年金的现值

永续年金是指无期限等额收付的年金。现实中的存本取息、每年的等额奖学金、优先股股息可视为永续年金的实例。

永续年金没有期限，也就没有终值。

永续年金的现值公式可由普通年金现值公式推出：

$$P = A \times \frac{1-(1+i)^{-n}}{i}$$

当 $n \to \infty$ 时，$(1+i)^{-n}$ 的极限为零，所以永续年金现值公式为：

$$P = A \times \frac{1}{i}$$

【例1-15】　某企业准备在某高校建立一项永久性奖学金，每年计划发放20 000元，若利率为8%，则现在应一次性投入多少元？

解：

$$P = 20\,000 \times \frac{1}{8\%}$$
$$= 250\,000(元)$$

即现在应一次性投入250 000元。

▶**身边的事**
SHENBIAN DE SHI

当利息在一年内要复利几次时，给出的年利率称为名义利率，用 r 表示，根据名义利率计算出来的每年复利一次的年利率称为实际利率，用 i 表示。实际利率和名义利率之间关系是：$i = \left(1+\dfrac{r}{m}\right)^{m} - 1$。

三、风险价值观念

（一）风险的概念与种类

1. 风险的概念

市场经济是风险经济，财务活动经常是在有风险的情况下进行的。风险是指预期结果的不确定性。

首先，风险是事物本身的不确定性，具有客观性。也就是说，特定投资对象的风险是客观存在的，是不随人们的意愿而变化的。

其次，风险不同于危险。危险本身可理解为一种可能性，即遭遇损失或失败的可能性，是一种不好的负面效应。人们对于危险，需要识别、衡量、防范和控制，即对危险要进行管理。而风险不仅包括负面效应的不确定性，即带来超出预期的损失；也包括正面效应的不确定性，即也可能带来超出预期的收益。

最后，风险具有时限性，随时间的延续而变化，是"一定时期内"的风险。例如，人们对某一项目的成本，事先的预计可能不准确，但随着时间的延续，项目越接近完工，我们的预计就越准确，成本的不确定性也在缩小，项目完成，其结果也就完全肯定了。

严格来说，风险与不确定性也是有区别的。风险具有客观性，是对可能结果的描述，即决策者一般能预测各种可能出现的结果，但不能确定实际会出现哪种结果，这就存在一个概率问题。由此可知，风险是能用数学方法度量的。而不确定性比风险的预测更加困难，它不能对未来出现的各种可能结果做出预测，因而也就不可能做出类似数字上的衡量。可见，不确定性的程度比风险更大一些。但在现实生活中，人们很难将二者进行区别，在大多数情况下便不再加以区分，视其如一。

2．风险的种类

风险是多种多样的，可进行各种不同的分类：

（1）按产生风险的因素划分，可分为经营风险和财务风险。

经营风险是指企业在生产经营过程中由于内外部客观因素引起的经营条件变化而导致的风险。如外部的国家产业政策调整、顾客购买力的转移、市场竞争的变化等；内部的企业决策失误、管理不善、成本上升、产品质量下降等，这些都会导致企业销售下降、费用上升、经营利润下滑。

财务风险是指负债不当而引起的到期不能还本付息的风险。如负债比例过高，长、短期负债比例不当，还债期限过于集中，负债金额、期限与经营资产的金额、期限搭配不当等。

例如，某企业投资某项目，投资总额 1 000 万元。其中，主权资本 200 万元，向银行贷款 800 万元，投资期限 10 年，银行贷款利率 10%，贷款期限 6 年；其中，流动资产投资 300 万元，固定资产投资 700 万元。如此，便会产生以下几个问题：其一，负债比例过大，达 80%，这会使企业财务费用过大；其二，没有流动负债，长期负债金额过高，筹资成本加大，企业在前 5 年压力较小，但至第 6 年就会产生大额的还本付息压力；其三，固定资产使用期限与银行贷款期限搭配不当，在项目还在运行时，还债的期限已至。此时，企业若管理不善，再加之筹资困难，就会使企业陷入财务危机的困境。

▶ 小心地雷
XIAOXIN DILEI

经营风险和财务风险是企业生产经营和投资中面临的两大风险，但它们不是孤立存在的，是相互影响的。经营风险加大会引起经营利润的下降甚至亏损，企业偿还利息和本金的能力下降，财务风险也就加大。若企业负债比例过高，流动负债较小，企业承担的资金成本也高，经营利润下降；若偿债期限不当，很可能因资金链的中断，使生产停顿，销售下降，经营风险加大。

（2）按风险能否被分散，可分为系统风险和非系统风险。

系统风险是指那些影响所有公司的因素引发的风险。如战争、经济衰退、通货膨胀、高利息率、财政税收政策调整等意外的、非预期的变动，这些对所有企业都会产生影响。虽然各个企业可能影响的程度有大有小，但影响的结果具有趋同性。如利息上升，会使所有负债的企业财务费用加大。由于系统风险是影响整个市场的风险，所以也称"市场风险"。由于没有有效的方法去分散或消除，所以也称"不可分散风险"。

非系统风险，是指发生于个别公司的特有事件造成的风险。如一家公司新产品开发失败、重要的诉讼失败、管理不善导致的成本上升，或者发现一个新矿藏、取得一项大宗的重要合同等。这类事件一般只影响一个或少数企业，不会对整个市场或整个行业产生太大影响。这种风险是个别公司或个别资产所特有的，因此也称"个别风险""特殊风险"。由于这种风险可以通过投资多元化等进行分散，因此，又称"可分散风险"。

（二）风险价值的概念及其衡量

1. 风险价值的概念

我们知道，风险是双向的，可能为企业带来超出预期的损失，也可能给企业带来超出预期的收益。所谓风险价值是指投资者冒着投资风险获得的超过资金时间价值的额外收益，也称风险收益、风险报酬或风险溢价，是对投资者甘冒风险的一种价值补偿。不同投资的风险是不相同的，相应取得的收益也不相同，风险越大，收益越高。所以风险与收益是一种对称关系，它要求等量风险带来等量收益，即风险与收益均衡。

风险贯穿于整个财务活动中，要求财务活动中的各种决策必须考虑与收益的价值对称性，这就是风险价值观念。在企业筹资时，筹资过程的风险加大，企业就必须支付较低的成本，以获得高筹资收益；在企业投资时，如果项目自身风险高则必须取得高收益。成功的管理者，应在风险与收益的相互协调中进行利弊权衡：在一定的风险下使收益达到较高的水平；在收益一定的情况下，将风险维持在较低的水平，以期取得较高的风险溢价。

2. 风险价值的计算

（1）风险程度的衡量。项目的风险是客观存在的，在财务管理中客观地衡量风险程度的大小是非常重要的。在财务管理实践中，风险的大小可以采用概率分布法、杠杆系数法、β系数法等测算。这里我们主要介绍概率分布法。

概率分布法是利用统计学中的概率分布、期望值、标准差等来计算与衡量风险大小的一种方法，也是最为常见的一种方法。其计算步骤如下：

第一步，确定概率分布。

概率就是用来表示随机事件发生可能性大小的数值，用 P_i 表示。通常把必然发生事件的概率定为 1，把不可能发生事件的概率定为 0，而一般随机事件的概率是介于 0 与 1之间的。所有可能结果的概率之和等于 1，即 $\sum_{i=1}^{n} P_i = 1$，这里的 n 表示可能结果出现的个数。

【例 1-16】 假定某项目投产，根据市场预测，估计可能出现"畅销""一般"和"滞销"三种情况，它们可能获得的年净收益及其概率资料如表 1-1 所示。

表 1-1　　　　　　　　　　　　　　年净收益及其概率分布　　　　　　　　　单位:万元

市场状况	年净收益(x_i)	概率(P_i)
畅销	400	0.3
一般	300	0.5
滞销	200	0.2

第二步,计算期望值。

期望值是对随机变量的各种可能结果集中趋势的量度。它是以各种可能结果的数值为变量,以各自所对应的概率为权数所求得的加权平均值。其计算公式为:

$$\bar{x} = \sum_{i=1}^{n} P_i x_i$$

以例 1-16 为例,该项目年收益率的期望值:

$$\bar{x} = 400 \times 0.3 + 300 \times 0.5 + 200 \times 0.2$$
$$= 310(万元)$$

第三步,计算标准差。

标准差是投资项目各种可能结果与其期望值的偏离程度的指标,其计算公式为:

$$\sigma = \sqrt{\sum_{i=1}^{n} P_i (x_i - \bar{x})^2}$$

接例 1-16,计算年净收益的标准差为:

$$\sigma = \sqrt{(400-310)^2 \times 0.3 + (300-310)^2 \times 0.5 + (200-310)^2 \times 0.2}$$
$$= \sqrt{2\,430 + 50 + 2\,420}$$
$$= \sqrt{4\,900}$$
$$= 70(万元)$$

标准差越大,表明所有可能结果的数值偏离期望值越大,风险程度越大;反之,风险程度越小。

第四步,计算标准差率。

标准差是绝对数指标,不能比较期望值不同的多个投资方案的风险的大小,这就要求用标准差率这个相对数指标来进行比较。

标准差率是标准差与期望值相比的百分率,也称变异系数。其计算公式为:

$$b = \frac{\sigma}{\bar{x}} \times 100\%$$

仍以例 1-16 为例,其标准差率为:

$$b = \frac{70}{310} \times 100\% = 22.58\%$$

标准差率越高,表明风险程度越大;反之,风险程度越小。通常用它来比较不同方案风险程度的大小。

【例1-17】　某企业现有两个项目,可能出现的结果及其概率分布如表1-2所示,要求根据有关资料计算比较哪个投资方案的风险更小。

表1-2　　　　　　　　　　　　净资产收益率及其概率分布

市场情况	甲方案		乙方案	
	净资产收益率(x_i)	概率(P_i)	净资产收益率(x_i)	概率(P_i)
繁荣	6%	0.2	8%	0.3
一般	5%	0.6	4%	0.5
萧条	3%	0.2	3%	0.2

解:根据表1-2资料,计算如下:

(1) 计算甲、乙方案净资产收益率的期望值:

$$\bar{x}_甲 = 6\% \times 0.2 + 5\% \times 0.6 + 3\% \times 0.2$$
$$= 4.8\%$$
$$\bar{x}_乙 = 8\% \times 0.3 + 4\% \times 0.5 + 3\% \times 0.2$$
$$= 5\%$$

(2) 计算甲、乙两个方案净资产收益率的标准差:

$$\sigma_甲 = \sqrt{(6\% - 4.8\%)^2 \times 0.2 + (5\% - 4.8\%)^2 \times 0.6 + (3\% - 4.8\%)^2 \times 0.2}$$
$$= 0.00979$$
$$= 0.98\%$$
$$\sigma_乙 = \sqrt{(8\% - 5\%)^2 \times 0.3 + (4\% - 5\%)^2 \times 0.5 + (3\% - 5\%)^2 \times 0.2}$$
$$= 0.02$$
$$= 2\%$$

甲、乙方案的期望净资产收益率分别为4.8%和5%,它们的标准差分别为0.98%与2%,不能直接比较出风险程度的大小,故应继续计算标准差率。

(3) 计算两个方案净资产收益率的标准差率:

$$b_甲 = \frac{0.98\%}{4.8\%} = 20.42\%$$

$$b_乙 = \frac{2\%}{5\%} = 40\%$$

由计算结果可知:甲方案的标准差率小于乙方案,虽然甲方案的期望净资产收益率比乙方案略低,但从风险角度而言,乙方案的风险大,甲方案的风险小。

（2）风险价值的计算。风险价值的表示方法有两种，即风险报酬额和风险报酬率。

$$期望报酬率 = 无风险报酬率 + 风险报酬率$$

$$期望报酬额 = 无风险报酬额 + 风险报酬额$$

上式中，无风险报酬率（额）是社会最低的平均报酬率（额），如国家公债的报酬率（额）、公共储蓄的报酬率（额）。风险报酬率（额），是风险的函数，与风险的大小有关，风险越大则要求的报酬率越高，如图1-8所示。

$$风险报酬率 = 风险报酬斜率 \times 风险程度$$

$$风险报酬额 = 投资额 \times 风险报酬率$$

其中，风险程度用标准差或变异系数等计量，风险报酬斜率是全体投资者的风险回避态度，可以用统计方法来测定。如果大家都愿冒风险，风险报酬斜率就小，风险溢价不大；反之，风险报酬斜率就大，风险报酬就高，如图1-9所示。

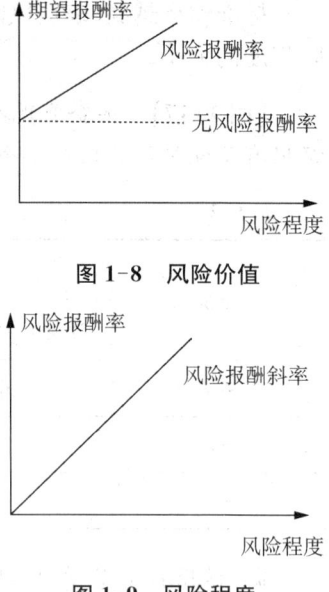

图 1-8 风险价值

图 1-9 风险程度

▶要点回顾
YAODIAN HUIGU

财务管理观念是指财务活动主体在进行财务预测和实施财务决策等财务活动过程中，应具备的价值观念或必须遵循的基本原则。财务管理观念主要有资金时间价值观念、风险价值观念、机会成本观念、边际观念、弹性观念、预期观念、杠杆观念等。资金时间价值是指货币资金经历一定时间的运用和再运用所增加的价值。资金时间价值可以用绝对数或相对数表示。利息计算方法包括单利制和复利制。在复利制下，又有复利终值和现值、普通年金终值和现值、即付年金的终值与现值、递延年金的终值与现值和永续年金等多种不同表现形式。风险是指预期结果的不确定性。按产生风险的因素划分，可分为经营风险和财务风险；按风险能否被分散，可分为系统风险和非系统风险。风险是双向的，可能为企业带来超出预期的损失，也可能给企业带来超出预期的收益。所谓风险价值是指投资者冒着投资风险获得的超过资金时间价值的额外收益，是对投资者甘冒风险的一种价值补偿。风险的大小可以采用概率分布法测算。概率分布法是利用统计学中的概率分布、期望值、标准差等来计算与衡量风险大小的一种方法，也是最为常见的一种方法。风险价值的表示方法有两种，即风险报酬额和风险报酬率。

任务五　财务管理环境认知

财务管理环境又称理财环境，是指对企业财务活动产生影响作用的各种外部和内部条件或因素。这些通常是财务管理人员难以改变的约束条件或因素，更多的只能是适应它们的要求和变化。财务管理工作由于其综合性和广泛性，对其产生影响和约束的因素也非常多，既包括外部环境，也包括内部环境。

一、外部环境

外部环境是指那些对企业财务活动产生影响和约束的各种外部因素,通常包括政治环境、经济环境、法律环境、人文环境以及自然环境等几个方面。

(一) 政治环境

政治环境是指国家的政治制度、政府机制、社会稳定性等方面因素。不同政治体制下的国家的根本目标不同。我国作为社会主义国家,其根本目标是通过发展经济,保持社会稳定,以满足人民日益增长的物质文化生活需要。这就决定了我国企业理财目标必须服从国家根本目标,应把国家利益、集体利益和个人利益有机结合起来,不能以牺牲国家利益、社会利益为代价片面追求企业和个人利益。政府机制对企业理财也有重大影响。在高度集中的计划经济体制下,企业理财的能动性很小,企业的各项收支活动都必须无条件服从政府安排和管理;而在市场经济体制下,政府对企业的直接行政干预越来越少,而主要通过经济、法律等间接手段影响企业行为,企业理财有更大的机动性和灵活性。社会稳定性对企业理财目标、方法及其各项经济活动都会产生巨大影响。如果社会安定,经济发展平稳,企业理财就更注重长远和战略性目标,企业的各种经济行为也成为良性发展;反之,如果社会不安定,经济波动较大,企业往往更注重眼前目标,导致企业行为的短视。当然,政治环境对企业经济活动影响是极其复杂的。作为一个合格的理财人员,必须具备较强的政治敏锐性。

(二) 经济环境

经济环境是指影响财务管理活动的各种经济因素,如经济体制、经济发展水平、经济周期、金融环境、市场环境等。

在计划经济体制下,企业财务管理权力很小、内容单一、方法简单;而在市场经济体制下,企业自主经营、自负盈亏,企业必须根据自身条件和外部环境变化做出各种财务决策并组织实施,因此内容丰富、方法多样。这也要求财务管理人员必须有较高的素质。

经济发展水平制约并决定着财务管理水平的高低,经济越发达财务管理水平也越高。同时,在不同经济发展水平下,财务管理的内涵和要求也有较大差异。随着我国经济的高速发展,企业财务管理水平也日益提高,财务管理内容更加丰富、方法也更加多样化。

市场经济总是在周期性波动中运行,并依次经历萧条、复苏、繁荣和衰退四个不同阶段,这就是经济周期。而在不同阶段,企业理财的方法、原则、具体措施等都会有很大差异,例如,在繁荣阶段企业一般会增加投资、扩大生产,而在萧条时期通常收缩投资、加速资金回笼。另外,作为一个高水平的理财人员,总是要对经济的周期性波动做出预测,并适时调整理财策略和方法。

金融环境是任何一个财务管理人员都必须面对的一个重要因素。无论是筹资、投资,还是日常财务管理活动,都是在特定金融环境下进行的,因此,财务管理人员必须充分认识所面临的金融环境,判断金融形势和金融环境的变化,随时调整企业投资、筹资和其他财务活动策略和方法。

企业所处的市场环境对企业财务管理活动有着极其重要的影响。每个企业在市场中都同时扮演着供应者和需求者的双重角色,而供应者和需求者的数量、商品和服务的差异程度是市场环境中两个最重要的因素,据此可以从理论上把企业所处的市场分为四种类型:完全垄断、完全竞争、不完全竞争和寡头垄断。显然,在不同类型下,企业财务管理方法和策略也有根本差别,相对而言,竞争越激烈,对理财人员的要求越高。

(三) 法律环境

法律环境是指影响企业财务活动和财务关系的各种法律因素。企业理财既要依据相关法律,同时又受到法律规范的约束,这些法律因素可以从筹资、投资、资金营运、收益分配等不同方面制约企业财务活动和行为。对企业财务管理产生较大影响的法规有:会计法规、企业法规、金融法规、合同法规、税收法规等。

(四) 人文环境

人文环境是指社会环境中影响企业财务活动和财务关系的风俗习惯、社会风气、人口素质等诸方面因素。企业理财必须充分考虑当时当地的风俗习惯、社会风气、人口素质等情况,制定合理的经营战略,选择恰当的理财方法,抓住有利机遇,规避不利的人文限制因素。

(五) 自然环境

自然环境是指影响企业财务活动的各种自然因素。自然环境不仅直接影响企业的财务行为,更通过对其他环境因素的影响而间接影响企业财务活动和财务关系。例如,气候环境、水资源环境、生物资源环境、矿产资源环境以及其他地理环境因素的变化都可能直接或间接引起企业战略或决策变化,从而对企业行为及其结果产生巨大影响。

二、内部环境

(一) 企业组织形式

简单地说,企业组织就是企业的所有权归属和所有权关系。企业组织形式通常有三种类型:独资企业、合伙企业和公司制企业,不同的企业组织形式对企业理财有重要影响。

独资企业是只有一个出资人或所有者的企业。独资企业理财比较简单,主要利用自己的资金,信用能力较低,筹资、投资和收益分配都很简单。

合伙企业是由两个以上的业主共同出资、共同拥有、共同经营的企业。合伙企业相对于独资企业理财要复杂得多,无论筹资、投资和收益分配内容和形式都要丰富。

公司制企业是依照公司法规定设立的企业,包括有限责任公司和股份有限公司。公司制企业财务管理在公司经营管理中既重要又复杂,其理财目标、资金来源、资金运用、盈余分配等都是独资或合伙企业无法相比的。

▶ **相关链接**
XIANGGUAN LIANJIE

国家对于不同类型企业管理所适用的法律不同,请查阅《私营企业法》《合伙企业法》《公司法》,看看它们有哪些区别。

(二) 企业管理机制

企业管理机制就是企业管理机构设置和管理模式。企业规模越大,企业管理机构设置越健全,管理模式越复杂,对财务管理的要求也越高。企业管理机构设置通常受企业组织形式、企业规模、企业类型和管理要求约束,而企业管理模式除受这些因素约束外,更受到企业管理层管理思想的影响。企业管理模式从大的方面可以划分为"集权式扁平化管理"和"分权式分层次管理"两种类型。这两种不同类型下,财务管理目标、方法、步骤、内容和作用显然大相径庭。

（三）企业内部关系

企业内部关系包括多方面,如所有者与经营者的关系、所有者和经营者与职工的关系、各部门之间的关系、各部门管理者与被管理者的关系等。这些关系既是财务管理的内容又影响着财务管理活动。尤其是企业采取集中管理还是分层分级管理对财务管理内容、方法和措施都会产生很大影响。另外,企业内部各种关系是否协调、责权利是否明确恰当,对财务管理能否实现目标、全体企业职工能否参与和配合管理往往有着决定性作用。

▶**要点回顾**
YAODIAN HUIGU

财务管理环境又称理财环境,是指对企业财务活动产生影响作用的各种外部和内部条件或因素。外部环境是指那些对企业财务活动产生影响和约束的各种外部因素,通常包括政治环境、经济环境、法律环境以及社会文化环境等几个方面。内部环境包括企业组织、企业管理机制和企业内部关系等。

▶**本项小结**
BENXIANG XIAOJIE

财务管理是对财务活动和财务关系的管理,企业财务活动包括筹资活动、投资活动、营运活动和分配活动等,企业财务关系包括企业与国家关系、投资人与被投资人关系、债权人与债务人关系、企业内部各方面关系等。财务管理目标是企业理财活动所希望实现的结果,是评价企业理财活动是否合理的基本标准。财务管理目标受理财环境的制约,当前企业财务管理的整体目标是企业价值最大化。为了实现财务管理目标,完成财务管理任务,在进行理财活动时所采用的各种技术和手段就是财务管理方法,包括财务预测方法、财务决策方法、财务预算方法、财务控制方法、财务分析方法等。财务管理观念是财务管理的基础或基本的财务原则,主要有资金时间价值观念、风险价值观念、机会损益观念、边际观念、弹性观念等。它们贯穿于财务活动的方方面面,其中资金时间价值观念、风险价值观念最为重要。财务管理环境又称理财环境,是指对企业财务活动产生影响作用的各种外部和内部条件或因素,其中外部环境包括政治环境、经济环境、法律环境、人文环境、自然环境等,内部环境包括企业组织、企业管理机制、企业内部关系等。

▶**专业术语**
ZHUANYE SHUYU

1. 资金循环和周转	2. 企业财务活动	3. 财务管理	4. 财务管理目标
5. 财务预测	6. 定性预测法	7. 定量预测法	8. 财务决策
9. 风险决策	10. 不确定性决策	11. 财务预算	12. 财务控制
13. 财务分析	14. 财务管理环境	15. 企业组织	16. 理财观念
17. 资金时间价值	18. 机会成本	19. 边际收益	20. 单利制
21. 复利制	22. 一次性收付款项	23. 年金	24. 复利终值
25. 复利现值	26. 普通年金	27. 递延年金	28. 即付年金
29. 永续年金	30. 偿债基金	31. 风险	32. 经营风险
33. 财务风险	34. 系统风险	35. 非系统风险	36. 风险价值

▶**复习思考**
FUXI SIKAO

1. 企业资金运动通常表现为哪些形式?

2. 什么是企业财务活动? 企业财务活动包括哪些方面?

3. 企业财务关系通常包括哪几个方面?

4. 什么是财务管理? 其主要特征有哪些?

5. 为什么目前人们通常把企业价值最大化作为财务管理最终目标?

6. 财务管理的主要方法有哪些?

7. 什么是理财环境?企业理财面临的外部环境包括哪些方面?

8. 财务管理目标包括哪几个层次?它们之间是什么关系?

9. 如果大学毕业后让你自谋职业,而你又身无分文,你该怎么办?

10. 什么叫理财观念?财务管理中主要的理财观念有哪些?

11. 什么叫风险?风险有哪些特征?

12. 风险有哪些种类?各有何主要特征?

13. 资金时间价值主要计算指标有哪些?

14. 风险与报酬有何关系?

▶ 课后练习
KEHOU LIANXI

一、单项选择题

1. 企业与政府间的财务关系主要体现为(　　)。
   A. 债权债务关系 　　　　　　　　　　B. 税收征纳关系
   C. 资金结算关系 　　　　　　　　　　D. 风险收益对等关系

2. 作为企业财务管理目标,企业价值最大化目标没有考虑的因素是(　　)。
   A. 资本利润率 　　　　　　　　　　　B. 社会资源的合理配置
   C. 资金使用的风险 　　　　　　　　　D. 企业账面净资产价值

3. 财务管理的核心是(　　)。
   A. 生产管理 　　　　　　　　　　　　B. 人力资源管理
   C. 销售管理 　　　　　　　　　　　　D. 资金管理

4. 企业财务管理是企业经济管理工作的一个组成部分,区别于其他经济管理工作的特点在于它是一种(　　)。
   A. 劳动要素的管理 　　　　　　　　　B. 物资设备的管理
   C. 资金的管理 　　　　　　　　　　　D. 使用价值的管理

5. 企业价值最大化目标强调的是企业的(　　)。
   A. 实际利润额 　　　　　　　　　　　B. 实际投资利润率
   C. 预期获利能力 　　　　　　　　　　D. 实际投入资金

6. 财务关系是企业在组织财务活动过程中与有关各方面所发生的(　　)。
   A. 经济往来关系 　　　　　　　　　　B. 经济协作关系
   C. 经济责任关系 　　　　　　　　　　D. 经济利益关系

7. 资金的实质是(　　)。
   A. 商品的价值表现 　　　　　　　　　B. 货币资金
   C. 财产物资的价值表现 　　　　　　　D. 再生产过程中运动着的价值

8. 财务管理是组织企业财务活动,处理财务关系的一项(　　)管理工作。
   A. 人文 　　　　　　B. 社会 　　　　　　C. 物质 　　　　　　D. 经济

9. 现代财务管理最优目标是(　　)。
   A. 产值最大化 　　　　　　　　　　　B. 利润最大化
   C. 股东财富最大化 　　　　　　　　　D. 企业价值最大化

10. (　　)是指在财务管理过程中,利用有关信息和特定手段,对企业的财务活动施加影响或调节,以便实现计划所规定的财务目标。
    A. 财务预测 　　　　B. 财务决策 　　　　C. 财务预算 　　　　D. 财务控制

11. 对企业净资产的分配权是( )的基本权利。

    A. 国家   B. 所有者   C. 债务人   D. 经营者

12. 企业与债权人的财务关系主要体现为( )。

    A. 投资-收益关系   B. 等价交换关系

    C. 分工协作关系   D. 债务债权关系

13. 财务管理的核心工作环节为( )。

    A. 财务预测   B. 财务决策   C. 财务预算   D. 财务控制

14. ( )是指在财务活动发生前,就制定一系列制度和规定,把可能产生的差异予以排除的一种控制方法。

    A. 防护性控制   B. 前馈性控制   C. 反馈控制   D. 事中控制

15. 下列各项年金中,只有现值没有终值的年金是( )。

    A. 普通年金   B. 即付年金   C. 永续年金   D. 先付年金

16. 如果两个投资项目预期收益的标准差相同,而期望值不同,则这两个项目( )。

    A. 预期收益相同   B. 标准差率相同

    C. 预期收益不同   D. 未来风险报酬相同

17. 某人年初存入银行 1 000 元,假设银行按每年 10% 的复利计息,每年年末取出 200 元,则最后一次能够足额提款的时间是第( )年年末。

    A. 五   B. 八   C. 七   D. 九

18. 投资者由于冒风险进行投资而获得的超过资金时间价值的额外收益,称为投资的( )。

    A. 时间价值   B. 期望报酬   C. 风险报酬   D. 必要报酬

19. 企业年初借得 50 000 元贷款,10 年期,年利率 12%,每年年末等额偿还。已知年金现值系数 $(P/A, 12\%, 10) = 5.6502$,则每年应付金额为( )元。

    A. 8 849   B. 5 000   C. 6 000   D. 28 251

20. 普通年金终值系数的基础上,期数加1、系数减1所得的结果,数值上等于( )。

    A. 普通年金现值系数   B. 即付年金现值系数

    C. 普通年金终值系数   D. 即付年金终值系数

21. 距今若干期后发生的每期期末收款或付款的年金称为( )。

    A. 后付年金   B. 先付年金   C. 递延年金   D. 永续年金

22. 表示资金时间价值的利息率是( )。

    A. 银行同期贷款利率

    B. 银行同期存款利率

    C. 没有风险和没有通货膨胀条件下社会资金平均利润率

    D. 加权资本成本率

23. 甲方案的标准差比乙方案的标准差大,如果甲、乙两方案的期望值不同,则甲方案的风险( )乙方案的风险。

    A. 大于   B. 小于

    C. 等于   D. 无法确定大于还是小于

24. 投资者甘冒风险进行投资的诱因是( )。

    A. 可获得投资收益   B. 可获得时间价值回报

    C. 可获得风险报酬   D. 可一定程度抵御风险

25. 财务风险是( )带来的风险。

    A. 通货膨胀   B. 高利率   C. 筹资决策   D. 销售决策

26. 当银行利率为 10% 时,一项 6 年后付款 800 元的购货,若按单利计算,相当于第一年年初一次现金支付的价款为（   ）元。

  A. 451.6   B. 500   C. 800   D. 480

27. 某项永久性奖学金，每年计划颁发 50 000 元奖金。若年复利率为 8%，该奖学金的本金应为（   ）元。

  A. 625 000   B. 500 000   C. 125 000   D. 40 000

28. 普通年金终值系数的倒数称为（   ）。

  A. 复利终值系数   B. 偿债基金系数

  C. 普通年金现值系数   D. 投资回收系数

二、多项选择题

1. 下列经济行为中，属于企业财务活动的有（   ）。

  A. 资金营运活动   B. 利润分配活动

  C. 筹集资金活动   D. 投资活动

2. 财务管理的内容包括（   ）。

  A. 财务活动   B. 生产管理   C. 技术管理   D. 财务关系

3. 企业资金的特点有（   ）。

  A. 处于再生产过程中   B. 必须以货币形态存在

  C. 以货币或实物形态存在   D. 体现为实物的价值方面

4. 企业投资可分为对内投资和对外投资，对内投资包括（   ）。

  A. 固定资产投资   B. 无形资产投资   C. 股票投资   D. 债券投资

5. 以利润最大化作为财务管理目标，存在的缺陷有（   ）。

  A. 没有考虑风险

  B. 不能用于不同资本规模的企业间比较

  C. 没有考虑资金时间价值

  D. 不能避免企业的短期化行为

6. 企业价值最大化目标的优点在于（   ）。

  A. 考虑资金时间价值   B. 考虑投资的风险价值

  C. 能避免企业的短期化行为   D. 有利于社会资源的合理配置

7. 财务预测环节的工作主要包括的步骤有（   ）。

  A. 明确预测目的   B. 收集相关资料   C. 选定预测方法   D. 实施财务预测

8. 关于投资者要求的期望投资报酬率，下列说法中，正确的有（   ）。

  A. 风险程度越高，要求的报酬率越低

  B. 无风险报酬率越高，要求的期望投资报酬率越高

  C. 无风险报酬率越低，要求的期望投资报酬率越高

  D. 风险程度越高，要求的期望投资报酬率越高

9. 下列表述中，正确的有（   ）。

  A. 复利终值系数和复利现值系数互为倒数

  B. 普通年金终值系数和普通年金现值系数互为倒数

  C. 普通年金终值系数和偿债基金系数互为倒数

  D. 普通年金现值系数和投资回收系数互为倒数

10. 影响资金时间价值大小的因素主要有（   ）。

  A. 资金额   B. 利率和期限   C. 计算方式   D. 风险

11. 年金按其每次收付款发生时点的不同可分为（   ）。

  A. 普通年金   B. 即付年金   C. 递延年金   D. 永续年金

12. 下列属于会引起企业经营风险的因素有（   ）。

A. 市场销售带来的风险　　　　　　　　B. 生产成本因素产生的风险

C. 原材料供应情况变动带来的风险　　　　D. 自然灾害引起产品损失的风险

13. 对于资金时间价值概念的理解,下列表述中,正确的有( )。

A. 货币只有经过投资和再投资才会增值,不投入生产经营过程的货币不会增值

B. 一般情况下,资金的时间价值应按复利方式来计算

C. 资金时间价值不是时间的产物,而是运用的产物

D. 不同时期的收支不宜直接进行比较,只有把它们换算到相同的时间基础上,才能进行大小的比较和比率的计算

14. 计算普通年金现值所必需的资料有( )。

A. 年金　　　　　　B. 终值　　　　　　C. 期数　　　　　　D. 利率

15. 实际工作中,以年金形式出现的有( )。

A. 采用加速折旧法所计提的各年的折旧费　　B. 租金

C. 奖金　　　　　　　　　　　　　　　　　D. 保险费

16. 下列说法中,不正确的有( )。

A. 风险越大投资人获得的投资收益就越高

B. 风险越大,意味着损失越大

C. 风险是客观存在的,投资人是无法选择是否承受风险的

D. 由于通货膨胀会导致市场利率变动,企业筹资成本就会加大,所以由于通货膨胀而给企业带来的风险是财务风险,也即筹资风险

三、判断题

1. 财务管理就是对资金的管理。　　　　　　　　　　　　　　　　　　　　　　　( )

2. 企业与政府之间的财务关系体现为一种投资与受资关系。　　　　　　　　　　　( )

3. 在依据一定的法律原则下,如何合理确定利润分配规模和分配方式,以使企业的长期利益最大,也是财务管理的主要内容之一。　　　　　　　　　　　　　　　　　　　　　　　　　　　　　　( )

4. 企业的资金运动,既表现为钱和物的增减变动,又体现了经济利益关系。　　　　( )

5. 企业作为市场主体,它不仅要为其所有者提供收益,而且要承担社会责任,因此企业一定要以社会责任为先。　　　　　　　　　　　　　　　　　　　　　　　　　　　　　　　　　　( )

6. 企业与受资者之间的财务关系是体现债权债务关系。　　　　　　　　　　　　　( )

7. 影响财务管理的经济环境因素主要包括经济周期、经济发展水平、经济政策和金融市场状况等。　　　　　　　　　　　　　　　　　　　　　　　　　　　　　　　　　　　　　　　( )

8. 企业价值最大化直接反映了企业所有者的利益,他与企业经营者没有直接的利益关系。　( )

9. 随着分配过程的进行,资金或者退出或者留存企业,它必然会影响企业的资金运动,这不仅会表现在资金运动的规模上,而且表现在资金运动的结构上。　　　　　　　　　　　　　　　( )

10. 在经济活动中,风险表现为一种实际的经济损失,而风险报酬则是对这种损失的补偿。　( )

11. 一般说来,资金时间价值是指没有通货膨胀条件下的投资报酬率。　　　　　　　( )

12. 无论各投资项目报酬率的期望值是否相同,都可以采用标准差比较其风险程度。　( )

13. 永续年金既有终值又有现值。　　　　　　　　　　　　　　　　　　　　　　　( )

14. 在现值和利率一定的情况下,计算期数越少,则复利终值越大。　　　　　　　　( )

15. 在终值和计算期一定的情况下,贴现率越低,则复利现值越高。　　　　　　　　( )

16. 经营风险是指因生产经营方面的原因给企业盈利带来的不确定性,它是来源于企业生产经营内部的诸多因素的影响。　　　　　　　　　　　　　　　　　　　　　　　　　　　　( )

17. 标准差是反映概率分布中各种可能的报酬率对实际报酬率的偏离程度。　　　　( )

18. 对于多方案择优,决策者的行动准则应是权衡期望收益与风险,而且还要视决策者对风险的态度而定。 （　　）

19. 一次性款项的复利现值就是为在未来一定时期获得一定的本利和现在所需的本金。 （　　）

20. 年金是指每隔一年、金额相等的一系列现金流入或流出量。 （　　）

▶ 项目训练
XIANGMU XUNLIAN

一、计算分析题

1. 某人在 2020 年 1 月 1 日存入银行 10 000 元,年利率为 8%。要求计算:

(1) 每年计算复利一次,2023 年 1 月 1 日存款账户的余额是多少?

(2) 每季度计算复利一次,2023 年 1 月 1 日存款账户的余额是多少?

(3) 若分别在 2020 年、2021 年、2020 年和 2023 年 1 月 1 日存入 2 500 元,仍按 8% 利率,每年计算复利一次,求 2023 年 1 月 1 日的余额。

(4) 假定分 4 年存入相等金额,为了达到第一问所得到的账户余额,每期应存入多少金额?

2. 东方公司拟购置一处房产,房屋开发公司提出两种付款方案:

(1) 从现在起,每年年初支付 200 万元,连续支付 10 次,共 2 000 万元。

(2) 从第 5 年开始,每年年初支付 250 万元,连续支付 10 次,共 2 500 万元。

假定该公司的资金成本率(即最低报酬率)为 10%,你认为该公司应选择哪个方案?

3. 长红公司有 A、B 两个投资项目,投资额均 1 000 万元,其收益的概率分布如表 1-3 所示。

表 1-3　　　　　　　　　　收益的概率分布

市场情况	概率	A 项目现金净流量（万元）	B 项目现金净流量（万元）
销售好	0.2	2 000	3 000
销售一般	0.5	1 000	1 000
销售差	0.3	500	−500

要求:

(1) 计算两个项目的标准差。

(2) 判断两个方案的优劣。

4. 某企业某项投资的资产利润率概率估计情况如表 1-4 所示。

表 1-4　　　　　　　　　　资产利润率概率估计情况

可能出现的情况	概率	资产利润率
1. 经济状况好	0.3	20%
2. 经济状况一般	0.5	10%
3. 经济状况差	0.2	−5%

要求:

(1) 计算资产利润率的期望值。

(2) 计算资产利润率的标准差。

5. 工商银行向南方公司某项目贷款 1 000 万元,期限 10 年,年利率 8%,要求每年等额还本付息,问每年应等额回收多少金额?

6. 南海公司向某商业银行借款 100 万元,利率 8%,期限 5 年,到期还本付息。银行要求从现在起南海公司每年年末存入银行一笔等额款项以建立偿债基金。问:在存款利率为 4% 的情况下,每年应存入多少元才能到期偿还 100 万元借款的本息额?

二、案例题

案例一——东方公司关于投资方案的讨论

(一)案例目的

掌握财务管理中理财观念的运用。

(二)案例资料

东方公司现有 1 000 万元的暂时闲置资金,投资部三个工作小组分别提出三个方案。

甲方案:将三分厂(已出租,每年租金 30 万)收回拆迁,进行房地产投资,投资期限 2 年。预计投资收益率为 30%,预计标准差率为 80%。

乙方案:投资股票,设定投资期限为 2 年,预计投资收益率为 50%,预计标准差率为 250%。

丙方案:将二分厂进行技术改造,扩大原有产品生产的规模和产品的技术含量,预计投资收益率为 15%(二分厂原有投资收益为 10%),预计标准差率为 30%。

在东方公司投资方案分析会上,甲小组分析自己的方案是风险不大,收益高;乙方案虽然收益高,但风险太大;丙方案收益率太低。因此,应该选择甲方案。

乙小组分析自己的方案是风险虽大,但报酬率很高,如若遇到特殊风险,可及时收回,投资弹性很大,流动性强,既可作为长期投资,还可作为公司的预备现金,以防不时之需;而甲方案虽然风险不大,收益也较高,但企业为此每年丧失 30 万的租金收入,而且放弃了三分厂原土地使用权,如果未来土地升值 100%,企业将丧失巨大的土地增值收益,甲方案短期看是盈利,从长期看是亏本的投资;至于丙方案,虽然风险较小,但收益也不高。因此,乙小组建议选择乙方案。

丙小组分辩说,自己的方案虽然报酬率低,但安全性高,提高了公司的收益水平,产生了投资规模效益,提升了公司的边际收益率,从长远看,公司的主营业务竞争力会提高,公司将获得长远的发展基础。因此,应该选择丙方案。

(三)案例要求

(1)从上面的讨论中,你看出了讨论者运用了哪些理财观念?

(2)假定不考虑其他因素,仅从收益与风险的角度分析,你选择哪个方案?并给出理由。

案例二——南方公司关于贷款扩建厂房方案的决策

(一)案例目的

练习资金时间价值等理财观念的运用。

(二)案例资料

南方公司 2020 年 1 月 1 日因扩建厂房向工商银行申请贷款 600 万元,期限 6 年。工商银行与南方公司协商了 2 套方案:

A 方案:实行浮动利率,贷款利率定为 10%,以后随国家调整利率而逐年调整,实行按季付息,到期还本的方式,不可提前还贷。

B 方案:实行固定利率 12%,按年等本偿还(即每年偿还本金相同、利息递减的一种偿还方式)或按年等额偿还(即每年偿还的利息金额相同、本金递增、利息递减的一种方式),也可以提前还贷。

公司管理层讨论时,认为目前固定资产投资比率居高不下,原油、钢材、房地产、粮食等价格不断攀升,生产资料价格指数和居民消费价格指数双双环比增加,政府肯定会转而实行宏观紧缩政策,预计未来利率会不断上调,有可能达到 14% 以上。虽然 A 方案到期还本,会使企业可使用的贷款额不变,可随着利率的上升,以后年度的应付利息额会不断攀升。

B 方案相对 A 方案利率虽较高,分期还本,使企业可使用贷款额逐年减少,但回避了利率风险;加之厂房扩建工期为 1 年,第 2 年即可产生现金流入,未来对资金的需求不很迫切,如未来现金流许可,还可以提前还款,贷款弹性较大。

综合以上分析,管理层决定选择 B 方案。

(三)案例要求

(1)南方公司管理层在决策时,运用了哪些理财观念。

(2)根据资料,你认为政策应该上调利率吗?为什么?

(3)根据资料,请计算等本偿还、等额偿还每年应偿还的金额与本金及利息各是多少。

案例三——司机王某的国寿鸿寿保险投资

(一)案例目的

熟悉和掌握资金时间价值和风险观念的运用。

(二)案例资料

王某现年 20 岁,出租车司机,准备购买一份保险,向保险业务员进行咨询,业务员为其推荐了一个国寿鸿寿年金保险,并为其做出了保险计划,具体如表 1-5 和表 1-6 所示。

表 1-5   国寿鸿寿年金

保额	10 万元	保费	5 500 元	缴费期	20 年	保险期限	至 80 周岁
养老金领取	被保险人生存到 60 周岁时,开始每年领取养老金 5 000 元(保险金额 5%),直至 79 岁为止,共领取 9.5 万元						
	被保险人生存到 80 周岁时,可一次性领取满期保险金 20 万元(保险金额的 2 倍),合同终止						
人身保险	被保险人身故,赔付身故保险金 20 万元,合同终止						
缴、领时间	每年 12 月份为缴费、领取的时间						

表 1-6   国寿鸿寿年金保险客户利益演示表

被保险人姓名:王华　投保年龄:20 岁　被保险人性别:男　交费年限:20 年

年缴保费:5 500 元　基本保险金额:100 000 元　年金开始领取年龄:60 岁　金额单位:元

经过年数	年龄	年缴保费	身故保障	生存年金	身故给付	退保给付
0	20	5 500	200 000		200 000	1 100
1	21	5 500	200 000		200 000	3 917
2	22	5 500	200 000		200 000	4 466
3	23	5 500	200 000		200 000	7 447
4	24	5 500	200 000		200 000	11 322
5	25	5 500	200 000		200 000	15 501
6	26	5 500	200 000		200 000	19 995
7	27	5 500	200 000		200 000	24 819
8	28	5 500	200 000		200 000	29 987
9	29	5 500	200 000		200 000	35 514
10	30	5 500	200 000		200 000	41 413
11	31	5 500	200 000		200 000	47 701

（续表）

经过年数	年龄	年缴保费	身故保障	生存年金	身故给付	退保给付
12	32	5 500	200 000		200 000	54 392
13	33	5 500	200 000		200 000	61 503
14	34	5 500	200 000		200 000	69 052
15	35	5 500	200 000		200 000	77 055
16	36	5 500	200 000		200 000	85 532
17	37	5 500	200 000		200 000	94 501
18	38	5 500	200 000		200 000	103 982
19	39	5 500	200 000		200 000	113 997
20	40		200 000		200 000	124 567
21	41		200 000		200 000	131 547
22	42		200 000		200 000	138 798
23	43		200 000		200 000	146 330
24	44		200 000		200 000	154 152
25	45		200 000		200 000	162 276
26	46		200 000		200 000	170 710
27	47		200 000		200 000	179 465
28	48		200 000		200 000	188 552
29	49		200 000		200 000	197 984
30	50		200 000		200 000	207 771
31	51		200 000		200 000	217 928
32	52		200 000		200 000	228 468
33	53		200 000		200 000	239 407
34	54		200 000		200 000	250 759
35	55		200 000		200 000	262 539
36	56		200 000		200 000	274 769
37	57		200 000		200 000	287 465
38	58		200 000		200 000	300 650
39	59		200 000		200 000	314 346
40	60		200 000	5 000	200 000	
41	61		200 000	5 000	200 000	
42	62		200 000	5 000	200 000	

（续表）

经过年数	年龄	年缴保费	身故保障	生存年金	身故给付	退保给付
43	63		200 000	5 000	200 000	
44	64		200 000	5 000	200 000	
45	65		200 000	5 000	200 000	
46	66		200 000	5 000	200 000	
47	67		200 000	5 000	200 000	
48	68		200 000	5 000	200 000	
49	69		200 000	5 000	200 000	
50	70		200 000	5 000	200 000	
51	71		200 000	5 000	200 000	
52	72		200 000	5 000	200 000	
53	73		200 000	5 000	200 000	
54	74		200 000	5 000	200 000	
55	75		200 000	5 000	200 000	
56	76		200 000	5 000	200 000	
57	77		200 000	5 000	200 000	
58	78		200 000	5 000	200 000	
59	79		200 000	200 000	200 000	

（三）案例要求

（1）保险业务员推荐的保险计划中运用了什么类型的年金？

（2）假定投资收益率要求得到6%，请计算累计投资的现值。

（3）假定投资收益率要求得到6%，请计算王某获得累计收益的现值（假定王某寿命80岁）。

（4）试讨论该计划对保险公司而言有否风险？主要表现在哪些方面？（假定保险公司的期望报酬率也为6%）。

（5）假定投资收益率要求得到6%，王某投资该保险计划有否风险？主要表现在哪些方面？

（6）假定投资收益率要求得到6%，王某于投保后的第5年年末（即25岁保费已缴）退保，其损失额为多少？

项目二　融资管理

学习目标

知识目标：

1. 掌握融资通道、融资方式及其关系；

2. 熟悉融资的分类；

3. 掌握权益资金、负债资金的筹集方式及各种融资方式的优缺点；

4. 正确把握三种不同债券发行价格；

5. 掌握资金成本的概念及其构成；

6. 熟悉资金结构的概念；

7. 掌握 DFL 的概念、了解财务风险。

能力目标：

1. 能够正确运用各种预测方法，预测企业资金需要量；

2. 能够计算放弃现金折成的成本，具备利用现金折扣进行决策分析的能力；

3. 能够正确计算各种融资方式下的个别资金成本及加权平均资金成本；

4. 能够运用所学的资金结构决策方法，判别企业资金结构的优劣。

重点与难点

教学重点：

1. 筹资渠道、筹资方式及其相互关系；

2. 权益资金的筹集方式及其优缺点；

3. 负债资金的筹集方式及其优缺点；

4. 资金成本的概念及各种不同资金成本的计算；

5. 财务杠杆的概念及计算。

教学难点：

1. 放弃现金折扣成本的计算；

2. 融资租赁各种不同方式下租金的计算；

3. 个别资金成本、加权平均资金成本的计算；

4. 最优资金结构的判别；

5. 财务杠杆的计算。

案例导入

液晶企业京东方(000725)2009 年 11 月 26 日抛出 100 亿元的定向增发中小企业融资计

划。该计划发行股票数量区间为 3 亿至 23 亿股,发行价格不低于 4.64 元/股,即为前 20 个交易日平均价的 90%。发行募集的资金将用于增资北京京东方显示技术有限公司投资建设第八代薄膜晶体管液晶显示器件(TFT-LCD)生产线项目以及补充公司流动资金。这是京东方 2009 年 6 月刚完成定向增发募资 120 亿元后又一次大规模融资。此后,京东方 2012 年定增 90 亿元,2014 年定增 448 亿元。2021 年 1 月 15 日最新公告显示,自 2014 年定增后至今未通过配股、增发、可转换公司债券等募集资金,本次定增募集资金 200 亿元,主要用于收购南京中电熊猫平板显示科技有限公司部分股权和子公司武汉京东方光电科技有限公司部分股权。除京东方外,深天马(000050)和 TCL 集团(000100)两家同行业公司也有类似的融资活动。

讨论:公司前景良好,大规模扩张所需资金融资方式有哪些? 京东方是如何选择的?

任务一　　融资认知

资金筹集是企业财务管理的首要任务,是企业财务管理的起点。从企业资金来源看,包括两个部分:一是所有者权益,包括投资者投入的资本金以及资本公积金、盈余公积金、公益金和未分配利润等;二是企业的负债,包括借入的资金以及应付未付的款项等。

一、融资目的与原则

(一) 融资的目的

企业融资的基本目的是满足正常的生产经营需要,具体体现在以下几个方面。

1. 满足企业设立的需要

一般企业在初创期,要筹集大量资金,以购置厂房、机器设备,购进原材料,支付开办费等,因此,融资活动是企业设立的前提,是整个财务活动的起点。

2. 满足生产经营的需要

企业最为经常性的财务活动就是满足生产经营需要而进行的融资活动。这是因为企业要想保持生命力,就必须加大投入,如提高产品质量与工艺技术、追加对外投资、开拓企业经营领域和对外兼并等。因此,企业应将满足生产经营的需要作为融资的重点,应确保资金及时到位。

3. 满足资本结构调整的需要

资本结构的调整是企业为降低融资风险,减少资金成本而对资本与负债间的比例关系进行的调整,它属于企业重大的财务决策事项,也是企业融资管理的重要内容。

(二) 融资的原则

筹集资金必须遵循一定的原则,以使融资结构合理化。企业融资应遵循以下基本原则:

1. 效益原则

通过投资收益与融资成本的比较,使企业投资和融资在效益上平衡,避免企业在分析投资机会时不顾投资的效益盲目融资,防止融资不足影响生产或融资过剩影响资金使用效果。企业可以通过选择不同的融资方式,降低融资成本。

2. 适度原则

企业融资规模受到注册资本限额、企业债务契约约束、企业规模大小等多方面因素的影响,且不同时期企业的资金需求量并不是一个常数。企业财务人员要认真分析科研、生产、经营状况,采用一定的方法,预测资金的需要数量,合理确定融资规模。这样,既能避免因资金筹集不足,无法保证生产经营的正常进行,又可防止资金筹集过多,造成资金闲置浪费。

3. 及时原则

企业财务人员在筹集资金时必须熟知资金时间价值的原理和计算方法,以便根据资金需求的具体情况,合理安排资金的筹集时间,适时获取所需资金。这样,既能避免过早筹集资金形成资金投放前的闲置,又能防止取得资金的时间滞后,错过资金投放的最佳时间。一般来说,期限越长、手续越复杂的筹资方式,其筹资时效越差。

4. 合理原则

资金的来源渠道和资金市场为企业提供了资金的源泉和融资场所,反映了资金的分布状况和供求关系,决定着融资的难易程度。不同来源的资金,会对企业的收益和成本产生不同的影响。因此,企业应认真研究资金来源渠道和资金市场,合理选择资金来源。

5. 经济原则

在确定融资数量、融资时间、资金来源的基础上,企业在融资时还必须认真研究各种融资方式。企业筹集资金必然要付出一定的代价,不同融资方式条件下的资金成本有高有低。为此,就需要对各种融资方式进行分析、对比,选择经济、可行的融资方式。与融资方式相联系的问题是资金结构问题,企业应确定合理的资金结构,以便降低成本,减少风险。

二、融资的分类

(一)按照资金使用期限的长短划分

按照资金使用期限的长短,企业筹集的资金可分为短期资金和长期资金。

(1)短期资金,是指占用期限在一年或一个营业周期以内的资金。它主要用于维持日常生产经营活动的开展,具有占用期限短、资金成本相对较低的特点。

(2)长期资金,是指占用期限在一年或一个营业周期以上的资金。它主要用于购建固定资产、长期对外投资、新产品的开发和推广等方面,具有占用期限长、资金成本相对较高、投资风险较大的特点。

(二)按照资金的来源渠道划分

按照资金的来源渠道不同,企业筹集的资金可分为权益资金和负债资金。

(1)权益资金。又称所有者权益,是企业依法筹集并长期拥有的、自主运用的资金,它包括投入资本、资本公积金、盈余公积金和未分配利润等。其特点是:第一,权益资金的所有权归属所有者,所有者可以参与企业经营管理和利润分配并承担一定的责任;第二,企业对权益资金依法享有经营权,投资者在企业经营期内,无权以任何方式抽回资本,企业也没有还本付息的压力;第三,权益资金主要通过国家财政资金、其他企业资金、居民个人资金、外商资金等渠道,采用吸收直接投资、发行股票、留存收益等方式筹集形成。

(2)负债资金。又称借入资金或债务资金,是企业依法筹集并依约使用、按期偿还的资金,它包括各种应付债券、应付账款、应付票据等。其特点是:第一,负债资金体现了企业与债权人的债权债务关系,企业只能在约定的期限内享有使用权,并负有按期还本付息的责任,融资风险较大;第二,债权人无权参与企业经营管理,也不承担企业的经营风险,只能到期索取利息或要求到期还本;第三,负债资金通过银行信贷资金、非银行金融机构资金、个人资金等渠道,采用银行借款、发行债券、商业信用、融资租赁等方式筹集形成。

三、融资渠道与方式

(一) 融资渠道

企业融资活动需要通过一定的渠道并采用一定的方式来完成。融资渠道是指企业筹措资金的来源方向和通道。现阶段我国企业融资渠道主要有以下几种。

(1) 国家财政资金。即国家对企业的投资,是国有企业资金来源的主渠道。现有国有企业的那部分国有资本,大部分是过去由国家财政拨款而来。目前,由于国有经济体制的改革,除一部分大中型企业和新建国有企业外,一般企业很难再获得国家财政资金。

(2) 银行信贷资金。即银行对企业的各种贷款。随着金融体制的改革深化,银行信贷资金已成为我国企业资金供应的主渠道。

(3) 非银行金融机构资金。非银行金融机构可以通过质押贷款、信托贷款等方式向企业直接提供资金或为企业融资提供服务。

(4) 其他企业资金。企业之间为了特定的目的可以相互投资,这也为企业筹资提供了资金来源。

(5) 企业自留资金。即企业内部形成的资金,主要是计提折旧、公积金及未分配利润。

(6) 居民个人资金。即企业职工和城乡居民的结余资金,可以购买股票、债券等,从而为企业提供筹资的来源。

(7) 外商资金。是外国投资者以及港、澳、台地区的投资者投入的资金,是外商投资企业的重要资金来源。

(二) 融资方式

融资方式是指企业筹措资金所采用的具体形式。目前,我国企业的融资方式主要有以下几种:①吸收直接投资;②发行股票;③利用留存收益;④向银行借款;⑤利用商业信用;⑥发行公司债券;⑦融资租赁。其中:利用①～③方式筹措的资金为权益资金;利用④～⑦方式筹措的资金为负债资金。

(三) 融资渠道和融资方式的对应关系

融资渠道解决的是资金来源问题,融资方式解决的是企业通过何种方式取得资金的问题,它们之间存在一定的对应关系,特定的融资渠道只能配以相应的融资方式,而一定的融资方式只能适用于某一特定的融资渠道。表 2-1 表示了它们之间的对应关系。

表 2-1   融资方式与融资渠道的对应关系

筹集渠道	吸收直接投资	发行股票	利用留存收益	银行借款	发行债券	利用商业信用	融资租赁
国家财政资金	√	√					
银行信贷资金				√			
非银行金融机构资金	√	√		√	√		√
其他企业资金	√				√	√	√

（续表）

筹集渠道	吸收直接投资	发行股票	利用留存收益	银行借款	发行债券	利用商业信用	融资租赁
居民个人资金	√	√			√		
企业自留资金	√		√				

注："√"表示对应可以采用的筹集方式。

四、资金需要量的预测方法

预测企业资金需要量是筹集资金的基础性工作，也就是说，企业在融资之前，应当采用一定的方法预测资金需要量，以保证企业生产经营活动对资金的需要，避免发生融资失败、现金周转不灵等问题。企业资金需要量预测方法包括定性预测法和定量预测法，定量预测法常用方法主要有销售百分比法和资金习性预测法。

（一）定性预测法

定性预测法是指利用直观的资料，依靠个人的经验对未来资金需要量作出预测。定性预测法一般适用于企业缺乏完备准确的历史资料；预测方式主要依靠个人的经验和主观分析、判断能力。

（二）销售百分比法

1. 销售百分比法的含义

销售百分比法是指利用资金负债表和利润表的各个项目与销售之间的依存关系，按照计划期销售增长的情况来预测企业是否需要追加资金，以及需要追加多少资金的方法。

销售百分比法的主要优点是它能够为企业提供短期的预计资产负债表，以适应外部筹资的需要，并且易于使用。但是这种方法也存在缺点，当有关比例失误时，则根据这种比例计算出来的结果就会得出错误的结论，因此企业在有关因素发生变动时，必须认真进行分析，作出相应的调整，以保证预测结果的准确性。

2. 销售百分比法的步骤

（1）分析资产负债表的各个项目与销售总额之间的比例关系。

① 资产类项目。资产各项目中现金、应收账款和存货等项目，一般都会随销售额的增长而相应增长，至于固定资产项目是否要增加，则需视固定资产是否已被充分利用情况而定。如果生产设备尚未充分使用，增加销售额不会引起设备投资的增加；如果设备已经被充分利用，要想增加销售额，就必须增加对设备方面的投资，就会引起资金需要量的相应增加。长期投资、无形资产等项目，一般与销售额之间的关系不大，基本上不随销售额的增加而增加，因此可以忽略不予考虑。

② 负债类和所有者权益类项目。负债项目中的应付账款、其他应付款等项目，通常会因销售额的增长而相应增加，而长期负债及股东权益等项目，则一般不随销售额的增长而增加。

（2）计算基期的销售百分比。根据基期的资产负债表，将与销售额有比例关系的项目，计算其与基期销售收入金额的百分比。

（3）确定企业内部留存收益。企业在生产经营过程中，可以利用企业的内部留存收益融资。企业在筹措资金时应将内部留存收益考虑进去,从而优化资金的使用率。要确定企业的内部留存收益,就必须先准确的预测出企业的年度利润和股利分配率。

(4) 将以上确定的指标值代入下面的公式,求得企业所需追加的资金量。

需追加的资金量＝由于销售增长所引起的增加的资产占用量－由于销售增长所引起的增加的负债占用量－留存收益

【例2-1】 某公司2020年度实际销售额为150万元,获得税后净利30万元,并发放股利21万元,厂房设备利用率已经达到了饱和状态,该公司2020年度的简略资产负债表如表2-2所示。

表2-2 资产负债表 单位:元

资产		负债及所有者权益	
货币资金	40 000	应付账款	120 000
应收账款	260 000	应付票据	30 000
存货	210 000	长期负债	250 000
固定资产	300 000	股本	550 000
无形资产	190 000	留存收益	50 000
合计	1 000 000	合计	1 000 000

若该公司在计划期(2021年)销售收入总额将增加到180万元,并按基期的比例发放股利。

要求:用销售百分比法预测公司2021年需要追加的资金。

解:(1) 计算出各指标值。

$$企业在2021年的销售增长率=\frac{180-150}{150}\times100\%=20\%$$

$$企业的销售净利率=\frac{30}{150}\times100\%=20\%$$

$$股利发放率=\frac{21}{30}\times100\%=70\%$$

根据2020年的资产负债表,分析研究各项目同销售收入之间的依存比例关系,并编制出用销售百分比形式表示的资产负债表,如表2-3所示。

表2-3 资产负债表 单位:%

资产		负债及所有者权益	
货币资金	2.67	应付账款	8.00
应收账款	17.33	应付票据	2.00
存货	14.00	长期负债	—
固定资产	20.00	股本	—
无形资产	—	留存收益	—
合计	54.00	合计	10.00

所以,根据表2-3:

由于销售增长所引起的增加的资产占用量＝(180－150)×54％＝16.2(万元)

由于销售增长所引起的增加的负债占用量＝(180－150)×10％＝3(万元)

公司留存收益＝180×20％×(1－70％)＝10.8(万元)

(2) 将以上确定的指标值代入下面的公式:

$$需追加的资金量 ＝ 16.2－3－10.8＝2.4(万元)$$

所以,该公司2021年需要追加2.4万元的资金。

(三) 资金习性预测法

资金习性预测法是根据资金习性预测未来资金需要量的一种方法。所谓资金习性,是指资金变动与产销量之间的依存关系。

按照资金习性可将资金分为不变资金、变动资金和半变动资金。不变资金是指在一定的经营规模内,不随产销量的变动而变动的那部分资金,主要包括为维持生产经营而占用的最低数额的货币资金、原材料的保险储备、必要的成品储备以及厂房、机器设备等固定资产占用的资金;变动资金是指随产销量的变动而成比例变动的那部分资金,一般包括直接构成产品实体的原材料、外购件等占用的资金和在最低储备以外的货币资金、存货和应收账款等占用的资金;半变动资金是指虽受产销量变动影响,但不与产销量成同比例变动的那部分资金,如一些辅助材料占用的资金等。半变动资金可以通过一定的方法分解为不变资金和可变资金两部分。

根据资金与业务量之间存在的这种依存关系,可以建立如下模型:

$$y ＝ a ＋ bx$$

式中:y 为筹资总规模,a 为不变资金规模,b 为单位业务量的变动资金规模,x 为业务量(以销售量代替)。

在实际运用中,可根据历史资料采用线性回归法和高低点法来进行计算,在已知销售预测(x)的基础上,确定筹资规模(y)。

1. 线性回归法

根据线性回归模型及历年的 n 期数据,即可建立决定回归直线的联立方程组如下:

$$\begin{cases} \sum y ＝ na ＋ b\sum x \\ \sum xy ＝ a\sum x ＋ b\sum x^2 \end{cases}$$

通过联立方程组可以求出 a 和 b 的值,在此基础上结合预计产销量,运用现行回归模型可以预计出资金需要量。

【例2-2】 某公司2015—2020年的业务量与资金需要量的如表2-4所示。

表2-4 　　　　　　　某公司2015—2020年的业务量与资金需要量的对比表 　　　　　　单位:万元

年度	2015	2016	2017	2018	2019	2020
业务量	75	94	78	92	98	100
资金需要量	109	125	115	120	128	130

该公司预计 2021 年的业务量为 110 万件,假设业务量和资金需要量之间存在线性关系,要求利用线性回归分析法预测公司 2021 年的资金需要量。

解:(1)对上表进行整理和计算,得出表 2-5。

表 2-5   表 2-4 的整理和计算

年度	业务量 X(万件)	资金需要量 Y(万元)	XY	X^2
2015	75	109	8 175	5 625
2016	94	125	11 750	8 836
2017	78	115	8 970	6 084
2018	92	120	11 040	8 464
2019	98	128	12 544	9 604
2020	100	130	13 000	10 000
Σ	537	727	65 479	48 613

(2) 将整理的上述数据代入下列方程:

$$\begin{cases} \sum Y = na + b\sum X \\ \sum XY = a\sum X + b\sum X^2 \end{cases}$$

得出:

$$\begin{cases} 727 = 6a + 537b \\ 65\ 479 = 537a + 48\ 613b \end{cases}$$

求得:

$$\begin{cases} a = 54.04 \\ b = 0.75 \end{cases}$$

将 $a = 54.04$ 和 $b = 0.75$ 代入 $Y = a + bX$,得:

$$Y = 54.04 + 0.75X$$

该公司预计 2021 年的业务量为 110 万件,则 2021 年的预计资金需要量为:

$$Y = 54.04 + 0.75 \times 110 = 136.54(万元)$$

2. 高低点法

【例 2-3】 仍以例 2-2 的数据为例,采用高低点法预测 2021 年的资金规模。

解:其计算步骤为:

第一,选择最高业务量和最低业务量作为高点和低点,本例中 2020 年为高点,2015 年为低点。

第二,求出 a、b 参数值。

$$b = \frac{最高业务量所占用的资金额 - 最低业务量所占用的资金额}{最高业务量 - 最低业务量}$$

$$= \frac{130 - 109}{100 - 75}$$

$$= 0.84$$

将 b 代入 $y＝a＋bx$，以高点值或低点值为据求得 a

高点：　　　　　　　$130＝a＋0.84×100$

　　　　　　　　　　　$a＝46$

低点：　　　　　　　$109＝a＋0.84×75$

　　　　　　　　　　　$a＝46$

第三，将 a、b 值代入 $y＝a＋bx$ 建立预测方程：

$$y＝46＋0.84x$$

第四，预测 2021 年资金规模：

$$y＝46＋0.84×110$$
$$＝138.4（万元）$$

▶**要点回顾**
YAODIAN HUIGU

　　筹资是企业经营活动的起点，也是财务活动的第一环节。本任务主要讲授筹资的概念、原则，资金的分类；重点介绍了不同的资金来源渠道及与之相配合的筹资方式；介绍了资金需要量的预测方法；重点讲授了利用销售百分比法预测资金需要量。

任务二　权益资金筹集

　　权益资金的筹集方式主要有吸收直接投资、发行股票（发行普通股、发行优先股）和利用留存收益。这里主要介绍吸收直接投资、发行普通股和发行优先股和利用留存收益。

一、吸收直接投资

　　吸收直接投资是指企业以合同、协议等形式吸收国家、法人、个人和外商等主体直接投入的资金，形成企业权益资金的一种筹资方式。

（一）吸收直接投资的种类

按照资金来源不同，吸收直接投资可以分为四种类型。

1. 吸收国家投资

国家投资是指有权代表国家投资的政府部门或者机构以国有资产投入企业形成的资本金。吸收国家投资是国有企业筹集权益资金的主要方式。吸收国家投资一般具有以下特点：①产权归属国家；②资金的运用和处置受国家约束较大；③在国有企业中采用比较广泛。

2. 吸收法人投资

法人投资是指法人企业以其依法可以支配的资产投入企业形成的资本金。吸收法人投资主要是指法人单位在进行横向经济联合时所产生的联营投资。吸收法人投资一般具有以下特点：①发生在法人单位之间；②以参与企业利润分配为目的；③出资方式灵活多样。

3. 吸收个人投资

个人投资是指社会个人或企业内部职工以个人合法财产投入企业形成的资本金。吸收个人投资一般具有以下特点：①参加投资的人员较多；②每人投资的数额相对较少；③以参与企业利润分配为目的。

4. 吸收外商投资

外商投资是指外国投资者以及我国香港、澳门和台湾地区投资者把资金投入企业形成的资本金。吸收外商投资一般具有以下特点：①可以筹集外汇资金；②出资方式比较灵活；③一般只有中外合资（或中外合作）经营企业才能采用。

（二）吸收直接投资的出资方式

企业采用吸收直接投资方式筹集资金时，投资者可以用现金和非现金资产作价出资。

1. 吸收现金投资

吸收现金投资是指企业吸收投资者投入的货币资金，是吸收直接投资中最主要的一种方式。吸收投资中所需投入现金的数额，取决于投入的实物、无形资产之外尚需多少资金来满足筹建的开支和日常周转的需要。大多数国家都对现金的出资比例做出了规定。

2. 吸收非现金投资

吸收非现金投资是指企业吸收投资者投入的实物资产（包括房屋、建筑物、设备等）和无形资产（包括专利权、商标权、非专利技术、土地使用权、商誉等）等非现金资产。企业在接受这类投资时，应注意做好资产评估、产权转移、财产验收等工作。对于接受的无形资产，还应进行调查和可行性研究，注意其数额是否符合有关无形资产出资限额的规定。

（三）吸收直接投资的程序

企业吸收直接投资，一般要遵循以下程序：

（1）确定所需吸收投资的数量。企业开办时、或在经营过程中发现权益资金不足时，可采用吸收投资方式筹集资金。在吸收投资之前，企业必须确定所需资金的数量，以利合理筹集所需资金。企业吸收的直接投资属于所有者权益，其份额达到一定比例时，就会对企业的经营控制权产生影响。因此，确定吸收投资的数量，既要考虑投资需要，又要考虑对投资者投资份额的控制。

（2）确定吸收直接投资的具体形式。企业从哪些方面、以何种方式吸收直接投资，需要由企业和投资者双向选择，协商确定。企业应根据其生产经营等活动的需要以及协议规定，选择吸收直接投资的方向和具体形式。

（3）签署合同或协议等文件。双方对投资数额和出资方式等问题进行协商并达成共识后，便可签署投资协议或合同，以明确双方的权利和责任。投资合同或协议应包括投资者的出资数额、出资形式、资产交付期限、资产违约责任、投资收回、收益分配或损失分担、控制权分割、资产管理等内容。

（4）取得资金来源。签署投资合同或协议后，企业应督促投资者按时缴付出资或拨付资产，以便及时办理有关资产验证、注册登记等手续。

（四）吸收直接投资的优缺点

与其他筹资方式相比，吸收直接筹资具有以下优缺点：

（1）吸收直接投资的优点：第一，有利于降低财务风险。与借入资金筹资相比较，吸收直接投资所筹集的权益资金无须偿还，企业可以自主使用，财务风险小。第二，有利于增强企业再融资的能力。与负债筹资相比，权益资金能增强企业的信誉和实力、扩大对外负债的能力。第三，有利于尽快形成生产能力。与其他现金筹资方式相比、如发行股票、发行债券等，它吸收了企业所需要的实物资产和无形资产，能较快地形成企业的生产经营能力。

第四,筹资速度较快。与发行股票、债券等方式相比,履行的法律程序相对简单,筹资时间相对较短,资金到位时间较快。第五,有利于企业资产结构的调整和企业间的重组,为产权交易市场的形成与完善也提供了条件。

（2）吸收直接投资的缺点。第一,筹资成本较高。吸收直接投资筹集的是主权资金,对出资人而言,风险较大,索要的报酬较高,所以企业支付的成本高。第二,容易分散企业控制权。权益资金一般都要求分享与投资数量相适应的经营管理权,这是接受主权资金的代价之一。如果吸收直接投资的数量较多,原有企业管理层可能会失于对企业的控制权。第三,容易产生产权纠纷。吸收直接投资不以证券为媒介,从而在产权关系不明晰的情况下,容易产生产权纠纷。

二、发行普通股

普通股是股份有限公司发行的无特别权利的股份,也是最基本的、标准的股份。通常情况下,股份有限公司只发行普通股。

（一）股票种类

股份有限公司根据有关法规的规定以及筹资和投资者的需要,可以发行不同种类的普通股。

1. 按股票有无记名,可分为记名股股票和不记名股股票

记名股股票是在股票票面上记载股东姓名或名称的股票。这种股票除了股票上所记载的股东外,其他人不得行使其股权,且股份的转让有严格的法律程序与手续,需办理过户。我国《公司法》规定,向发起人、国家授权投资的机构、法人发行的股票,应为记名股股票。

不记名股股票是票面上不记载股东姓名或名称的股票。这类股票的持有人即股份的所有人,具有股东资格,股票的转让也比较自由、方便,无需办理过户手续。

2. 按股票是否标明金额,可分为面值股票和无面值股票

面值股票是在票面上标有一定金额的股票。持有这种股票的股东,对公司享有的权利和承担的义务大小,以其所持有的股票票面金额占公司发行在外股票总面值的比例而定。

无面值股票是不在股票面上标出金额,只载明所占公司股东总额的比例或股份数的股票。无面值股票的价值随公司财产的增减而变动,而股东对公司享有的权利和承担的义务的大小,直接以股票标明的比例而定。目前,我国《公司法》不承认无面值股票,规定股票应记载股票的面额,并且其发行价格不得低于票面金额。

3. 按投资主体的不同,可分为国家股、法人股、个人股等

国家股是有权代表国家投资的部门或机构以国有资产向公司投资而形成的股份。

法人股是企业法人依法以其可支配的财产向公司投资而形成的股份,或具有法人资格的事业单位和社会团体以国家允许用于经营的资产向公司投资而形成的股份。

个人股是社会个人和公司内部职工以个人合法财产投入公司而形成的股份。

4. 按发行对象和上市地区的不同,又可将股票分为 A 股、B 股、H 股、N 股等

A 股是供我国大陆地区个人或法人买卖的,以人民币标明票面金额并以人民币认购和交易的股票。

B 股、H 股和 N 股是专供外国和我国港、澳、台地区投资者买卖的,以人民币标明票面金额但以外币认购和交易的股票。其中,B 股在上海、深圳上市,H 股在香港上市,N 股在纽约

上市。

以上第三和第四种分类,是我国目前实务中为便于对公司股份来源的认识和股份发行而进行的分类。在其他一些国家还有按是否拥有完全的表决权和获利权将普通股份为若干级别。例如,A级普通股卖给社会公众,支付股利,在一段时期内无表决权;B级普通股由公司创办人保留,有表决权,但一段时期内不支付股利;E级普通股拥有部分表决权;等等。

(二) 普通股股东权利

依我国《公司法》的规定,普通股股东主要有如下权利:

(1) 公司经营决策的参与权。作为普通股股东,行使这一权利的途径是参加股东大会。普通股股东可以出席或委托代理人出席股东大会,并依公司章程规定行使表决权。

(2) 公司盈余和剩余资产分配权。表现为两个方面:一是他们有权要求从股份公司经营的利润中分取股息和红利;二是他们在股份公司解散清算时,有权要求取得公司的剩余资产。

(3) 优先认股权。优先认股权是指当股份公司为增加公司资本而决定增加发行新的股票时,原普通股股东享有的按其持股数,以一定比例及低于市价的某一特定价格优先认购的权利。这种权利有两个主要目的:一是能保证普通股股东在股份公司中保持原有的持股比例;二是能保护原普通股股东的利益和持股价值。

同时,普通股股东也对公司负有义务。我国《公司法》中规定了股东具有遵守公司章程、缴纳股款、对公司负有有限责任、不得退股等义务。

(三) 普通股的发行价格

股票的发行价格是股票发行时所使用的价格,也就是投资者认购股票时所支付的价格。股票发行价格通常由发行公司根据股票面额、股市行情和其他有关因素决定。以募集设立方式设立公司首次发行的股票价格,由发起人决定;公司增资发行的新股的股票价格,由股东大会做出决议。

股票的发行价格可以和股票的面额一致,但多数情况下不一致。股票的发行价格一般有以下三种:

(1) 等价。等价就是以股票的票面额为发行价格,也称为平价发行。这种发行价格,一般在股票的初次发行或在股东内部分摊增资的情况下采用。等价发行股票容易推销,但无从取得股票溢价收入。

(2) 时价。时价就是以本公司股票在流通市场上买卖的实际价格为基准确定的股票发行价格。其原因是股票在第二次发行时已经增值,收益率已经变化。选用时价发行股票,考虑了股票的现行市场价值,对投资者也有较大的吸引力。

(3) 中间价。中间价就是以时价和等价的中间值确定的股票发行价格。

按时价或中间价发行股票,股票发行价格会高于或低于其面额。前者称溢价发行。如属溢价发行,发行公司所获的溢价款列入资本公积。

我国《公司法》规定,股票发行价格可以等于票面金额(等价),也可以超过票面金额(溢价),但不得低于票面金额(折价)。

(四) 普通股的发行条件

按照我国《公司法》的有关规定,股份有限公司发行股票应实行公平、公正的原则,应符合以下规定与条件:

(1) 同种类的每一股份应当具有同等的权利。同次发行同种类的股票,每股的发行条件和价格应当相同。任何单位和个人所认购的股份,每股应支付相同的金额。

（2）股票发行价格可以按票面金额,也可以超过票面金额,但不得低于票面金额。

（3）股票应当载明公司名称、公司登记日期、股票种类、票面金额及代表的股份数、股票编号等主要事项。

（4）向发起人、国家授权投资机构、法人发行的股票,应当为记名股票;对社会公众发行的股票,可以为记名股票,也可以为无记名股票。

（5）公司发行记名股票的,应当置备股东名册,记载股东的姓名或者名称、住所、各股东所持股份、各股东所持股票的编号、各股东取得其股份的日期;发行无记名股票的,公司应当记载其股票数量、编号及发行日期。

（6）公司发行新股,必须具备法定的条件。

（7）公司发行新股,应由股东大会做出有关下列事项的决议:新股种类及数额;新股发行价格;新股发行的起止日期;向原有股东发行新股的种类及数额。

（五）普通股筹资的优缺点

1. 普通股筹资的优点

与其他筹资方式相比,普通股筹措资本具有如下优点:

（1）发行普通股筹措资本具有永久性,无到期日,不需归还。这对保证公司对资本的最低需要、维持公司长期发展极为有益。

（2）发行普通股融资没有固定的股利负担,股利的支付与否和支付多少,视公司有无盈利和经营需要而定,经营波动给公司带来的财务负担相对较小。由于普通股融资没有固定的到期还本付息的压力,所以融资风险较小。

（3）发行普通股筹集资本的是公司的主权资本,它反映了公司的实力,可为其他方式筹资提供保障,尤其可为负债筹资提供保障,增强公司的举债能力。

（4）由于普通股的预期收益较高并可一定程度地抵消通货膨胀的影响（通常在通货膨胀期间,不动产升值时普通股也随之升值）,因而容易吸收投资,尤其是向社会公众发行小面额股票时,不仅筹资速度快,取得资金数额也较大。

2. 普通股融资的缺点

运用普通股筹措资本也有一些缺点:

（1）普通股的资金成本较高。首先,从投资者的角度讲,投资于普通股风险较高。相应地要求有较高的投资报酬率。其次,对于筹资公司来讲,普通股股利从税后利润中支付,不像债券利息那样作为费用从税前支付,因而不具抵税作用。最后,普通股的发行费用一般也高于其他证券。

（2）以普通股融资会增加新股东,这可能会分散公司的控制权。此外,新股东分享公司未发行新股前积累盈余,会降低普通股的每股净收益,从而可能引发股价的下跌。

三、发行优先股

（一）优先股的性质

优先股是一种具有双重性质的证券,它既属于权益资金,又兼有债券性质。从法律角度看,企业对优先股不承担法定的还本义务,是企业权益资金的一部分,但其股利固定又与债券利息相似。

（二）优先股股东的权利

优先股的"优先"是相对普通股而言的,这种优先权主要包括以下几个方面:

（1）优先分配固定的股利。优先股的股利一般是固定的,通常按面值的一定百分比来计算,较少受公司经营状况和盈利水平的影响,并且还必须在普通股股利之前予以支付。所以,优先股股利类似于债券的利息。

（2）优先分配剩余财产权。当公司因经营不善而解散或破产清算时,出售资产所得的收入,优先股位于债权人的求偿之后,但先于普通股,但其金额仅限于优先股的票面价值,加上累积未支付的股利。

值得说明的是,优先股股东的管理权限是有严格限制的。一般在公司股东大会上,优先股股东没有表决权,也无权过问公司的经营管理。但是当公司研究与优先股有关的问题时,有权参加表决。

（三）发行优先股的优缺点

1. 优先股的优点

（1）没有固定的到期日,不用偿还本金。利用优先股筹集的资金相当于一笔无限期的贷款,不承担还本义务。

（2）股利支付既固定,又有一定弹性。优先股一般都采用固定股利,但股利的支付并不构成公司的法定义务。如果公司财务状况不好则可暂不支付优先股股利,这就使得使用这种资金更有弹性。

（3）有利于增强公司的信誉。

2. 优先股的缺点

（1）资金成本高。优先股股利从税后利润中支付,不同于债务,利息在税前扣除,因而优先股成本较高。

（2）融资限制多。发行优先股,通常有许多限制条款,如对普通股股利支付上的限制等。

（3）财务负担重。优先股的股利是固定的,又不能在税前扣除,所以在公司业绩出现下滑时,优先股的股利会成为一项较重的财务负担,有时不得不延期支付。

▶ **他山之石**
TASHAN ZHI SHI

　　八佰伴集团是一家由日本企业发展起来的大型跨国集团,相继在美国、新加坡、中国香港做海外发展。它是最先与我国在零售业合资经营的日资企业。以地区来划分八佰伴事业,大致可以分为日本本土集团、中国的内地和香港,美国、新加坡等其他海外国家。身为整个集团母体的日本八佰伴,从1982年以来,就利用股票市场灵活地筹集资金。三次的公开募集资金,合计共筹集了870亿日元。这些募集来的资金有许多都投进国际性事业的扩张发展中,日本八佰伴成为八佰伴集团的资金中枢。1994年2月又发行了6 000万新加坡币的优先股。利用上市股票取得的资金,可以降低企业的财务风险,缓解集团总部的资金压力,还可以改善企业体制。

四、利用留存收益

留存收益是权益资金的一种,是指企业的盈余公积、未分配利润等。与其他权益资金相比,留存收益的取得更为主动简便,它不需作筹资活动,没有筹资费用,因此这种筹资方式既节约了成本，又提高了企业的信誉。

留存收益的实质是投资者对企业的再投资。但这种筹资方式取决于企业盈利的多少及企业的分配政策。

▶**相关链接**
XIANGGUAN LIANJIE

国家对股份有限公司及有限责任公司发行股票、债券有许多具体的规定，请查阅《公司法》《证券法》，看看对股票、债券的发行及股票的上市有何具体规定。

▶**要点回顾**
YAODIAN HUIGU

本任务主要讲授了各种权益资金的筹集方式，介绍了普通股和优先股股东的权利、义务有哪些不同，重点讲授了各种权益资金筹资方式的优缺点。

任务三　负债资金的筹集

负债资金的筹集包括短期和长期负债两种方式。短期负债资金的筹集方式包括利用商业信用、短期借款；长期负债资金的筹集方式包括长期借款、发行债券、融资租赁。

一、利用商业信用

商业信用是指在商品交易中由于延期付款或预收货款而形成的借贷关系，是买卖企业双方之间的一种直接信用关系。在市场经济条件下，商业信用是企业一项重要的资金来源。由于购买者往往在到货一段时间后才付款，商业信用就成为企业短期资金的重要来源。由于商业信用是企业商品交换中自然形成的，因此也称为自发性融资，它在企业短期融资中占有相当大的比重，具体包括应付账款、应付票据和预收账款等。

（一）应付账款

1. 应付账款的成本

应付账款是企业购买货物而暂时未付款形成的欠账，可将其理解为卖方允许买方延期付款的一种形式。对买方来说，延期付款等于向卖方借用资金购进商品，可以满足短期资金的需要。

利用应付账款进行短期筹资，主要应考虑信用条件和成本。企业在利用商业信用进行筹资时，必须对卖方提供的信用条件加以分析，将其中的现金折扣视为信用成本。如果付款时间超过了可取得现金折扣所规定期限时，这一成本就必然会发生。放弃现金折扣的成本可由以下公式求得：

$$放弃现金折扣的成本 = \frac{现金折扣百分比}{1-现金折扣百分比} \times \frac{360}{信用期-折扣期} \times 100\%$$

【例2-4】　某企业按"2/10，$n/30$"的信用条件购入货物100万元。如果企业在10天之内付款，可享受2%的现金折扣，即2万元（100×2%），可以享受10天的免费信用期，免费信用额为98万元（100－2）。如果企业在10天之后（不超过30天）付款，则要多支付2%的货款且不享受现金折扣，该企业要承担因放弃折扣而造成的隐含利息成本。放弃现金折扣的成本可计算如下：

$$\frac{2\%}{(1-2\%)}\times\frac{360}{(30-10)}=36.70\%$$

上述计算表明，企业放弃现金折扣的成本，相当于企业以 36.70％的年利率从供应商那里得到一笔期限为 20 天的贷款，显然，放弃折扣的成本是高昂的。若企业能从别的地方筹集到利率低于此的贷款，就不应该放弃折扣。

放弃现金折扣的成本与折扣百分比的大小、折扣期的长短同方向变化，与信用期的长短反方向变化。可见，如果买方企业放弃折扣而获得信用，其代价是较高的。然而企业在放弃折扣的情况下，推迟付款的时间越长，其成本便会越小。比如，如果企业延至 40 天付款，其成本则为：

$$\frac{2\%}{(1-2\%)}\times\frac{360}{(40-10)}=24\%$$

▶ **你也能做**
NIYENENG ZUO

某公司拟采购一批零件，供应商报价如下：①立即付款，价格为 9 630 元；②30 天内付款，价格为 9 750 元；③31～60 天内付款，价格为 9 870 元；④61～90 天内付款，价格为 10 000 元。

假设银行短期贷款利率为 15％，每年按 360 天计算。要求计算放弃现金折扣的成本，并确定对该公司最有利的付款日期和价格。

2. 利用现金折扣的决策

在附有信用条件的情况下，因为获得不同信用要负担不同的代价，买方企业便要在利用哪种信用之间做出决策。一般说来：

如果能以低于放弃折扣的隐含利息成本（实质是一种机会成本）的利率借入资金，便应在现金折扣期内用借入的资金支付货款，享受现金折扣。例如，若同期的银行短期借款年利率为 12％，则买方企业应利用更便宜的银行借款在折扣期内偿还应付账款；反之，企业应放弃折扣。

如果在折扣期内应付账款用于短期投资，所得的投资收益率高于放弃折扣的隐含利息成本，则应放弃折扣而去追求更高的收益。当然，假使企业放弃折扣优惠，也应将付款日推迟至信用期内的最后一天（如例 2-4 中的第 30 天），以降低放弃折扣的成本。

如果企业因缺乏资金而欲展延付款期（如例 2-4 中将付款日推迟到第 40 天），则需在降低了的放弃折扣成本与展延付款带来的损失之间做出选择。展延付款带来的损失主要是指因企业信誉恶化而丧失供应商乃至其他贷款的信用，或日后招致苛刻的信用条件。

如果面对两家以上提供不同信用条件的卖方，应通过衡量放弃折扣成本的大小，选择信用成本最小（或获利最大）的一家。比如，另有一家供应商提出"1/20，n/30"的信用条件，则放弃现金折扣的成本为：

$$\frac{1\%}{(1-1\%)}\times\frac{360}{(30-20)}=36.36\%$$

与例 2-4 信用条件情况相比，后者的成本较低，如果估计卖方企业会拖延付款，那么宁肯选择第二家企业。

（二）应付票据

我国现阶段所采用的应付票据，是企业进行延期付款商品交易时开具的反映债权债务关系的书面证明。应付票据与应付账款一样，都是卖方企业暂时向买方企业提供借款购买商品的一种形式。二者的不同之处在于应付账款通常没有付款期限的规定，也不计利息，而应付票据一般要规定付款期（按照我国现行制度的规定，应付票据的支付期最长不能超过 6 个月），且可以是带息的。

就利率水平来看，应付票据的利率一般比银行借款的利率要低，同时不需要支付协议性筹资费用，所以应付票据的筹资成本低于银行借款的筹资成本。

运用应付票据进行融资应当考虑的不利因素是它的期限限制，应付票据到期必须归还，如果发生延期现象，就要交付罚金。

（三）预收账款

预收账款是卖方企业在交付货物之前向买方预先收取部分或全部货款的信用形式。它是卖方企业进行短期融资的一种方式，相当于卖方企业向买方企业借用资金，然后再用货物进行偿还。这一融资方式通常适用于生产周期长、资金需要量大的货物销售。

此外，企业还可能采用一些非商品交易性质的自然性融资方式，如工资、税收以及利息等应计费用，他们的共同特点是受益在前，费用支付在后，相当于享用了收款方提供的借款，一定程度地缓解了企业的资金需要。应计费用没有成本代价，企业不必为此承担利息，但其付款期限一般都具有强制性，企业无自行斟酌的余地。

（四）商业信用融资的优缺点

1. 商业信用筹资的优点

（1）商业信用筹资最大的优越性在于容易取得。商业信用取得简便及时。首先，对于大多数企业来说，商业信用是随着商品交易自动产生的一种自然性资金来源，是一种持续性的信贷行为，且无需正式办理融资手续，属于一种自然性融资。其次，如果没有现金折扣或使用不带息票据，商业信用融资不负担成本。

（2）筹资成本低。如果没有现金折扣，或企业不放弃现金折扣，则利用商业信用融资没有实际成本。

（3）限制条件较少。如果企业利用长期借款方式筹资，银行常常就贷款的使用规定一些限制条件，而商业信用则限制条件较少，不需办理任何资金来源审核，一般也不附加任何其他限制条件。

2. 商业信用筹资的缺点

商业信用融资的缺点在于期限较短，如果企业取得现金折扣，则时间会更短，如果放弃现金折扣时所付出的成本较高。在体制不健全的情况下，企业如果缺乏信誉感，容易造成企业之间的相互拖欠，影响资金周转。

二、短期借款

企业的短期借款融资通常是向银行贷款而取得的，少数情况下也可能通过其他途径（如财务公司贷款）获得。本部分着重分析与银行短期借款融资方式有关的一些问题。

（一）银行短期借款的种类

我国企业的银行短期借款按参与企业资金周转时间的长短和具体用途，可分为生产周转借款、临时借款、结算借款和卖方信贷等。

1. 生产周转借款

生产周转借款是企业为满足生产周转的需要而向银行取得的借款。这种借款的数额通常是根据企业流动资金的计划占用额扣除企业自有流动资金后的余额确定的。企业可以利用这一借款采购生产经营活动所需的各种物资,也可以用于发放职工工资,或者用来应付其他费用开支。

2. 临时借款

临时借款是企业由于临时性或季节性原因而向银行取得的借款。如果企业由于客观原因未能及时销售产品,生产经营活动的季节性比较强,或者集中采购一批物资,则可以通过临时借款方式满足资金需要。

3. 结算借款

结算借款是指企业采用托收承付结算方式向异地发出商品,在委托银行收款期间,为解决在途结算资金占用的需要,以托收承付结算凭证为保证而向银行取得的借款。

4. 卖方信贷

卖方信贷是企业采用赊销方式销售商品时,为解决延期收款或分期收款占用的资金而向银行取得的借款。企业取得卖方信贷的条件包括:第一,所售产品应符合国家规定的产品发展方向,产品性能好、技术先进,符合技术改造和设备更新的要求;第二,只能把产品销售给直接使用单位,而不是物资供应部门;第三,购买单位购买的设备必须是当年设备更新和技术改造计划内需要的;第四,购货单位必须有首期付款,并尽可能提高首期付款的比例。

(二) 银行短期借款的条件

银行在发放短期贷款时,通常要附加一些信用条件,主要包括以下几个方面:

1. 要求企业具备补偿性余额

补偿性余额是银行要求企业在银行中保持贷款数额一定百分比(一般为 10％～20％)的最低存款余额。从银行角度来讲,补偿性余额可起到降低贷款风险的作用。对于借款单位来说,则意味着可用资金的减少和实际借款利率的提高。其实际利率可按下列公式计算:

$$贷款实际利率 = \frac{贷款规定的利率(名义利率)}{1-补偿性余额的比率} \times 100\%$$

【例 2-5】 南方公司按年利率 8％向银行取得一年期借款 1 000 万元,银行要求保留 15％的补偿性余额,企业实际可以动用的借款只有 850 万元,则该项借款的实际利率为多少?

解:补偿性余额实际利率 $= 1\,000 \times \dfrac{8\%}{1\,000 \times (1-15\%)}$

$$= \frac{8\%}{1-15\%}$$

$$= 9.41\%$$

2. 偿还条件

短期借款的偿还有到期一次性偿还和在贷款期内定期等额偿还两种方式。一般说来,企业希望采取到期一次性偿还的方式,如果等额偿还,则偿还时间的提前提高了借款的利率水平。但是银行则希望企业分期偿还,因为一方面银行可尽早收回贷款,加速资金的周转;

另一方面,分期偿还给企业带来的财务负担比较分散,可以减少企业的拒付风险。

3. 财务业绩

为了掌握借款企业的财务状况,保证贷款能够及时偿还,银行可能要求企业定期提供财务报表,并保持合理的财务水平(如流动比率、速动比率等)。如果企业的财务状况弱化,银行可要求企业立即偿还全部贷款本息。

4. 信贷限额

信贷限额是银行对借款企业规定的无担保贷款的最高额。在规定的信贷限额内,只要企业的生产经营活动不出现意外,都可随时使用银行借款。如果企业信誉恶化,即使有信贷限额,银行也可能会停止发放贷款。也就是说,银行对信贷限额不承担法律责任。

5. 周转信贷协定

周转信贷协定是银行具有法律义务地承诺提供不超过某一最高限额的贷款协定。在协定的有效期内,只要企业的借款总额未超过最高限额,银行就必须满足企业的借款要求。企业若享用周转信贷协定,则通常要对贷款限额的未使用部分支付一笔承诺费。

【例 2-6】 东南企业与银行商定的年度周转信贷额为 100 000 万元,承诺费率为 2%,借款企业年度内使用了 80 000 万元,则企业应向银行支付多少承诺费?

解:承诺费＝20 000×2%＝400(万元)

(三) 银行短期借款的利率及其利息支付方法

1. 借款利率

银行一般根据借款企业的不同情况,确定以下几种利率方式:

(1) 最优惠利率是指银行向信誉最好的客户贷款时收取的利率。它是贷款利率的最低限,信誉较差的客户在取得贷款时,则要支付高于最优惠利率的利率。

(2) 浮动优惠利率是指随其他短期利率的变动而浮动的最优惠利率,即随市场条件的变化而随时调整的优惠利率。

2. 借款利息的支付方法

一般来说,借款企业可通过下列三种方法支付借款利息:

(1) 收款法。它是指在借款到期时将利息连同本金一起偿还的方法。我国企业大都采用这种方法。

(2) 贴现法。它是指银行向企业发放贷款时,先从本金中扣除利息部分,借款企业到期只需偿还本金的计息方法。采用这种方法,企业可利用的贷款额只有本金减去利息的差额部分,因此其实际利率要高于名义利率。计算公式为:

$$r_1 = \frac{r_0}{1 - r_0}$$

式中:r_0 和 r_1 分别表示名义利率和实际利率。

【例 2-7】 假设某公司以贴现法付息方式从银行取得短期借款 100 000 元,年利率为 8%,期限为 1 年。对公司来说,该项贷款的实际利率是多少?

解:
$$贷款实际利率 = \frac{100\ 000 \times 8\%}{100\ 000 \times (1 - 8\%)} \times 100\% = 8.696\%$$

或者：

$$贷款实际利率 = \frac{8\%}{1 - 8\%} \times 100\% = 8.696\%$$

（3）加息法。它是银行发放分期等额偿还贷款时采用的利息收取方法。在分期等额偿还贷款的情况下，银行要将根据名义利率计算的利息加到贷款本金上计算出贷款的本利和，要求企业在贷款期内分期等额偿还本利和的金额。

【例 2-8】 若例 2-7 贷款期限为 10 个月，改用加息法，贷款本息在 10 个月内等额偿还，则有关计算应为：

$$贷款本利和 = 100\ 000 + 100\ 000 \times 8\% \div 12 \times 10 = 106\ 666.67（元）$$
$$每月偿还金额 = 106\ 666.67 \div 10 = 10\ 666.667（元）$$

由于贷款分期均衡偿还，借款企业实际上只平均使用了贷款本金的一半，而却要支付全部利息，所以企业所负担的实际贷款利率大约是名义利率的两倍。具体计算为：

$$贷款实际利率 = \frac{100\ 000 \times 8\%}{100\ 000 \div 2} \times 100\% = 16\%$$

（四）银行短期借款融资的优缺点

1. 银行短期借款融资的优点

（1）短期借款融资比较方便。在大多数情况下，银行都可以随时为企业提供短期贷款。对于企业来说，短期借款的取得要比长期借款方便得多，企业季节性和临时性的资金需要采用短期借款融资方式较为常见。

（2）银行短期借款的弹性较高，企业可在资金需要加大时增加借款数额，在资金需要减少时偿还借款。

2. 银行短期借款融资的缺点

（1）资金成本高。短期借款由于要承担利息，某些借款还需要附带一些其他条款，如最低存款余额、贴息等，因而会使借款的实际利率提高，加大其资金成本。

（2）限制较多。银行在向企业提供贷款之前，要对企业的财务状况和经营前景进行周密考察，要求企业将流动比率、负债比率等会计指标维持在一定的范围内。这些都构成了对企业的限制。

三、长期借款

长期借款是指企业向银行或其他非银行金融机构借入的使用期超过 1 年的借款，主要用于购建固定资产和满足长期流动资金占用的需要。

（一）长期借款的种类

长期借款的种类很多，各企业可根据自身的情况和各种借款条件选用。我国目前各金融机构的长期借款主要有：

（1）按照用途，分为固定资产投资借款、更新改造借款、科研开发和新产品试制借款等。

（2）按照提供贷款的机构，分为政策性银行贷款、商业银行贷款等。此外，企业还可从信托投资公司取得实物或货币形式的信托投资贷款、从财务公司取得各种中长期贷款等。

（3）按照有无担保，分为信用贷款和抵押贷款。

信用贷款是指不需企业提供抵押品,仅凭其信用或担保人信誉而发放的贷款;抵押贷款是指要求企业以抵押品作为担保的贷款。长期贷款的抵押品常常是房屋、建筑物、机器设备、股票、债券等。

(二) 银行借款的程序

企业向银行借款的操作程序如图 2-1 所示。

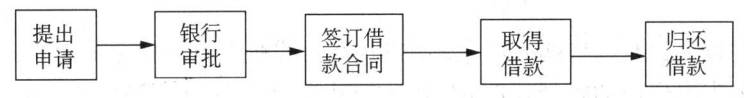

图 2-1 银行借款的融资程序

(1) 提出借款申请。企业申请借款必须符合借款原则和借款条件,先向银行递交借款申请报告,说明借款金额、借款时间、借款用途、使用计划、还款方式等内容,并提供反映企业借款条件的资料。

(2) 银行进行审批。银行针对企业的借款申请,按照有关政策,审核企业的借款条件,依据审批权限,确定是否给予贷款。

(3) 签订借款合同。银行经审查批准借款申请后,借贷双方应就贷款条件等方面进行协商、谈判,谈妥后签订正式的借款合同。借款合同应当约定借款种类、金额、利率、期限、用途、还款方式,借贷双方的权利、义务、违约责任和双方认为需要约定的其他事项。

(4) 企业取得借款。双方签订借款合同后,贷款银行要按合同的规定按期发放贷款,企业便可取得相应的资金。

(5) 企业归还借款。贷款到期后,借款企业应按借款合同的规定,按期还本付息,或续签合同,否则银行可根据合同规定从借款企业的存款中扣还借款本息及罚金。

(三) 取得长期借款的条件

我国金融部门对企业发放贷款的原则是:按计划发放,择优扶植,有物资保证,按期归还。企业申请贷款一般应具备的条件是:

(1) 独立核算、自负盈亏、有法人资格。

(2) 经营方向和业务范围符合国家产业政策,借款用途属于银行贷款办法规定的范围。

(3) 借款企业具有一定的物资和财产保证,担保单位具有相应的经济实力。

(4) 具有偿还贷款的能力。

(5) 财务管理和经济核算制度健全,资金使用效益及企业经济效益良好。

(6) 在银行设有账户,办理结算。

具备上述条件的企业欲取得贷款,先要向银行提出申请,陈述借款原因与金额、用款时间与计划。银行根据企业的借款申请,针对企业的财务状况、信用情况、盈利的稳定性、发展前景、借款投资项目的可行性等进行审查。银行审查同意贷款后,再与借款企业进一步协商贷款的具体条件,明确贷款的种类、用途、金额、利率、期限、还款的资金来源及方式、保护性条件、违约责任等,并以借款合同的形式将其法律化。借款合同生效后,企业便可取得借款。

(四) 长期借款的保护性条款

由于长期借款的期限长、风险大,按照国际惯例,银行通常对借款企业提出一些助于保证贷款按时足额偿还的条件。这些条件写进贷款合同中,形成了合同的保护性条款。归纳起来,保护性条款大致有如下三类。

1. 一般性保护条款

一般性保护条款应用于大多数借款合同,但根据具体情况会有不同内容。主要包括:

(1)对借款企业流动资金保持量的规定,其目的在于保持借款企业资金的流动性和偿还能力。

(2)对支付现金股利和再购入股票的限制,其目的在于限制现金外流。

(3)对资本支出规模的限制,其目的在于对小企业日后不得不变卖资产以偿还贷款的可能性,仍着眼于保持借款企业资金的流动性。

(4)限制其他长期债务,其目的在于防止其他贷款人取得对企业资产的优先求偿权。

2. 例行性保护条款

例行性保护条款作为例行性常规,在大多数借款合同中都会出现。主要包括:

(1)借款企业定期向银行提交财务报表,其目的在于及时掌握企业的财务情况。

(2)不准在正常情况下出售较多资产,以保持企业正常的生产经营能力。

(3)如期缴纳税金和清偿其他到期债务,以防被罚款而造成现金流失。

(4)不准以任何资产作为其他承诺的担保或抵押,以避免企业过重的负担。

(5)不准贴现应收票据或出售应收账款,以避免或有负债。

(6)限制租赁固定资产的规模,其目的在于防止企业负担巨额租金以致削弱其偿债能力,还在于防止企业以租赁固定资产的办法摆脱对其资本支出和负债的约束。

3. 特殊性保护条款

特殊性保护条款是针对某些特殊情况而出现在部分借款合同中的。主要包括:

(1)贷款专款专用。

(2)不准企业投资于短期内不能回收资金的项目。

(3)限制企业高级职员的薪金和奖金总额。

(4)要求企业主要领导人在合同有效期间担任领导职务。

(5)要求企业主要领导人购买人身保险等等。

(五)长期借款融资的优缺点

1. 长期借款融资的优点

(1)融资速度快。长期借款的手续比发行债券简单得多,得到借款所花费的时间较短。

(2)借款弹性较大。借款时企业与银行直接交涉,有关条件可谈判确定;用款期间发生变动,亦可与银行再协商。而债券融资所面对的是社会广大投资者,协商改善融资条件的可能性很小。

(3)借款成本较低。长期借款利率一般低于债券利率,且由于借款属于直接融资,融资费用也较少。

2. 长期借款融资的缺点

(1)融资风险较高。借款通常有固定的利息负担和固定的偿付期限,所以长期借款。

(2)限制条件较多。限制条件较多可能会影响企业以后的融资和投资活动。

(3)融资数量有限。一般不如股票、债券那样可以一次筹集到大笔资金。

四、发行债券

债券是经济主体为筹集资金而发行的,用以记载和反映债权债务关系的有价证券。由企业发行的债券称为企业债券或公司债券。这里说的债券,是指期限超过 1 年的公司债券,其发行目的通常是为建设大型项目筹集大笔长期资金。

(一) 债券的种类

1. 按债券上是否记有持券人的姓名或名称,分为记名债券和无记名债券

这种分类类似于记名股票与无记名股票的划分。记名债券是在公司债券上记载持券人姓名或名称;反之,为无记名公司债券。两种债券在转让上的差别也与记名股票、无记名股票相似。

2. 按能否转换为公司股票,分为可转换债券和不可转换债券

若公司债券能转换为本公司普通股股票的,为可转换债券;反之,为不可转换债券。一般来讲,前种债券的利率要低于后种债券。按照我国《公司法》的规定,发行可转换债券的主体只限于股份有限公司中的上市公司。

3. 债券按发行主体不同,分为政府债券、金融债券和公司债券

政府债券是由各国中央政府或地方政府发行的债券。中央政府发行的债券是为了大型工程项目筹集资金而发行的债券;地方政府债券是指各地方政府为地方建设筹集资金而发行的债券。金融债券是银行或其他金融机构发行的债券。公司债券又称企业债券,是由股份有限公司等各类企业发行的债券。

4. 按有无特定财产抵押,分为抵押债券和信用债券

抵押债券是指以发行企业的特定财产作为抵押品而发行的债券。根据抵押品的不同,抵押债券又分为:不动产抵押债券,即以公司的不动产作为抵押而发行的债券;设备抵押债券,即以公司的机器设备为抵押而发行的债券;证券信托债券,即以公司持有的股票证券以及其他担保证书交付给信托公司作为抵押而发行的债券。

信用债券又称无抵押担保债券,是指仅凭企业信誉而发行的债券,它通常由那些信誉较好、财务能力较强的企业发行。

5. 按是否参加公司盈余分配,分为参加公司债券和不参加公司债券

债权人除享有到期向公司请求还本付息的权利外,还有权按规定参加公司盈余分配的债券,为参加公司债券;反之,为不参加公司债券。

6. 按利率的不同,分为固定利率债券和浮动利率债券

将利率明确记载于债券上,按照这一固定利率向债权人支付利息的债券,为固定利率债券;债券上明确利率,支付利息时利率水平按某一标准(如政府债券利率、银行存款利率)的变化而同方向调整的债券,为浮动利率债券。

7. 按能否上市,分为上市债券和非上市债券

可在证券交易所挂牌交易的债券为上市债券;反之,为非上市债券。上市债券信用度高、价值高,且变现速度快,故而较吸引投资者;但上市条件严格,并要承担上市费用。

8. 按照偿还方式,分为到期一次债券和分期债券

发行公司于债券到期日一次集中清偿本金的,为到期一次债券;一次发行而分期、分批偿还的,为分期债券。分期债券的偿还又有不同的方法。

9. 按照其他特征,分为收益公司债券、附认股权债券、附属信用债券等

收益公司债券是只有当公司获得盈利时才向持券人支付利息的债券。这种债券不会给发行公司带来固定的利息费用,对投资者而言收益较高,但风险也较大。

附认股权债券是附带允许债券持有人按特定价格认购公司股票权利的债券。这种认购股权通常随债券发放,具有与可转换债券类似的属性。附认股权债券与可转换公司债券一样,票面利率通常低于一般公司债券。

附属信用债券是当公司清偿时,受偿权排列顺序低于其他债券的债券。这种债券的利率高于一般债券;但如果其可转换为普通股,出售价格又会低于一般信用债券。

(二)发行债券的资格和条件

1. 发行债券的资格

我国《公司法》规定,股份有限公司和有限责任公司,具有发行公司债券资格。

2. 发行债券的条件

有资格发行公司债券的公司,必须具备以下条件:

(1) 具备健全且运行良好的组织机构。

(2) 最近 3 年平均可分配利润足以支付公司债券 1 年的利息。

(3) 国务院规定的其他条件。

另外,发行公司债券所筹集的资金,必须符合审批机关审批的用途,不得用于弥补亏损和非生产性支出,否则会损害债权人的利益。

发行公司凡有下列情形之一的,不得再次发行公司债券:

(1) 对已发行的公司债券或者其债务有违约或延迟支付本息的事实,且仍处于持续状态的。

(2) 违反证券法规定,改变公开发行公司债券所募集资金的用途。

(三)发行债券的要素

(1) 债券的面值。债券面值包括两个基本内容,即币种和票面金额。币种可以是本国货币,也可以是外币,这取决于发行者的需要和债券的种类。债券票面金额是债券到期时偿还本金的金额,票面金额印在债券上,固定不变,到期必须足额偿还。

(2) 债券的期限。债券的期限是指债券从发行之日起至到期日止之间的时间。

(3) 债券的利率。债券上一般都注明年利率,利率有固定的,也有浮动的。在不计复利的情况下,面值与利率相乘即为年利息。

(4) 债券的发行价格。由于债券票面利率与金融市场平均利率不一致,因此债券的发行价格有三种:如果债券利率等于市场利率,则按债券面值等价发行(又称为面值发行);如果债券利率小于市场利率,则按低于债券面值的折价发行;如果债券利率大于市场利率,则按高于债券面值的溢价发行。

(5) 债券的偿还方式。债券的偿还有"分期付息,到期还本"和"到期一次还本付息"两种方式。

(四)债券的发行价格

1. 发行价格的种类

债券的发行价格是债券发行时的价格,亦即投资者购买债券时所支付的价格。公司债券的发行价格通常有三种:平价、溢价和折价。

平价指以债券的票面金额为发行价格;溢价指以高出债券票面金额的价格为发行价格;

折价指以低于债券票面金额的价格为发行价格。

债券发行价格的形成受诸多因素影响,其中主要是票面利率与市场利率的一致程度。债券的票面金额票面利率在债券发行前即已参照市场利率和发行公司的具体情况确定下来,并载明于债券之上。但在发行债券时已确定的票面利率不一定与当时的市场利率一致。为了协调债券购销双方在债券利息上的利益,就要调整发行价格。即:当票面利率高于市场利率时,以溢价发行债券;当票面利率低于市场利率时,以折价发行债券;当票面利率与市场利率一致时,则以平价发行债券。

2. 发行价格的计算

债券发行价格的计算公式:

(1) 第一种:分期付息、到期一次还本、且不考虑发行费用的债券。

$$债券发行价 = 票面金额 \times (P/F, i_1, n) + 票面金额 \times i_0 \times (P/A, i_1, n)$$

式中:n 为债券期限;i_0 为票面利率;i_1 为市场利率。

(2) 第二种:到期一次还本付息、不计复利,且不考虑发行费用的债券。

$$债券发行价格 = 票面金额 \times (1 + i_0 \times n) \times (P/F, i_1, n)$$

【例 2-9】 东方公司年初决定发行面值为 1 000 元、利息率 6%、期限 5 年、每年年末付息的债券。4 月 1 日发行时假定市场利率出现以下三种情况:

(1) 资金市场上的利率保持不变,东方公司的债券利率为 6% 仍然合理,则可采用等价发行。债券的发行价格为:

$$1\ 000 \times 6\% \times (P/A, 6\%, 5) + 1\ 000 \times (P/F, 6\%, 5)$$
$$= 60 \times 4.2124 + 1\ 000 \times 0.7473$$
$$= 1\ 000(元)$$

(2) 资金市场上的利率有较大幅度的上升,达到 8%,则应采用折价发行。发行价格为:

$$1\ 000 \times 6\% \times (P/A, 8\%, 5) + 1\ 000 \times (P/F, 8\%, 5)$$
$$= 60 \times 3.9927 + 1\ 000 \times 0.6806$$
$$= 920.16(元)$$

只有按 920.16 元(折价 79.84 元)的价格出售,投资者才能购买此债券,并获得 8% 的报酬。

(3) 资金市场上的利率有较大幅度的下降,达到 4%,则可采用溢价发行。发行价格为:

$$1\ 000 \times 6\% \times (P/A, 4\%, 5) + 1\ 000 \times (P/F, 4\%, 5)$$
$$= 60 \times 4.4518 + 1\ 000 \times 0.8219$$
$$= 1\ 089(元)$$

投资者把 1 089 元(溢价 89 元)的资金投资于东方公司面值为 1 000 元的债券,便可获得 4% 的报酬。

当然,资金市场上的利息率是复杂多变的,除了考虑目前利率外,还要考虑利率的变动趋势。实际工作中确定债券的发行价格通常要考虑多种因素。

(五) 债券融资的优缺点

1. 债券融资的优点

(1) 债券成本较低。利用债券融资的成本要比股票融资的成本低,这主要是因为债券的发行费用较低,债券的利息在所得税前支付,具有抵税作用。

（2）可以利用财务杠杆。无论公司收益多少，债券持有人一般只收取固定的利息，而更多的收益可用于分配给股东或留用公司经营，增加股东和公司的财富。

（3）保障股东控制权。债券持有人无权参与发行公司的管理决策，因此，公司发行债券不会分散股东对公司的控制权。

2. 债券融资的缺点

（1）财务风险较高。债券有固定的到期日并须定期支付利息，企业必须承担按期还本付息的义务。在公司经营不景气时，会给公司带来更大的财务困难，甚至导致企业破产。

（2）限制条件多。发行债券的契约书中带有一些限制条款，这种限制比优先股及短期债务严得多，可能会影响企业以后的融资能力。

（3）融资额有限。公司利用债券融资一般受一定额度的限制。我国《公司法》规定，发行公司流通在外的债券累计总额不得超过公司净资产的40％。而且当公司的负债比率超过一定程度后，债券融资的成本要迅速上升，有时甚至会发行不出去。

▶ **相关链接**
XIANGGUAN LIANJIE ....

国家对股份有限公司及有限责任公司发行股票、债券有许多具体的规定，请查阅《公司法》《证券法》，看看对股票、债券的发行及股票的上市有何具体规定。

五、融资租赁

租赁是指出租人在承租人给予一定报酬的条件下，授予承租人在约定的期限内占有和使用财产权利的一种契约性行为。租赁形式多种多样，一般按性质可分为经营租赁和融资租赁。经营租赁是一种提供租赁资产短期使用权的租赁形式。融资租赁是指由租赁公司按承租人的要求出资购买资产，在较长的契约或合同期内提供给承租人使用的信用业务，它是现代租赁的主要类型。承租企业采用融资租赁的主要是为了融通资金。一般融资的对象是资金，而融资租赁集融资与融物于一体，具有借贷性质，是承租企业筹集资金的一种特殊方式。

（一）融资租赁的形式

1. 直接租赁

直接租赁是融资租赁的主要形式，是承租人直接向出租人租入所需要的资产，并付出租金。

2. 售后租回

根据协议，企业将其资产卖给出租人，再将其租回使用，资产的售价大致为市价。采用这种租赁方式，出售资产的企业可得到相当于售价的一笔资金，同时仍然可以使用资产，是一种变相融资方式。当然，在此期间，该企业要支付租金，并失去了财产所有权。

3. 杠杆租赁

杠杆租赁是由资金出借人为出租人提供部分购买资产的资金，再由出租人购入资产出租给承租人的方式。因此，杠杆租赁涉及出租人、承租人和资金出借人三方。

（1）从承租人的角度看，杠杆租赁与其他融资租赁形式并无多大区别。

（2）从出租人的角度看，出租人只支付购买资产的部分资金（20％～40％），其余部分（60％～80％）是向资金出借人借来的。在杠杆租赁方式下，出租人具有三重身份，即资产所有权人、出租人、债务人。出租人既向承租人收取租金，又向借款人偿还本息，其差额就是出租人的杠杆收益。如果出租人不能按期偿还借款,那么租赁物的所有权就要转归资金出借人。

(3) 从资金出借人的角度看,资金出借人向出租人借出资金是由出租人以租赁物作抵押的,他的债权对出租人通常没有追索权,但对租赁物有第一留置权,即当出租人不能按期偿还借款时,资金出借人不能向出租人追索债权,但可向法院申请执行其担保物权。该项租赁物被清偿的所得,首先用于清偿资金出借人的债权,如有剩余则归还给出租人。

(二) 融资租赁的特点

与经营租赁业务比较,融资租赁业务具有如下特点:

(1) 具有融资、融物双重职能。融资租赁既为承租方融资,又为承租方购买机器设备,并将机器设备租给承租方使用。出租方通过分期收取的租赁费,以补偿其购买设备的成本、融资利息、手续费和取得一定的利润。

(2) 涉及三方当事人的关系,包括两个或两个以上的合同。一个是出租方与承租方之间订立的租赁合同;另一个是由出租方与供货方之间订立的购货合同。这两个合同是相互联系、同时订立的。在租赁合同中,要规定承租方负责验收设备,出租方不负所购设备质量、数量不符的责任,但出租方授权承租方负责向供货方交涉索赔。在购货合同中,要规定所购设备系出租给承租方使用,授权承租方验收设备和索赔。

(3) 承租方对设备和供货商有选择的权利。

(4) 租赁期满,承租方对设备的处置,可在合同中规定归承租方留购、续租或退回出租方。

(三) 融资租赁的程序

融资租赁业务关系复杂,涉及多方当事人,虽然不同的融资形式有其不同的业务操作程序,但其基本程序大致如下:

(1) 由承租人选定供货商和设备。承租人为了达到最有效的融资目的,选择最佳供货人和最适合的设备是关键一步。承租人有能力自行选择的,可自行进行选择;如果承租人没有能力或能力不足以胜任的,可以委托租赁机构代理选择,租赁机构代理选择结果被承租人认可生效。

(2) 承租人向租赁机构提出书面申请,填写"设备租赁申请书",同时提交相关资料。

(3) 初步协商。承租人与租赁公司就租期、租金、费率等进行初步协商。

(4) 签订供货合同。出租人依据承租人选定的设备与供货商协商签订供货合同。如果是直接租赁,承租人和供货商签订租赁合同。

(5) 签订租赁合同。承租人与出租人就租赁合同的具体内容平等协商达成统一,签订租赁合同,租赁合同应重点协商租金,以及租金支付的方式、手续费率、租期、利息率等双方的权利、义务。

(6) 交货。交货是出租人的主要义务。但交货不一定是出租人,一般都是由供货商直接将承租人选定的设备交给承租人,设备的验收检验仍由承租人负责,并在检验验收后向出租人开立收据,出租人凭据向供货商支付设备价款。交货是出租人的主要义务,但质量检验仍由承租人负责,把好这一关是设备及时投入运转的关键。

(7) 保险。设备的投保是出租人的义务,保险费额出租人可计入租金中一并计算,也可由承租人直接向保险公司投保,保费计入成本。

(8) 支付租金。支付租金是承租人的义务。承租人应按合同约定方式、数额、时间向出租人支付租金,不按期支付应承担违约责任。

（9）租期届满出租物的处理。租期届满，对出租物一般采用"退租、续租、留购"三种方式之一处置，比较而言，双方大多采用"留购"方式，由承租人支付一定价款，取得出租物的所有权，作为固定资产投资。

（四）融资租赁租金的确定

1. 融资租赁租金的构成

融资租赁的租金包括设备价款和租息两部分，设备价款是租金的主要内容，它由设备的买价运杂费和途中保险费等构成。租息分为租赁公司的融资成本和租赁手续费等。融资成本是指租赁公司为购买租赁设备所融资金的成本，即设备租赁期间的利息；租赁手续费包括租赁公司承办租赁设备的营业费用和一定的盈利。

2. 租金的支付方式

租金的支付方式影响租金的计算，支付租金的方式有以下几种：

（1）按支付期的先后，分为先付租金和后付租金。

（2）按支付间隔期，分为年付、半年付、季付和月付等。

（3）按每次是否等额支付，分为等额支付和不等额支付。

在实务中，租金支付大多采用后付等额租金，即普通年金方式。

3. 租金的计算方法

在我国融资租赁业务中，租金的计算一般采用平均分摊法和等额年金法。

（1）平均分摊法。指先按租赁双方商定的利息率和手续费率计算出租赁期的利息和手续费，然后连同设备购置成本的应该摊销总额按租金支付次数平均求得每次支付的租金。其计算公式是：

$$每次支付租金 = \frac{租赁设备购置成本 - 租赁期满时转让价 + 租赁期间利息 + 租赁手续费}{租赁期间租金支付次数}$$

【例 2-10】 A 公司 2020 年 2 月向租赁公司租入设备一套，价值为 100 万元，租赁期为 5 年，预计租赁期满 A 公司支付的转让价为 5 万元。租赁公司要求的利息率为 10%，手续费率为 2%，租金为每年年末支付一次。按复利计算租金。

解： 租赁期内利息 = 100 × (1 + 10%)5 - 100 = 100 × 1.611 - 150 = 161.1 - 100 = 61.1（万元）

租赁期内手续费 = 100 × 2% = 2（万元）

每年支付的租金 = [(100 - 5) + 61.1 + 2] ÷ 5 = 31.62（万元）

（2）等额年金法。指将利息率与手续费率求和确定一个租费率。作为折现率，运用年金现值的计算原理计算每期应付租金的方法。这种方法比平均分摊法计算复杂，但因为考虑了资金时间价值，所以其结论更具客观性。

【例 2-11】 仍以例 2-10 的资料为例，为了保证租赁公司完全弥补融资成本、相关的手续费并有一定的盈利，双方商定采用 12% 的折现率，采用等额年金法，计算每年支付的租金。

① 先付租金（每期期初等额支付）的计算公式如下：

$$A = [C - S(P/F, i, n)] ÷ [(P/A, i, n-1) + 1]$$

式中，A 为每期期初应付租金的总额；C 为租赁设备的购置成本；S 为期满时由承租方留购，支付给出租方的转让价；i 为租费率；n 为租赁期间支付租金次数。

在例 2-11 中,如果租金为每年年初支付一次,其他条件不变,则:

$$A = [100 - 5 \times (P/F, 12\%, 5)] \div [(P/A, 12\%, 5-1) + 1]$$
$$= (100 - 5 \times 0.56) \div 4.037$$
$$= 24.08(万元)$$

② 后付租金(每期期末等额支付)的计算公式如下:

$$A = [C - S(P/F, i, n)] \div (P/A, i, n)$$

式中,A 为每期期末应付租金的总额;其他符号含义同前式,依例 2-11,则:

$$A = [100 - 5 \times (P/F, 12\%, 5)] \div [(P/A, 12\%, 5)]$$
$$= (100 - 5 \times 0.567) \div 3.605$$
$$= 26.95(万元)$$

(五) 融资租赁的优缺点

1. 融资租赁的优点

(1) 融资速度快,具有灵活性。租赁是融资和设备购置同时进行,减少了承租企业直接购买设备的中间环节和费用,有助于尽快形成生产能力。

(2) 限制条件少。租赁公司的限制条件要比债券、长期借款等融资方式少得多。

(3) 设备淘汰风险小。融资租赁是融资与融物的结合,可避免自行购置设备而发生的无形损耗,从而降低风险。

(4) 财务风险小。租金在整个租期内分摊,到期归还负担轻。

2. 融资租赁的缺点

(1) 资金成本高。一般来说,租金要比举债利息高,在企业出现财务困难时,固定的租金是一项较沉重的负担。

(2) 资产处置权有限。承租企业无权在租赁期内根据自身要求自行处置租赁资产;不一定享有设备残值。

▶**要点回顾**
YAODIAN HUIGU

本任务主要讲授了短期与长期负债筹集方式;重点讲授了商业信用的主要形式以及放弃现金折扣成本的计算,如何利用现金折扣进行筹资决策。介绍了长期银行借款、发行债券、融资租赁等筹资方式的优缺点,能够计算融资租赁的租金。

任务四　资金成本与资金结构决策

一、资金成本概述

(一) 资金成本的概念及其构成

资金成本是指企业为筹集和使用资金而付出的代价。广义上讲,企业筹集和使用任何资金,不论短期的还是长期的,都要付出代价。狭义的资金成本仅指筹集和使用长期资金(包括自有资本和借入长期资金)的成本。由于长期资金也被称为资本,所以长期资金的成本也称为资金成本。

1. 资金成本的构成

(1) 融资费用。指企业在筹措资金过程中为获取资金支付的各项费用,如向银行支付的借款手续费,发行股票、债券支付的发行手续费、评估费、公证费、担保费、广告费。它通常是在筹措资金时一次支付的,与融资数量无关,与融资次数有关,在实务中需要将其在融资总额中一次扣除。

(2) 用资费用。指企业在生产经营、投资过程中因使用资金而支付的费用,如向股东支付的股利、向债权人支付的利息等。它与融资数量、使用期限成正比例变动,是资金成本的主要内容。

2. 资金成本的表示方法

(1) 绝对数表示。即资本总成本,它是融资费用和用资费用之和。

(2) 相对数表示。由于在不同条件下融资费用并不相同,为便于分析比较,资金成本通常用相对数表示,即表示为资金成本率,也就是用资费用与实际筹得资金的比率。其通用计算公式为:

$$资金成本 = \frac{每年的用资费用}{实际融资额} = \frac{每年的用资费用}{融资额 - 融资费用}$$

（二）资金成本的种类

资金成本按其用途可分为个别资金成本、综合资金成本和边际资金成本。

(1) 个别资金成本。它是公司以不同融资方式取得各项长期资本的成本。尽管公司资本来源多种多样,但在大体上可分为两大类:债务资金成本和股权资金成本。其中,债务资金成本主要包括长期借款成本、长期债券成本;股权资金成本又称为自有资金成本,主要包括优先股资金成本、普通股资金成本和留存收益资金成本。债务成本和股权成本在计算方法和内容上有着较大的差别。个别资金成本主要用于对各种资本融资方式的比较、评价和选择,是公司进行资金成本管理的定量分析工具。

(2) 综合资金成本。它是以个别资本在公司总资本中的比重为权数计算的各项资金成本的加权平均数。公司从不同来源渠道所取得的资本,其成本大小也各不相同。由于受到各种因素的限制,公司不可能以某一特定的资金成本从某一特定来源筹集到其所需要的全部资金,只有多种来源资本有效组合,才能使公司综合资金成本最低。综合资金成本主要用于计算、确定公司的资本结构,从公司的整体出发,对资金成本进行管理。

（3）边际资金成本。它是公司新增资本的加权平均成本。随着公司融资规模的扩大和融资条件变化,新增资本的成本也会发生变化。因此,公司在考虑未来追加融资时,不仅要考虑目前所使用的资金成本还要考虑新增资本的成本,即边际资金成本。边际资金成本主要用于追加融资的决策,为降低公司筹措的最后一笔资金成本提供依据。

个别资金成本、综合资金成本和边际资金成本之间存在着密切的关系。个别资金成本是计算综合资金成本和边际资金成本的基础,综合资金成本和边际资金成本是对个别资金成本的加权平均。在公司进行资金成本管理中,上述三种资金成本应同时运用,才能达到预定的管理目标,取得预期的管理效果。

（三）资金成本的作用

(1) 资金成本是选择资金来源、确定融资方案的重要依据。资金成本是企业选择资金来源、拟定融资方案的依据。这种影响主要表现在资金成本是影响企业融资总额的重要因素,是企业选择资金来源的基本依据,是企业选用融资方式的参考标准,是确定最优资本结构的主要参数。资金成本并不是企业融资决策中所要考虑的唯一因素,企业融资还要考虑财务风险、资金期限、偿还方式、限制条件等,但资金成本作为一项重要因素直接关系到企业的经济效益,是融资决策中需要考虑的首要问题。

(2)资金成本是评价投资项目、决定投资取舍的重要标准。当采用净现值指标决策时,常以资金成本作为折现率,此时,净现值为正则投资项目可行,否则不可行。当以内部收益率指标决策时,资金成本是决定项目取舍的一个重要标准。只有当项目的内部收益率高于资金成本时,项目才可能被接受,否则就必须放弃。

(3)资金成本是衡量企业经营成果的尺度。企业的整个经营业绩可以用全部投资的利润率来衡量,并可与企业全部资本的成本率相比较。如果利润率高于成本率,对企业经营有利;反之,则不利。

二、个别资金成本计算

(一)负债资金成本

一般而言,负债资金成本的计算具有以下特征:

(1)资金成本主要表现为利息费用,其利息费用预先确定,不受公司经营状况的影响。

(2)在债务期内,利息率固定不变,并且应按期支付。也就是说,债务成本在债务期内基本上是固定的。

(3)债务的利息费用可以在公司所得税前扣除。

(4)债务本金需按期偿还。

(5)实务中,计算长期债务的资金成本一般不考虑时间价值,虽然计算结果不够准确,但计算简便,易于掌握和运用。

还应特别注意的是,债务利息具有抵税效应。当公司存在所得税时,公司实际负担的债务利息费用(即资本占用费用)低于名义上的利息支出,从而降低了公司债务成本的实际水平。

1. 长期借款成本

长期借款资金成本的计算如下:

$$K_L = \frac{I(1-T)}{L(1-f)}$$
$$= \frac{i \times L(1-T)}{L(1-f)}$$
$$= \frac{i \times (1-T)}{1-f}$$

式中:K_L 为银行借款成本;f 为银行借款年利息;L 为银行借款融资总额;T 为所得税率;i 为银行借款年利率;f 为银行借款筹资费率。

由于银行借款的手续费相对较低,在实务中常常可以忽略不计,则上式可简化为:

$$K_L = i \times (1-T)$$

【例2-12】 兴华电力公司向某建设银行取得长期借款1 000万元,这笔借款的年利率为6.28%,期限3年,每年年末付息一次,到期一次还本。筹措这笔借款的筹资费用率为

0.3%,企业适用的所得税税率为25%,计算这笔借款的资金成本。

解:该企业的借款成本为:

$$K = \frac{1\,000 \times 6.28\% \times (1-25\%)}{1\,000 \times (1-0.3\%)} \times 100\%$$
$$= 4.72\%$$

需要注意的是:在计算银行借款成本时,如果有补偿性余额条款、贴现法付息等情况,则需要将名义利率转化为实际利率。

2. 债券成本

如果公司发行的债券是每年付息一次、到期还本,则在不考虑资金时间价值的情况下,债券成本的计算公式如下:

$$K_B = \frac{I(1-T)}{B_1(1-f)}$$
$$= \frac{B_0 \times i(1-T)}{B_1(1-f)}$$

式中,K_B 为债券成本;I 为债券每年支付的利息;T 为所得税率;B_0 为债券面值;i 为债券票面利息率;B_1 为按发行价格确定的债券筹资额;f 为债券筹资费率。

【例2-13】 某公司发行一笔期限为10年的债券,债券总面值为1 000万元,票面利率为12%,每年付一次利息,发行费率为3%,所得税税率为25%,债券按面值等价发行。计算这笔债券的资金成本。

解:该债券的资金成本为:

$$K = \frac{1\,000 \times 12\% \times (1-25\%)}{1\,000 \times (1-3\%)} \times 100\%$$
$$= 9.28\%$$

▶ **你也能做**
NIYENENG ZUO

某公司发行面值总额为500万元、10年期的债券,票面利率为10%,每年付息一次,发行价格为400万元,发行费占发行价格的5%,所得税率25%。问:该债券的资金成本是多少?

▶ **小心地雷**
XIAOXIN DILEI

银行借款没有折价、溢价之说,一般可简化为 $K_L = i \times (1-T)$。但债券却存在着溢价或折价发行,因此要注意上述公式中 B_0 与 B_1 的区别。

(二)权益资金成本

一般而言,权益资金成本的计算有如下特点:投资报酬,即股利,是税后支付的,不具有抵税效应,因此,其资金成本通常高于债务资金成本;向投资者支付的投资报酬是由公司的经营状况和公司所采取的股利分配政策决定的,而非事先规定(除优先股外),因此,其资金成本的支出具有不确定性。

1. 优先股成本

企业发行优先股既要支付融资费用,又要定期支付股利,与债券不同的股利在税后支付,没有固定的到期日。优先股成本的计算公式为:

$$K_p = \frac{D_p}{P(1-f)}$$

式中，K_P 为优先股成本；D_P 为优先股每年的股利；P 为发行优先股总额；f 为优先股筹资费用率。

【例2-14】　某企业按面值发行 100 万元的优先股，融资费率 4%，每年支付 10% 的股利，则优先股的资金成本是多少？

解：根据公式可得：

$$K_P = 100 \times 10\% \div 100 \times (1 - 4\%)$$
$$= 10.42\%$$

由于优先股的股利在税后支付，而利息在税前支付，且优先股筹集的是自有资金，股东承受的风险较大，必然要求较高的回报率，因此，优先股资金成本通常要高于债券资金成本。

2. 普通股成本

发行普通股融资的成本包括每年支付的股利和发生的融资费用。由于企业的发展前景存在不确定性，因此，股东对普通股股票的风险报酬的要求也难以准确测定。普通股资金成本计算的主要方法为估价法，这是利用普通股现值的公式来计算普通股资金成本的一种方法，通常需要在理论上做一些假设条件。具体来看，普通股资金成本的计算通常采用每年股利固定不变模型和股利增长模型法。

（1）每年股利固定不变模型，即每年的股利都固定不变。假定固定股利为 D，因为股票没有到期日，所以可以视为永续年金，其资金成本的计算公式为：

$$K_s = \frac{D}{V(1-f)}$$

式中，K_s 为普通股成本；D 为每年发放的每股股利；V 为普通股每股市价；f 为普通股筹资费率。

（2）股利增长模型，即在假定股票收益以固定的年增长率递增的情况下，普通股成本的计算公式为：

$$K_S = \frac{D_1}{V(1-f)} + g$$

式中，K_s 为普通股成本；D_1 为预计第一年发放的每股股利；V 为普通股每股市价；f 为普通股筹资费率；g 为普通股股利年增长率。

【例2-15】　某公司预计明年年初新发行普通股，每股市价为 20 元，发行费用率为 4%。本年发放股利 1 元，预计年增长率为 8%，计算该普通股资金成本。

解：
$$D_1 = 1 \times (1 + 8\%) = 1.08(元)$$
$$K_s = 1.08 \div [20 \times (1 - 4\%)] + 8\% = 13.63\%$$

由于公司破产清算时，普通股对公司剩余财产的求偿权在债权人和优先股股东之后，因此，投资普通股的风险最大，其资金成本也最高。

3. 留存收益成本

一般企业都不会把全部收益以股利形式分给股东，企业可以将一部分税后利润以盈余公积或未分配利润等形式留存在企业作为生产经营资金使用，这部分资金称为留存收益。所以，留存收益是企业资金的一种重要来源，留存收益相当于股东把原本可以分得的股利继续投资给企业,必然要求与普通股等价的报酬。因此,企业对这部分资本并非无偿使用,也应计算其资金成本。除了没有融资费用外,留存收益的资金成本与普通股成本的计算方法基本相同。其计算公式为:

$$K_e = \frac{D}{V_0}$$

股利不断增加的企业则为:

$$K_e = \frac{D_1}{V_0 + g}$$

式中,K_e 为留存收益成本,其他符号的含义与普通股成本计算公式相同。

【例 2-16】 某公司年末留存利润 100 万元,公司普通股每股市价为 20 元。本年发放股利 1 元,预计年增长率为 8%,计算留存收益资金成本。

解:
$$D_1 = 1 \times (1 + 8\%) = 1.08(元)$$
$$K_e = 1.08 \div 20 + 8\% = 13.4\%$$

由于留存收益用于追加投资不需要支付融资费用,所以,其资金成本低于普通股资金成本。

三、综合资金成本

由于种种条件的制约,企业往往不可能只从某种资金成本较低的来源筹集资金,必须从多种来源取得资金。但由于采用各种不同的融资方式筹集资金的资金成本都不一样,为了正确进行融资和投资决策,企业必须计算取得资金的平均成本,即综合资金成本(WACC)。计算时,一般是以各种资金占全部资金的比重为权数,对个别资金成本进行加权平均确定的,故又称加权平均资金成本。

企业在进行融资决策时,必须根据下列公式,计算各种资金来源的综合资金成本:

综合资金成本 $= \sum$(某种资金成本 $\times$ 该种资金占全部资金的比重)

$$K_w = \sum K_j W_j$$

式中,K_w 为加权平均资金成本;K_j 为第 j 种个别资金成本;W_j 为第 j 种个别资金占全部资金的比重(权数)。

【例 2-17】 某企业资本金构成如表 2-6 所示,要求计算该企业的加权平均资金成本。

表 2-6　　　　　　　　　　　　　　某企业资金构成表　　　　　　　　　　　单位:万元

筹资方式	甲方案	
	筹资额	资金成本
长期借款	100	8%
公司债券	200	10%
优先股	150	12%
普通股	550	15%
合计	1 000	

解： (1)计算各种资金所占的比重。

长期借款占资金总额的比重＝100÷1 000×100％＝10％

公司债券占资金总额的比重＝200÷1 000×100％＝20％

优先股占资金总额的比重＝150÷1 000×100％＝15％

普通股占资金总额的比重＝550÷1 000×100％＝55％

（2）计算加权平均资金成本。

甲方案加权平均资金成本＝10％×8％＋20％×10％＋15％×12％＋55％×15％＝12.85％

由以上计算过程可以看出，当资本结构不变时，个别资金成本越高，加权平均资金成本越高；反之，个别资金成本越低，则加权平均资金成本越低。因此，要降低企业加权平均资金成本，一要降低各种资金的资金成本；二要提高资金成本较低的资金在全部资金中所占的比重。

四、资金结构决策

(一) 资金结构的概念

资金结构是指企业长期资金来源的构成和比例关系。短期资金的数量是经常变化的，在整个资金总量中所占比重不稳定，因此，将其作为营运资金管理专门讨论，不列入资本结构管理的范畴。

资金结构是否合理会影响企业资金成本的高低、财务风险的大小以及投资者的收益，它是企业筹资决策的核心问题。企业资金来源多种多样，但总的来说可分成权益资金和债务资金两类，资本结构问题实质是负债比率问题，即负债在全部资金中所占的比重。前已述及，适度增加负债有利于降低企业资金成本，获取财务杠杆利益，同时也会加大企业的财务风险。因此，企业必须权衡财务风险和资金成本的关系，确定最优的资本结构。

▶**小心地雷**
XIAOXIN DILEI

最佳资金结构是指在一定条件下使企业加权平均资金成本最低、企业价值最大的资金结构。但并不能说最佳资金结构是企业筹资能力最强、财务风险最小的资金结构。判别最佳资金结构应注意以下几点：①有利于最低限度地增加股东财富，使公司价值最大化；②使加权平均资金成本最低，这是一条主要标准；③保持资金的流动性，使公司的资金结构具有一定弹性。

(二) 资金结构决策方法

1. 比较资金成本法

比较资金成本法是指在公司做出融资决策之前，先对各备选方案的综合资金成本进行计算、对比，并选择资金成本最低的融资方案。在该方案下的资本结构即为最优资本结构。

【例2-18】 B公司年初的资本结构如表2-7所示。

表2-7　　　　　　　　　　　B公司年初的资本结构

资本来源	金额(万元)
长期债券(年利率10％)	800
优先股(年股利率8％)	200
普通股	1 000
总计	2 000

该公司普通股每股面值1元,发行价10元,共发行100万股,目前股票价格也为10元,今年的预期股利为每股1元,预计以后每年股利增长4%,假设该公司所得税税率为25%,没有筹资费用发生。现在该公司计划增资500万元,现有以下三个方案可供选择:

甲方案:发行长期债券500万元,因公司负债增加,财务风险加大,使得债券利率须达到12%才能发行;同时,普通股的市价将跌至每股8元。

乙方案:发行长期债券200万元,年利率10%;另外发行普通股300万元,每股发行价为10元,预计普通股股利不变。

丙方案:发行普通股40万股,由于公司信誉提高,每股市价将增到12.5元。

要求:

(1)计算年初综合资金成本。

(2)试做出增资决策。

解: B公司计划年初的综合资金成本的计算分析如表2-8所示。

表2-8 年初综合资金成本计算分析表

资金来源	资本结构	资金成本
长期债券	$800 \div 2\,000 = 40\%$	$10\% \times (1-25\%) = 7.5\%$
优先股	$200 \div 2\,000 = 10\%$	8%
普通股	$1\,000 \div 2\,000 = 50\%$	$1/10 + 4\% = 14\%$
合计	100%	$K_{w初} = 7.5\% \times 40\% + 8\% \times 10\% + 14\% \times 50\% = 10.8\%$

B公司增资方案甲、乙、丙的综合资金成本的计算分析分别如表2-9、表2-10、表2-11所示。由计算结果可知,丙方案的综合资金成本最低,所以应采用丙方案增资。

表2-9 增资方案甲综合资金成本计算分析表

资金来源	资本结构	资金成本
原来的长期债券	$800 \div 2\,500 = 32\%$	$10\% \times (1-25\%) = 7.5\%$
新发行的长期债券	$500 \div 2\,500 = 20\%$	$12\% \times (1-25\%) = 9\%$
优先股	$200 \div 2\,500 = 8\%$	8%
普通股	$1\,000 \div 2\,500 = 40\%$	$1 \div 8 + 4\% = 16.5\%$
合计	100%	$K_{w甲} = 7.5\% \times 32\% + 9\% \times 20\% + 8\% \times 8\% + 16.5\% \times 40\% = 11.44\%$

表2-10 增资方案乙综合资金成本计算分析表

资金来源	资本结构	资金成本
长期债券	$1\,000 \div 2\,500 = 40\%$	$10\% \times (1-25\%) = 7.5\%$
优先股	$200 \div 2\,500 = 8\%$	8%
普通股	$1\,300 \div 2\,500 = 52\%$	$1 \div 10 + 4\% = 14\%$
合计	100%	$K_{w乙} = 7.5\% \times 40\% + 8\% \times 8\% + 14\% \times 52\% = 10.92\%$

表 2-11 　　　　　　　　　　**增资方案丙综合资金成本计算分析表**

资金来源	资本结构	资金成本
长期债券	800÷2 500＝32％	10％×（1－25％）＝7.5％
优先股	200÷2 500＝8％	8％
普通股	1 500÷2 500＝60％	1÷12.5＋4％＝12％
合计	100％	$K_{w丙}$＝7.5％×32％＋8％×8％＋12％×60％＝10.24％

比较资金成本法适用于个别资金成本已知或可计算的情况。这种方法通俗易懂,是确定最佳资本结构的一种常用方法。但由于所拟定的方案数量有限,所以有漏掉最优方案的可能;同时,该方法与股东财富最大化的理财目标不可能完全一致,即综合资金成本低,并不能保证股东财富最大。

2. 每股收益分析法

每股收益分析法包括每股收益无差别点法和每股收益直接计算法。

（1）每股收益无差别法是对不同资本结构获利能力没有差别进而选择融资方式的方法。无差别点是指使不同资本结构的每股利润相等的息税前利润点,又称每股利润无差别点或息税前利润平衡点,这一点是两种资本结构优劣的分界点。无差别点分析简称 EBIT-EPS 分析。

如前所述,每股利润的计算公式为:

$$EPS = \frac{(EBIT - I)(1 - T) - D_P}{N}$$

根据无差别点的含义,在不同资本结构下应有以下等式成立:

$$\frac{(EBIT - I_1)(1 - T) - D_{P1}}{N_1} = \frac{(EBIT - I_2)(1 - T) - D_{P2}}{N_2}$$

式中,$EBIT$ 为每股利润无差别点处的息税前利润;I_1、I_2 为两种不同筹资方式下的年利息;D_{P1}、D_{P2} 为两种不同筹资方式下的优先股股利;N_1、N_2 为两种不同筹资方式下的流通在外的普通股股数。

由上式可以确定 $EBIT$,从而利用公司预计的 $EBIT$ 选择最优的资本结构。

【例 2-19】　某公司原有资本 1 000 万元,其中债务资本 400 万元,每年负担利息 24 万元,普通股股本 600 万元,每股面值 60 元,发行在外的普通股股数为 10 万股,目前普通股市价为 80 元。由于生产发展的需要准备融资 400 万元,现有以下两个融资方案:

方案甲:全部发行普通股,增发 5 万股;

方案乙:全部发行公司债券,债券利率为 8％。

公司所得税率 25％,公司预计融资后息税前利润可达到 160 万元。试为该公司的增资方案进行 EBIT－EPS 分析并决策。

根据上述资料,计算无差别点的息税前利润如下:

$$EPS_甲 = \frac{(EBIT-24)(1-25\%)}{10+5}$$

$$EPS_乙 = \frac{(EBIT-24-400\times8\%)(1-25\%)}{10}$$

令 $EPS_甲 = EPS_乙$，即：

$$\frac{(EBIT-24)(1-25\%)}{15} = \frac{(EBIT-24-400\times8\%)(1-25\%)}{10}$$

得：$EBIT=120$（万元）

此时：$EPS_甲 = EPS_乙 = 4.288$（元）

息税前利润为 120 万元是两个融资方案的无差别点，即息税前利润为 120 万元时，公司无论采用发行股票还是采用发行公司债券的方式筹集新增资金，这两个方案的每股收益是无差别的，均为 4.288 元。当预计息税前利润大于无差别点息税前利润时，公司宜采用债务筹资；当预计息税前利润小于无差别点息税前利润时，公司宜采用股票筹资。在上例中，公司融资以后预计息税前利润 160 万元大于无差别点，应选择乙方案增资。

每股收益无差别点适用于息税前利润不能明确预见，但可估测大致范围的情况。这种分析方法考虑了资本结构对每股收益的影响，并假定每股收益最大，股票价格最高，但它把资本结构对风险的影响置于视野之外，是不全面的。因为随着负债比重的加大，投资者的风险也在加大，股票价格和公司价值也会有下降的趋势，所以，单纯只使用无别点分析法有时可能会做出错误的决策。

（2）每股收益直接计算法是对不同的融资方式直接计算每个方案的每股收益，进而选择融资方式的方法。

仍以上例为例，采用每股收益直接计算法选择融资方案。

$$EPS_甲 = \frac{(160-24)(1-25\%)}{10+5}$$
$$= 6.8（元/股）$$

$$EPS_乙 = \frac{(160-24-400\times8\%)(1-25\%)}{10}$$
$$= 7.8（元/股）$$

通过计算可知乙方案每股收益比甲方案每股收益大，所以应选择乙方案。

每股收益直接计算法适用于息税前利润较能明确预见这种情况。其他方面与无差别点分析法雷同。

▶ **身边的事**
SHENBIAN DE SHI

你的亲戚、朋友、同学中是否有自己办公司、开工厂的，看看企业的资金来源渠道是什么，资金结构又如何？利用你所学的知识帮助他们计算一下资金成本，拟定一下新的筹资方案，确定最优资金结构。

▶ **要点回顾**
YAODIAN HUIGU

本任务讲授了资金成本的概念、构成内容及资金成本的种类；重点讲授了个别资金成本、加权平均资金成本、边际资金成本的计算；要求理解并掌握最优资金结构的含义，并利用所学的方法确定最优资金结构。

任务五　财务杠杆分析

一、财务杠杆概念

财务杠杆反映的是息税前利润和每股利润这两个变量之间的关系。在企业资本结构一定的情况下,负债利息和优先股股利是相对固定的。当企业息税前利润增长时,每一元利润所负担的固定资金成本就会减少,这种由于在融资中存在固定资金成本而引起的普通股每股利润变动率大于息税利润变动率的现象,通常称为财务杠杆。

二、财务杠杆的计量

一般来说,只要在公司的融资结构中存在负债和优先股,就会存在财务杠杆效应。为了反映财务杠杆的作用程度,估计杠杆效应大小,通常需要估算财务杠杆系数(DFL)。财务杠杆系数又称财务杠杆程度,是指普通股每股利润的变动率相对于息税前利润变动率的倍数。其定义公式为:

$$DFL = \frac{普通股每股利润变动率}{息税前利润变动率} = \frac{\triangle EPS/EPS}{\triangle EBIT/EBIT}$$

式中,DFL 为财务杠杆系数;EPS 为变动前(或称为基期)的每股利润;$\triangle EPS$ 为普通股每股利润变动额。

显然,利用上述 DFL 的定义公式计算财务杠杆系数必须掌握普通股每股变动率与息税前利润变动率,以已知变动前后的相关资料为前提,是事后反映,不便于相关分析预测。为此,对于发行优先股和向银行借款的企业来说,可以按以下简化公式计算:

$$DFL = \frac{EBIT}{EBIT - I - \dfrac{D}{1-T}}$$

式中,DFL 为预测期(或称报告期)的财务杠杆系数;$EBIT$ 为基期息税前利润;I 为基期债务利息;D 为基期优先股年股利;T 为基期所得税税率。

对于无优先股的股份制企业,上述财务杠杆系数的计算公式可简化为:

$$DFL = \frac{EBIT}{EBIT - I}$$

必须说明的是,上述公式中,$EBIT$、I、D、T 均为基期值。

对于既无负债又没有发行优先股的企业来说,财务杠杆系数为1,即没有财务杠杆效应,每股利润的变动幅度与息税前利润的变动幅度一致。

【例2-20】 新设甲公司 2020 年需要资金 400 000 元。现有两种筹资方案可供选择。方案 A:发行 40 000 股普通股,每股面值 10 元;方案 B:发行 24 000 股普通股筹资,每股面值 10 元,其余采用负债筹资,利率 10%。若甲公司 2020 年 EBIT 为 100 000 元,预计 2021 年 EBIT 同比增长 20%,公司所得税率 25%。要求:计算该公司 2021 年 A、B 两方案的财务杠杆系数。

解：该公司两种融资方案的财务杠杆系数计算分析如表 2-12 所示。

表 2-12　　　　　　　　　甲公司的筹资方案与每股利润计算分析表

时间	项　　目	A 方案	B 方案
2020 年	发行普通股股数（股）	40 000	24 000
	普通股股本（元，每股面值 10 元）	400 000	240 000
	债务（利率 10%）	0	160 000
	资金总额（元）	400 000	400 000
	息税前利润（元）	100 000	100 000
	减：债务利息（元）	0	16 000
	税前利润（元）	100 000	84 000
	减：所得税（元）	25 000	21 000
	税后净利（元）	75 000	63 000
	每股利润（元/股）	1.875	2.625
2021 年	息税前利润增长率	20%	20%
	增长后的息税前利润（元）	120 000	120 000
	减：债务利息（元）	0	16 000
	税前利润（元）	120 000	104 000
	减：所得税（元）	30 000	26 000
	税后净利（元）	90 000	78 000
	每股利润（元/股）	2.25	3.25
	每股利润增加额（元）	0.375	0.625
	普通股每股利润增长率	20%	24%

方法一：根据定义公式 $DFL = \dfrac{\triangle EPS/EPS}{\triangle EBIT/EBIT}$ 得：

$$DFL_A = 20\%/20\% = 1$$
$$DFL_B = 24\%/20\% = 1.2$$

方法二：本题不涉及优先股，则根据简化公式得：

$$DFL_A = 100\ 000/(100\ 000 - 0) = 1$$
$$DFL_B = 100\ 000/(100\ 000 - 16\ 000) = 1.19$$

从表 2-12 可以看出，A、B 两方案的资金总额相等，息税前利润相等，息税前利润的增长率也相等，但是资本结构不同。A 方案只采用普通股融资，B 方案则是 60% 采用普通股筹资、40% 采用负债筹资。当息税前利润增长 20% 时，A 方案的每股利润只增长了 20%，B 方案的每股却增长了 24%。这说明，B 方案负债的存在，使得当公司息税前利润增长时，每股利润增长率超过了 A 方案，这就是财务杠杆效应；反之，如果公司息税前利润下降，B 方案每股利润的下降幅度也会超过 A 方案。

▶**你也能做**
NIYENENG ZUO

某公司全部长期资本为 750 万元,债务资本比率为 0.4,债务年利率为 8％。问:在息税前利润为 80 万元时,财务杠杆系数是多少?

三、财务风险

财务风险是指企业负债筹资带来的风险,即企业为取得财务杠杆利益而利用负债筹资时,增加了破产机会,或者普通股利润大幅度变动的机会所带来的风险。在资本总额、息税前利润相同的情况下,企业负债比率越高,财务杠杆系数越大,财务风险越大,但预期每股利润也越高。由此可知,财务杠杆实际上是一把"双刃剑",一方面,当企业息税前利润增加时,它可以扩大每股利润的增长幅度;另一方面,当企业息税前利润减少时,它也会加大每股利润的降低幅度。因此,企业的财务决策者在确定企业负债的水平时,必须认识到负债可能带来的杠杆利益和相应的财务风险,应合理安排资本结构,适度负债,使财务杠杆利益抵销风险增大所带来的不利影响。

▶**要点回顾**
YAODIAN HUIGU

本任务主要讲授了财务杠杆的含义及计算方法,介绍了财务杠杆与财务风险的关系,正确理解财务风险,适度负债,实现企业价值最大化这一理财目标。

▶**本项小结**
BENXIANG XIAOJIE

通过本项目的学习,了解筹资的目的、原则,筹资渠道与筹资方式的关系。企业筹资是指企业根据生产经营等活动的需要,通过一定的渠道,采取适当的方式,获取所需资金的行为。企业筹资可以按照不同的分类标准进行分类。企业资金需要量的预测可以采用定性预测法、比率预测法和资金习性预测法。资金成本是指企业为筹集和使用资金而付出的代价。它包括资金筹集费和资金占用费两部分。资金成本可以用绝对数表示,也可以用相对数表示,但在财务管理中,一般用相对数表示。个别资金成本是指各种筹资方式的成本,包括债券成本、银行借款成本、优先股成本、普通股成本和留存收益成本,前两者可统称为负债资金成本,后三者统称为权益资金成本。综合资金成本是指企业全部长期资本的成本,是反映资金成本总体水平的一项重要指标。资金结构是指企业各种长期资金筹集来源的构成和比例关系。最佳资本结构应当是可使其预期的综合资金成本率最低同时又能使企业总价值最高的资本结构。由于负债利息和优先股股利是相对固定的,从而形成财务杠杆。财务杠杆作用的大小通常用财务杠杆系数表示。

▶**专业术语**
ZHUANYE SHUYU

1. 筹资	2. 资金习性	3. 不变资金	4. 变动资金
5. 融资租赁	6. 商业信用	7. 资金成本	8. 筹资费用
9. 资金结构	10. 财务杠杆	11. 财务风险	12. 最佳资金结构
13. 每股收益无差别点	14. 筹资总额分界点	15. 个别资金成本	16. 加权平均资金成本
17. 边际资金成本	18. 补偿性余额		

▶**复习思考**
FUXI SIKAO

1. 什么是普通股?试述普通股融资方式的优缺点。

2. 什么是债券?试述债券融资方式的优缺点。

3. 什么是融资租赁？试述融资租赁融资方式的优缺点。

4. 什么是商业信用？试述商业信用融资方式的优缺点。

5. 试述吸收直接投资及银行借款融资方式的优缺点。

6. 资金需要量的预测方法有哪些？

7. 试述资金成本的含义及其包括的内容。

8. 如何计算债务成本？优先股成本的计算与债务成本计算有何异同？

9. 留存收益成本计算与普通股成本计算有何差异？

10. 如何计算综合资金成本？影响综合资金成本的因素有哪些？

11. 财务风险的含义是什么？

12. 财务杠杆的含义以及财务杠杆系数的高低与财务风险的关系如何？

13. 财务杠杆系数的计算方法有哪些？

14. 试述最优资金结构的含义及确定最优资金结构的方法。

▶课后练习
KEHOU LIANXI

一、单项选择题

1. 以下对普通股筹资优点的叙述中，不正确的是( )。
   A. 具有永久性，无须偿还　　　　　　　　B. 无固定的利息负担
   C. 资金成本较低　　　　　　　　　　　　D. 能增强公司的举债能力

2. 相对于负债融资方式而言，采用吸收直接投资方式筹措资金的优点是( )。
   A. 有利于降低资金成本　　　　　　　　　B. 有利于集中企业控制权
   C. 有利于降低财务风险　　　　　　　　　D. 有利于发挥财务杠杆作用

3. 某公司拟发行 5 年期债券进行筹资，债券票面金额为 100 元，票面利率为 12%，而当时市场利率为 10%，那么，该公司债券发行价格应为( )元。
   A. 93.22　　　　　　B. 100　　　　　　C. 105.35　　　　　　D. 107.58

4. 在下列各项中，不属于商业信用融资内容的是( )。
   A. 赊购商品　　　　　　　　　　　　　　B. 预收货款
   C. 办理应收票据贴现　　　　　　　　　　D. 用商业汇票购货

5. 下列筹资方式按一般情况而言，企业所承担的财务风险由大到小排列为( )。
   A. 融资租赁、发行股票、发行债券　　　　B. 融资租赁、发行债券、发行股票
   C. 发行债券、融资租赁、发行股票　　　　D. 发行债券、发行股票、融资租赁

6. 某企业按年利率 10% 向银行借款 20 万元，银行要求保留 20% 的补偿性余额。那么，企业该项借款的实际利率为( )。
   A. 10%　　　　　　B. 12.5%　　　　　　C. 20%　　　　　　D. 15%

7. 某企业按"2/10，n/60"条件购进商品 20 000 元，若放弃现金折扣，则其资金的机会成本率为( )。
   A. 12.3%　　　　　　B. 12.6%　　　　　　C. 11.4%　　　　　　D. 14.7%

8. 普通股融资的缺点是( )。
   A. 普通股的资本成本较低
   B. 以普通股筹资会增加新股东，这可能会分散公司的控制权
   C. 筹措成本有永久性
   D. 没有固定的股利负担

9. 一般与销售额之间的关系不大，基本上不随销售额的增加而增加的是( )。
   A. 应收账款　　　　B. 应付账款　　　　C. 其他应付款　　　　D. 所有者权益

10. 当债券票面利率大于市场利率时，债券应( )。

A. 面值发行　　　　　　B. 溢价发行　　　　　C. 折价发行　　　　　D. 估价发行

11. 下列筹资方式中,常用来筹措短期资金的是(　　)。

A. 商业信用　　　　B. 发行股票　　　　C. 发行债券　　　　D. 融资租赁

12. 相对股票筹资而言,银行借款的缺点是(　　)。

A. 筹资速度慢　　　　　　　　　　B. 筹资成本高

C. 借款弹性差　　　　　　　　　　D. 财务风险大

13. 相对于借款购置设备而言,融资租赁设备的主要缺点是(　　)。

A. 筹资速度慢　　　　　　　　　　B. 融资成本高

C. 到期还本负担重　　　　　　　　D. 设备淘汰风险大

14. 下列各项资金中,可以利用商业信用方式筹措的是(　　)。

A. 国家财政资金　　　　　　　　　B. 银行预收货款信贷资金

C. 其他企业资金　　　　　　　　　D. 企业自留资金

15. 在银行短期借款条件下,实际利率等于名义利率的情形是(　　)。

A. 有补偿性余额　　　　　　　　　B. 贴现法支付借款利息

C. 收款法支付借款利息　　　　　　D. 加息法支付借款利息

16. 采用销售百分率法预测资金需要量时,下列项目中被视为不随销售收入的变动而变动的是(　　)。

A. 现金　　　　　B. 应收账款　　　　C. 存货　　　　D. 公司债券

17. 下列各项中,(　　)一般不用还本,因而称为企业的自由资金或自主资金。

A. 发行长期债券　　　　　　　　　B. 发行可转换债券

C. 所有者权益　　　　　　　　　　D. 商业信用

18. 银行信贷资金可通过(　　)的方式进行筹集。

A. 发行股票　　　　B. 银行借款　　　　C. 商业信用　　　　D. 吸收直接投资

19. 资金习性是指资金的变动同(　　)之间的依存关系。

A. 资产　　　　　B. 成本　　　　C. 利润　　　　D. 产销量

20. 某企业按"$2/10,n/45$"的条件购进商品一批,若该企业放弃现金折扣优惠,而在信用期满时付款,则放弃现金折扣的机会成本为(　　)。

A. 20.99%　　　　B. 28.82%　　　　C. 25.31%　　　　D. 16.33%

21. 下列各种筹资渠道中,属于企业内部筹资渠道的是(　　)。

A. 银行信贷资金　　　　　　　　　B. 非银行金融机构资金

C. 企业提留的准备金　　　　　　　D. 职工购买企业债券的投入资金

22. 下列各项中,不属于融资租赁特点的是(　　)。

A. 租赁期较长

B. 租金较高

C. 出租人和承租人之间未形成债权债务关系

D. 不得任意中止租赁合同

23. 下列各项中,不属于商业信用的是(　　)。

A. 应付工资　　　　B. 应付账款　　　　C. 应付票据　　　　D. 预收账款

24. 用线性回归法预测筹资需要量的理论依据是(　　)。

A. 筹资规模与业务量间的对应关系　　　B. 筹资规模与投资间的时间关系

C. 筹资规模与筹资方式间的对应关系　　　D. 长短期资金间的比例关系

25. 相对于股票融资而言,债券融资的优缺点不包括(　　)。

A. 融资额有限　　　　　　　　　　B. 财务风险大

C. 保障股东控制权　　　　　　　　D. 融资成本高

26. 下列各项中,不属于融资租赁资金构成项目的是(　　)。
　　A. 租赁设备的价款　　　　　　　　　　　　B. 租赁期间利息
　　C. 租赁手续费　　　　　　　　　　　　　　D. 租赁设备保护费

27. 企业采用(　　)的方式筹集资金,一般承担较大的风险,但付出的资金成本较低。
　　A. 自有资金　　　　B. 借入资金　　　　C. 主权资金　　　　D. 内部积累

28. 厂房、机器设备等固定资产所占有的资金属于(　　)。
　　A. 不变资金　　　　B. 变动资金　　　　C. 半变动资金　　　　D. 辅助资金

29. 下列融资活动不会加大财务杠杆作用的是(　　)。
　　A. 增发普通股　　　　B. 增发优先股　　　　C. 增发发行债券　　　　D. 增加银行借款

30. 企业的资金成本等于(　　)。
　　A. $\dfrac{每年的用资费用}{每年的筹资费用}$　　　　　　　　B. $\dfrac{每年的用资费用}{每年的筹资数额}$

　　C. $\dfrac{每年的用资费用}{筹资数额+筹资费用}$　　　　　D. $\dfrac{每年的用资费用}{筹资数额-筹资费用}$

31. 优先股成本通常(　　)债券成本。
　　A. 低于　　　　B. 等于　　　　C. 高于　　　　D. 不高于

32. 最优的资金结构是指在一定条件下使(　　)的资金结构。
　　A. 企业加权平均资金成本最低、企业价值最大
　　B. 企业加权平均资金成本最低、企业价值最小
　　C. 企业加权平均资金成本最高、企业价值最小
　　D. 企业加权平均资金成本最高、企业价值最大

33. 当财务杠杆系数为 1 时,下列表述正确的是(　　)。
　　A. 息税前利润增长为零　　　　　　　　　　B. 息税前利润为零
　　C. 利息与优先股股息为零　　　　　　　　　D. 固定成本为零

34. 向股东支付的股利、向债权人支付的利息等都是资金成本的主要内容,它们属于(　　)。
　　A. 用资费用　　　　B. 筹资费用　　　　C. 长期费用　　　　D. 短期费用

35. 留存收益成本的计算与(　　)基本相同,但不用考虑筹资费用。
　　A. 债券　　　　B. 银行存款　　　　C. 优先股　　　　D. 普通股

36. 在各种资金来源中,通常(　　)的成本最高。
　　A. 普通股　　　　B. 优先股　　　　C. 债券　　　　D. 银行存款

二、多项选择题

1. 普通股与优先股的共同特征主要有(　　)。
　　A. 需支付固定股息　　　　　　　　　　　　B. 股利从净利润中支付
　　C. 同属公司股本　　　　　　　　　　　　　D. 可参与公司重大决策

2. 负债融资与股票融资相比,其缺点有(　　)。
　　A. 资本成本较高　　　　　　　　　　　　　B. 具有使用上的时间性
　　C. 形成企业固定负担　　　　　　　　　　　D. 风险较大

3. 债券的发行价格有(　　)。
　　A. 等价发行　　　　B. 折价发行　　　　C. 时价发行　　　　D. 溢价发行

4. 资金成本包括(　　)。
　　A. 融资费用　　　　B. 利息　　　　C. 用资费用　　　　D. 股利

5. 企业自有资金的筹集方式有(　　)。
　　A. 发行股票　　　　B. 发行债券　　　　C. 吸收直接投资　　　　D. 企业内部积累

6. 银行借款按借款担保条件划分,可分为(　　　)。
    A. 专项借款　　　　　　　B. 长期借款　　　　　C. 信用贷款　　　　　D. 抵押贷款

7. 资金成本对企业筹资决策的影响主要有(　　　)。
    A. 是影响企业筹资总额的重要因素　　　　　B. 是企业选择资金来源的基本依据
    C. 是企业选用筹资方式的参考标准　　　　　D. 是确定最优资金结构的主要参数

8. 下列实际利率大于名义利率的情形有(　　　)。
    A. 有补偿性余额　　　　　　　　　　　　B. 收款法支付借款利息
    C. 贴息法支付借款利息　　　　　　　　　D. 加息法支付借款利息

9. 吸收直接投资的优点包括(　　　)。
    A. 有利于降低资金成本　　　　　　　　　B. 有利于加强对企业的控制
    C. 有利于壮大企业经营实力　　　　　　　D. 有利于降低企业财务风险

10. 融资租赁的租金包括(　　　)。
    A. 设备价款　　　　　　　　　　　　　　B. 融资成本
    C. 租赁公司承办租赁设备的营业费用　　　D. 租赁公司承办租赁设备的盈利

11. 下列各项中,属于筹资决策必须考虑的因素有(　　　)。
    A. 取得资金的渠道　　　　　　　　　　　B. 取得资金的方式
    C. 取得资金的总规模　　　　　　　　　　D. 取得资金的成本与风险

12. 下列各项中,属于"吸收直接投资"与"发行普通股"筹资方式所共有的缺点有(　　　)。
    A. 限制条件多　　　　　　　　　　　　　B. 财务风险大
    C. 控制权分散　　　　　　　　　　　　　D. 资金成本高

13. 短期资金通常可以采用的筹资方式有(　　　)。
    A. 留存收益　　　　　　　　　　　　　　B. 商业信用
    C. 融资租赁　　　　　　　　　　　　　　D. 银行流动资金借款

14. 企业通过(　　　)方式筹集的资金属于企业的所有者权益。
    A. 发行股票　　　　　　B. 发行债券　　　　　C. 吸收直接投资　　　D. 留存收益

15. 企业在采用吸收投资方式筹建资金时,投资者的出资方式可以有(　　　)。
    A. 现金投资　　　　　　　　　　　　　　B. 实物投资
    C. 工业产权投资的成本储备　　　　　　　D. 土地使用权投资

16. 补偿性余额的约束使借款企业所受的影响有(　　　)。
    A. 减少了可用资金　　　　　　　　　　　B. 提高了筹资成本
    C. 减少了应付利息　　　　　　　　　　　D. 增加了应付利息

17. 债券筹资的优点有(　　　)。
    A. 资金成本较低　　　　　　　　　　　　B. 筹资风险较小
    C. 可以保证股东的控制权　　　　　　　　D. 可发挥财务杠杆作用

18. 长期资金通常采用的筹资方式有(　　　)。
    A. 发行股票　　　　　　B. 发行债券　　　　　C. 留存收益　　　　　D. 商业信用

19. 按照资金的来源渠道不同,可将企业资金分为(　　　)。
    A. 长期资金　　　　　　B. 权益资金　　　　　C. 负债资金　　　　　D. 短期资金

20. 发行股票筹建的资金属于企业的(　　　)。
    A. 长期资金　　　　　　B. 自有资金　　　　　C. 负债资金　　　　　D. 短期资金

21. 企业自留资金主要包括(　　　)。
    A. 注册资本　　　　　　B. 提取公积金　　　　C. 未分配利润　　　　D. 融资租赁

22. 下列筹资渠道中,可通过发行债券的方式进行筹资的有(　　　)。

    A. 国家财政资金   B. 非银行金融机构资金

    C. 其他企业资金   D. 居民个人资金

23. 其他企业资金可通过(   )等方式进行筹资。

    A. 发行股票   B. 商业信用   C. 吸收直接投资   D. 发行债券

24. 下列项目中,属于不变资金的有(   )。

    A. 维持营业而占用的最低数额的现金   B. 原材料的储备金

    C. 辅助材料上占用的资金   D. 必要的成本储备

25. 下列各项中,影响财务杠杆系数的因素有(   )。

    A. 产品边际贡献总额   B. 所得税税率

    C. 固定成本   D. 财务费用

26. 在事先确定企业资金规模的前提下,吸收一定比例的负债资金,可能产生的结果有(   )。

    A. 降低企业资金成本   B. 降低企业财务风险

    C. 加大企业财务风险   D. 提高企业经营能力

27. 在企业资金结构中,负债资金对企业的影响有(   )。

    A. 负债资金会增加企业资金成本

    B. 一定程度的负债有利于降低成本企业资金成本

    C. 负债筹集具有财务杠杆作用

    D. 负债资金会加大企业的财务风险

28. 根据财务杠杆作用原理,使企业净利润增加的基本途径有(   )。

    A. 在企业资金结构一定的条件下,增加息税前利润

    B. 在企业固定成本总额一定的条件下,增加企业销售收入

    C. 在企业息税前利润不变的条件下,调整企业的资金结构

    D. 在企业销售收入不变的条件下,调整企业固定成本总额

三、判断题

1. 运用好资金是企业财务管理的首要任务,是企业财务管理的起点。   (   )
2. 筹资目的包括扩张筹资目的、偿债筹资目的和发放工资目的。   (   )
3. 企业资金来源可以按资金来源渠道不同区分为自有资金和借入资金。   (   )
4. 影响流动资金需要量的因素包括企业的生产经营规模、流动资金周转速度、产品成本高低和价格水平。
                                                                                (   )
5. 采用销售百分比法测算资金需要量关键是预测销售量。   (   )
6. 股票发行的价格一般分为面额发行、溢价发行和时价发行,但是不能折价发行。   (   )
7. 企业负债按其期限的长短分为长期负债和流动负债两类。   (   )
8. 企业内部筹资主要是指向职工个人借款。   (   )
9. 资金成本是企业筹措和使用资金而付出的代价,它主要是指借款利息和资金筹集费用。   (   )
10. 财务杠杆系数是指每股利润的变动率相当于息税前利润变动率的倍数。   (   )

▶ 项目训练
XIANGMU XUNLIAN ··

一、计算分析题

    1. 某股份有限公司拟发行面值为 100 元,期限为 5 年的债券一批,年利率为 12%,每年年末付息。要求:试测算该债券在下列市场利率条件下的发行价格:(1)10%;(2)12%;(3)15%。

    2. 某企业发行普通股筹资,股票面值 10 000 万元,实际发行价格为 14 100 万元,筹资费率为 5%,第一年年末股利率为 10%,预计股利每年增长 3%,所得税税率 25%。要求:试计算普通股本成本。

    3. 某企业按面值发行优先股 200 万元,筹资费率为 5%,年股利率为 12%,所得税税率为 25%。要求:

试计算优先股资本成本。

4. 某企业有留存收益 100 万元,对外发行普通股的每股市价为 16 元,预计第一年年末每股盈利 2.5 元,每股拟发放 1 元股利,以后股利每年增长 4%。要求:试计算留存收益的资本成本。

5. 某企业产销量和资金变化情况如表 2-13 所示。

表 2-13 　　　　　　　　　　　　　　某企业产销量和资金变化情况

年度	产量 X(万件)	资金占有量 Y(万元)
2016	6.0	500
2017	5.5	475
2018	5.0	450
2019	6.5	520
2020	7.0	550

2021 年预测产量 7.8 万件,试用资金习性预测法(高低点法)预测 2021 年的资金需要量。

6. 某企业按年利润 6% 向银行借款 200 万元,银行要求保留 18% 的补偿性金额。若不计算补偿性金额的存款利息收入,计算该借款的实际利率。

7. 某企业从银行借款 20 万元,期限 1 年,利率 10%(名义利率),按照贴现付息,计算企业该贷款的实际利率。

8. 万泉公司最近从宝达公司购进原材料一批,合同规定的信用条件是"2/10,n/40"。如果万泉公司由于流动资金紧张,不准备取得现金折扣,在第 40 天按时付款。要求:计算这笔资金的资金成本。

9. 某企业运用融资租赁方式,于 2020 年 1 月 1 日从一租赁公司租入一台设备,设备价款 200 000 元,租期为 4 年,到期后设备归承租企业所有,经双方商定租赁期间的折现率为 15%。租入企业在每年年末等额支付租金。要求:计算每年应支付租金的数额。

10. 某公司发行总额为 400 万元的债券,发行总价格为 450 万元,票面利率为 12%,发行费用占发行价格的 5%,公司的所得税税率为 25%。要求:计算该债券的资金成本。

11. 某公司共有长期资本(账面价值)1 000 万元,其中长期借款 150 万元。债券 200 万元,优先股 100 万元,普通股 300 万元,留存收益 250 万元,其中资金成本分别为 5.64%、6.25%、10.50%、15.17% 和 15%。要求:计算该公司的综合资金成本。

二、案例题

案例一——万乐公司关于资金需要量的预测

(一)案例目的

掌握销售百分比法预测资金需要量。

(二)案例资料

万乐公司 2020 年 12 月 31 日的资产负债简表如表 2-14 所示。

表 2-14 　　　　　　　　　　　　　　万乐公司资产负债简表 　　　　　　　　　　　单位:元

资产	期末数	负债与所有者权益	期末数
现金	500	应收账款	500
应收账款	1 500	应付票据	1 000
存货	3 000	短期借款	2 500

（续表）

资产	期末数	负债与所有者权益	期末数
固定资产净值	3 000	长期借款	1 000
		实收资本	2 000
		留存收益	1 000
资产合计	8 000	负债与所有者权益合计	8 000

该公司 2020 年的销售收入为 10 000 万元，现在还有剩余生产能力，增加收入不需要增加固定资产投资。假定销售净利率为 10%，净利润的 60% 分配给投资者，2021 年的销售收入将提高 20%。

（三）案例要求

（1）预测 2021 年需要增加的资金量。

（2）预测 2021 年需要向外筹集的资金量。

案例二——长兴公司关于筹资方案的决策

（一）案例目的

掌握每股利润无差别点、财务杠杆系数的计算。

（二）案例资料

长兴公司目前发行在外普通股 100 万股（每股 1 元），已发行 10% 利率的债券 400 万元，该公司打算为一个新的投资项目融资 500 万元，新项目投产后公司每年息税前利润增加到 200 万元。现有两个方案可供选择：按 12% 的利率发行债券（方案一）；按每股 20 元发行新股（方案二）。公司适用所得税税率 25%。

（三）案例要求

（1）计算两个方案的每股利润。

（2）计算两个方案的每股利润无差别点息税前利润。

（3）计算两个方案的财务杠杆系数。

（4）判断哪个方案更好。

案例三——东大公司关于资金成本的决策

（一）案例目的

掌握个别资金成本、加权平均资金成本的计算。

（二）案例资料

东大公司计划筹集资金 100 万元，所得税税率为 25%，有关资料如下：①向银行借款 10 万元，借款年利率 7%，手续费 2%；②按溢价发行债券，债券面值 14 万元，溢价发行价格为 15 万元，票面利率 9%，期限为 5 年，每年支付一次利息，其筹资费率为 3%；③发行优先股 25 万元，预计年股利率为 12%，筹资费率为 4%；④发行普通股 40 万元，每股发行价格 10 元，筹资费率为 6%。预计第一年每股股利 1.2 元，以后每年以 8% 递增；⑤其余所需资金通过留存收益取得。

（三）案例要求

（1）计算个别资金成本。

（2）计算该企业加权平均资金成本。

项目三　营运资金管理

知识目标：

1. 了解营运资金的含义和特点，理解营运资金管理的基本目标；

2. 熟悉现金持有动机和成本，掌握最佳现金持有量的确定方法；

3. 理解应收账款管理的目标，熟悉持有应收账款的功能和成本；

4. 掌握信用政策的决策方法；

5. 明确存货管理的目标，熟悉存货储备成本；

6. 掌握存货经济批量的基本模型和享受数量折扣的经济批量模式的决策方法。

能力目标：

1. 懂得营运资金管理的基本方法；

2. 能灵活运用存货模式计算最佳现金持有量、存货经济进货批量；

3. 能运用所学知识解决实际经济问题；

4. 能运用企业收账政策进行企业的信用决策；

5. 能运用所学财务管理方法和观念分析和解决一些现实问题。

教学重点：

1. 营运资金的特点；

2. 现金管理的目标和最佳现金持有量的计算；

3. 应收账款机会成本的计算；

4. 存货成本的确定；

5. 存货经济进货批量的计算；

6. 存货储存期的控制。

教学难点：

1. 最佳现金持有量的确定；

2. 存货经济进货批量的确定；

3. 信用政策的决策；

4. 存货批量决策中基本模型和享受数量折扣下的经济批量模型。

　　小张和小王共同出资建立了一个家具厂，由于他们经营得法，该厂经营状况很好。该厂充分考虑了债权人和债务人对营运资金循环速度的影响,合理配置,优化流动资产结构,用同样多的资金实现更多的利润,努力提高流动资产利用效率,保证了营运资金在循环中不断增值。这就是企业赚钱的奥妙。

讨论:营运资金主要是指哪些资金? 如何提高现金、应收账款、存货等流动资产的利用效率?

任务一　营运资金认知

一、营运资金的含义

营运资金又称营运资本、循环资本,是指一个企业维持日常经营所需资金,通常是指流动资产减去流动负债后的差额,所以也称净营运资金。用公式表示为:

$$净营运资金 = 流动资产 - 流动负债$$

使用"营运资金"这一概念,是因为在企业的流动资产中,来源于流动负债的部分由于面临债权人的短期索取权,而无法供企业在较长期限内自由运用。只有扣除短期负债之后的剩余流动资产,即营运资金,才能为企业提供一个宽裕的自由使用期间。

营运资金的管理包括流动资产的管理和流动负债的管理两个部分,这也是企业日常财务管理的重要内容。企业的流动资产是指可以在一年或者超过一年的一个营业周期内变现或耗用的资产,主要包括现金、交易性金融资产、应收款项和存货等。流动负债是指在一年或者超过一年的一个营业周期内必须清偿的债务,主要包括短期借款、交易性金融负债、应付账款、应付票据、预收账款、应交税费和应付职工薪酬等。

营运资金因其较强的流动性而成为企业日常活动的润滑剂和基础,在客观存在现金流入量与流出量不同步和不确定的现实情况下,企业持有一定量营运资金十分重要。企业应控制营运资金的持有数量,既要防止营运资金不足,也要避免营运资金过多。这是因为营运资金持有量的高低,影响着企业的收益和风险。较高的营运资金持有量,使企业有较大的把握按时支付到期债务,及时供应生产用材料和准时向客户提供产品,从而保证经营活动平稳地进行,风险性较小。但是,由于流动资产的收益性一般低于固定资产,较高的营运资金持有量会降低企业的收益性;而较低的营运资金持有量带来的后果正好相反,企业的收益率则会较高,但同时较少的现金、有价证券量和较低的存货保险储备量却会降低偿债能力和采购的支付能力,造成信用损失、材料供应中断和生产阻塞,会加大企业的风险。企业需要在风险和收益率之间进行权衡,从而将营运资金的数量控制在一定范围之内。

二、营运资金的特点

营运资金的特点需从流动资产和流动负债两个方面予以说明。

(一) 流动资产的特点

流动资产投资又称经营性投资,与固定资产相比,有以下特点。

1. 投资回收期短

投资于流动资产的资金一般在一年或一个营业周期内收回,对企业影响的时间比较短。

因此,流动资产投资所需要的资金一般可通过商业信用、短期银行借款等加以解决。

2.流动性

流动资产在循环周转过程中,经过供、产、销三个阶段,其占有形态不断变化,即按"现金、材料、在产品、产成品、应收账款、现金"的顺序转化。这种转化循环往复,川流不息。

流动资产相对固定资产等长期资产来说,变现能力较强,如遇到意外情况,可迅速变卖流动资产,以获得现金。这对于财务上满足临时性资金需求具有重要意义。

3.并存性

流动资产在循环周转过程中,各种不同形态的流动资产在空间上同时并存,在时间上依次相连。因此,合理地配置流动资产各项目的比例,是保证流动资产得以顺利周转的必要条件。

4.波动性

随着企业经营环境的变化,对营运资金的需求也会不断地发生变化,特别是对于季节性生产经营的企业,流动资金需求量的波动会更加明显。因此,随着企业内外部环境的变化,资金占用量的波动往往很大,财务人员应有效地预测和控制这种波动,以防止其影响企业正常的生产经营活动。

(二)流动负债的特点

与长期负债筹资相比,流动负债具有以下特点。

1.速度快

申请短期借款往往比申请长期借款更容易、更便捷,通常在较短时间内便可获得。长期借款的借贷时间长,风险大,贷款人需要对企业的财务状况进行评估后方能作出决定。因此,当企业急需资金时,往往首先寻求短期借款。

2.弹性大

与长期债务相比,短期债务给债务人更大的灵活性。长期债务债权人为了保护自己的利益,往往要在债务契约中对债务人的行为加以种种限制。而短期借款契约中的限制条款比较少,使得企业具有更大的行动自由。对于季节性企业,短期借款比长期借款具有更大的灵活性。

3.成本低

在正常情况下,短期负债筹资所发生的利息支出低于长期负债筹资所发生的利息支出。而某些"自然融资"更是没有利息负担。

4.风险大

尽管短期债务的成本低于长期债务,但其风险却高于长期债务。这主要表现在两个方面:一方面,短期债务的借款利率随市场利率的变化而变化,时高时低,不如长期债务的利率稳定,使企业难以适应;另一方面,如果企业过多筹措短期债务,当债务到期时,企业不得不在短期内筹措大量资金还债,这极易导致企业财务状况恶化,甚至会因无法及时还债而破产。

三、营运资金的分类

由于营运资金是流动资产减去流动负债之后的差额,因此对流动资产和流动负债作进一步分类将有助于理解营运资金的来源,从而实现营运资金的有效管理。

对于流动资产,如果按照用途再作区分,则可以分为临时性流动资产和永久性流动资产。临时性流动资产是指那些受季节性、周期性影响的流动资产,如季节性存货、销售和经营旺季(如零售业的销售旺季在春节期间等)的应收账款;永久性流动资产则是指那些即使企业处于经营低谷也仍然需要保留的、用于满足企业长期稳定需要的流动资产。

　　与流动资产按照用途划分的方法相对应,流动负债也分为临时性负债和自发性负债。临时性负债是指为了满足临时性流动资金需要所发生的负债,如商业零售企业春节前为满足节日销售需要,超量购入货物而举借的债务;食品制造企业为赶制季节性食品,大量购入某种原料而发生的借款,等等。自发性负债则是指直接产生于企业持续经营中的负债,如商业信用筹资和日常营运中产生的其他应付款,以及应付职工薪酬、应付利息、应交税费,等等。

▶ **相关链接**
XIANGGUAN LIANJIE

　　营运资金有净营运资金和总营运资金两个概念。会计中提到的是净营运资金,它是指流动资产减去流动负债的差额。财务管理注重的是总营运资金,它是指企业所有的流动资产与流动负债。其管理触角几乎可以延伸到企业生产经营的各个方面,是企业日常财务管理的重要内容。

▶ **要点回顾**
YAODIAN HUIGU

　　营运资金是指企业维持日常经营所需的资金,通常是指流动资产减去流动负债后的余额,营运资金的特点也就是流动资产和流动负债的特点,流动资产的特点包括投资回收期短,占用数量的波动性、流动性强,占用形态并存性。流动负债的特点包括速度快、弹性大、筹资成本低、筹资风险大。营运资金管理的目的就是要加速营运资金周转,提高资金的利用效果,企业的营运资金应维持在既没有过度资本化又没有过量交易的水平下。

任务二　现金管理

　　现金是企业在生产过程中暂时停留在货币形态的资金,包括库存现金、各种形式的银行存款、银行本票和银行汇票等。现金是变现能力最强的非盈利性资产,具有普遍的可接受性,即可以有效地立即用来购买商品、货物、劳务或偿还债务。企业在生产经营活动过程中必须拥有一定数量的现金,这对保证企业的支付能力,降低企业的财务风险具有重要的意义。现金管理的过程就是在现金的流动性与收益性之间进行权衡选择的过程,目的是使现金收支不但在数量上而且在时间上相互衔接,在保证企业经营活动现金需要的同时,尽量降低企业闲置的现金数量,提高资金收益率。

▶ **小心地雷**
XIAOXIN DILEI

　　关于现金的含义,财务会计上所指的现金是狭义的,是指存放在企业,由出纳人员保管的货币资金;这里所讲的现金,是广义的,不仅包括企业库存现金,还包括银行存款、银行本票和银行汇票等。

一、现金的持有动机与成本

(一) 现金的持有动机

企业持有一定数量的现金主要是基于以下三方面的动机。

1. 交易动机

交易动机,即企业在正常生产经营秩序下应当保持一定的现金支付能力。企业在日常经营活动中经常得到收入,也经常发生支出,两者不可能同步同量。收入多于支出,形成现金置存;收入少于支出,需要借入现金。企业为了组织日常的生产经营活动,必须保持一定数额的现金余额。一般来说,企业为满足交易动机所持有的现金余额主要取决于企业的销售水平。企业销售扩大,销售额增加,所需现金余额也随之增加。

2. 预防动机

预防动机,即企业为应付紧急情况而需要保持的现金支付能力。由于市场行情的瞬息万变和其他各种不测因素的存在,企业通常难以对未来的现金流入量和流出量作出准确地估计和预期。因此,在正常业务活动现金需要量的基础上,企业应当考虑追加一定数量的现金余额以应对未来现金流入和流出的随机波动。企业为应对紧急情况所持有的现金余额主要取决于以下三个方面:一是企业愿意承担风险的程度;二是企业临时举债能力的强弱;三是企业对现金流量预测的可靠程度。

3. 投机动机

投机动机,即置存现金用于不寻常的购买机会,比如遇有廉价原材料或其他资产供应的机会,便可用手头现金大量购入;再比如在适当时机购入价格有利的股票和其他有价证券;等等。当然,除了金融企业和投资公司外,一般来讲,企业专为投机性需要而特殊置存现金的不多,遇到不寻常的购买机会,也常设法临时筹集资金。投机动机只是企业确定现金余额时所需考虑的次要因素之一,其持有量的大小往往与企业在金融市场的投资机会以及企业对待风险的态度有关。

(二) 与现金相关的成本

与现金相关的成本通常由以下三个部分组成。

1. 持有成本

现金的持有成本是指企业因保留一定现金余额而增加的管理费用及丧失的再投资收益。企业保留现金,对现金进行管理,会发生一定的管理费用,如管理人员工资以及必要的安全措施费等,这些费用是现金的管理成本。管理成本是一种固定成本,在一定范围内与现金持有量的多少关系不大,是决策无关成本。再投资收益是企业不能同时用该现金进行有价证券投资所产生的机会成本,这种成本在数量上等同于资金成本。假定某企业的资金成本为8%,年均持有100万元的现金,则该企业每年现金的机会成本为8万元。现金持有量越大,机会成本越高。机会成本属于变动成本,与现金持有量成正比例关系。企业为了经营业务的需要,拥有一定的现金是必要的,但现金拥有量过高,机会成本就会增大,从而降低企业的收益。

2. 转换成本

现金的转换成本是指企业用现金购入有价证券以及转让有价证券换取现金时付出的交易费用,即现金同有价证券之间相互转换的成本,如委托买卖佣金、委托手续费、证券过户费、实物交割手续费等。转换成本中有的具有变动成本性质,如委托买卖佣金或手续费通常是按照委托成交额计算的。在证券总额既定的条件下,无论变现次数怎样变动,所需支付的委托成交金额总是相同的。因此,那些依据委托成交额计算的转换成本与证券变现次数关系不大,属于决策无关成本。这样,与证券变现次数密切相关的转换成本便只包括其中的固定性交易费用。固定性转换成本与现金持有量成反比例关系。

3. 短缺成本

现金的短缺成本是指在现金持有量不足而又无法及时通过有价证券变现加以补充而给

企业造成的损失,包括直接损失与间接损失。如由于现金短缺而无法购进急需的原材料,从而使企业的生产经营中断而给企业造成损失,这是直接损失;由于现金短缺而无法按期支付货款或不能按期归还货款,将给企业的信用和企业形象造成损害,这是间接损失。现金的短缺成本随现金持有量的增加而下降,随现金持有量的减少而上升,即现金的短缺成本与现金持有量呈反方向变动关系。

▶**身边的事**
SHENBIAN DE SHI ·····

　　想一想我们在学校,每个月需要消费多少现金,手中的现金是怎么来的,从现金持有动机和成本的角度进行分析,看看自己的现金每月是如何花掉的。

二、最佳现金持有量

　　企业为了满足各种动机的需要,必须保持一定数量的现金,但持有现金又面临各项成本,现金过多,会使企业盈利水平下降;而现金过少,又可能出现现金短缺,影响生产经营。在现金余额问题上,存在收益与风险的权衡问题,必须确定最佳的现金持有量。以下介绍现金周转期模式、成本分析模式和存货模式等几种常见模式。

(一) 现金周转期模式

　　现金周转模式是从现金周转的角度出发,根据现金的周转速度来确定最佳现金持有量。利用这一模式确定最佳现金持有量,包括以下三个步骤。

　　1. 确定现金周转期

　　现金周转期是指企业从现金投入生产经营开始,到销售商品收回现金为止所需要的时间,即现金周转一次所需要的天数。现金周转期越短,企业的现金持有量就越小。周转期的长短取决于以下三个方面:

　　(1) 存货周转期,是指购买原材料开始,并将原材料转化为产成品再销售为止所需要的时间。

　　(2) 应收账款周转期,是指从应收账款形成到收回现金所需要的时间。

　　(3) 应付账款周转期,是指从购买原材料形成应付账款开始直到以现金偿还应付账款为止所需要的时间。

　　它们之间的关系如图 3-1 所示。

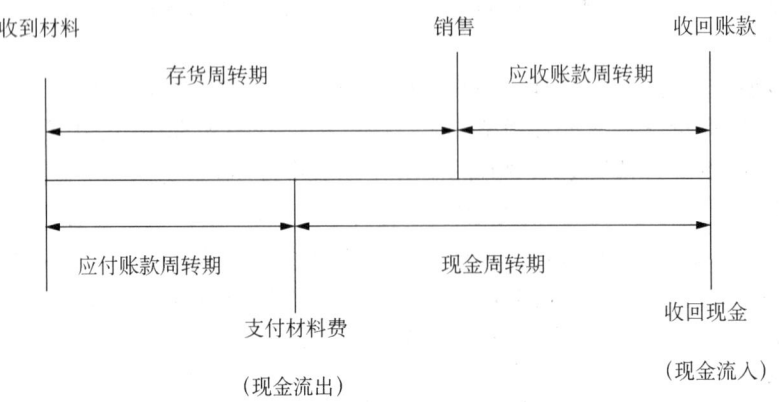

图 3-1　现金周转期示意图

根据图 3-1,现金周转期可用下列算式表示:

$$现金周转期 = 存货周转期 + 应收账款周转期 - 应付账款周转期$$

【例 3-1】　某公司的原材料购买和产品销售均采取赊销方式,应付款的平均付款天数为 30 天,应收款的平均收款天数为 30 天。假设平均存货期限即企业从原材料购买到产成品销售的期限为 80 天,则公司的现金周转期为:

$$现金周转期 = 存货周转期 + 应收账款周转期 - 应付账款周转期$$
$$= 80 + 30 - 30 = 80(天)$$

2. 确定现金周转率

现金周转率是指一定时期内现金周转的次数,其公式为:

$$现金周转率 = \frac{计算期天数}{现金周转期}$$

式中:计算期天数通常按年计算,即 360 天。现金周转率与周转期成反比关系,周转期越短,则周转次数越多,在现金需求额一定的情况下,现金持有量将会减少。

例 3-1 中,该公司现金周转率为:

$$现金周转率 = \frac{360}{80} = 4.5(次)$$

3. 确定最佳现金持有量

$$最佳现金持有量 = \frac{全年现金需求量}{现金周转率}$$

假设例 3-1 中,该公司每年现金需求额为 900 万元,则最佳现金持有量为:

$$最佳现金持有量 = \frac{900}{4.5} = 200(万元)$$

现金周转期模式简单明了、易于计算,但在应用时应注意两个前提条件:①公司生产经营活动保持相对稳定,以保证未来年度的现金总需求量可以根据产销计划比较准确地预计;②公司能够根据历史资料比较准确地预测出未来年度的现金周转期与周转率,预测结果应符合实际,保证科学与准确。

(二) 成本分析模式

现金成本分为持有成本、转换成本、短缺成本三种。成本分析模式是根据现金的有关成本,分析预测其总成本最低时的现金持有量的一种方法。

需要注意的是,运用成本分析模式确定最佳现金持有量,只考虑因持有一定量的现金而产生的持有成本及短缺成本,而不考虑现金与有价证券之间的相互转换问题,即不考虑转换成本。

在现金管理的各项成本中,管理费用具有固定成本的性质,在一定的现金持有量范围内,现金管理成本与现金持有量不存在明显的线性关系,在坐标图上表现为与横坐标平行的一条直线,如图 3-2 所示。

机会成本即因持有现金而丧失的再投资收益,与现金持有量成正比例变动,如图 3-3 所示。

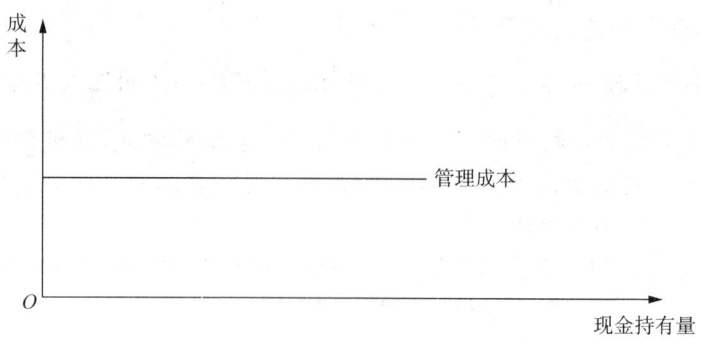

图 3-2　现金管理成本与现金持有量的关系

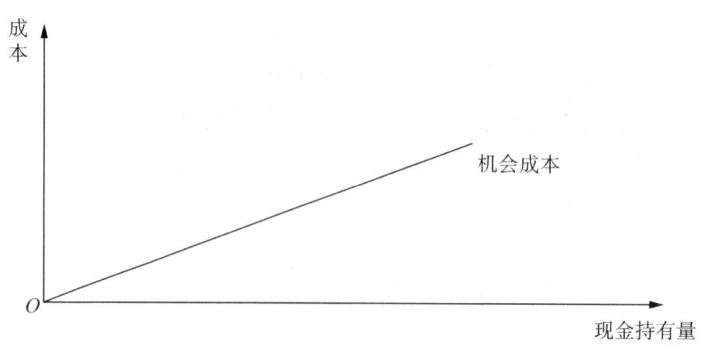

图 3-3　机会成本与现金持有量线性关系

机会成本＝现金持有量×有价证券利率(或报酬率)

短缺成本与现金持有量负相关,现金持有量越大,现金短缺成本越少;反之,现金持有量越小,现金短缺成本越大,如图 3-4 所示。

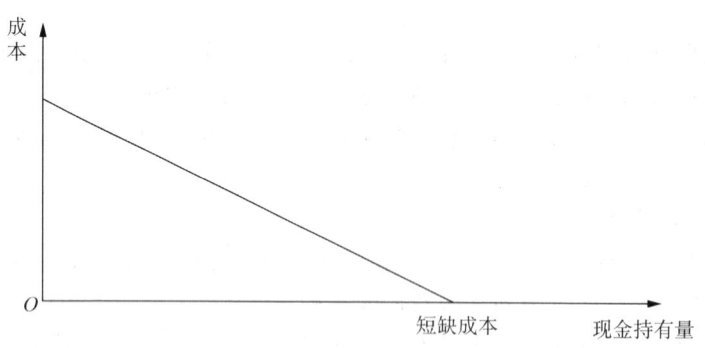

图 3-4　短缺成本与现金持有量线性关系

最佳现金持有量的成本分析模式,就是对以上三种不同的现金持有成本进行分析,力求三种成本之和最小。将上述三种现金持有成本线放在同一个坐标图上,能够综合反映现金持有量与相应持有成本之间的关系,如图 3-5 所示。

从图 3-5 可以看出,机会成本线向右上方倾斜,短缺成本线向右下方倾斜,由于各项成本同现金持有量的关系不同,使得总成本线呈一条抛物线型,该抛物线的最低点即为总成本最低点。这一点对应横轴上的量,即是最佳现金持有量。

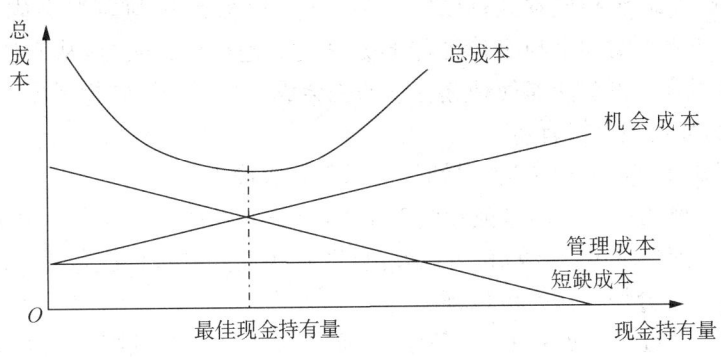

图 3-5　成本分析模式示意图

　　计算最佳现金持有量,可以先计算出各种方案的机会成本和短缺成本之和,再从中选出总成本之和最低的现金持有量,即为最佳现金持有量。在实际工作中运用该模式确定最佳现金持有量的具体步骤为:①根据各种可能的现金持有量测算与确定有关成本数值;②根据上一步骤的结果编制最佳现金持有量的测算表;③从测算表中找出总成本最低时的现金持有量,即最佳现金持有量。

　　【例 3-2】　某企业现有 A、B、C、D 四种现金持有方案,每一方案下测算的各项现金持有成本资料以及成本分析如表 3-1 所示。

表 3-1　　　　　　　　　　　　现金持有成本资料及成本分析　　　　　　　　　　　单位:元

项目	A	B	C	D
现金持有量	40 000	50 000	60 000	80 000
机会成本	6 000	7 500	9 000	12 000
管理成本	5 000	5 000	5 000	5 000
短缺成本	5 000	2 500	1 500	750
总成本	16 000	15 000	15 500	17 750

　　通过分析比较表 3-1 各方案的总成本可知,B 方案的总成本为 15 000 元,在四个方案中最低,因此企业的最佳现金持有量应为 50 000 元。

　　(三)存货模式

　　该模式之所以称为存货模式,是因为它源于存货规划的经济批量模型。它是由美国学者威廉·鲍曼首先提出的,因此又被称为鲍曼模型。

　　存货模式的着眼点也是现金有关成本最低,在存货模型中只考虑现金的机会成本和固定性转换成本。转换成本是指企业用现金购入有价证券以及转让有价证券换取现金时付出的交易费用,即现金同有价证券之间相互转换的成本,不考虑现金的管理费用和短缺成本。这是因为在一定范围内,现金的管理费用与现金持有量一般没有关系,属于决策无关成本;同时由于现金的短缺成本具有不确定性,其成本往往不易计量,所以在此也不予考虑。机会成本和固定性转换成本随着现金持有量的变动而呈现出相反的变动趋向,如果现金的持有量大,则其机会成本高,转换成本低;反之,如果现金的持有量小,则其机会成本低,转换成本高。这就要求企业必须对现金与有价证券的分割比例进行合理安排,从而使机会成本与转换成本保持最佳组合。也即能够使现金管理的机会成本与固定性转换成本之和保持最低的现金持有量,即为最佳现金持有量。

运用存货模式确定最佳现金持有量时,是以下列假设为前提的:

(1) 企业所需要的现金可通过证券变现取得,且证券变现的不确定性很小。

(2) 企业预算期内现金需要总量可以预测,即企业现金支付情况稳定,在一定时期内的现金流出与流入量十分均匀而且可以预测。

(3) 现金的支出过程比较稳定、波动较小,而且每当现金余额降至 0 时,均通过部分证券变现得以补足。

(4) 证券的利率或报酬率以及每次固定性交易费用可以获悉。

如果以上这些条件基本能得到满足,企业便可利用存货模式来确定现金的最佳持有量。

设:T 为一个周期现金总需求量;Q 为最佳现金持有量;F 为每次转换有价证券的固定成本;K 为有价证券的报酬率或举债的利率;TC 为现金管理相关总成本。则:

$$现金管理相关总成本=持有机会成本+固定性转换成本$$

即:
$$TC = \frac{Q}{2} \times K + \frac{T}{Q} \times F$$

现金管理相关总成本与持有机会成本、固定性转换成本的关系如图 3-6 所示。

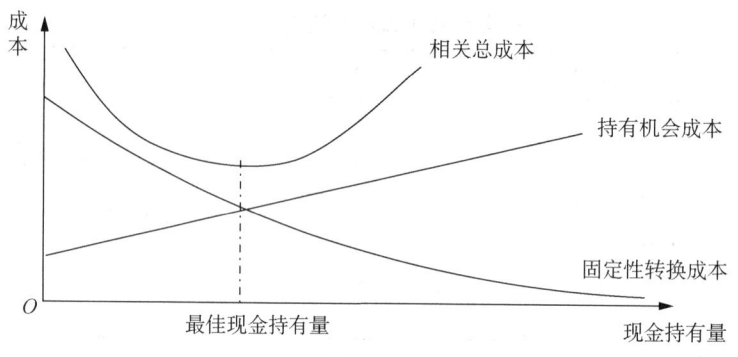

图 3-6 存货模式示意图

从图 3-6 可以看出,现金管理相关总成本与现金持有量呈凹形曲线关系。持有现金的机会成本与证券变现的交易成本相等时,现金管理的相关总成本最低,此时的现金持有量为最佳现金持有量,即:

$$Q = \sqrt{\frac{2TF}{K}}$$

最低现金管理相关总成本 $TC = \sqrt{2TFK}$

$$有价证券交易次数 = \frac{T}{Q}$$

$$有价证券交易间隔期 = \frac{计算期天数}{交易次数}$$

【例 3-3】　某企业现金收支状况比较稳定,预计全年(按 360 天计算)需要现金 400 万元,现金与有价证券的转换成本为每次 400 元,有价证券的年利率为 8%。则:

$$最佳现金持有量(Q) = \sqrt{2 \times 4\,000\,000 \times \frac{400}{8\%}} = 200\,000(元)$$

$$最低现金管理相关总成本(TC) = \sqrt{2 \times 4\,000\,000 \times 400 \times 8\%} = 16\,000(元)$$

其中:

$$转换成本 = (4\,000\,000 \div 200\,000) \times 400 = 8\,000(元)$$
$$持有机会成本 = (200\,000 \div 2) \times 8\% = 8\,000(元)$$
$$有价证券交易次数 = 4\,000\,000 \div 200\,000 = 20(次)$$
$$有价证券交易间隔期 = 360 \div 20 = 18(天)$$

▶**相关链接**
XIANGGUAN LIANJIE

确定最佳现金持有量的模式,除了介绍的这三种以外,还可以用随机模式和因素分析模式。随机模式是在现金需求量难以预知的情况下进行现金持有量控制的方法,其基本原则是确定一个现金控制区域,即制定一个上限和一个下限,将现金余额控制在上下限之间。当现金量达到控制上限时,用现金购入有价证券,使现金持有量下降;当现金量降到控制下限时,则出售有价证券换回现金,使现金持有量回升。因素分析模式是根据上年度现金实际平均持有量和有关因素的变动情况,来确定最佳现金持有量的一种方法。

三、现金的日常管理

企业在确定了最佳现金持有量后,还应采取各种措施,加强现金的日常管理,以保证现金的安全、完整,最大程度地发挥其效用。现金日常管理的基本内容主要包括以下几个方面。

(一) 现金回收的管理

现金回收管理的目的是尽快收回现金,加快现金的周转。为此,企业应根据成本效益原则选用适当方法加速账款的收回。

一般来说,企业账款的收回需要经过四个时点,即客户开出付款票据、企业收到票据、票据交存银行和企业收到现金。这个过程如图 3-7 所示。

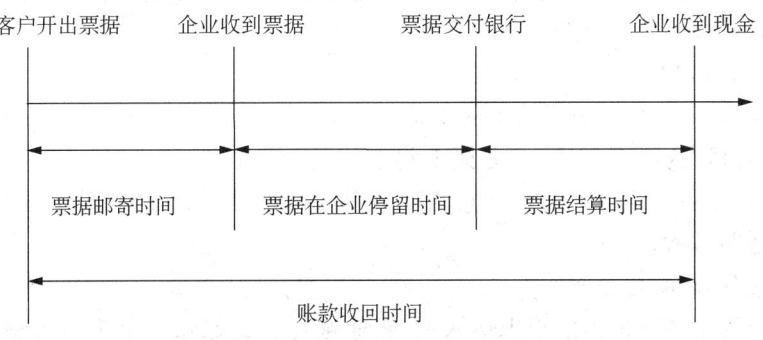

图 3-7　现金回收过程

企业账款收回的时间包括票据邮寄时间、票据在企业停留时间以及票据结算时间。前两个阶段所需时间的长短不但与客户、企业、银行之间的距离有关,而且与收款的效率有关。在实际工作中,缩短这两段时间的方法一般有邮政信箱法、银行业务集中法等。

1. 邮政信箱法

邮政信箱法又称锁箱法,是西方企业加速现金流转的一种常用方法。企业可在各主要城市租用专用的邮政信箱。企业对客户开出发票、账单,通知客户将款项寄到专用的邮政信箱,并直接委托当地开户银行每日开启信箱,以便及时取出客户支票予以登记、将款项存入该企业账户。当地银行依约定期限向企业划款并提供收款记录。这一过程免除了公司办理收账、货款存入银行的一切手续,缩短了公司办理收款与存储的时间。其缺点是被授权收取邮政信箱货款的银行除了要求相应的补偿性余额外,还要收取办理额外服务的服务费,使回收现金的成本增加。因此,是否采用锁箱法,需要在回收现金创造的收益和所增加的成本之间进行权衡。

2. 银行业务集中法

银行业务集中法是企业建立多个收款中心来加强现金回收的方法。采用该种方法,企业不仅只在总部所在地设立一个收款中心,而且还在许多地区分别设立收款中心。其目的在于缩短从顾客邮寄付款支票到公司利用资金的时间。其具体做法是:公司总部所在地的开户银行为集中银行,公司客户的货款交到距其最近的收款中心,收款中心银行再将扣除补偿性余额后的多余现金解缴到公司指定的集中银行,供公司支付现金使用。这种方法的优点在于:①可使公司集中有效地使用资金;②缩短顾客邮寄支票所需的时间。其缺点是企业开设的每个收款中心的银行都要求补偿性余额,开设的收款中心越多,补偿性余额造成的呆滞资金总量就越大,所发生的机会成本就越高。公司合理地确定收款中心的数量和设置地点,是采用集中银行法管理现金收款业务的关键。为此,企业应在权衡利弊得失的基础上,做出是否采用银行业务集中法的决策,这就需要计算分散收账收益净额。

$$\text{分散收账收益净额} = \left(\text{分散收账前应收账款投资额} - \text{分散收账后应收账款投资额} \right) \times \text{企业综合资金成本率} - \text{因增设收账中心每年增加费用额}$$

(二) 现金支出的管理

现金管理还涉及决定如何使用现金。企业应根据风险与收益权衡原则选用适当方法延期支付账款。

与现金收入的管理相反,现金支出管理的主要任务是尽可能延缓现金的支出时间。延缓支付账款的方法一般有以下几种。

1. 采用汇票付款

在使用支票付款时,只要受票人将支票存入银行,付款人就要无条件地付款。但汇票不一定是"见票即付"的付款方式,在受票人将汇票送达银行后,银行要将汇票送交付款人承兑,并由付款人将一笔相当于汇票金额的资金存入银行,银行才会付款给受票人,这样就有可能合法地延期付款。

2. 合理使用现金"浮游量"

所谓现金的浮游量是指由于未达账项,企业银行日记账账户上现金余额与银行账户上所示的存款余额之间的差额。有时,企业账户上的现金余额已为零或负数,而银行账上的该企业的现金余额还有很多。这是因为有些企业已经开出的付款票据尚处在传递中,银行尚未付款出账。如果能正确预测浮游量并加以利用,可节约大量现金。使用现金浮游量,会使得企业向银行开出从存款账户中提取款项的总金额超过了其存款账户上结存的金额。准确地估计出现金浮游量,就可减少银行存款的余额,将腾出的资金进行有利可图的投资。但是,企业使用现金浮游量,一定要准确估计其数额及控制使用时间,否则会发生银行存款的透支。

3. 推迟应付款的支付

企业在不影响自身信誉的前提下,应尽可能推迟应付款的支付期限。这样可以最大限度地使用债权人的资金进行经营。在享受现金折扣优惠政策时,可在折扣期的最后一天付款,如果急需现金而放弃折扣优惠,可选择在信用期限的最后一天付款。此外,企业还可选择商业汇票等结算方式来推迟款项的支付。

▶ **要点回顾**
YAODIAN HUIGU

现金是变现能力最强的非盈利性资产,企业持有一定数量的现金是基于交易动机、预防动机、投机动机。现金管理的过程就是在现金的流动性与收益性之间进行权衡选择的过程,企业持有现金的成本包括持有成本、转换成本和短缺成本。企业既要保证生产经营对现金的需要,又能使持有现金所付的代价最低,就要确定最佳现金持有量,确定模式有成本分析模式和存货模式。企业应采用适当的方法加快现金回收,延迟现金支出,在保证企业经营活动现金需要的同时,降低企业闲置的现金数量,提高资金收益率。

任务三 应收账款管理

应收账款是指企业销售商品、产品,对外提供劳务等而产生的债权,或者说是被客户占有的本企业资金。它是企业流动资金的重要组成部分。这部分资金存在于本公司外部,很容易因收不回来而发生损失,应该重点对它加强管理。

对企业来说,应收账款是一把双刃剑。一方面,企业给客户提供应收账款能够强化企业市场竞争地位和实力,扩大销售,增加收益,节约存货资金占用,降低存货管理成本;另一方面,赊销商品产生拖欠甚至坏账损失的可能性比较高,此外,应收账款的增加还会造成资金成本和管理费用的增加。

应收账款收益与风险并存的客观现实,要求企业必须对应收账款的边际收益与边际成本加以全面权衡。其管理的基本目标是,在发挥应收账款强化竞争、扩大销售功能的同时,尽可能降低应收账款的机会成本、坏账损失与管理成本,最大限度地发挥应收账款投资的效益。在应收账款管理中,最重要的就是正确衡量信用成本和信用风险,合理确定信用政策,及时收回账款。

一、应收账款的功能与成本

(一) 应收账款的功能

应收账款的功能是指它在企业生产经营中所具有的作用。应收账款主要有以下功能。

1. 促进销售

企业销售产品时可采用两种基本方式,即现销方式和赊销方式。现销方式最大的优点是应计现金流入量与实际现金流入量完全吻合,既能避免呆坏账损失,又能及时地将收回的款项投入再增值过程,因而是企业最期望的一种销售结算方式。然而,在竞争激烈的市场经济条件下,完全依赖现销方式往往是不现实的。而在赊销方式下,企业在销售产品的同时,向买方提供了可以在一定期限内无偿使用的资金,即商业信用资金,其数额等同于商品的售价,这对于购买方而言具有极大的吸引力。因此,赊销是一种重要的促销手段,对于企业销售产品、开拓并占领市场具有重要意义。在企业产品销售不畅、市场萎缩、竞争力不力的情况下,或者在企业销售新产品、开拓新市场时,为适应市场竞争的需要,适时地采取各种有效的赊销方式,就显得尤为必要。

2. 减少存货

赊销可以加速产品销售的实现,加快产成品向销售收入的转化速度,从而对降低存货中的产成品数额有着积极的影响。这有利于缩短产成品的库存时间,降低存货中的产成品存货的管理费用、仓储费用和保险费用等各方面的支出。因此,当产成品存货较多时,企业可以采用较为优惠的信用条件进行赊销,尽快实现产成品存货向销售收入的转化,变持有产成品存货为持有应收账款,以节约各项存货支出。

(二) 应收账款的成本

企业在采取赊销方式促进销售的同时,会因持有应收账款而付出一定的代价,这种代价,即为应收账款的成本,包括机会成本、管理成本和坏账成本。

1. 机会成本

应收账款的机会成本是指企业因资金投放在应收账款上所丧失的投资收益,如投资于有价证券就会有利息收入。这一成本的大小通常与企业维持赊销业务所需的资金数量(即应收账款投资额)、资金成本率有关。计算公式如下:

$$应收账款机会成本 = 维持赊销业务所需要的资金 \times 资金成本率$$

式中,资金成本率一般可按有价证券利息率计算。维持赊销业务所需要的资金则可按下列步骤计算:

(1)计算应收账款平均余额。

$$应收账款平均余额 = \frac{年赊销额}{360} \times 平均收账天数 = 平均每日赊销额 \times 平均收账天数$$

式中,平均收账天数一般按客户各自赊销额占总赊销额的比重为权数的所有客户收账天数的加权平均数计算。

(2)计算维持赊销业务所需要的资金。

$$维持赊销业务所需要的资金 = 应收账款平均余额 \times \frac{变动成本}{销售收入}$$
$$= 应收账款平均余额 \times 变动成本率$$

上式中,假设企业的成本水平保持不变(即单位变动成本不变,固定成本总额不变),因此随着赊销业务的扩大,只有变动成本随之上升。

【例3-4】 假设某企业预测的年度赊销额为9 000 000元,应收账款平均收账天数为45天,变动成本率为60%,资金成本率为10%。应收账款的机会成本计算如下:

$$应收账款平均余额=\frac{9\ 000\ 000}{360}\times45=1\ 125\ 000(元)$$

$$维持赊销业务所需要的资金=1\ 125\ 000\times60\%=675\ 000(元)$$

$$应收账款的机会成本=675\ 000\times10\%=67\ 500(元)$$

在正常情况下,应收账款收账天数越少,一定数量资金所维持的赊销额就越大;应收账款收账天数越多,维持相同赊销额所需要的资金数量就越大。而应收账款机会成本在很大程度上取决于企业维持赊销业务所需要资金的数量。

2. 管理成本

应收账款的管理成本是企业对应收账款进行日常管理而耗费的开支,主要包括对客户的资信调查费用、应收账款账簿记录费用、收账费用以及其他费用。

3. 坏账成本

由于各种各样的原因,应收账款总有一部分不能如数收回而发生损失,这就是应收账款的坏账成本。它一般与应收账款发生的数量成正比,即应收账款越多,坏账成本就越大。因此,为规避发生坏账成本给企业生产经营活动的稳定性带来不利影响,企业应合理提取坏账准备。坏账成本可以根据预计坏账损失占销售额的百分比测算。

二、信用政策

信用政策是否合理,是决定一个企业生产经营成败的重要因素。合理的信用政策,应该是应收账款的收益性和流动性二者之间的合理选择。放宽信用政策,将会导致账面利润的增加,但赊销而产生的利润并不是企业真正赚得的利润,真正赚得的利润应该是应收账款的变现收入。在企业应收账款占用规模较大的情况下,应收账款如果不能及时变现,将会增大应收账款的变现损失、机会成本及管理成本,其结果会造成公司财务状况的恶化乃至破产。紧缩信用政策,又会导致公司市场竞争能力的下降。因此,企业必须根据自身的实际情况,由销售部门会同财务部门,确定科学合理的信用政策,妥善处理应收账款的收益性和流动性,在二者之间做出合理的选择。信用政策的构成要素包括信用标准、信用条件和收账政策。

(一) 信用标准

信用标准是客户获得企业商业信用所应具备的最低条件,通常用预期的坏账损失率表示。如果客户达不到该项信用标准,就不能享受企业按商业信用赋予的各种优惠,或只能享受较低的信用优惠。如果企业的信用标准较严,将使很多客户因信用品质达不到所设定的标准而被企业拒之门外,其结果尽管会减少坏账损失和应收账款机会成本,但不利于企业市场竞争能力的提高和销售收入的扩大。相反,如果企业接受较低的信用标准,虽然有利于扩大销售,提高市场竞争力和占有率,但同时也会导致坏账损失风险加大和收账费用增加。为此,企业应在成本与收益比较原则的基础上,确定适宜的信用标准。

1. 影响信用标准的因素分析

企业在制定或选择信用标准时,应考虑三个基本因素:

(1) 同行业竞争对手的情况。面对竞争对手,企业首先应考虑的是如何在竞争中处于优势地位,保持并不断扩大市场占有率。如果同行业竞争对手的实力很强,企业欲取得或保持优势地位,就需采取相对较低的信用标准;反之,其信用标准可以相应严格一些。

（2）企业承担违约风险的能力。企业承担违约风险的能力强弱，对信用标准的选择也有着重要的影响。当企业具有较强的违约风险承担能力时，就可以以较低的信用标准提高竞争力，争取客户，扩大销售；反之，如果企业承担违约风险的能力比较脆弱，就只能选择严格的信用标准以尽可能降低违约风险的程度。

（3）客户的资信程度。在确定信用标准之前，应对申请赊购的客户进行信用状况分析。通常这项工作通过信用的"5C"系统来完成。所谓"5C"系统，是评估客户信用品质的五个方面，即：信用品质（Character）、偿付能力（Capacity）、资本（Capital）、抵押品（Collateral）和经济状况（Condition）。

信用品质，是指根据客户的信用历史及信用参考资料判断其履行偿债义务的可能性。客户的信用品质决定着客户对信誉的重视程度。一般而言，具有良好信用品质的客户，除非特殊情况，会遵循一贯准时付款的习惯。信用品质恶劣的客户，即使其具备债务偿还的实力，也不会如期履约。信用品质反映了客户履约或违约的可能性，客户的信用品质是确定信用标准的最重要因素。

偿付能力，是指客户按规定条件偿还债务的能力。应着重于企业资产变现能力评价，了解流动资产的数量和质量以及与流动负债的比例。资产的变现能力越强，顾客偿还流动负债的可能性就越大。

资本，是指顾客的财务实力和财务状况，表明顾客可能偿还债务的背景。资本雄厚的公司不会负债累累，充足的资本额能缓冲企业蒙受的损失，同时也能承受违约损失。该指标主要是根据有关财务比率来测定客户净资产的大小及其获利的可能性。

抵押品，是指在债务人偿还债务时用以补偿债权人损失的资产。一般商业信用无须特定的资产作附属担保品，但是当赊销商品价值较大时，要求顾客指定担保品却是必要的。

经济状况，是指可能影响顾客付款能力的经济环境。社会经济环境的变化，往往要影响客户的经营状况和偿债能力，因此有必要了解客户在经济困难时期的付款表现。

信用的"5C"系统分析是建立在掌握客户一定的信用资料基础上的。信用资料的来源渠道主要有：①索取的过去和现实客户的财务报表；②由客户的开户银行出具的有关其信用状况的证明材料；③由同业提供的有关客户信用情况的证明；④信用评估机构发布的信用等级资料。

2. 确定信用标准的定量分析

确定信用标准的定量分析，主要解决两个问题：一是确定客户拒付账款的风险，即坏账损失率；二是具体确定客户的信用等级，作为制定信用标准的依据。这主要通过以下三个步骤来完成：

第一步：确定信用等级的评价标准。

第二步：利用客户的财务报告资料，计算各自的指标值并与信用等级评价标准比较。

（1）若某客户的某项指标值≤差的信用标准，则预计坏账损失率增加 10%。

（2）若某客户的某项指标值在好与差的信用标准之间，则预计坏账损失率增加 5%。

（3）若某客户的某项指标值≥好的信用标准，则预计坏账损失率等于 0。

最后，将该客户各项指标的预计坏账损失率相加，作为该客户可能发生坏账损失的总比率。

第三步：进行风险排队，并确定客户的信用等级。根据上述计算的预计坏账损失率，由小到大进行排序。然后，结合企业承受违约风险的能力及市场竞争的需要，划分客户信用等级,如预计坏账损失率5%以内的为A级信用客户,5%～10%之间为B级信用客户等。对不同信用等级的客户,分别采用不同的信用标准,如对A级信用客户采用一般的信用标准,对B级信用客户采用较严的信用标准等。

(二) 信用条件

信用标准是企业评价客户信用等级,决定给予或拒绝客户信用的依据。一旦企业决定给予客户信用优惠时,就需要考虑具体的信用条件。

1. 信用条件的构成

信用条件是指企业提供商业信用时所提出的付款要求,包括信用期限、折扣期限和现金折扣率。信用条件可以表示为"2/10, n/30",其含义是:若客户在10天之内付款可享受2%的现金折扣;若放弃现金折扣,必须在30天内付清全部款项。这里,30天为信用期限,10天为折扣期限,2%为现金折扣率。

(1) 信用期限。信用期限是指企业允许客户从购货到支付货款的时间间隔。信用期限过短,不足以吸引顾客,在竞争中会使销售额下降;信用期限过长,对销售额增加固然有利,但只顾及销售增长而盲目放宽信用期限,所得的收益有时会被增长的费用抵销,甚至造成利润减少。因此,企业必须慎重研究,确定出恰当的信用期限。

信用期限的确定,主要是分析改变现行信用期限对收入和成本的影响。延长信用期限,会使销售额增加,从而增加毛利,产生有利影响;与此同时,应收账款、收账费用和坏账损失增加,会产生不利影响。当前者大于后者时,可以延长信用期限,否则不宜延长。如果缩短信用期限,情况与此相反。

(2) 现金折扣和折扣期限。延长信用期限会增加应收账款占用的时间和金额。许多企业为了加速资金周转,及时收回货款,减少坏账损失,往往在延长信用期限的同时,采用一定的优惠措施。即在规定的时间内提前偿付货款的客户可按销售收入的一定比率享受折扣。现金折扣实际上是对现金收入的扣减,企业决定是否提供以及提供多大程度的现金折扣,着重考虑的是提供折扣后所得的收益是否大于现金折扣的成本。

▶**你也能做**
NIYENENG ZUO

某公司对给予信用优惠的客户提供的信用条件是"2/30, n/45",回答:该公司对客户的信用期限、折扣期限、现金折扣是多少?

2. 信用条件的选择

信用条件的选择,是通过比较不同信用条件下的销售收入及相关成本,选择净收益最大的信用条件。

【例3-5】 某公司预测2020年度赊销额为2 280万元,其信用条件是 n/30,变动成本率为60%,资金成本率(或有价证券的利息率)为18%。假如企业收账政策不变,固定成本总额不变。该企业考虑是否要改变信用条件,准备了三个备选方案。

A方案:维持 n/30的信用条件。

B方案:将信用条件放宽到 n/60。

C方案:将信用条件放宽到 n/90。

各备选方案的赊销收入、坏账损失率、收账费用等资料如表3-2所示。

表3-2　　　　　　　　　　　　　信用条件情况表　　　　　　　　　　单位：万元

项目	A(n/30)	B(n/60)	C(n/90)
年赊销额	2 280	2 400	2 640
应收账款平均收账天数	30	60	90
应收账款平均余额	2 280/360×30＝190	2 400/360×60＝400	2 640/360×90＝660
维持赊销所需资金	190×60%＝114	400×60%＝240	660×60%＝396
坏账损失率	2%	3%	4%
坏账损失	2 280×2%＝45.6	2 400×3%＝72	2 640×4%＝105.6
收账费用	23.4	40	56

根据表3-2资料进行信用条件分析，如表3-3所示。

表3-3　　　　　　　　　　　　　信用条件分析表　　　　　　　　　　单位：万元

项目	A(n/30)	B(n/60)	C(n/90)
年赊销额	2 280	2 400	2 640
变动成本	2 280×60%＝1 368	2 400×60%＝1 440	2 640×60%＝1 584
边际贡献	912	960	1 056
应收账款机会成本	114×18%＝20.52	240×18%＝43.2	396×18%＝71.28
坏账损失	2 280×2%＝45.6	2 400×3%＝72	2 640×4%＝105.6
收账费用	23.4	40	56
信用成本后收益	822.48	804.8	823.12

从表3-3可知：三个方案中，C方案(n/90)的获利最大，它比A方案(n/30)增加收益0.64万元；比B方案(n/60)增加收益18.32万元。因此，在其他条件不变的情况下，应选择C方案。

现金折扣是企业为鼓励客户及早付款而给予客户的折扣优惠，现金折扣可以加速账款收回，减少应收账款投资的机会成本与坏账损失等。但同时由于提供现金折扣，企业也付出了代价，即当客户接受了现金折扣优惠时，就会导致企业原来计算的销售收入额的相对调减，即企业销售收入净额等于原确认的账面销售收入额减去现金折扣额。现金折扣额相当于企业为提早收回账款发生的成本。企业究竟应当核定多长的现金折扣期限以及给予客户多大程度的现金折扣，必须与信用期限、加速收款所得到的收益、付出的现金折扣成本结合起来考察。

【例3-6】　接例3-5，如果企业选择了C方案，但为了加速应收账款的收回，决定将赊销条件改为"2/30，1/60，n/90"，并估计将有60%的客户(按赊销额计算)会利用2%的现金折扣，30%的客户会利用1%的现金折扣，坏账损失率降为2%，收账费用降为32万元。试问：企业该项决策是否有益？

解： 应收账款周转期 $=60\%\times30+30\%\times60+10\%\times90=45$（天）

应收账款平均余额 $=\dfrac{2\ 640}{360}\times45=330$（万元）

维持赊销所需资金 $=330\times60\%=198$（万元）

应收账款机会成本 $=198\times18\%=35.64$（万元）

坏账损失 $=2\ 640\times2\%=52.8$（万元）

现金折扣 $=2\ 640\times(2\%\times60\%+1\%\times30\%)=39.60$（万元）

将"2/30，1/60，$n/90$"称为方案 D，则可以用表 3-4 表示信用成本的情况。

表 3-4   信用成本情况表   单位：万元

项目	C（$n/90$）	D（2/30，1/60，$n/90$）
年赊销额	2 640	2 640
减：现金折扣	—	39.60
年赊销净额	2 640	2 600.40
减：变动成本	1 584	1 584
边际贡献	1 056	1 016.4
信用成本：		
应收账款机会成本	71.28	35.64
坏账损失	105.6	52.8
收账费用	56	32
小计	232.88	120.44
信用成本后收益	823.12	895.96

由表 3-4 可知：D 方案比 C 方案增加收益 72.84 万元，所以企业改变信用条件的决策是正确的。

（三）收账政策

收账政策是指企业对客户违反信用条件，拖欠甚至拒付账款所采取的收账策略与措施。在企业向客户提供商业信用时，必须考虑三个问题：其一，客户是否会拖欠或拒付账款，程度如何；其二，怎样最大限度地防止客户拖欠账款；其三，一旦账款遭到拖欠甚至拒付，企业应采取怎样的对策。前两个问题主要靠信用调查和严格的信用审批制度；第三个问题则必须通过制定完善的收账政策，采取有效的收账措施予以解决。

通常的步骤是：当账款被客户拖欠或拒付时，企业应当首先分析现有的信用标准及信用审批制度是否存在纰漏；然后重新对违约客户的资信等级进行调查、评价。将信用品质恶劣的客户从信用名单中删除，对其所拖欠的款项可先通过信函、电讯或者派员前往等方式进行催收，态度可以渐加强硬，并提出警告。当这些措施无效时，可考虑通过法院裁决。为了提高诉讼效果，可以与其他经常被该客户拖欠或拒付账款的企业联合向法院起诉，以增强该客户信用品质不佳的证据力。对于信用记录一向正常的客户，在去电、去函的基础上，不妨派员与客户直接进行协商，彼此沟通意见，达成谅解妥协。当然，如果双方无法取得谅解，也只能付诸法律进行最后解决。

除上述收账政策外,有些国家还兴起了一种新的收账代理业务,即企业可以委托收账代理机构催收账款。但由于委托手续费往往很高,许多企业,特别是那些经济效益差的企业很难采用。

企业对拖欠的应收账款,无论采取何种方式进行催收,都需要付出一定的代价,即收账费用。企业在制定收账政策时,要权衡利弊,掌握好宽松界限。如果企业制定的收账政策过宽,会导致逾期未付款的客户拖延时间更长,对企业不利;收账政策过严,催收过急,有可能伤害无意拖欠的客户,影响企业未来的销售和利润。

【例3-7】 已知某企业应收账款原有的收账政策和拟改变的收账政策如表3-5所示。假设企业资金利润率为10%,根据资料,比较两种收账方案的总成本,如表3-6所示。

表3-5　　　　　　　　　　　收账政策备选方案资料　　　　　　　　　单位:万元

项目	现行收账政策	拟改变的收账政策
年收账费用	100	150
应收账款平均收账天数(天)	60	30
坏账损失占赊销额的百分比(%)	3	2
赊销额	14 400	14 400
变动成本率(%)	60	60

表3-6　　　　　　　　　　　收账政策分析评价表　　　　　　　　　　单位:万元

项目	现行收账政策	拟改变的收账政策
赊销额	14 400	14 400
应收账平均收账天数	60	30
应收账款平均余额	$\frac{14\ 400}{360} \times 60 = 2\ 400$	$\frac{14\ 400}{360} \times 30 = 1\ 200$
应收账款占用的资金	$2\ 400 \times 60\% = 1\ 440$	$1\ 200 \times 60\% = 720$
收账成本:		
应收账款机会成本	$1\ 440 \times 10\% = 144$	$720 \times 10\% = 72$
坏账损失	$14\ 400 \times 3\% = 432$	$14\ 400 \times 2\% = 288$
年收账费用	100	150
收账总成本	676	510

根据表3-6的计算可知,拟改变的收账政策较现行收账政策减少的坏账损失和减少的应收账款机会成本之和为216万元,即(432-288)+(144-72),大于增加的收账费用50万元(150-100)。因此,改变收账政策的方案是可以接受的。

▶他山之石
TASHAN ZHI SHI

应收账款保理业务,是指企业把由于赊销而形成的应收账款有条件地转让给银行,银行为企业提供资金,并负责管理、催收应收账款和坏账担保等业务,企业可借此收回账款,加快资金周转。保理业务在国外已被广泛使用,在西欧和亚太地区的经济发达国家和地区,该项业务发展尤为迅猛。

三、应收账款的日常管理

企业一旦将信用政策建立起来,随后的大量工作就是对其采取有力的措施,强化对应收账款发放与收回的日常控制。这些措施主要包括应收账款追踪分析、应收账款账龄分析、应收账款收现率分析和建立应收账款坏账准备制度。

(一)应收账款追踪分析

应收账款一旦发生,赊销企业就必须考虑如何按期足额收回的问题。要达到这一目的,赊销企业就有必要在收账之前,对该项应收账款进行追踪分析。追踪分析的内容包括三个方面:一是赊销商品的销售与变现;二是客户的信用品质;三是客户的现金持有量和调剂程度。企业对应收账款进行追踪分析时,应重点分析赊销商品的销售与变现,其次是客户的信用品质和客户的现金持有情况。

(二)应收账款账龄分析

企业的应收账款时间长短不一,有的在信用期内,有的已逾期。一般来说,逾期时间越长,催收难度越大,成为坏账的可能性越高。因此,对应收账款进行账龄分析,密切关注应收账款的回收情况,是提高应收账款回收效率的重要环节。

应收账款账龄分析也就是对应收账款的账龄结构进行分析。所谓应收账款的账龄结构是指各账龄应收账款的余额占应收账款总计余额的比重。

【例3-8】　某企业应收账款账龄分析如表3-7所示。

表3-7　　　　　　　　　　　　应收账款账龄分析表

应收账款账龄	金额(万元)	比重(%)
信用期内	800	40
逾期3个月内	500	25
逾期3~6个月	400	20
逾期6个月至1年	200	10
逾期1年以上	100	5
合计	2 000	100

表3-7表明,该企业应收账款余额中,有800万元在信用期内,占全部应收账款的40%。过期数额1 200万元,占全部应收账款的60%,其中:逾期3个月内的,占25%;逾期3~6个月的,占20%;逾期6个月至1年的,占10%;另有5%的应收账款已经逾期1年以上。从总体上看,逾期应收账款的比重较大,应引起财务管理人员的高度重视。

对于逾期应收账款,应进一步分析原因。如果属于信用政策的问题,应进行信用政策的调整;如果属于客户的原因,应弄清这些客户是否经常发生拖欠情况,发生拖欠的原因何在。针对不同的客户和逾期时间不同的账款,应采取不同的收账方法,制订出经济可行的收账方案。同时,对信用期内的应收账款也不应放权管理和账龄分析,防止发生新的逾期账款。

（三）应收账款收现保证率分析

由于企业当期现金支付需要量与当期应收账款收现额之间存在着非对称性矛盾，并呈现出预付性与滞后性的差异特征，这就决定了企业必须对应收账款收现水平制订一个必要的控制标准，即应收账款收现保证率。

应收账款收现保证率是指在一定会计期间内必须收现的应收账款占全部应收账款的比重。所谓必须收现的应收账款是指在一定会计期间内，为了保证企业正常的现金流转，特别是满足具有刚性约束的纳税及偿付不能展期或调换的到期债务的需要，而必须通过应收账款收现来补充的现金，其数值等于当期必要现金支付总额与当期其他稳定可靠的现金流入总额之差。

$$应收账款收现保证率 = \frac{当期必要现金支付总额 - 当期其他稳定可靠的现金流入总额}{当期应收账款总额}$$

式中的其他稳定可靠的现金流入总额，是指从应收账款收现以外的途径可以取得的各种稳定可靠的现金流入数额，包括短期有价证券变现净额、可随时取得的银行贷款额等。

企业应定期计算应收账款的实际收现率，看其是否达到既定的控制标准，如果发现实际收现率低于应收账款收现保证率，应查明原因，采取相应的措施，确保企业有足够的现金满足同期必需的现金支付要求。

【例 3-9】 某企业预期必须以现金支付的款项有：支付工人工资 50 万元，应纳税款 30 万元，支付应付账款 65 万元，其他现金支出 3 万元，预计该期稳定的现金回收额为 70 万元。记载在该期"应收账款"明细期末账上有 A（欠款 100 万元）、B（欠款 80 万元）和 C（欠款 20 万元），应收账款的收现保证率计算如下：

$$当期现金支付总额 = 50 + 30 + 65 + 3 = 148（万元）$$
$$当期应收账款总计金额 = 100 + 80 + 20 = 200（万元）$$
$$应收账款的收现保证率 = \frac{148 - 70}{200} \times 100\% = 39\%$$

以上计算结果表明，该企业当期必须收回应收账款的 39%，才能最低限度保证当期必要的现金支出，否则企业便有可能出现支付危机。为此，企业要定期计算应收账款实际收现率，看其是否达到了既定的控制标准，若发现实际的收现率低于应收账款收现保证率，就需要查明原因，采取相应措施，确保企业有足够的现金满足同期必需的现金支付要求。

（四）建立应收账款坏账准备制度

企业无论采取怎样的收账政策，只要有应收账款存在，就存在发生坏账损失的可能性。按照会计谨慎性原则的要求，企业应对坏账发生的可能性预先进行估计，并计提相应的坏账准备金。

▶**你也能做**
NIYENENG ZUO

大华公司向 A 公司和 B 公司赊销产品的金额分别为 130 000 元和 150 000 元。信用期为 60 天。大华公司对这两笔应收账款进行追踪，一个月后，A 公司将产品全部销售出去，B 公司也销售了一部分。信用期满，A 公司如期支付所欠款项，而 B 公司则因现金匮乏，无力支付。但 B 公司信用品质较好，预期发生坏账的可能性较小，与 B 公司交涉后，B 公司同意在 10 天内全部付清。假设 B 公司的信用不佳，大华公司应采取什么措施？

▶要点回顾
YAODIAN HUIGU

企业在采用赊销方式促进销售、减少存货的同时,会因持有应收账款而付出一定的代价,同时也会因销售增加而产生一定的收益。企业应制定合理的信用政策,做出信用标准、信用条件和收账政策的具体决策方案。同时,加强应收账款的管理,通过应收账款追踪分析、应收账款账龄分析、应收账款收现率分析和建立应收账款准备制度等措施,降低坏账损失风险。

任务四　存货管理

存货是指企业在生产经营过程中为生产或销售而储备的物资。存货在流动资产中所占比重较大,存货管理水平的高低对企业生产经营的顺利与否具有直接影响,并且最终会影响到企业的收益、风险和流动性的综合水平。因此,存货管理在整个流动资产管理中具有重要地位。

存货管理的目标是在存货的功能(收益)与成本之间进行利弊权衡,在充分发挥存货功能的同时,降低成本,增加收益,实现它们的最佳组合。实现存货管理目标所采用的存货的控制方法有经济进货批量、ABC 分类法等。

一、存货的功能与成本

(一) 存货的功能

对于一般的企业来说,持有一定数量的存货是十分必要的。存货是企业流动资产中获利能力最强的资产,然而也是流动性最弱的资产,存货的功能是指存货在企业生产经营过程中所具有的作用,主要表现在以下几个方面。

1. 防止停工待料

制造企业的生产经营过程是由供应、生产、销售三个环节组成的。这三个环节都离不开对存货资金的占用,并具有空间上并存、时间上继起的特征。保持适量的原材料、在产品、半成品是企业生产经营活动正常进行的前提和保障。但是,由于企业外部或内部非正常事件的发生,往往会打破资金运转的正常状态。如供货方不能按时、足额供货,从而影响企业材料的及时采购、入库和投产,使本企业临时增大产量或者生产中出现大量废品需重新投料组织生产等。适量的存货能有效防止停工待料事件的发生,维持生产的连续性,减少企业的停工损失。

2. 降低进货成本

零购物资的价格往往较高,而整批购买在价格上常有优惠。许多企业为了鼓励客户购买其产品,往往给购货方提供较优惠的商业折扣。所以,企业采取大批量的集中进货时,就可以降低单位物资的买价。出自价格的考虑,企业应选择批量进货;同时,由于采购总量一定,采购批量较大时,采购次数就会减少,从而可以降低采购费用的支出。此外,由于市场上存货价格往往会发生波动,企业可以趁价格降低时大量进货,以获取降价带来的差价收益。企业为了生产或销售的经营需要和降低进货成本而储备一定的存货,但是,过多的存货要占用较多的资金,并会增加包括仓储费、保险费、维护费、管理人员工资在内的各项开支。存货占用资金是有成本的,占用过多会使利息支出增加并导致利润的损失;各项开支的增加也直接会使成本上升。进行存货管理,就是要尽力在各种存货成本与存货效益之间做出权衡,达到两者之间的最佳结合。因此,存货管理的目标就是要在充分发挥存货作用的前提下,不断降低存货成本,以最低的存货成本保障企业生产经营的顺利进行。

3. 适应市场变化

存货储备增强企业在生产和销售方面的机动性以及适应市场变化的能力。企业有了足够的库存产成品,能有效地供应市场,满足顾客的需要。相反,若某种畅销产品库存不足,将会错失目前的或未来的推销良机,并有可能因此失去顾客。在通货膨胀时,适当地储存原材料存货,能够减缓原材料价格上涨给企业带来的冲击。

4. 维持均衡生产

对于那些所生产产品属于季节性产品,生产所需要材料的供应具有季节性的企业,为实现均衡生产,降低生产成本,就必须适当储备一定的半成品存货或保持一定的原材料存货。否则,这些企业若按照季节变动组织生产活动,难免会产生忙时超负荷运转,闲时生产能力得不到充分利用的情形,这也会导致生产成本的提高。其他企业在生产过程中,同样会因为各种原因导致生产水平的高低变化,拥有合理的存货可以缓冲这种变化对企业生产活动及获利能力的影响。

(二)存货的成本

要发挥存货的功能,就必须储备一定数量的存货,但也会为此发生一定的支出,这就是存货的成本。主要包括以下三个方面的内容。

1. 进货成本

进货成本是指企业取得存货时的成本费用支出,主要包括存货进价和进货费用两个方面的支出。

存货的进价是指存货本身的价值,等于存货进货数量与单价的乘积,又称为购置成本。在一定时期进货总量既定,物价不变且无采购数量折扣的条件下,无论企业采购次数如何变动,存货的进价成本通常是保持相对稳定的。

进货费用又称订货成本,是指企业为组织进货而开支的费用,如与存货采购有关的办公费、差旅费、邮资、电话费、运输费、检验费、入库搬运费等支出。订货成本有一部分与订货次数无关,如常设采购机构的基本开支等,称为订货的固定成本,这类固定性进货费用属于决策的无关成本;另一部分与订货次数有关,如差旅费、邮资、通信费等,且与进货次数成正比例变动,这类变动性进货费用属于决策的相关成本。

2. 储存成本

储存成本是指企业为持有存货而发生的费用,主要包括存货占用资金所应计的利息,即机会成本、仓库费用、存货破损变质损失、存货的保险费用等。储存成本按照与储存数额的关系可分为固定成本和变动成本。固定成本与存货数量的多少无关,如仓库折旧、仓库职工的固定月工资等,是决策无关成本;变动成本则与存货的数量有关,如存货资金的应计利息、存货的破损和变质损失、存货的保险费用等,属于决策的相关成本。

3. 缺货成本

缺货成本是指因存货不足而给企业造成的损失,主要包括由于材料供应中断造成的停工损失、成品供应中断导致延误发货的信誉损失及丧失销售机会的损失等。

缺货成本能否作为决策的相关成本,应视企业是否允许出现存货短缺的不同情形而定。

若允许缺货,则缺货成本便与存货数量反向相关,即属于决策相关成本;反之,若企业不允许发生缺货情形,此时缺货成本为 0,也就无需加以考虑。但在实际工作中,缺货成本因其计量十分困难常常不予考虑,但如果缺货成本能够被准确计量的话,也可以在存货决策中被考虑。

存货总成本用公式表示如下:

$$存货总成本 = 进货成本 + 储存成本 + 缺货成本$$

二、存货经济批量决策

(一) 存货经济批量的含义

通过存货成本的构成可以看出,如果存货过多,容易造成存货过时、损坏、变质,从而增加机会成本和保险费用等不必要的成本;如果存货过少,就可能发生缺货成本。因此,财务管理部门必须合理确定进货批量和进货时间,使存货的总成本最低。

能够使一定时期存货的总成本最低的采购数量,称为存货的经济批量或经济订货量。

(二) 经济进货批量模型

1. 经济进货批量基本模型

经济进货批量基本模式需要设立的假设条件如下:

(1) 企业一定时期的进货总量可以较为准确地予以预测。

(2) 存货的销售或者耗用比较均衡。

(3) 不允许出现缺货情形,不存在缺货成本。

(4) 存货的价格稳定,且不存在数量折扣,进货日期完全由企业自行决定,并且每当存货量降为 0 时,下一批存货均能马上一次到位。

(5) 企业仓储条件及所需资金不受限制。

(6) 所需存货市场供应充足,不会因买不到需要的存货而影响其他方面。

在上述假设条件下,与存货总成本直接相关的就只有相关进货费用和相关储存成本两项。则有:

$$存货相关总成本 = 相关进货费用 + 相关存储成本$$
$$= \frac{存货全年需要量}{每次进货批量} \times 每次进货费用 + \frac{每次进货批量}{2}$$
$$\times 年单位存货储存成本$$

用字母来表示:假设 Q 为经济进货批量;A 为某种存货的全年需要量;B 为平均每次的进货费用;C 为存货的年度单位储存成本;TC 表示存货的相关总成本;p 为进货单价;I 表示经济进货批量平均占用资金;N 表示年度最佳进货批次。利用数学原理可求出经济进货批量的基本模型,并导出最低相关存货总成本等的计算公式如下:

$$存货的经济批量\ Q = \sqrt{\frac{2AB}{C}}$$

$$经济进货批量的存货总成本\ TC = \sqrt{2ABC}$$

$$经济进货批量的平均占用资金\ I = \frac{Qp}{2}$$

$$年度最佳进货批次\ N = \frac{A}{Q}$$

【**例3-10**】 某企业每年需要耗用甲材料480 000千克,该材料的单位采购成本为50元,每次的订货成本为800元,单位存货的储存成本为3元。则:

$$A=480\ 000\ 千克,B=800\ 元,C=3\ 元,p=50\ 元$$

$$经济进货批量=\sqrt{2\times480\ 000\times\frac{800}{3}}=16\ 000(千克)$$

$$经济进货批量的相关总成本\sqrt{2\times480\ 000\times800\times3}=48\ 000(元)$$

$$每年最佳订货次数(N)=\frac{480\ 000}{16\ 000}=30(次)$$

$$最佳订货周期=\frac{360}{30}=12(天)$$

$$经济进货量占用资金=\frac{16\ 000}{2}\times50=400\ 000(元)$$

经济进货量也可以用图解法求得:先计算出一系列不同批量的各有关成本,然后在坐标上描出由各有关成本构成的订货成本线、储存成本线和总成本线,总成本线的最低点(或者是订货成本线和储存成本线的交接点)对应的订货,即为经济订货批量。不同批量下的有关成本指标如表3-8所示。

表3-8 不同批量下的有关成本指标

订货批量(千克)	4 000	8 000	12 000	16 000	20 000	24 000
平均存量(千克)	2 000	4 000	6 000	8 000	10 000	12 000
储存成本(元)	6 000	12 000	18 000	24 000	30 000	36 000
订货次数(次)	120	60	40	30	24	20
订货成本(元)	96 000	48 000	32 000	24 000	19 200	16 000
总成本(元)	102 000	60 000	50 000	48 000	49 200	52 000

不同批量的有关成本变动情况如图3-8所示。

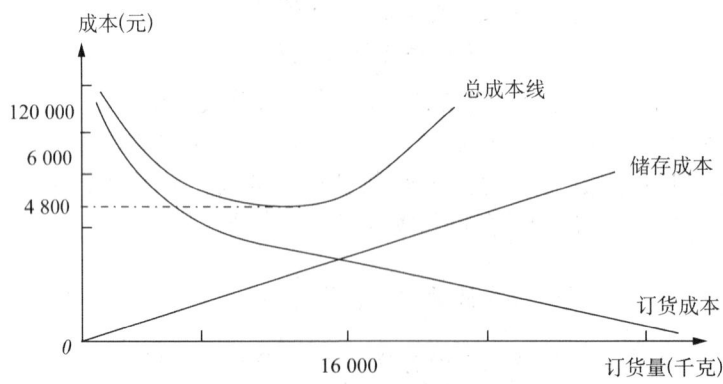

图3-8 总成本与订货量的关系示意图

根据表3-8和图3-8可以很清楚地看出,当订货批量为16 000千克时总成本最低,小于或大于这一批量都是不合理的。

以上经济进货批量决策是在许多假设条件下做出的,但在实践中,常常不能满足以上全部假设条件,从而需要对上述决策方法进行修正。

2. 实行数量折扣条件下的经济进货批量模型

为了鼓励客户购买更多的商品,销售企业通常会给予不同程度的价格优惠,即实行商业折扣。购买越多,所获得的价格优惠越大,此时,进货企业对经济进货批量的确定,除了考虑进货费用与储存成本外,还应考虑进货的进价成本,因为,此时的存货进价成本已经与进货数量的大小有了直接的关系,属于决策的相关成本。

即在经济进货批量基本模式其他各种假设条件均具备的前提下,存在商业折扣时,存货相关总成本可按下式计算:

$$存货相关总成本 = 存货进价 + 相关进货费用 + 相关存储成本$$

实行商业折扣的经济进货批量具体确定步骤如下:

第一步,按照经济进货批量基本模式确定经济进货批量。

第二步,计算按经济进货批量进货时的存货相关总成本。

第三步,计算按给予数量折扣的进货批量进货时的存货相关总成本。

如果给予商业折扣的进货批量是一个范围,如进货数量在 1 000~1 999 千克之间可享受 2% 的价格优惠,此时应按给予商业折扣的最低进货批量,即按 1 000 千克计算存货相关总成本。因为在给予商业折扣的进货批量范围内,无论进货量是多少,存货进价成本总额都是相同的,而相关总成本的变动规律是进货批量越小,相关总成本就越低,即:按 1 000 千克计算的存货相关总成本<按 1 001 千克计算的相关总成本<按 1 002 千克计算的相关总成本<……<按 1 999 千克计算的相关总成本。

第四步,比较不同进货批量的存货相关总成本,最低存货相关总成本对应的进货批量,就是实行数量折扣的最佳经济进货批量。

【例3-11】 某公司每年需用甲材料 6 000 件,每次进货费用为 150 元,材料的单位储存成本为 5 元,该种材料的单价为 20 元,若一次订购量在 2 000 件以上时,可获得 2% 的折扣,一次订购量在 3 000 件以上时,可获得 5% 的折扣。确定该公司的经济订货批量。

解:(1) 按经济进货批量基本模式确定的经济进货批量为:

$$经济进货批量(Q) = \sqrt{2 \times 6\,000 \times \frac{150}{5}} = 600(件)$$

$$存货相关总成本 = \sqrt{2 \times 6\,000 \times 150 \times 5} + 6\,000 \times 20 = 123\,000(元)$$

(2) 每次采购 2 000 件时,存货的相关总成本为:

$$存货相关总成本 = 6\,000 \times 20 \times (1-2\%) + 6\,000 \div 2\,000 \times 150 + 2\,000 \div 2 \times 5$$
$$= 123\,050(元)$$

(3) 每次采购 3000 件时,存货的相关总成本为:

$$存货相关总成本 = 6\,000 \times 20 \times (1-5\%) + 6\,000 \div 3\,000 \times 150 + 3\,000 \div 2 \times 5$$
$$= 121\,800(元)$$

由上述计算结果比较可知,每次进货 3 000 件时的存货相关总成本最低,所以该公司的最佳经济进货批量为 3 000 件。同理,这个结论也是建立在基本经济进货批量模型其他各种假设条件均具备的前提下的。

3. 允许缺货时的经济进货模式

前面的讨论均假设不存在缺货,但现实生活中缺货的现象时有发生,此时,不仅要考虑进货费用与储存费用,而且还必须对可能的缺货成本也加以考虑,即能够使三项成本总和最低的批量便是经济进货批量。

设缺货量为 S,单位缺货成本为 R,其他符号同上。则有:

$$Q = \sqrt{\frac{2AB}{C} \times \frac{(C+R)}{R}}$$

$$S = \frac{QC}{(C+R)}$$

【例 3-12】 某企业甲材料年需要量 32 000 千克,每次进货费用 60 元,单位储存成本 4 元,单位缺货成本 8 元。

解:

$$\begin{array}{c}允许缺货情况下\\的经济进货批量\end{array} = \sqrt{\frac{2 \times 32\,000 \times 60}{4} \times \frac{4+8}{8}} = 1\,200(千克)$$

$$平均缺货量 = 1200 \times 4 \div (4+8) = 400(千克)$$

三、存货的日常管理

存货日常管理的目标是在保证企业生产经营正常进行的前提下尽量减少库存,防止积压。实践中形成的行之有效的管理方法有存货储存期控制、存货 ABC 分类管理等多种。

(一) 存货储存期控制

企业进行存货投资所发生的费用支出,按照与储存时间的关系可以分为固定储存费与变动储存费两类。前者包括进货费用、管理费用,其金额多少与存货储存期的长短没有直接关系;后者包括存货资金占用费(贷款购置存货的利息或现金购置存货的机会成本)、存货仓储管理费、仓储损耗(为计算方便,如果仓储损耗较小,亦将其并入固定储存费)等,其金额随存货期的变动成正比例变动。它们与利润存在以下关系:

利润 = 毛利 - 销售税金及附加 - 固定储存费 - 变动储存费

  = 毛利 - 销售税金及附加 - 固定储存费 - 每日变动储存费 × 储存天数

上式经过变形可得出存货保本储存天数(利润为零)和存货保利储存天数(利润为目标利润)的计算公式:

$$存货保本储存天数 = \frac{毛利 - 销售税金及附加 - 固定储存费}{每日变动储存费}$$

$$存货保利储存天数 = \frac{毛利 - 销售税金及附加 - 固定储存费 - 目标利润}{每日变动储存费}$$

【例 3-13】 某企业购进甲商品 3 000 件,单位进价(不含增值税)80 元,单位售价 100 元(不含增值税),经销该批商品的固定费用为 30 000 元,销售税金及附加为 2 500 元,每日变动储存费用为 250 元,企业拟实现的目标利润为 20 000 元。试计算甲商品的保利储存期和保本储存期。

解：　甲商品的保
利储存期 $=\dfrac{(100-800)\times3\,000-2\,500-30\,000-20\,000}{250}=30（天）$

　　　　甲商品的保
利储存期 $=\dfrac{(100-800)\times3\,000-2\,500-30\,000}{250}=110（天）$

【例3-14】　商品流通企业购进甲商品2 000件,单位进价(不含增值税)100元,单位售价120元(不含增值税),经销该批商品的固定储存费用为20 000元,每日变动储存费为80元,销售税金及附加1 600元。要求:

(1) 计算该批存货的保本储存期;

(2) 若企业欲获利6 000元,计算保利储存期;

(3) 若该批存货实际储存了200天,企业能否实现6 000元的目标利润? 差额多少?

解：

(1) 保本储存天数 $=\dfrac{毛利-固定储存费-销售税金及附加}{每日变动储存费}$

$$=\dfrac{[(120-100)\times2\,000-20\,000-1\,600]}{80}=230（天）$$

(2) 保利储存天数 $=\dfrac{毛利-固定储存费-销售税金及附加-目标利润}{每日变动储存费}$

$$=\dfrac{[(120-100)\times2\,000-20\,000-1\,600-6\,000]}{80}=155（天）$$

(3) 经销该商品实际获利额 $=$ 每日变动储存费 $\times$ (保本储存天数 $-$ 实际储存天数)

$$=80\times(230-200)=2\,400（元）$$

实际利润 $-$ 目标利润 $=2\,400-6\,000=-3\,600（元）$

所以,存货储存200天不能实现目标利润,差额为3 600元。

可见,通过对存货的储存期进行控制,可以及时地将企业存货的信息传达给经营决策部门,如有多少存货已过保本期或保利期,金额多大,比重多高,以便决策者对不同的存货采取相应的措施。一般而言,凡是已过保本期的产品或商品大多属于积压呆滞的存货,对此,企业应当积极推销,压缩库存,将损失降低到最低限度;对超过保利期但未过保本期的存货,应当首先检查销售状况,查明原因,力争在保本期内将其销售出去;对于尚未超过保利期的存货,企业也应密切监督、控制,防止发生过期损失。通过分析,财务部门应当通过调整资金供应政策,促使经营部门调整产品结构和投资方向,推动企业存货结构的优化,提高存货投资的效率。

(二) 存货ABC分类管理

企业存货品种繁多,有的价值高,但品种、数量很少;有的价值低廉,但品种、数量很多。在存货管理中,企业应分清主次,突出重点,以提高存货资金管理的整体效果。

存货ABC分类管理就是按照一定的标准,将企业的存货划分为A、B、C三类,按照各类存货的重要程度分别采取不同的方法进行管理。

1. 存货ABC分类的标准

分类的标准主要有两个:一是金额标准;二是品种数量标准。其中,金额标准是最基本的,品种数量标准仅作为参考。

一般来说,存货的划分标准大体如下:A类存货金额占整个存货金额比重的70%,品种数量占整个存货品种数量的 10%；B 类存货金额占整个存货金额比重的 20%，品种数量占整个存货品种数量的 20%；C 类存货金额占整个存货金额比重的 10%，品种数量占整个存货品种数量的 70%。

A 类存货的特点是金额巨大，但品种数量较少；B 类存货金额一般，品种数量相对较多；C 类存货品种数量繁多，但价值金额却很小。如一个拥有上万种商品的百货公司，家用电器、高档皮货、家具、摩托车、大型健身器械等商品的品种数量并不很多，但价值额却相当大，可以划为 A 类；大众化的服装、鞋帽、床上用品、布匹、文具用具等商品品种数量比较多，但价值额相对 A 类商品要小得多，可以划为 B 类；至于各种小百货，如针线、纽扣、化妆品、日常卫生用品及其他日杂用品等品种数量非常多，但所占金额却很小，可以划为 C 类。

将存货划分为 A、B、C 三类后，应采取不同的管理方法。由于 A 类存货占用着企业绝大多数的资金，对 A 类存货应进行重点管理；同时，由于 A 类存货品种数量较少，企业完全有能力按照每一个品种进行管理；B 类存货金额相对较小，可通过划分类别的方式进行管理；C 类存货尽管品种数量繁多，但其所占金额很少，品种数量又很多，可以只对其进行总量控制和管理。不过，在此需要提醒的是，由于 C 类存货大多与消费者的日常生活息息相关，虽然这类存货的直接经济效益对企业并不重要，但如果企业能够在服务态度、花色品种、存货质量、价格方面加以重视的话，其间接经济效益将是无法估量的；相反，企业一旦忽视了这些方面的问题，其间接的经济损失也是无法估量的。

2. ABC 三类存货的具体划分

具体过程可以分三个步骤(有条件的可通过计算机进行)：

(1) 列示企业全部存货的明细表，并计算出每种存货的价值总额及占全部存货金额的百分比。

(2) 按照金额标志由大到小进行排序并累加金额百分比。

(3) 当金额百分比累加到 70% 左右时，以上存货视为 A 类存货；百分比介于 70%～90% 之间的存货作 B 类存货，其余则为 C 类存货。

【例 3-15】 某公司共有 20 种材料，总金额为 400 000 元，按金额多少的顺序并按上述原则将其划分成 A、B、C 三类，比重如表 3-9 所示。各类存货金额百分比用图形表示如图 3-9 所示：

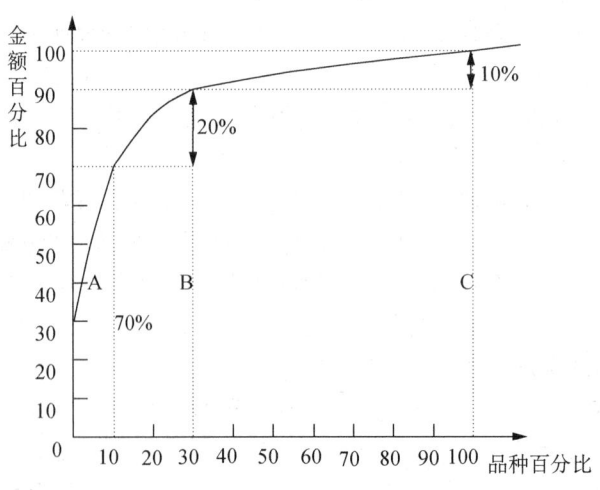

图 3-9　存货 ABC 分类管理

表 3-9 　　　　　　　　　　　　　　　ABC 分类表

材料编号	金额（元）	金额比重	累计金额比重	类别	数量	各类存货数量比重	各类存货金额比重
1	160 000	40%	40%	A	2	10%	70%
2	120 000	30%	70%				
3	30 000	7.50%	77.50%	B	4	20%	20%
4	24 000	6%	83.50%				
5	16 000	4%	87.50%				
6	10 000	2.50%	90%				
7	6 000	1.50%	91.50%	C	14	70%	10%
8	5 000	1.25%	92.75%				
9	4 400	1.10%	93.85%				
10	4 200	1.05%	94.90%				
11	4 000	1%	95.90%	C	14	70%	10%
12	3 600	0.90%	96.80%				
13	2 700	0.68%	97.48%				
14	2 600	0.65%	98.13%				
15	2 100	0.53%	98.65%				
16	1 400	0.35%	99%				
17	1 200	0.30%	99.30%				
18	1 100	0.28%	99.58%				
19	900	0.23%	99.80%				
20	800	0.20%	100%				
合计	400 000	100%			20	100%	100%

3. ABC 分类法在存货管理中的运用

通过对存货进行 ABC 分类,可以使企业分清主次,采取相应的对策进行有效的管理、控制。企业在组织经济进货批量、储存期分析时,对 A、B 两类存货可以分别按品种、类别进行;对 C 类存货只需要加以灵活掌握即可,一般不必进行上述各方面的测算与分析。不同类别的存货其控制策略如表 3-10 所示。

表 3-10 　　　　　　　　　　　　不同类别的存货控制策略

项　　目	类　别		
	A	B	C
控制要求	按品种严格控制	按类别一般控制	按总额简单控制
制定定额的方法	按品种详细计算	根据过去的经验确定	不足即进货

(续表)

项 目	类 别		
	A	B	C
储存情况记录	详细记录	一般记录	一般记录
库存监督方式	经常检查	用职权定期检查	抽查
管理方法	由于全额比重大,应把库存压缩到最低限度,投入较大的力量,精心管理	按经营方针,调节库存水平,可时严时松	集中大量订货,以较高的库存节约订货费用

▶**要点回顾**
YAODIAN HUIGU

由于存货具有防止停工待料、适应市场变化、降低进货成本和维持均衡生产的固有功能,企业必须储备一定的存货,但也会由此而发生进货成本、储存成本和缺货成本等各项支出,经济进货批量就是确定能够使一定时期存货的相关总成本达到最低点的进货数量。企业还需要加强对存货的管理,即存货储存期控制和ABC分类管理等。

▶**本项小结**
BENXIANG XIAOJIE

营运资金是流动资产的一个有机组成部分,因其具有较强的流动性而成为企业日常生产经营活动的润滑剂和衡量企业短期偿债能力的重要指标。企业持有一定量的营运资金十分重要,企业的营运资金应维持在既没有过度资本化又没有过量交易的水平下。营运资金管理主要介绍了三个方面:即现金管理、应收账款管理和存货管理。现金管理要明确与现金有关的成本:持有成本、转换成本和短缺成本,通过成本分析模式和存货模式确定最佳现金持有量,加强现金的日常管理。应收账款管理要明确应收账款的成本:机会成本、管理成本和坏账成本,制订信用标准、信用条件和收账政策的具体决策方案,通过应收账款追踪分析、应收账款账龄分析、应收账款收现率分析和建立应收账款坏账准备制度等措施,加强对应收账款的管理。存货管理要明确存货的功能和存货成本,确定经济进货批量,通过存货储存期控制和ABC分类管理等方法实现对存货的控制。

▶**专业术语**
ZHUANYE SHUYU

1. 营运资金
2. 营运资金周转
3. 最佳现金持有量
4. 成本分析模式
5. 存货模式
6. 应收账款的机会成本
7. 应收账款的管理成本
8. 应收账款的坏账成本
9. 信用标准
10. 信用条件
11. 现金折扣政策
12. 收账政策
13. 进货成本
14. 储存成本
15. 缺货成本
16. 存货的经济批量
17. 存货ABC管理
18. 存货保本储存期
19. 存货保利储存期

▶**复习思考**
FUXI SIKAO

1. 营运资金的特点是什么?
2. 现金管理的目标是什么?
3. 现金持有动机和持有成本有哪些?
4. 最佳现金持有量确定模式包括哪些?

5. 现金支出管理的基本方法有哪些?

6. 应收账款管理的目标是什么?

7. 应收账款信用政策有哪些?

8. 应收账款管理的措施有哪些?

9. 存货的功能和成本有哪些?

10. 存货管理的目标是什么?

11. 存货经济批量模型和享受数量折扣的经济批量模型的决策方法有哪些?

12. 存货储存期的控制方法。

13. 存货 ABC 分类法的内容有哪些?

▶课后练习
KEHOU LIANXI

一、单项选择题

1. 企业从收到尚未付款的材料开始,到用现金支付材料款之间所用的时间称为( )。
   A. 现金周转期　　　　B. 应付账款周转期　　　C. 存货周转期　　　D. 应收账款周转期

2. 与长期负债筹资相比,流动负债筹资的特点不包括( )。
   A. 速度快　　　　　　B. 风险小　　　　　　　C. 弹性大　　　　　D. 成本低

3. 企业为满足交易动机持有现金,所考虑的主要因素是( )。
   A. 企业销售水平的高低　　　　　　　　B. 企业临时举债能力的大小
   C. 企业对风险的态度　　　　　　　　　D. 金融市场投资机会的多少

4. 企业在进行现金管理时,可利用的现金浮游量是指( )。
   A. 企业账户所记存款余额
   B. 银行账户所记企业存款余额
   C. 企业账户上现金余额与银行账户上所示的存款余额之差
   D. 企业实际现金余额超过最佳现金持有量之差

5. 在确定最佳现金持有量时,成本分析模式和存货模式均需考虑的是( )。
   A. 持有现金的机会成本　　　　　　　　B. 固定性转换成本
   C. 现金短缺成本　　　　　　　　　　　D. 现金保管费用

6. 下列各项中,属于现金支出管理方法的是( )。
   A. 银行业务集中法　　　　　　　　　　B. 合理运用"游浮量"
   C. 账龄分析法　　　　　　　　　　　　D. 邮政信箱法

7. 根据营运资金管理理论,下列各项中,不属于企业应收账款成本内容的是( )。
   A. 机会成本　　　　　B. 管理成本　　　　　C. 短缺成本　　　　D. 坏账成本

8. 假设某企业预测的年赊销额为 2 000 万元,应收账款平均收账天数为 45 天,按年投资报酬率 10% 计算,
   则应收账款的机会成本为( )万元。
   A. 250　　　　　　　B. 200　　　　　　　　C. 25　　　　　　　D. 20

9. 在企业应收账款管理中,明确规定了信用期限、折扣期限和现金折扣率等内容的是( )。
   A. 客户资信程度　　　B. 收账政策　　　　　C. 信用等级　　　　D. 信用条件

10. 企业在制定或选择信用标准时,不需要考虑的因素包括( )。
    A. 预计可以获得的利润　　　　　　　　B. 同行业竞争对手的情况
    C. 客户资信程度　　　　　　　　　　　D. 企业承担风险的能力

11. 采用 ABC 法对存货进行控制时,应当重点控制的是( )。
    A. 数量较多的存货　　　　　　　　　　B. 占用资金较多的存货
    C. 品种较多的存货　　　　　　　　　　D. 库存时间较长的存货

12. 基本模型的经济进货批量(   )允许缺货的经济进货批量。
    A. 大于   B. 小于   C. 等于   D. 不一定
13. 利用存货模型确定最佳现金持有量时,不予考虑的因素是(   )。
    A. 持有现金的机会成本   B. 现金的管理成本
    C. 现金的交易成本   D. 现金的平均持有量
14. 以下现金成本与现金持有量成正比例关系的是(   )。
    A. 现金机会成本   B. 现金交易成本   C. 现金管理成本   D. 现金短缺成本
15. 下列现金的成本中,属于固定成本性质的是(   )。
    A. 现金的管理成本   B. 持有现金的机会成本
    C. 现金交易成本   D. 现金短缺成本
16. 现金作为一种资产,它的(   )。
    A. 流动性强,盈利性差   B. 流动性强,盈利性也强
    C. 流动性差,盈利性强   D. 流动性差,盈利性也差
17. 利用锁箱系统和集中银行法进行现金回收管理的共同优点是(   )。
    A. 可以缩短支票邮寄时间   B. 可以降低现金管理成本
    C. 可以减少收账费用   D. 可以缩短发票邮寄时间
18. 公司将资本占用在应收账款上而放弃的投资于其他方面的收益,称为应收账款的(   )。
    A. 管理成本   B. 坏账成本   C. 短缺成本   D. 机会成本
19. 下列对信用期限的叙述中,正确的是(   )。
    A. 信用期限越长,坏账发生的可能性越小
    B. 信用期限越长,表明客户享受的信用条件越优惠
    C. 延长信用期限,将会减少销售收入
    D. 信用期限越长,收账费用越少
20. 企业为满足交易动机而持有现金,所需考虑的主要因素是(   )。
    A. 企业销售水平的高低   B. 企业临时举债能力的大小
    C. 企业对待风险的态度   D. 金融市场投资机会的多少
21. 下列有关现金的成本中,属于固定成本性质的是(   )。
    A. 现金管理成本   B. 占用现金的机会成本
    C. 转换成本中的委托买卖佣金   D. 现金短缺成本
22. 某公司根据鲍曼模型确定的最佳现金持有量为 100 000 元,有价证券的年利率为 10%。在最佳现金持有量下,该公司与现金持有量相关的现金使用总成本为(   )元。
    A. 5 000   B. 10 000   C. 15 000   D. 20 000
23. 某企业若采用银行集中法,增设收款中心,可使企业应收账款平均余额由现在 400 万元减至 300 万元。企业年综合资金成本率为 12%,因增设收款中心,每年将增加相关费用 8 万元,则该企业分散收账收益净额为(   )万元。
    A. 4   B. 8   C. 12   D. 16
24. 下列各项中,属于应收账款机会成本的是(   )。
    A. 应收账款占用资金的应计利息   B. 客户资信调查费用
    C. 坏账损失   D. 收账费用
25. 企业评价客户等级,决定给予或拒绝客户信用的依据是(   )。
    A. 信用标准   B. 收账政策   C. 信用条件   D. 信用政策
26. 下列各项中,不属于信用条件构成要素的是(   )。
    A. 信用期限   B. 现金折扣(率)   C. 现金折扣期   D. 商业折扣

27. 应收账款赊销效果的好坏,依赖于企业的信用政策。公司在对是否改变信用期间进行决策时,不考虑的因素是( )。
    A. 等风险投资的最低报酬率   B. 产品变动成本率
    C. 应收账款坏账损失率   D. 公司的所得税率

28. 在允许缺货的情况下,经济订货批量是使( )的订货批量。
    A. 进货成本与储存成本之和最小   B. 订货成本等于储存成本
    C. 订货成本、储存成本与短缺成本之和最小 D. 进货成本等于储存成本与短缺成本之和

29. 存货 ABC 分类的主要标准是( )。
    A. 金额   B. 数量标准   C. 品种标准   D. 储存期

30. 将存货划分为 A、B、C 三类后,应采取不同的管理方法。A 类存货的管理方法为( )。
    A. 进行总量控制和管理   B. 分类进行管理
    C. 按照每一个品种进行管理   D. 按消耗量进行管理

二、多项选择题

1. 下列关于营运资金的说法中,不正确的有( )。
   A. 营运资金通常是流动资产与流动负债的差额
   B. 流动资产占用资金的数量具有波动性
   C. 流动负债筹资期限短,风险低于长期负债筹资
   D. 企业营运资金越多越好

2. 下列措施中,能够减少营运资金需要量的有( )。
   A. 延长应付账款周转期   B. 缩短应付账款周转期
   C. 延长应收账款周转期   D. 缩短应收账款周转期

3. 运用成本分析模式确定最佳现金持有量时,持有现金的相关成本包括( )。
   A. 机会成本   B. 转换成本   C. 短缺成本   D. 管理成本

4. 赊销在企业生产经营中所发挥的作用有( )。
   A. 增加现金   B. 减少存货   C. 促进销售   D. 减少借款

5. 现金管理中的"现金"包括( )。
   A. 库存现金   B. 有价证券   C. 银行汇票   D. 银行存款

6. 存货的功能有( )。
   A. 降低进货成本   B. 适应市场变化   C. 维持均衡生产   D. 防止停工待料

7. 企业在持续经营过程中,会自发地、直接地产生一些资金来源,部分地满足企业的经营需要,如( )。
   A. 预收账款   B. 应付职工薪酬
   C. 应付票据   D. 根据周转信贷协定取得的限额内借款

8. 企业在确定为应付紧急情况而持有现金的数额时,需考虑的因素有( )。
   A. 企业销售水平的高低   B. 企业临时举债能力的强弱
   C. 金融市场投资机会的多少   D. 企业现金流量预测的可靠程度

9. 赊销在企业生产经营中所发挥的作用有( )。
   A. 增加现金   B. 减少存货   C. 促进销售   D. 减少借款

10. 根据存货经济进货批量的基本模型,经济进货批量是( )。
    A. 能使订货总成本与储存总成本相等的订货批量
    B. 能使变动性订货成本与变动性储存成本相等的订货批量
    C. 使存货总成本最低的进货数量
    D. 能使变动性订货成本和变动性储存成本之和最低的进货数量

11. 下列因素与经济进货批量占用资金间关系表述中,正确的有( )。

A. 存货年需要量的变动会引起经济进货批量占用资金同方向变动

B. 单位存货年储存变动成本的变动会引起经济进货批量占用资金同方向变动

C. 单价的变动会引起经济进货批量占用资金同方向变动

D. 每次订货的变动成本变动会引起经济进货批量占用资金反方向变动

12. C公司生产中使用的甲标准件,全年共需耗用9 000件,该标准件通过自制方式取得。其日产量50件,单位生产成本50元;每次生产准备成本200元,固定生产准备成本每年10 000元;储存变动成本每件5元,固定储存成本每年20 000元。假设一年按360天计算,下列各项中,正确的有(   )。

A. 经济生产批量为1 200件

B. 经济生产批次为每年12次

C. 经济生产批量占用资金为30 000元

D. 与经济生产批量相关的总成本是3 000元

13. 下列项目中,为了满足现金的交易性需要而产生的活动有(   )。

A. 支付工资

B. 取得银行短期借款

C. 购买股票

D. 临时采购原材料

14. 公司持有现金的原因主要是满足(   )。

A. 交易性需要

B. 预防性需要

C. 投资性需要

D. 收益性需要

15. 为获得最大收益,企业可将闲置资本投资于(   )。

A. 长期债券

B. 国库券

C. 可转让大额存单

D. 回购协议

三、判断题

1. 企业为满足交易性需要所持有的现金余额主要取决于企业销售水平。   (   )

2. 企业的最佳现金持有量通常等于满足各种动机所需的现金余额。   (   )

3. 短期有价证券是变现能力最强的非盈利性资产 。   (   )

4. 信用风险是指公司不能收回赊销商品的货款而发生坏账损失的可能性。   (   )

5. 如果企业放宽信用标准,则会增加销售量,减少企业的坏账损失和应收账款的机会成本。   (   )

6. 企业的营运资金应维持在既没有过度资本化又没有过量交易的水平上。   (   )

7. 允许缺货时的经济进货批量是能够使企业的变动进货费用、变动储存成本和缺货成本之和最小的进货批量。   (   )

8. 企业花费的收账费用越多,坏账损失就会越少,并且平均收账期也会越短。   (   )

9. 订货成本与企业每次订货的数量无关。   (   )

10. 只有当应收账款所增加的盈利超过所增加的成本时,才应当放宽信用条件。   (   )

▶ **项目训练**
XIANGMU XUNLIAN

一、计算分析题

1. 已知:某公司现金收支平稳,预计全年(按360天计算)现金需要量为360 000元,现金与有价证券的转换成本为每次300元,有价证券年均报酬率为6%。

要求:

(1) 运用存货模式计算最佳现金持有量。

(2) 计算最佳现金持有量下的最低现金管理相关总成本、全年现金转换成本和全年现金持有机会成本。

(3) 计算最佳现金持有量下的全年有价证券交易次数和有价证券交易间隔期。

2. 某企业预测2021年度销售收入净额为4 500万元,现销与赊销比例为1∶4,应收账款平均收账天数为60天,变动成本率为50%,企业的资金成本率为10%。一年按360天计算。

要求:

(1) 计算该企业2021年度赊销额。

（2）计算该企业 2021 年度应收账款的平均余额。

（3）计算该企业 2021 年度维持赊销业务所需要的资金额。

（4）计算该企业 2021 年度应收账款的机会成本额。

（5）若该企业 2021 年应收账款需要控制在 400 万元,在其他因素不变的条件下,应收账款平均收账天数应调整为多少天?

3. 某企业 2021 年 A 产品销售收入为 4 000 万元,总成本为 3 000 万元,其中固定成本为 600 万元。2021 年该企业有两种信用政策可供选用:

甲方案给予客户 60 天信用期限($n/60$),预计销售收入为 5 000 万元,货款将于第 60 天收到,其信用成本为 140 万元;

乙方案的信用政策为($2/10,1/20,n/90$),预计销售收入为 5 400 万元,将有 30% 的货款于第 10 天收到,20% 的货款于第 20 天收到,其余 50% 的货款于第 90 天收到(前两部分货款不会产生坏账,后一部分货款的坏账损失率为该部分货款的 4%),收账费用为 50 万元。

该企业 A 产品销售额的相关范围为 3 000～6 000 万元,企业的资金成本率为 8%(为简化计算,本题不考虑增值税因素)。

要求:

（1）计算该企业 2021 年的下列指标:变动成本总额;以销售收入为基础计算的变动成本率。

（2）计算乙方案的下列指标:应收账款平均收账天数;应收账款平均余额;维持应收账款所需资金;应收账款机会成本;坏账成本;采用乙方案的信用成本。

（3）计算以下指标:甲方案的现金折扣;乙方案的现金折扣;甲乙两方案扣除信用成本前贡献之差;甲乙两方案扣除信用成本后贡献之差。

（4）为该企业作出采取何种信用政策的决策,并说明理由。

4. 某企业每年需耗用 A 材料 45 000 件,单位材料年存储成本 20 元,平均每次订货成本为 180 元,A 材料全年平均单价为 240 元。假定不存在数量折扣,不会出现陆续到货和缺货的现象。要求:

（1）计算 A 材料的经济订货批量。

（2）计算 A 材料年度最佳进货批数。

（3）计算 A 材料的相关进货成本。

（4）计算 A 材料的相关存储成本。

（5）计算 A 材料经济订货批量平均占用资金。

5. 上海东方公司是亚洲地区的玻璃套装门分销商,套装门在中国香港生产然后运至上海。管理当局预计年度需求量为 10 000 套。套装门购进单价为 395 元(包括运费,单位是人民币,下同)。与定购和储存这些套装门相关的资料如下:

（1）去年订单共 22 份,总处理成本 13 400 元,其中固定成本 10 760 元,预计未来成本性态不变。

（2）虽然对于中国香港原产地商品进入大陆已经免除关税,但是对于每一张订单都要经双方海关检查,其费用为 280 元。

（3）套装门从中国香港运抵上海后,接收部门要进行检查。为此雇佣一名检验人员,每月支付工资 3 000 元,每个订单检验工作需要 8 小时,发生变动费用每小时 2.50 元。

（4）公司租借仓库来储存套装门,估计成本为每年 2 500 元,另外加上每套门 4 元。

（5）在储存过程中会出现破损,估计破损成本平均每套门 28.50 元。

（6）占用资金利息等其他储存成本每套门 20 元。

（7）从发出订单到货物运到上海需要 6 个工作日。

（8）为防止供货中断,东方公司设置了 100 套的保险储备。

（9）东方公司每年 50 周,每周营业 6 天。

要求:

(1) 计算经济批量模型中"每次订货成本"。

(2) 计算经济批量模型中"单位储存成本"。

(3) 计算经济订货批量。

(4) 计算每年与批量相关的存货总成本。

(5) 计算再订货点。

(6) 计算每年存货的总成本。

6. 某商品流通企业批进批出一批商品共 500 件,该商品单位进价 500 元(不含增值税),单位售价为 550 元(不含增值税),经销该批商品的一次性费用为 5 000 元。已知,该商品的进货款来自银行贷款,年利率为 9%,商品的月保管费用率为 3‰,流转环节的税金及附加为 2 500 元。一年按 360 天计算。

要求:

(1) 计算该批商品的保本储存天数。

(2) 如果企业要求获利目标利润率为 3.5%,计算该批商品的保利期天数。

(3) 如果该批商品超过保利期 10 天后售出,计算该批商品的实际获利额。

(4) 如果该批商品超过保本期 1 天后售出,计算该批商品的实际亏损额。

7. 某商品流通企业购进一批商品共 500 件,预计平均每天出售 5 件,该商品单位进价 500 元(不含增值税),单位售价为 550 元(不含增值税),经销该批商品的一次性费用为 5 000 元。已知,该商品的进货款来自银行贷款,年利率为 9%,商品的月保管费用率为 3‰,流转环节的税金及附加为 2 500 元。一年按 360 天计算。

要求:

(1) 计算该批商品的平均保本储存天数。

(2) 如果企业要求获利目标利润率为 3.5%,计算该批商品的平均保利期天数。

(3) 若预计平均每天出售 5 件,计算该批商品的实际获利额。

8. 某企业生产中使用的 A 标准件既可自制也可外购。若自制,单位成本为 6 元,每次生产准备成本 500 元,每次生产准备时间需要 2 天,每日产量 40 件;若外购,购入价格是单位自制成本的 1.5 倍,从发出订单到货物到达需要 3 天时间,一次订货成本 20 元。A 标准件全年共需耗用 7 200 件,储存变动成本为标准件价值的 10%,假设一年有 360 天,单位缺货成本为 10 元。

企业生产每日需要的零件数量如表 3-11 所示。

表 3-11　　　　　　　　　企业生产每日需要零件数量明细表

需要量	18	19	20	21	22
概率	0.15	0.2	0.3	0.2	0.15

要求:

(1) 若不考虑缺货的影响,判断企业应自制还是外购 A 标准件。

(2) 确定企业当库存零件水平为多少时应进行生产准备。

(3) 企业平均存货占用资金为多少?

二、案例题

案例一——长信公司现金预算的编制

(一) 案例目的

训练现金预算的编制。

(二) 案例资料

长信公司 2021 年期末现金最低余额为 5 000 元,银行借款起点为 1 000 元,贷款利息每年 10%,还本时付息。(注:借款在期初,还款在期末)

表 3-12　　　　　　　　　　**长信公司 2021 年现金预算表**　　　　　　　　单位:元

摘　要	1 季度	2 季度	3 季度	4 季度	全年
期初现金余额	8 000	(6)	(10)	(16)	(26)
加:现金收入	(1)	70 000	96 000	(17)	321 000
可动用现金合计	68 000	(7)	(11)	(18)	(27)
减现金支出:					
采购材料	35 000	45 000	(12)	35 000	(28)
营业费用	(2)	30 000	30 000	(19)	113 000
购置设备	8 000	8 000	10 000	(20)	36 000
支付股利	2 000	2 000	2 000	2 000	(29)
现金支出合计	(3)	85 000	(13)	(21)	(30)
收支相抵现金					
多余(或不足)	(2 000)	(8)	11 000	(22)	(31)
融通资金:					
银行借款	(4)	15 000			(32)
归还本金			(5 000)	(23)	(33)
归还利息			(14)	(24)	(34)
期末现金	(5)	(9)	(15)	(25)	(35)

(三)案例要求

计算填列表中(1)～(35)代表的空缺数据,编制长信公司 2021 年现金预算。

案例二——时代公司改变信用政策的建议

(一)案例目的

掌握信用政策决策。

(二)案例资料

时代计算机公司是在 1980 年成立的,主要生产小型及微型计算机,其市场目标主要定位于小规模公司和个人。该公司生产的产品质量优良,价格合理,在市场上颇受欢迎,销路很好,因此该公司也迅速发展壮大起来,由起初只有几十万元资本的公司发展到上亿元资本的公司。但是到了 2020 年,该公司有些问题开始显现出来。该公司过去为了扩大销售,占领市场,一直采用比较宽松的信用政策,客户拖欠的账款越来越大,时间越来越长,严重影响了资本的周转循环,公司不得不依靠长期负债及短期负债筹集资本。最近,主要贷款人开始不同意进一步扩大债务,所以公司经理非常忧虑。假如现在该公司请你做财务顾问,请协助他们改善财务问题。

财务人员将有关资料整理如下:

(1)公司的销售条件为"2/10,n/90",约半数的顾客享受折扣,但是许多为享受折扣的顾客延期付款,使平均收账期约为 60 天。公司 2020 年的坏账损失为 500 万元,信贷部门的成本(分析及收账费用)为 50 万元。

(2)如果改变信用条件为"2/10,n/30",很可能引起下列变化:

① 销售额由原来的 1 亿元降为 9 000 万元;

② 坏账损失减少为 90 万元;

③ 信贷部门成本增加至 100 万元;

④ 享受折扣的顾客由 50% 增加到 70%(假定未享受折扣的顾客也能在信用期内付款);

⑤ 由于销售规模下降,公司存货资本占有将减少 1 000 万元;

⑥ 公司的销售的变动成本率为 60%;

⑦ 资本成本率为 10%。

(三) 案例要求

作为财务顾问,请分析计算以下几个问题,为 2021 年公司应采用的信用政策提出意见:

(1) 为改善公司目前的账务状况,公司应采取什么措施?

(2) 改变信用政策后,预期相关资本变动额。

(3) 改变信用政策后,预期利润变动额。

(4) 该公司 2021 年是否应该改变其信用政策?

案例三——新华商场存货保本期和保利期的确定

(一) 案例目的

训练商品流通企业商品保本期和保利期的测算。

(二) 案例资料

新华百货商场购进 A 商品 2 000 件,单位进价 100 元,单位售价 120 元。经销该批商品的一次费用为 10 000 元,若货款均来自银行贷款,年利率为 7.2%,该批存货的月保管费用率为 0.6%,销售税金附加 16 000 元。

(三) 案例要求

(1) 计算该批存货的保本储存期。

(2) 若企业要求获得 5% 的投资利润率,计算保利期。

(3) 若该批存货实际储存 75 天,企业能否实现 5% 的目标投资利润率? 差额多少?

(4) 若经销该笔存货的亏损为 9 200 元,计算该批存货的实际储存天数。

(5) 若平均每天销售 100 件,企业能否实现 5% 的目标投资利润率? 若要实现 5% 的目标投资利润率,平均每天至少销售多少件?

项目四　项目投资管理

知识目标：

1. 熟悉项目投资类型和特点；
2. 掌握项目投资现金流量组成和计算；
3. 掌握项目投资决策非折现方法；
4. 掌握项目投资决策折现方法；
5. 了解固定资产的归口分级管理；
6. 了解固定资产折旧类型和决策。

能力目标：

1. 能正确计算不同项目投资现金流量并进行分析比较；
2. 能运用投资回收期法、投资利润率法等非折现方法进行项目投资决策；
3. 能运用净现值、净现值率、现值指数、内含报酬率等折现方法进行项目投资决策；
4. 能灵活运用固定资产的归口分级管理方法；
5. 能把握固定资产折旧政策恰当进行折旧决策；
6. 运用所学知识能初步进行项目投资可行性研究。

重点与难点

教学重点：

1. 项目投资现金流量组成和计算；
2. 投资回收期法、投资利润率法等非折现方法；
3. 净现值、净现值率、现值指数、内含报酬率等折现方法；
4. 固定资产折旧类型和决策。

教学难点：

1. 项目投资现金流量计算；
2. 项目投资决策折现方法；
3. 固定资产折旧类型和决策。

案例导入

大江公司有一条生产线已相当陈旧，财务经理向总经理提出淘汰该生产线，购置新生产线的建议。新生产线买价为 400 000 元，可望运行 10 年，该生产线每年的运行成本为 10 000 元，估计 5 年后需大修一次，支出为 30 000 元，10 年结束时估计该生产线的净残值为 5 000

元。业务经理不同意财务经理的意见,他认为该生产线虽属陈旧,但通过全面翻新,尚能继续发挥其运行效益,他向总经理提出了翻修旧生产线的方案,预计立即翻修的成本为250 000元,估计5年后还需大修一次,支出为50 000元,该生产线可望运行的期限也将是10年,每年的运行成本为15 000元,10年后残值也是5 000元。根据当前的市场情况,该生产线的现行转让价格为80 000元,贴现率为10%。

讨论:将这两个方案报给总经理。假如你是总经理,应该选择哪一个方案为优?

任务一   项目投资认知

一、项目投资类型

项目投资一般是指生产性固定资产的投资,包括以新增生产能力为目的的新建项目投资和以恢复或改善生产能力为目的的更新改造项目的投资。其中,新建项目又可分为单纯的固定资产投资项目和完整的工业投资项目。项目投资类型如图4-1所示。

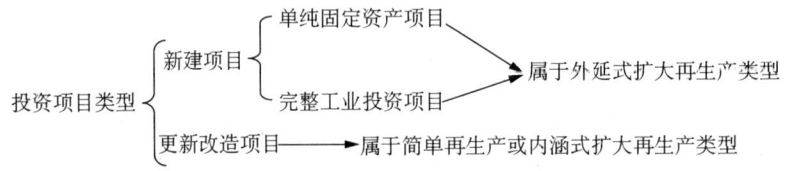

图 4-1　项目投资类型

单纯固定资产投资的特点是:在投资中只包括为取得固定资产而发生的垫支资本投入,而不涉及周转资本的投入。

由于完整的工业投资项目不仅包括固定资产投资,还涉及流动资产投资、无形资产投资等,因此进行固定资产投资同时也会涉及其他项目投资。

更新改造项目是指以恢复或改善生产能力为目的的内涵式扩大再生产。

二、项目计算期和资金投入

(一) 项目计算期

项目计算期是指投资项目从投资建设开始到最终清理结束整个过程的全部时间。完整的项目计算期包括建设期和运营期,其中建设期的第一年年初称为建设起点,记为第0年,建设期最后一年称为投产日,项目计算期的最后一年年末称为终结点。项目计算期、建设期、运营期之间的关系为:

$$项目计算期＝建设期＋运营期$$

(二) 资金投入

(1) 建设投资。建设投资是在建设期限内按照一定生产经营规模和建设内容投入的固定资产、无形资产和其他资产投入的资金。

固定资产投资,是指项目用于购建固定资产应当发生的投资。固定资产原值与固定资产投资之间的关系为：

$$固定资产原值＝固定资产投资＋建设期资本化借款利息$$

无形资产投资，是指项目用于取得无形资产应当发生的投资。

其他资产投资，是指建设投资中除固定资产和无形资产以外的投资，主要包括开办费。

（2）原始投资额。原始投资额是反映一个项目所需实际资金水平的价值指标。从项目投资的角度看，原始投资额等于企业为使该项目达到设计生产能力、开展正常经营而投入全部实际资金，包括建设投资和流动资金投资。

流动资金投资，是指项目投产前后投放于流动资产项目的投资增加额，又称垫支流动资金。

（3）投资总额。投资总额是反映项目投资总体规模的价值指标，它等于原始投资额与建设期资本化利息之和，其中，建设期资本化利息是指建设期发生的与购建项目所需的固定资产、无形资产等长期资产的借款利息。

（4）资金投入方式。从时间上看，企业将原始投资额投入到具体项目的方式包括一次投入和分次投入两种方式。

三、固定资产分类与特征

（一）固定资产分类

固定资产是指使用期限在一年以上，单位价值在规定标准以上，并且在使用过程中保持原来物质形态的资产，包括房屋及建筑物、机器设备、运输设备、工具器具等。企业的固定资产种类繁多，规格不一。为了加强管理，有必要对其进行科学、合理的分类。根据不同的管理需要和不同的分类标准，固定资产的分类主要有以下几种：

（1）按固定资产的经济用途分类，可分为生产经营用固定资产和非生产经营用固定资产。该种分类，可以归类反映和监督企业经营用固定资产和非经营用固定资产之间以及经营用各类固定资产之间的组成和变化情况，借以考核和分析企业固定资产的利用情况以及企业各类固定资产配备的合理性。

（2）按固定资产的使用情况分类，可分为使用中固定资产、未使用和不需用固定资产。这种分类可以分析固定资产的有效利用程度，促进企业合理使用固定资产，提高固定资产的利用效率。

（3）按固定资产的所有权分类，可分为自有固定资产和融资租入固定资产。融资租入固定资产是企业对租入固定资产按照租赁合同拥有使用权，同时负有支付租金的义务，但资产的所有权属出租单位。

（二）固定资产特征

相对于流动资产，固定资产一般具有以下主要特征：

（1）循环周期较长。固定资产的循环周期是指从固定资产投入使用到报废后重新购建固定资产为止的整个过程的时间。由于固定资产能在许多个生产周期中发挥作用，并保持其原有的实物形态，它的价值是随着固定资产的损耗程度，逐渐地、部分地进行转移和补偿，经过许多个生产周期，才完成全部价值转移的一次循环。由此可见，固定资产循环周期的长短，取决于固定资产使用年限，而与企业生产周期的长短无关。因此，应合理确定固定资产的使用年限，使固定资金的周转能适应科学技术不断进步的要求，并注意做好固定资产的维护保养与修理工作,保证固定资产在规定的使用年限中正常运行,以提高固定资金的使用效果。

（2）价值存在具有双重性。由于固定资产长期参加生产过程而不改变其原有实物形态,其价值是逐渐地、部分地转移到所生产的产品成本中去,因此,随着企业再生产过程的连续进行,固定资产价值一般表现为双重存在:一部分存在于原实物形态上,是逐年递减;另一部分则脱离原实物形态,转为货币准备金,是逐年递增;直到使用期限结束,其价值才全部积累于货币准备金上,以保证固定资产的更新。为此,应正确核算固定资产的折旧,以反映出固定资产价值存在形态的双重性。

（3）价值补偿和实物更新分别进行。固定资产的价值补偿是实物更新的必要条件,两者在经济上有着密切的联系,但在时间上却是分别进行的。固定资产价值补偿是随着固定资产的使用逐渐积累起来的,但在固定资金逐渐转移和取得补偿时,并不一定需要固定资产实物更新。也就是说,固定资金具有一次性集中投资,分散性多次收回,然后又一次性实物更新的特点,即固定资金具有价值补偿和实物更新的时间差。根据这一特点,不仅要加强对固定资产的实物管理,使固定资产在整个使用期中保持良好的使用状态,而且还必须有计划地计提折旧,并从营业收入中获得补偿,以保证固定资产及时有效地更新。

四、固定资产成本与管理目标

（一）固定资产成本

固定资产成本可包括为取得固定资产发生的成本和后续支出两大部分。

（1）固定资产取得成本。是指为取得固定资产而发生的支出,它应包括企业为购建固定资产达到预定可使用状态前所发生的一切合理、必要的支出。这些支出既有直接发生的,如购置固定资产的价款、运杂费、包装物和安装成本等;也有间接发生的,如应负担的借款利息,外币借款折合差额以及应分摊的其他间接费用等。

（2）固定资产后续支出。是指企业取得固定资产以后,为了保持固定资产的正常运转和使用,或改进固定资产的质量和功能等而发生的维修、改良或装修等必要的支出。

（二）固定资产管理目标

企业财务管理的总目标是企业价值最大化。作为固定资产管理的目标也是要提高报酬率和减少风险。固定资产历来都是企业重要的劳动资料,其投入资金量大,投资回收期长,变现能力差,一旦企业做出固定资产投资决策,并付诸实施,便很难进行重新调整。即使企业有能力进行调整,也可能要付出很大的代价,并会在较长时期内对企业的经济效益乃至对企业命运产生影响。所以,固定资产管理的主要目标是进行正确的投资决策,明确固定资产投资的规模和方向,节约投资资金,减少投资风险,降低投资成本,提高固定资产投资效益。另外,对固定资产后续支出,如改良或装修固定资产的支出应加强控制。通过后续支出,延长固定资产的使用寿命,改进产品质量,降低产品成本,从而提高固定资产利用效果。

▶要点回顾
YAODIAN HUIGU

项目投资一般是指生产性固定资产的投资,包括新建项目投资和更新改造项目投资。项目计算期包括建设期和运营期,项目投资的方式包括一次投入和分次投入两种方式。根据不同的管理需要和不同的分类标准,固定资产有多种分类。项目投资具有投入资金量大、投资回收期长、变现能力差等特点。

任务二　项目投资现金流量分析

项目投资现金流量（NCF）是指一个投资项目引起的企业现金支出和现金收入增加的数量。这里的现金是指广义的现金，它不仅包括各种货币资金，而且还包括需要投入企业的非货币资源的变现价值。例如，一个项目需要使用原有的厂房、设备和材料等，则相关的现金流量是指它们的变现价值，而不是其账面成本。

投资项目的周期一般要依次经过投资兴建、投产后发挥效益和寿命终结三个阶段，所以投资项目整个时期的现金流量就由相应的初始现金流量、营业现金流量和终结现金流量三个部分组成。

一、初始现金流量

初始现金流量是指开始投资时发生的现金流入量和现金流出量。一般包括以下几项内容：

（1）固定资产上的投资，包括购建费、运输费、安装费等。

（2）流动资产上的投资。为了维持正常的生产经营活动，必须伴随固定资产的投资相应地增加一部分流动资金参加生产周转，如投资于材料、在产品、产成品和现金等。但是，流动资金的投资只是一种垫支的资金，当该投资项目退出生产后，它也退出生产周转。

（3）无形资产上的投资。企业进行投资活动，往往包括无形资产上的投资，如专利权、商标权、非专利技术等，尤其是当今知识经济的时代，无形资产投资更是意义重大。

（4）其他方面的投资，包括筹建费用、职工培训费等。

（5）原有固定资产变价收入。这主要是指固定资产更新改造时原有固定资产变卖所得的现金收入。

可以看出，初始现金流量除第（5）项为现金流入量外，第（1）～第（4）项均为现金流出量。

二、营业现金流量

营业现金流量是指项目投产后整个寿命周期内正常生产经营活动所带来的现金流入和现金流出的数量。一般按年度进行计算。其年度现金流入量一般是指营业现金收入，其年度现金流出量一般是指营业现金支出和各种税款的现金支出。

▶小心地雷
XIAOXIN DILEI

营业现金支出也即付现成本，是指需要每年支付现金的成本。成本中不需要每年支付现金的部分称为非付现成本，其中主要是折旧。所以，付现成本可以用成本减折旧来估计。

年营业净现金流量可用以下公式表示：

营业现金流量＝营业收入－付现成本－税金及附加－所得税

　　　　　　＝营业收入－（营业成本－折旧）－税金及附加－所得税

　　　　　　＝营业利润＋折旧－所得税

　　　　　　＝净利润＋折旧额

又因为：

$$税后成本＝付现成本×（1－所得税税率）$$

$$税后收入＝营业收入×（1－所得税税率）$$

$$税负减少＝折旧额×税率$$

所以：

$$营业现金流量＝税后收入－税后成本＋税负减少$$

$$＝营业收入×（1－所得税税率）－付现成本×（1－所得税税率）$$

$$＋折旧额×所得税税率$$

▶ 相关链接
XIANGGUAN LIANJIE

税金及附加主要包括消费税、资源税、城市维护建设税、教育费附加等。增值税属价外税，在营业收入中不含此税，也不应作为现金流出处理。企业计提折旧会引起成本增加，利润减少，从而使所得税减少。折旧是企业的成本，但不是付现成本，如果不计提折旧，企业所得税将会增加，所以折旧可以起到减少税负的作用，即会使企业实际少缴所得税，也就是减少了企业现金流出量，增加了现金净流量。

三、终结现金流量

终结现金流量，是指投资项目终结时所发生的现金流量。终结现金流量基本上是现金流入量，包括固定资产残值的变价收入、原垫支的各种流动资金的收回等。

【例 4-1】 某企业拟购建一项固定资产，需要投资 110 万元，项目资金在建设起点一次性投入并当年投产，该固定资产预计使用寿命为 10 年，按直线法折旧，项目结束时预计净残值 10 万元，项目投产后每年可获得净利润 20 万元。

要求：计算该投资项目各年的现金流量。

解：
$$年折旧额＝（110－10）÷10＝10（万元）$$
$$NCF_0＝0－110＝－110（万元）$$
$$NCF_{1\sim9}＝20＋10＝30（万元）$$
$$NCF_{10}＝20＋10＋10＝40（万元）$$

【例 4-2】 某企业准备建造一条生产线，建设期 1 年，在建设起点一次投入全部资金。预计购建成本共需 35 万元。预计生产线使用寿命为 5 年，企业采用直线法计提折旧，预计清理净残值为 2 万元。此外，建设期结束时还需追加配套流动资金投资 10 万元。投产后预计每年可获得营业现金收入 20 万元，第 1 年的付现成本为 6 万元，以后随生产线设备的磨损逐年增加 2 万元。企业所得税税率为 25%。

要求：计算该投资项目各年的现金流量。

解：
$$年折旧额＝（35－2）÷5＝6.6（万元）$$
$$NCF_0＝0－35＝－35（万元）$$
$$NCF_1＝0－10＝－10（万元）$$
$$NCF_2＝20×（1－25\%）－6×（1－25\%）＋6.6×25\%＝12.15（万元）$$
$$NCF_3＝20×（1－25\%）－8×（1－25\%）＋6.6×25\%＝10.65（万元）$$

$$NCF_4 = 20 \times (1-25\%) - 10 \times (1-25\%) + 6.6 \times 25\% = 9.15(万元)$$
$$NCF_5 = 20 \times (1-25\%) - 12 \times (1-25\%) + 6.6 \times 25\% = 7.65(万元)$$
$$NCF_6 = 20 \times (1-25\%) - 14 \times (1-25\%) + 6.6 \times 25\% + 10 + 2 = 18.15(万元)$$

上述例子是根据某一投资项目的预计全部现金支出、项目投产后预计全部现金收入来计算投资项目的未来现金流量,这种方法称为全额计算法。此外,还可用差额计算法计算现金流量,这种方法是分别计算两个备选方案的现金流出量和现金流入量,然后将两个方案现金流出量差额与现金流入量差额进行比较,从而对两个方案进行选择。

【例 4-3】 某企业计划用一台新设备替代旧设备。新设备的买价为 62 000 元,预计净残值为 7 000 元,可使用 5 年,使用新设备后每年可增加营业收入 5 000 元,并降低付现成本 1 000 元。旧设备账面价值 40 000 元,还可使用 5 年,5 年后残值收入为 5 000 元,目前旧设备变价净收入 30 000 元,旧设备每年营业收入 10 000 元,付现成本 4 500 元。该企业所得税税率为 25%。

要求:(1)计算新旧方案的各年现金净流量;(2)计算更新方案的各年差量现金净流量。

解:(1) 继续使用旧设备的各年现金净流量:

$$NCF_0 = 0$$

$$NCF_{1\sim4} = 10\,000 \times (1-25\%) - 4\,500 \times (1-25\%) + \frac{40\,000 - 5\,000}{5} \times 25\%$$
$$= 5\,875(元)$$

$$NCF_5 = 5\,875 + 5\,000 = 10\,875(元)$$

(2) 采用新设备的各年现金净流量:

$$NCF_0 = -62\,000 + 30\,000 = -32\,000(元)$$

$$NCF_{1\sim4} = (10\,000 + 5\,000) \times (1-25\%) - (4\,500 - 1\,000) \times (1-25\%)$$
$$+ \frac{62\,000 - 7\,000}{5} \times 25\% = 11\,375(元)$$

$$NCF_5 = 11\,375 + 7\,000 = 18\,375(元)$$

(3) 更新方案的各年差量现金净流量:

$$\Delta NCF_0 = -62\,000 + 30\,000 = -32\,000(元)$$

$$\Delta NCF_{1\sim4} = 11\,375 - 5\,875 = 5\,500(元)$$

$$\Delta NCF_5 = 18\,375 - 10\,875 = 7\,500(元)$$

▶**相关链接**
XIANGGUAN LIANJIE

在投资方案的选择中,如果选择了一个投资方案,则必须放弃投资于其他途径的机会。其他投资机会可能取得的收益,是实行本方案的一种代价,被称为这项投资方案的机会成本。机会成本不是实际所需支付的成本,而是失去的收益。这种收益不是实际发生的,而是潜在的。机会成本在决策中的意义,在于它有助于全面考虑可能采取的各种方案,以便为既定资源寻求最为有利的使用途径,保证决策的最优化。

▶**要点回顾**
YAODIAN HUIGU

投资项目的周期一般要依次经过投资兴建、投产后发挥效益和寿命终结等阶段,投资项目周期的现金流量由相应的初始现金流量、营业现金流量和终结现金流量三个部分组成。

任务三 项目投资决策

一、项目投资决策指标

对固定资产投资项目决策评价时使用的指标分为两类：一类是非折现指标，即没有考虑货币时间价值因素的指标，主要包括回收期、投资利润率等；另一类是折现指标，即考虑了货币时间价值因素的指标，主要包括净现值、净现值率、现值指数、内含报酬率等。一般情况下的投资项目决策，折现指标是主要指标，非折现指标是辅助指标。

（一）非折现指标

1. 投资回收期

投资回收期是指收回某项投资所需的时间，一般用年数表示。投资回收期法就是通过确定各个备选方案的回收初始投资额所需要的时间来进行投资方案选择的方法。投资回收期越短，投资的经济效果越好，反之，投资的经济效果越差。

如果未来每年现金净流量相等，其计算公式如下：

$$投资回收期 = \frac{原始投资额}{年现金净流量}$$

如果未来每年现金净流量不相等，那么需计算逐年累计的现金净流量，然后用插入法计算出投资回收期。

【例 4-4】 某企业有甲、乙两个设备投资方案，甲方案初始投资额为 90 000 元，每年产生的现金净流量为 30 000 元，设备使用年限 5 年；乙方案的设备使用年限也是 5 年，现金流量数据如表 4-1 所示。

表 4-1　　　　　　　　　　乙方案的现金流量　　　　　　　　　　单位:元

年份	0	1	2	3	4	5
初始投资额	75 000					
每年现金净流量		35 000	30 000	20 000	20 000	15 000
累计现金净流量		35 000	65 000	85 000	105 000	120 000

要求：

（1）分别计算甲、乙方案的投资回收期；

（2）如果该公司要求初始投资必须在两年半内回收，应选择哪个方案？

解：（1）甲方案投资回收期 $= \dfrac{90\ 000}{30\ 000} = 3$（年）

$$乙方案投资回收期 = 2 + \frac{75\ 000 - 65\ 000}{85\ 000 - 65\ 000} = 2.5（年）$$

（2）从以上计算可以看出，该公司应选择乙方案投资，才能保证初始投资在两年半内收回。

投资回收期的主要优点是计算简便，易于理解，并可以很快使投资者估计自己的投资什么时候能收回。但这种方法没有考虑货币的时间价值,也不能反映出投资的盈利程度。如果要对某项投资进行全面评价,还应结合其他指标。

2.投资利润率

投资利润率也称投资报酬率,是指项目投资所带来的每年平均净利润额与原始投资额的比率。投资利润率越高,投资的经济效益越好,对投资者也越有利。其计算公式如下:

$$投资利润率 = \frac{年平均净利润}{原始投资额} \times 100\%$$

式中:年平均净利润是会计账目上的年平均税后净利润。

【例4-5】　A投资方案的投资额及每年净利润有关资料如表4-2所示。该企业所要求的目标平均利润率20%。要求:判断A方案是否可以接受。

表4-2　　　　　　　　　　　　　A方案投资额及每年净利润　　　　　　　　　　　　单位:元

年份	0	1	2	3	4	5
固定资产投资额	50 000					
各年净利润		15 000	15 000	14 000	12 000	10 000

解:　A方案的投资利润率 $= \dfrac{(15\ 000 + 15\ 000 + 14\ 000 + 12\ 000 + 10\ 000) \div 5}{50\ 000} \times 100\%$

$= 26.4\%$

该投资项目的投资利润率大于目标利润率,所以A方案是可以接受的。

投资利润率的优点是计算简便,可以较好地反映出投资的盈利程度,但是,这一指标的主要缺点是没有考虑货币的时间价值。

(二)折现指标

1.净现值

净现值(NPV)是指在项目计算期内,按一定的贴现率计算现金流出量和现金流入量现值,将现金流入量现值合计减去原始投资额现值合计后所得的净额。所用的贴现率可以是企业的资本成本,也可以是企业所要求的最低报酬率水平。其计算公式如下:

$$净现值 = 未来现金流入量现值总数 - 原始投资额现值总数$$

即:
$$NPV = \sum_{t=0}^{n} NCF_t(P/F, i, t)$$

式中:n——项目计算期(包括建设期与运营期);

NCF_t——第 t 年的现金净流量;

$(P/F, i, t)$——第 t 年,贴现率为 i 的复利现值系数。

净现值的计算结果可能出现以下三种情况:

第一,净现值为正数,表示此方案按现值计算的投资报酬率高于贴现率,方案可行;

第二,净现值为负数,表示此方案按现值计算的投资报酬率低于贴现率,方案不可行;

第三,净现值为0,表示此方案按现值计算的投资报酬率正好等于贴现率,应对该项目进行综合考虑。

【例4-6】 某企业拟建一项固定资产,提出甲、乙两个方案,投资额均是120 000元,企业资金成本率为8%。在投产后四年内,甲、乙两个方案的每年现金净流量如表4-3所示。

表4-3　　　　　　　　　　　　　甲乙两个方案现金净流量　　　　　　　　　　　单位:元

项目	第一年	第二年	第三年	第四年	合计
甲方案现金净流量	10 000	30 000	50 000	70 000	160 000
乙方案现金净流量	40 000	40 000	40 000	40 000	160 000

要求:

(1) 分别计算甲、乙两个方案的净现值;

(2) 判明投资中采用哪个方案为优。

解: (1) 列表计算甲、乙方案净现值,如表4-4所示。

表4-4　　　　　　　　　　　　　　　甲、乙方案净现值

年次	按8%计算的贴现率	甲方案(元)		乙方案(元)	
		现金净流量	净现值	现金净流量	净现值
第一年	0.925 9	10 000	9 259	40 000	37 036
第二年	0.857 3	30 000	25 719	40 000	34 292
第三年	0.793 8	50 000	39 690	40 000	31 752
第四年	0.735 0	70 000	51 450	40 000	29 400
合计		160 000	126 118	160 000	132 480

甲方案净现值＝126 118－120 000＝6 118(元)

乙方案净现值＝132 480－120 000＝12 480(元)

(2) 因为方案乙净现值大于方案甲净现值,所以选用方案乙为优。

【例4-7】 某企业购入设备一台,价值50 000元,按直线法计提折旧,使用寿命5年,期末净残值为4 000元。预计投产后每年可获得净利润5 000元,贴现率为12%。要求:计算该项目的净现值。

解: $$NCF_0 = -50\ 000(元)$$

$$NCF_{1 \sim 4} = 5\ 000 + \frac{50\ 000 - 4\ 000}{5} = 14\ 200(元)$$

$$NCF_5 = 5\ 000 + \frac{50\ 000 - 4\ 000}{5} + 4\ 000 = 18\ 200(元)$$

$$NPV = 14\ 200 \times (P/A, 12\%, 4) + 18\ 200 \times (P/F, 12\%, 5) - 50\ 000$$
$$= 14\ 200 \times 3.037 + 18\ 200 \times 0.567 - 50\ 000$$
$$= 3\ 444.8(元)$$

净现值的优点是考虑了货币时间价值,因而能够较好地反映出投资方案的真正经济价值。但是,用净现值决策也有一定的局限性,主要是不能揭示各个投资方案本身可能达到的实际内部收益率水平,特别是当几个方案的原始投资额不相同的情况下,只凭净现值的绝对

数的大小,不能判断出投资获利能力与水平的高低,因此,还必须结合其他一些评价方法。

2. 净现值率与现值指数

净现值率(NPVR)是指投资项目的净现值占原始投资额现值总数的比率;现值指数(PI)是指投资项目的现金流入量现值总数(或未来报酬的现值)与原始投资额现值总数的比率。其计算公式如下:

$$净现值率 = \frac{净现值}{原始投资额现值总数} \times 100\%$$

$$现值指数 = \frac{未来现金流入量现值总数}{原始投资额现值总数}$$

净现值率与现值指数有如下关系:

$$现值指数 = 净现值率 + 1$$

净现值率和现值指数的计算可能出现以下三种情况:

第一,净现值率大于 0,现值指数大于 1,表示投资项目的报酬率高于贴现率,该项投资方案可以采纳;

第二,净现值率小于 0,现值指数小于 1,表示项目的报酬率小于贴现率,该项投资方案是不可取的;

第三,净现值率等于 0,现值指数等于 1,表示项目的报酬率等于贴现率,应对该项目进行综合考虑。

【例 4-8】 根据例 4-6 的资料,假定两个项目的甲、乙两个独立方案,计算净现值率和现值指数。

解:

$$甲方案的净现值率 = \frac{126\ 118 - 120\ 000}{120\ 000} = 5.1\%$$

$$甲方案的现值指数 = \frac{126\ 118}{120\ 000} = 1.051$$

$$乙方案的净现值率 = \frac{132\ 480 - 120\ 000}{120\ 000} = 10.4\%$$

$$乙方案的现值指数 = \frac{132\ 480}{120\ 000} = 1.104$$

以上计算表明,乙方案的净现值率、现值指数均比甲方案大,应选择乙方案为优。

通过以上计算,我们可以看出净现值、净现值率与现值指数三个指标之间存在着同方向变动关系,即:

净现值>0,净现值率>0,现值指数>1;

净现值=0,净现值率=0,现值指数=1;

净现值<0,净现值率<0,现值指数<1。

▶小心地雷
XIAOXIN DILEI

净现值率、现值指数是以相对数表示的,便于在不同投资额的方案之间进行对比;而净现值是以绝对数表示的,在不同投资额的方案之间进行比较有一定局限性。

3. 年金净流量

年金净流量（ANCF）是指项目期内全部现金净流量总现值或总终值折算为等额年金的平均现金净流量。

年金净流量的计算公式为：

$$年金净流量 = \frac{现金净流量总现值}{年金现值系数}$$

$$= \frac{现金净流量总终值}{年金终值系数}$$

年金净流量大于 0，说明每年平均的现金流入能抵补现金流出，方案的报酬率大于所要求的报酬率，方案可行。在两个以上项目期不同的投资方案比较时，年金净流量越大，方案越好。

【例 4-9】 甲、乙两个方案，甲方案需一次性投资 10 000 元，可用 8 年，残值 2 000 元，每年可获得营业净利润 3 500 元；乙方案需一次性投资 10 000 元，可用 5 年，无残值，每年可获得营业净利润 4 000 元。如果企业要求的报酬率为 10%，应采用哪个方案？

解： 甲方案：

$NCF_0 = 0 - 10\,000 = -10\,000（元）$

$NCF_{1\sim7} = 3\,500 + (10\,000 - 2\,000) \div 8 = 4\,500（元）$

$NCF_8 = 4\,500 + 2\,000 = 6\,500（元）$

$NPV = 4\,500 \times (P/A，10\%，7) + 6\,500(P/F，10\%，8) - 10\,000 = 14\,941.5（元）$

$ANCF = \dfrac{14\,941.5}{(P/A，10\%，8)} = 2\,801（元）$

乙方案：

$NCF_0 = 0 - 10\,000 = -10\,000（元）$

$NCF_{1\sim5} = 4\,000 + 10\,000 \div 5 = 6\,000（元）$

$NPV = 6\,000 \times (P/A，10\%，5) - 10\,000 = 12\,744.8（元）$

$ANCF = \dfrac{12\,744.8}{(P/A，10\%，5)} = 3\,362（元）$

尽管甲方案净现值大于乙方案净现值，但乙方案年金净流量大于甲方案。因此，乙方案优于甲方案。

用年金净流量决策，在各个方案项目期相同时，与运用净现值决策相同。

年金净流量适用于期限不同的投资方案决策。它也具有与净现值相同的缺点，不便于对原始投资额不相等的独立方案进行决策。

4. 内含报酬率

内含报酬率（IRR），又称内部收益率，是指使投资项目的未来现金流入量现值总数等于原始投资额现值总数的报酬率。它通过对投资项目的每年现金流量进行贴现，使未来现金流入量现值总数与原始投资额现值总数相等，由此计算出来的报酬率就是使投资方案的净现值等于零时的利率。净现值、净现值率和现值指数虽然考虑了货币时间价值，可以说明投资方案高于或低于某一特定的报酬率，但没有揭示方案本身可以达到的具体报酬率是多少。内含报酬率是根据方案的现金流量计算的，是方案本身的投资报酬率。

内含报酬率的计算结果可能出现以下三种情况：

第一，当内含报酬率大于期望报酬率时，可以获得高于期望的收益，该项投资方案应予采纳；

第二，当内含报酬率等于期望报酬率时，可以获得期望的收益；

第三，当内含报酬率小于期望报酬率时，不可能获得期望的收益，该项投资方案是不可行的。

▶相关链接
XIANGGUAN LIANJIE

如果几个方案的内含报酬率均大于其折现率，且各方案的投资额相同，则内含报酬率越高的方案越好。如果几个方案的内含报酬率都大于其贴现率，但各方案的原始投资额不等，那么，选择"投资额×（内含报酬率—资本成本）"最大的方案为优。

内含报酬率的计算方法视每期现金流入量相等或不等而采用不同的方法。

（1）经营期内各年现金净流量相等时，其计算程序如下：

① 计算年金现值系数。

$$年金现值系数 = \frac{原始投资额的现值}{每年等额现金净流量}$$

② 从年金现值表中找出有关年数栏内上述年金现值系数相邻的两个利率。

③ 根据相邻的利润，采用插入法计算出内含报酬率。

【例4-10】 根据例4-7的资料，若第五年现金流量不考虑净残值，计算内含报酬率。

解：
$$年金现值系数 = \frac{50\ 000}{14\ 200} = 3.521$$

查年金现值表，在第五年行内与3.521相邻近的利率在12%与13%之间，即：

12%		IRR	13%
3.0605		3.521	3.517

可得：$IRR = 12\% + \frac{3.605 - 3.521}{3.605 - 3.517} \times (14\% - 13\%) = 12.95\%$

以上计算结果表明，该企业购入设备方案的内含报酬率高于贴现率0.95%（12.95%—12%），此方案可行。

（2）经营期内各年平均现金净流量不相等时，其计算过程如下：

① 估计一个贴现率，用它来计算方案的净现值。如果净现值为正数，说明方案本身的报酬率超过估计的贴现率，应提高贴现率后进一步测试；如果净现值为负数，说明方案本身的报酬率低于估计的贴现率，应降低贴现率后进一步测试。经过多次测试，寻找出以某一个贴现率所求得的净现值为正值，而以相邻的一个贴现率所求得的净现值为负值时，则表明内含报酬率就在这两个贴现率之间。

② 根据上述相邻的两个贴现率，用插入法求出该方案的内含报酬率。

▶小心地雷
XIAOXIN DILEI

逐步测试法是一种近似的方法，因此相邻的两个贴现率不能相差太大，否则误差会很大。

【例 4-11】 某企业正在考虑购置一台生产设备,该设备为一次性投资 170 000 元,预计使用年限 3 年,假定报废时无残值回收,现金流入量为第一年 85 000 元,第二年 90 000 元,第三年 95 000 元,市场年利率为 15%。要求:计算该投资方案的内含报酬率,并判断该方案是否可行。

该方案的每年现金流入量不相等,应通过"逐步测试法"来确定,有关测试计算如表 4-5 所示。

表 4-5　　　　　　　　　　　　　逐步测试表　　　　　　　　　　　单位:元

年份	现金净流量 (NCF)	贴现率=20%		贴现率=24%		贴现率=28%	
		现值系数	现值	现值系数	现值	现值系数	现值
0	−170 000	1					
1	85 000	0.833 3	70 830.5	0.806 5	68 552.5	0.781 3	66 410.5
2	90 000	0.694 4	62 496	0.650 4	58 536	0.610 4	54 936
3	95 000	0.578 7	54 976.5	0.524 5	49 827.5	0.476 8	45 296
净现值			18 303		6 916		−3 357.5

从上表可以看出,先按 20% 的贴现率进行测试,其净现值为 18 303 元,是正数。于是把贴现率提高到 24% 进行测试,净现值为 6 916 元,仍为正数,再把贴现率提高到 28% 重新测试,净现值为 −3 357.5 元,是负数,说明该项目的内含报酬率在 24%~28% 之间。然后用插入法近似计算内含报酬率:

24%	IRR	28%
NPV=6 916	NPV=0	NPV=−3 357.5

可得: $IRR = 24\% + \dfrac{6\ 916}{6\ 916 - (-3\ 357.5)} \times (28\% - 24\%) = 26.69\%$

因为内含报酬率大于市场利率 11.6%(26.69%−15%),所以该方案可行。

▶ **相关链接**
XIANGGUAN LIANJIE

固定资产投资决策涉及的时间较长,对未来收益现金流量的预测带有很大的不确定性,因而也不同程度地存在着风险,需要通过一定的方法对可能包含的风险程度进行估量。可采用风险调整贴现率法和肯定当量法进行分析。风险调整贴现率法的基本思路是对于高风险的项目,采用较高的贴现率去计算净现值,然后用净现值的规则来选择方案。肯定当量法是先用一个系数把有风险的现金收支调整为无风险的现金收支,然后用无风险的贴现率去计算净现值,以净现值法的原理去判断投资方案的可行性。

综上所述,净现值是以"收益现值−支出现值"来比较各方案净现值的多少,用绝对数表示。净现值率、现值指数是用"净现值/支出现值"或"收益现值/支出现值"来比较各方案的优劣,用相对数表示。内含报酬率是通过使"收益现值−支出现值=0"来计算各个方案客观存在的真实报酬,然后再比较各个方案内含报酬率的高低,这也是用相对数表示。在进行固定资产投资决策分析时,可将以上方法结合起来使用。

▶ **你也能做**
NIYENENG ZUO

华翔公司准备投资建造一条生产线,投资分三次进行,分别于每年年初投入 80 万元,投资完成后于第

4 年年初投入生产。该生产线预计可使用 6 年,期末有残值 2 万元。投产后每年可获税后净利分别为 50 万元、40 万元、20 万元、20 万元、10 万元、10 万元,该企业采用直线法提折旧,贴现率为 8%。该投资方案是否可行?

二、项目投资方案决策

每个投资方案本身是否具备财务可行性的条件是主要指标可行,即:净现值 $NPV \geqslant 0$;净现值率 $NPVR \geqslant 0$;现值指数 $PI \geqslant 1$;内含报酬率 $IRR \geqslant$ 基准折现率。

(一)独立投资方案决策

独立投资方案,是指两个或两个以上项目互不依赖,可以同时并存,各方案的决策也是独立的。

独立投资方案属于筛分决策,独立投资方案之间比较时,以各独立投资方案获利程度作为评价标准,一般采用内含报酬率进行比较决策。

【例 4-12】　某企业有足够的资金准备投资三个独立投资项目。A 项目原始投资额 10 000 元,期限 5 年;B 项目原始投资额 18 000 元,期限 5 年;C 项目原始投资额 18 000 元,期限 8 年。要求的最低报酬率为 10%,其他有关资料如表 4-6 所示。问:如何安排投资顺序?

表 4-6　　　　　　　　　　　独立投资方案的可行性指标　　　　　　　　　　单位:元

项目	A 项目	B 项目	C 项目
原始投资额	10 000	18 000	18 000
未来每年 NCF	4 000	6 500	5 000
期限(年)	5	5	8
净现值 NPV	5 164	6 642	8 675
现值指数 PI	1.52	1.37	1.48
内含报酬率 IRR	28.68%	23.61%	22.28%
年金净流量 ANCF	1 362	1 752	1 626

解:在独立投资方案比较决策时,内含报酬率指标综合反映了各方案的获得程度,在各种情况下的决策结论都是正确的。本例中,应该按 A、B、C 的投资顺序实施投资。

(二) 互斥投资方案决策

互斥投资方案是指互相关联、互相排斥的方案,即一组方案中的各个彼此可以相互代替,采纳方案中的某一方案,就会自动排斥这组方案中的其他方案。互斥投资方案决策是在每一个入选方案已具备财务可行性的前提下,比较各个方案的优劣,最终选出一个最优方案的过程。因此,决策的实质在于选择最优方案,属于选择决策。项目计算期相等或不相等均可采用年金净流量进行决策,是互斥投资方案最恰当的决策指标。但项目计算期相等也可采用净现值进行决策。

【例 4-13】　在例 4-12 中假定企业没有足够的资金准备投资三个投资项目,只能选择其中的一个方案。问:企业应该选择哪一个方案?

解:在互斥投资方案选优决策时,年金净流量全面反映了各方案的获利程度,是最佳的决策指标。本例中,由于 B 方案的年金净流量最大,所以应该选择 B 方案实施投资。

【例 4-14】 假设在例 4-3 的企业要求的最低报酬率为 10%,问:企业的固定资产是否应该更新?

解:例 4-3 的资料可以得出是从两个投资期相同的互斥投资方案中选择一个方案实施。

$$\triangle NPV = 7\,500(P/F, 10\%, 5) + 5\,500 \times (P/A, 10\%, 4) - 32\,000$$
$$= 7\,500 \times 0.621 + 5\,500 \times 3.170 - 32\,000$$
$$= -9\,907.5(元)$$

由于新设备替代旧设备增加的净现值为负数,所以应继续使用旧设备。

▶**你也能做**
NIYENENG ZUO

假设例 4-14 利用年金净流量来为企业做出是否用新设备替代旧设备的决策,能否得出相同的结论?

▶**相关链接**
XIANGGUAN LIANJIE

项目投资多方案决策还有一种组合方案,以组合方案的净现值大为优。

▶**要点回顾**
YAODIAN HUIGU

投资项目决策指标根据是否考虑货币时间价值因素分为非折现指标和折现指标两类。非折现指标包括投资回收期、投资利润率等,非折现指标计算简便,但没有考虑时间价值。折现指标包括净现值、净现值率、现值指数、年金净流量、内含报酬率等,折现指标考虑时间价值,决策可靠性更强。

任务四 项目投资日常管理

一、固定资产的归口分级管理

固定资产的归口分级管理是指企业在经理(厂长)统一领导下,将固定资产按照其类别和使用情况,分别交给有关职能部门、车间、班组和个人负责管理,它是调动企业内部各方面和广大职工的积极性,落实经济责任制,加强固定资产实物管理的一种好方法。

(一)归口管理

固定资产归口管理就是根据固定资产的类别,将企业各类固定资产分别交给有关的职能部门负责管理。

▶**身边的事**
SHENBIAN DE SHI

某机床厂把企业的固定资产按类别和使用特点,分别交给有关部门管理。全厂性的金属切削机床、锻压机设备、起重设备和其他生产设备归口给设备管理部门;动力设备归口给动力管理部门;运输设备归口给运输部门;房屋建筑物和管理用具及非生产用固定资产归口给后资部门;仪器、仪表和生产用工具归口技术部门。各个归口管理部门的职责是:负责调配归口的固定资产,按照规定手续处理有关固定资产增减、报废和清理事项;编制归口固定资产的更新、修理预算,并组织和监督预算的贯彻落实,积极提供有关固定资产合理改进与使用的科学建议,审查各项技术措施并促进其执行;组织归口固定资产的清查和核实,以及负责归口固定资产的维护和保养工作等。

（二）分级管理

固定资产分级管理就是在归口分管的基础上，本着谁使用谁管理、谁管理谁负责的原则，按照固定资产使用地点，将固定资产逐级下放到各个车间，再由车间下放到具体使用固定资产的工段、班级，直至操作人员进行管理。建立固定资产使用和管理岗位责任制，实行定人、定机、定岗、定奖、定罚，从而把固定资产保管好、使用好、维护好，提高固定资产使用效率。

企业建立固定资产科学管理制度是固定资产归口分级管理的关键，如建立生产设备岗位责任制、交接班制、安全生产制、维护保养制、操作规程等等，并相应制定出先进合理的考核指标。对于管理成绩突出的各级部门和个人应按照考核指标给予奖励；对于使用不善、保管不当、使用效率差的部门和个人应给予批评教育和处罚；对使用保管中玩忽职守而造成重大损失的人员，还必须依法追究责任。通过不同的奖惩制度，从而保证固定资产归口分级管理落到实处，使责、权、利有机结合起来。

财务部门是管理资金的综合部门，对于固定资产主要从价值角度进行管理，着重做好以下几个方面工作：第一，对固定资产投资项目和投资额的日常管理。了解企业是否按预算项目投资，资金使用是否合理，投入的资金与工程进度之间是否适应。第二，加强固定资产实物控制。认真进行固定资产的验收、移交及登记入账工作，按规定手续办理固定资产有偿转出和清理报废，定期或不定期对固定资产进行清查。第三，努力提高固定资产利用效果。财务部门应通过对固定资产利用效果指标的分析和评价，发现企业固定资产利用方面存在的问题，提出切实可行的改进措施，从而提高在用固定资产的比重，提高设备时间的利用程度，提高设备台时生产率等。

二、固定资产折旧管理

（一）折旧政策类型

折旧政策是企业根据自身的财务状况及其变动趋势，就固定资产折旧方法和折旧年限所做出的选择。固定资产折旧作为成本会影响企业的收益，折旧额越大，固定成本越多，产品或劳务成本也越高，当其他因素不变时，企业利润必然下降；反之，利润则会有所上升。从折旧影响现金流量来说，折旧越多，现金流入量就越多，企业可用的现金也就越多。所以，折旧政策与企业财务状况密切联系，通过折旧政策可以调整和改善企业的财务状况。

折旧政策表现为一个选择过程，由于企业财务状况在不断变动，折旧政策也应相应做出调整，一般允许企业在一个会计年度后进行调整。

固定资产折旧政策除了企业折旧政策外，还有国家折旧政策。在税务会计与财务会计分离的情况下，国家折旧政策实际就是税法中有关对计提固定资产折旧的固定资产范围及固定资产折旧的方法和年限的规定。由于国家折旧政策的制定会涉及纳税所得额的确定，也会对企业的现金流量产生重要影响，所以它也对企业财务构成直接影响。

折旧的方法有两种基本类型，快速折旧法和直线折旧法；折旧的时间也有长期和短期两种。同一项固定资产，快速折旧的折旧时间并不缩短，只是折旧数额前期多而后期少；慢速折旧的折旧时间并不延长，但折旧数额前期少而后期多。这样，企业折旧政策就可以分为以下四种类型：

（1）短时间快速折旧政策。它要求折旧在较短时间提取完毕；而提取折旧数额的时间分布可以是各年等额，也可以是先多后少。

（2）长时间快速折旧政策。它是指折旧的提取依时间顺序先多后少，使固定资产投资收回先期较多，而后期较少，其折旧时期并不缩短。

（3）长时间慢速折旧政策。它是指折旧提取的时间较长，并且依时间顺序提取的折旧数额先少后多，使固定资产投资收回的数额先期较少，而后期较多。

（4）长时间平均折旧政策。它是指折旧提取的时间较长，并且折旧期限内各期提取的折旧数额是相等的，使固定资产投资收回的数额均匀分布在折旧期内。

（二）折旧政策的决策因素

1. 影响折旧政策的因素

固定资产折旧政策主要受以下四个方面的影响：

第一，固定资产的磨损状况。固定资产折旧反映了固定资产的磨损价值，包括有形损耗和无形损耗两种。在选择折旧政策时，必须首先考虑这两项影响因素，它们决定了固定资产的折旧年限和折旧方法的选择。在当今科学技术不断进步的年代中，尤其是损耗快的固定资产，应采取快速折旧的方法。

第二，一定时期现金流量状况。企业一定时期的现金流入可能大于现金流出，出现现金盈余；也可能现金流入小于现金流出，造成现金短缺。当现金盈余较多时，可以选择直线折旧、折旧年限较长的折旧政策；当现金短缺时，应选择快速折旧法、折旧年限较短的折旧政策。

第三，纳税考虑。折旧作为成本在所得税前列支，使折旧具有抵税的功能。企业在作纳税考虑时必须符合国家折旧政策，在此前提下，企业通过折旧政策的选择，引起延期纳税，从中获得货币时间价值的节约。

第四，企业市场价值大小。一定时期企业市场价值的高低与企业的利润分配水平密切相关。如股份制企业，当企业的利润水平高使每股收益较高，在其他条件不变时，该企业股票市价就可能上升，则企业市场价值也提高了；反之，企业市场价值降低。企业选择合适的折旧政策可使盈利水平发生变动。

2. 折旧政策的决策

折旧政策的选择应与企业财务目标有机地结合起来。主要包括两类折旧政策的决策。

（1）当企业盈利水平不断提高时，可以选择长时间慢速折旧政策和长时间平均折旧政策。这样，可以使各期可分配利润不致下降，或者可以因盈利水平提高，而使可分配利润上升。

（2）当企业盈利水平呈下降趋势或先高后低时，可以选择短时间快速折旧政策和长时间快速折旧政策。这样，可以使各期可分配利润不致下降，或者可以因折旧减少速度超过盈利水平的下降程度，而使各期可分配利润略有上升。

可以看出，上述折旧政策的决策结果是使折旧的变动与企业盈利水平的变动成同向运动，获利多，折旧多提；反之，获利少，折旧少提。这样从整体上讲，企业财务报告所揭示的利润水平就会显得稳定和稳步增长的趋势，企业的市场价值同样会趋向稳定和稳步增长。

总之，企业在选择折旧政策时应从提高盈利水平，增加可用现金、延期纳税和规避风险等方面慎重考虑。

▶**小心地雷**
XIAOXIN DILEI

企业折旧政策如有变动,应当在会计报表附注上披露折旧政策变动的原因,以及变动后对损益影响等情况。当财务会计的处理与税法要求不一致,纳税应服从税法,按税法进行调整处理。

▶**要点回顾**
YAODIAN HUIGU

固定资产的归口分级管理是指企业在经理(厂长)统一领导下,将固定资产按照其类别和使用情况,分别交给有关职能部门、车间、班组和个人负责管理,它是加强固定资产实物管理的一种好方法。折旧政策是企业根据自身的财务状况及其变动趋势,就固定资产折旧方法和折旧年限所做出的选择。折旧政策与企业财务状况密切联系,通过折旧政策可以调整和改善企业的财务状况。企业应根据影响折旧政策的因素制定合理的折旧政策。

▶**本项小结**
BENXIANG XIAOJIE

项目投资一般是指生产性固定资产的投资,包括与新建项目和更新改造项目有关的长期投资行为,涉及的金额一般较大。固定资产具有循环周期较长、价值存在具有双重性、价值补偿和实物更新分别进行等特点。项目投资决策评价指标分为非折现指标和折现指标两大类。非折现指标主要有投资回收期法、投资利润率等指标;折现指标主要包括净现值、净现值率、现值指数和内含报酬率等指标。现金流量计算是进行项目投资决策的关键环节。现金流量是指投资项目在其计算期内现金流入和现金流出增加的数量,包括现金流入量、现金流出量和现金净流量。现金流量可分为初始现金流量、营业现金流量和终结现金流量。项目投资日常管理主要包括固定资产的归口分级管理和固定资产折旧管理两方面内容。

▶**专业术语**
ZHUANYE SHUYU

1. 项目投资
2. 固定资产取得成本
3. 固定资产后续支出
4. 项目投资现金流量
5. 项目投资初始现金流量
6. 项目投资营业现金流量
7. 项目投资终结现金流量
8. 投资回收期
9. 投资利润率
10. 净现值
11. 净现值率
12. 现值指数
13. 内含报酬率
14. 固定资产归口分级管理
15. 固定资产归口管理
16. 固定资产分级管理
17. 折旧政策

▶**复习思考**
FUXI SIKAO

1. 项目投资类型有哪些?

2. 固定资产的分类主要有哪些?

3. 固定资产有哪些主要特征?

4. 固定资产成本包括哪些方面?

5. 固定资产管理的目标是什么?

6. 投资项目的周期包括哪几个阶段? 其现金流量由哪几部分组成?

7. 项目投资初始现金流量包括哪些内容?

8. 项目投资营业现金流量包括哪些内容?

9. 项目投资终结现金流量包括哪些内容?

10. 项目投资决策非折现方法和折现方法各有哪些? 两类方法各有什么特点?

11. 投资回收期法、投资利润率法各有什么特点?

12. 净现值法、净现值率法、现值指数法、内含报酬率法各有什么特点?

13. 企业折旧政策有哪些类型？应如何选择？

14. 影响企业折旧政策的因素主要有哪些？

15. 项目投资决策应主要考虑哪些因素？

▶ 课后练习
KEHOU LIANXI

一、单项选择题

1. 所谓现金流量，在投资决策中是指一个项目引起的企业（　　）。
   A. 现金收入和现金支出额
   B. 货币资金收入和货币资金支出额
   C. 流动资金增加或减少额
   D. 现金收入和现金支出增加的数额

2. 下列项目投资决策评价指标中，没有考虑货币时间价值的指标是（　　）。
   A. 净现值　　　　B. 现值指数　　　　C. 投资利润率　　　　D. 内含报酬率

3. 现值指数与净现值指标相比，其优点是（　　）。
   A. 便于投资额相同的方案的比较
   B. 便于投资额不同投资方案的比较
   C. 考虑了现金流量的时间价值
   D. 考虑了投资风险

4. 当贴现率与内含报酬率相等时（　　）。
   A. 净现值大于 0　　B. 净现值等于 0　　C. 净现值小于 0　　D. 净现值不能确定

5. 下列长期投资评价指标中，其数值越小越好的指标是（　　）。
   A. 现值指数　　　　B. 内含报酬率　　　　C. 投资收回期　　　　D. 投资报酬率

6. 计算投资方案的增量现金流量时，需考虑的项目是（　　）。
   A. 沉没成本　　　　B. 原始成本　　　　C. 变现价值　　　　D. 账面价值

7. 某企业拥有一块土地，其原始成本为 500 万元，账面价值为 380 万元。现准备在这块土地上建造工厂厂房，但如果现在将这块土地出售，可获得收入 460 万元，则建造厂房的机会成本是（　　）万元。
   A. 500　　　　B. 120　　　　C. 380　　　　D. 460

8. 计算投资项目某年经营现金流量时，不应包括的项目是（　　）。
   A. 该年的税后利润
   B. 该年的固定资产折旧额
   C. 该年的长期待摊费用摊销额
   D. 该年的投资回收额

9. 某企业计划投资 30 万元建设一条生产线，预计该生产线投产后可为企业每年创造 2 万元的净利润，年折旧额为 3 万元，则投资回收期为（　　）年。
   A. 5　　　　B. 6　　　　C. 10　　　　D. 15

10. 净现值率和现值指数指标的分母都是原始投资的现值，因此二者的关系是（　　）。
    A. 现值指数＝1＋净现值率
    B. 现值指数＝1－净现值率
    C. 净现值率＝1－现值指数
    D. 净现值率＝现值指数＋1

11. 某投资方案贴现率为 16% 时，净现值为 6.12，贴现率为 18% 时，净现值为－3.17，则该方案的内含报酬率为（　　）。
    A. 14.68%　　　　B. 17.32%　　　　C. 18.32%　　　　D. 16.68%

12. 对于多个投资组合方案，当资金总量受到限制时，应在资金总量范围内选择（　　）。
    A. 累计现值最大的方案进行组合
    B. 累计净现值率最大的方案进行组合
    C. 累计获利指数最大的方案进行组合
    D. 累计内部收益率最大的方案进行组合

13. 对于多个互斥方案的比较和优选，采用年等额净回收额指标时（　　）。
    A. 选择投资额较大的方案为最优方案
    B. 选择投资额较小的方案为最优方案
    C. 选择年等额净回收额最大的方案为最优方案
    D. 选择年等额净回收额最小的方案为最优方案

14. 某投资项目在建设期内投入全部原始投资，该项目的获利指数为 1.25，则该项目的净现值率为（　　）。
    A. 0.25　　　　B. 0.75　　　　C. 0.125　　　　D. 0.8

15. 在长期投资决策中,一般属于经营期现金流出项目的是(　　)。
　　A. 固定资产投资　　　　B. 开办费投资　　　　C. 经营成本　　　　D. 无形资产投资

16. 当新建项目的建设期不为 0 时,建设期内各年的净现金流量(　　)。
　　A. 小于 0 或等于 0　　B. 大于 0　　　　　　C. 小于 0　　　　　D. 等于 0

17. 经营现金流入的估算应该等于(　　)。
　　A. 本期现销收入
　　B. 本期销售收入总额
　　C. 当期现销收入与回收以前期应收账款的合计数
　　D. 本期赊销额

18. 一个完全具备财务可行性的投资项目,其包括建设期的投资回收期指标必须(　　)。
　　A. 大于或等于项目计算期的 1/2　　　　　　B. 小于或等于项目计算期的 1/2
　　C. 大于或等于经营期的 l/2　　　　　　　　D. 小于或等于经营期的 1/2

19. 企业在分析投资方案时,有关所得税率的数据应根据(　　)来确定。
　　A. 过去若干年的平均税率　　　　　　　　　B. 当前的税率
　　C. 未来可能的税率　　　　　　　　　　　　D. 全国的平均税率

20. 某企业投资方案 A 的年销售收入为 180 万元,年销售成本和费用为 120 万元,其中折旧为 20 万元,所得税率为 30%,则该投资方案的年现金净流量为(　　)万元。
　　A. 42　　　　　　　　　B. 62　　　　　　　　C. 60　　　　　　　　D. 48

21. 已知某投资项目的项目计算期是 8 年,全部资金均于建设起点一次投入,建设期为零,投产后每年的净现金流量相等。经预计该项目不包括建设期的静态投资回收期是 2.5 年,则按内部收益率确定的年金现值系数是(　　)。
　　A. 3.2　　　　　　　　B. 5.5　　　　　　　　C. 2.5　　　　　　　D. 4

22. 长期投资决策中,不宜作为折现率进行投资项目评价的是(　　)。
　　A. 活期存款利率　　　　　　　　　　　　　B. 投资项目的资金成本
　　C. 投资的机会成本　　　　　　　　　　　　D. 行业平均资金收益

二、多项选择题

1. 下列各项中,构成初始现金流量的有(　　)。
　　A. 固定资产投资　　　B. 无形资产投资　　　C. 流动资产垫支　　　D. 开办费投资

2. 净现值法的优点包括(　　)。
　　A. 考虑了资金时间价值　　　　　　　　　　B. 考虑项目计算期的全部现金流量
　　C. 考虑了投资风险　　　　　　　　　　　　D. 可以从动态上反映项目的实际收益率

3. 下列项目中,属于非贴现评价指标的有(　　)。
　　A. 净现值　　　　　　　B. 内含报酬率　　　　C. 投资回收期　　　　D. 投资报酬率

4. 判断一个独立投资项目是否具有财务可行性的评价标准有(　　)。
　　A. 净现值大于 0　　　　　　　　　　　　　B. 获利指数大于 0
　　C. 内含报酬率大于 0　　　　　　　　　　　D. 内含报酬率大于投资者要求的最低收益率

5. 下列因素中,影响内含报酬率的有(　　)。
　　A. 现金净流量　　　　　B. 贴现率　　　　　　C. 投资总额　　　　　D. 投资项目有效年限

6. 在下列折旧政策中,从理财角度看,当企业利润呈下降趋势时,应选择(　　)。
　　A. 长时间直线折旧　　B. 长时间快速折旧　　C. 短时间快速折旧　　D. 长时间慢速折旧

7. 下列会影响动态指标的因素有(　　)。
　　A. 建设期　　　　　　　B. 投资方式　　　　　C. 回收额　　　　　　D. 净现金流量

8. 采用获利指数法评价投资项目可行性时,所采用的折现率通常有(　　)。

A. 投资项目的资金成本率

B. 投资的机会成本率

C. 行业平均资金收益率

D. 在计算项目建设期净现金流量现值时,可以贷款的实际利率作为贴现率

9. 下列有关投资利润率指标的表述中,正确的有(　　　)。

　　A. 没有考虑时间价值　　　　　　　　　　B. 分子分母口径不一致

　　C. 没有利用净现金流量　　　　　　　　　D. 指标的分母原始投资中不考虑资本化利息

10. 若净现值为负数,表明该投资项目(　　　)。

　　A. 为亏损项目,不可行　　　　　　　　　B. 它的投资报酬率小于0,不可行

　　C. 它的投资报酬率低于项目的折现率,不可行　　D. 它的投资报酬率不一定小于0

11. 原始总投资是指(　　　)。

　　A. 反映项目所需现实资金的价值指标

　　B. 它等于投资总额扣除资本化利息

　　C. 它包括固定资产投资、固定资产投资方向调节税、无形资产投资、递延资产投资和流动资金投资

　　D. 它等于企业为使项目完全达到设计生产能力、开展正常生产经营而投入的全部现实资金

12. 下列项目中,属于现金流入量项目的有(　　　)。

　　A. 营业收入　　　　　B. 建设投资　　　　　C. 回收流动资金　　　　　D. 经营成本节约额

13. 以下各项中,可以构成建设投资内容的有(　　　)。

　　A. 固定资产投资　　　B. 无形资产投资　　　C. 流动资金投资　　　D. 开办费投资

14. 在单一方案决策过程中,与净现值评价结论可能发生矛盾的评价指标有(　　　)。

　　A. 净现值率　　　　　B. 投资利润率　　　　C. 投资回收期　　　　D. 内部收益率

15. 如果其他因素不变,一旦折现率提高,则下列指标中其数值将会变小的有(　　　)。

　　A. 净现值率　　　　　B. 净现值　　　　　　C. 内部收益率　　　　D. 现值指数

16. 下列长期投资决策评价指标中,其数值越大越好的指标有(　　　)。

　　A. 净现值率　　　　　B. 投资回收期　　　　C. 内部收益率　　　　D. 投资利润率

17. 下列关于内部收益率的选项中,正确的有(　　　)。

　　A. 投资报酬与总投资的比率　　　　　　　B. 项目投资实际可望达到的报酬率

　　C. 投资报酬现值与总投资现值的比率　　　D. 使投资方案净现值为零的贴现率

18. 现金流量指标的优点有(　　　)。

　　A. 准确反映企业未来期间盈利状况

　　B. 体现了资金时间价值观念

　　C. 可以排除会计的权责发生制的主观因素的影响

　　D. 体现了风险与收益之间的关系

19. 在一般投资项目中,当一项投资方案的净现值等于0时,即表明(　　　)。

　　A. 该方案的现值指数=1　　　　　　　　　B. 该方案不具备财务可行性

　　C. 该方案的净现值率>0　　　　　　　　　D. 该方案的内部收益率等于设定折现率

三、判断题

1. 在全部投资均于建设起点一次投入,建设期为0,投产后每年净现金流量相等的条件下,为计算内部收益率所求得的年金现值系数的数值应等于该项目的静态投资回收期指标的值。　　　　　　(　　　)

2. 某一方案年等额净回收额等于该方案净现值与相关的资本回收系数的商。　　　　　　　　　　(　　　)

3. 获利指数法可从动态的角度反映项目投资的资金投入与总产出之间的关系,可以使投资额不同的方案之间直接用获利指数进行对比。　　　　　　　　　　　　　　　　　　　　　　　　　　　(　　　)

4. 只有当全部投资均集中发生在建设期内,项目投产后开头的若干年内每年的净现金流量必须相等,而

且这些年内的净现金流量之和应大于或等于原始总投资,才可利用简化算法计算不包括建设期的投资回收期。 ( )

5. 在计算现金净流量时,无形资产摊销额的处理与折旧额相同。 ( )

6. 回收固定资产余值的估算只需要在项目终结点估计一次。 ( )

7. 若假定在经营期不发生提前回收流动资金,则在终结点回收的流动资金应等于各年垫支的流动资金投资额的合计数。 ( )

8. 在互斥方案的选优分析中,若差额内部收益率指标大于基准收益率或设定的折现率时,则原始投资额较小的方案为较优方案。 ( )

9. 在整个项目计算期内,任何一年的现金净流量,都可以通过"利润＋折旧"的简化公式来确定。 ( )

10. 单位变动成本是指随着产销量增减而同比例增减变动的成本。 ( )

11. 如果从国家投资主体的立场出发,就不能将企业所得税作为现金流出量项目看待。 ( )

12. 不考虑时间价值的前提下,投资回收期越短,投资获利能力越强。 ( )

13. 投资利润率的计算结果不受建设期的长短、资金投入的方式以及回收额的有无等条件影响。 ( )

14. 包括建设期的投资回收期应等于累计净现金流量为 0 时的年限再加上建设期。 ( )

15. 一般情况下,使某投资方案的净现值小于 0 的折现率,一定高于该投资方案的内含报酬率。 ( )

16. 在投资项目决策中,只要投资方案的投资利润率大于 0,该方案就是可行方案。 ( )

17. 投资方案的回收期越长,表明该方案的风险程度越小。 ( )

18. 在几个投资项目中,净现值最大的项目为最优的投资项目。 ( )

19. 某贴现率可以使某投资方案的净现值等于 0,则该贴现率可以称为该方案的内含报酬率。 ( )

20. 净现值与现值指数之间存在一定的对应关系,当净现值大于 0 时,现值指数大于 0 但小于 1。 ( )

▶ 项目训练
XIANGMU XUNLIAN

一、计算分析题

1. 申虹公司现有 A、B 两个固定资产投资方案,有关资料如表 4-7 所示。

表 4-7　　　　　　　　　　　两个方案的原始投资与现金净流量　　　　　　　　　　单位:元

	A 方案	B 方案
原始投资	100 000	100 000
现金净流量		
第一年	35 000	20 000
第二年	35 000	30 000
第三年	35 000	40 000
第四年	35 000	50 000
第五年	35 000	60 000

要求:计算 A、B 两个方案的投资回收期。

2. 翔飞公司准备开发一条新流水线,原始投资额为 30 万元,项目期限为 4 年,每年的会计税后利润分别为 3 万元、4 万元、5 万元、6 万元,按直线法计提折旧。要求:计算该项目的投资利润率。

3. 诚信公司有甲、乙两种长期投资方案,甲方案一次投资额为 20 万元,乙方案一次投资额为 18 万元,有效使用期均为 4 年,甲方案期满无残值,乙方案期满有残值 2 万元。又假定资金成本为 14%,两个方案的有关现金流量资料如表 4-8 所示。

表 4-8   **两个方案各年现金流量**   单位:元

年份	甲方案的现金净流量	乙方案的现金净流量
1	70 000	50 000
2	70 000	60 000
3	70 000	60 000
4	70 000	70 000

要求:采用净现值法和净现值率法分别评定,确定哪个方案较优。

4. A、B 是相互排斥的两个投资项目,预计的现金流量表如表 4-9 所示。

表 4-9   **两个项目各年现金流量**   单位:元

年份	0	1	2	3	4
A	−20 000	10 000	10 000	10 000	10 000
B	−20 000	0	0	0	60 000

要求:计算 A、B 两个项目的内含报酬率及资本成本为 10% 时的净现值,并回答应采纳哪一项目。为什么?

5. 某企业拟建造一项生产设备。预计建设期为 1 年,所需原始投资 200 万元于建设起点一次投入。该设备预计使用寿命为 5 年,使用期满报废清理时无残值。该设备折旧方法采用直线法。该设备投产后每年增加净利润 60 万元。假定适用的行业基准折现率为 10%。

要求:

(1)计算项目计算期内各年净现金流量。

(2)计算项目净现值,并评价其财务可行性。

6. 某公司拟用新设备取代已使用 3 年的旧设备。旧设备原价 170 000 元,当前估计尚可使用 5 年,目前的折余价值为 110 000 元,每年销售收入 30 000 元,每年经营成本 12 000 元,预计最终残值 10 000 元,目前变现价值为 80 000 元;购置新设备需花费 150 000 元,预计可使用 5 年,每年销售收入 60 000 元,每年经营成本 24 000 元,预计最终残值 10 000 元。该公司预期报酬率 12%,所得税税率 25%。税法规定该类设备应采用直线法折旧。

要求:利用差额内部收益率法,进行是否应该更换设备的分析决策,并列出计算分析过程。

7. 某公司有 A、B、C、D、E、F 六个投资项目可供选择,其中 A 与 F 是互斥方案,有关资料如表 4-10 所示。

表 4-10   **各投资项目资料**   单位:元

投资项目	原始投资	净现值	净现值率
A	120 000	67 000	56%
B	150 000	79 500	53%
C	300 000	111 000	37%
D	125 000	21 000	16.8%
E	100 000	−250	−0.25%
F	160 000	80 000	50%

要求：

(1) 投资总额不受限制时,做出投资组合决策。

(2) 投资总额限定为 40 万元时,做出投资组合决策。

(3) 投资总额限定为 60 万元时,做出投资组合决策。

8. 某公司拟购入设备以扩充生产能力。现有甲、乙两个方案可供选择,甲方案需投资 20 000 元,建设期为 1 年,需垫支流动资金 3 000 元,使用寿命 4 年,采用直线法计提折旧,假设设备无残值,设备投产后每年销售收入 15 000 元,每年付现成本 3 000 元,乙方案需投资 20 000 元,采用直线法计提折旧,使用寿命 5年,5 年后设备无残值。5 年中每年的销售收入 11 000 元,付现成本第 1 年 4 000 元,以后逐年增加修理费 200 元,假设所得税率 25%,若两方案投资所需要的资金均来自银行贷款,贷款利率 5%,贷款期为 5 年,每年年末付息,到期还本,投资人要求的必要收益率为 10%。

要求：

(1) 计算两个方案的现金流量。

(2) 计算两个方案的投资回收期、投资利润率。

(3) 计算两个方案的净现值。

二、案例题

案例一——设备投资可行吗?

(一) 案例目的

训练企业设备更新决策。

(二) 案例资料

某企业投资 15 500 元购入一台设备。该设备预计残值为 500 元,可使用 3 年,折旧按直线法计算。设备投产后每年销售收入增加额分别为 10 000 元、20 000 元、15 000 元,除折旧外的费用增加额分别为 4 000元、12 000 元、5 000 元。企业适用的所得税税率为 25%,要求的最低投资报酬率为 10%,目前年税后利润为 20 000 元。

(三) 案例要求

(1) 假设企业经营无其他变化,预测未来 3 年企业每年的税后利润。

(2) 计算该投资方案的净现值。

案例二——是否缩短投资回收期?

(一) 案例目的

训练投资项目决策有关指标测算。

(二) 案例资料

某固定资产投资项目,正常投资期为 5 年,每年年初投资 100 万元,共需投资 500 万元,从第 6 年年初竣工投产,可使用 15 年,期末无残值,投产后每年经营现金净流入 150 万元。如果把投资期缩短为 2 年,每年年初投资 300 万元,2 年共投资 600 万元,竣工投产后的项目寿命期和现金净流入量均不变。该企业的资金成本为 10%,假设项目终结时无残值,不用垫支流动资金。

(三) 案例要求

用年等额净回收额法判断是否缩短投资回收期。

案例三——哪种投资方案更好?

(一) 案例目的

训练不同投资方案决策比较。

(二) 案例资料

某企业现有资金 100 000 元,可用于以下投资方案甲或乙:

甲:购入国库券(5 年期,年利率 8%,不计复利,到期一次支付本息)。

乙:购买新设备(使用期 5 年,预计残值收入为设备总额的 10%,按直线法计提折旧;设备交付使用后每年可以实现 8 000 元的税前利润)。

该企业的资金成本率为 5%，适用所得税税率 25%。

（三）案例要求

（1）计算投资方案甲的净现值。

（2）计算投资方案乙的各年的现金流量及净现值。

（3）运用净现值法对上述投资方案进行选择。

案例四——这个项目值得投资吗？

（一）案例目的

训练项目决策有关指标测算。

（二）案例资料

某公司有一投资项目，原始投资 250 万元，其中设备投资 220 万元，开办费 6 万元，垫支流动资金 24 万元。该项目建设期为 1 年，建设期资本化利息 10 万元。设备投资和开办费于建设起点投入，流动资金于设备投产日垫支。该项目寿命期为 5 年，按直线法折旧，预计残值为 10 万元；开办费于投产后分 3 年摊销。预计项目投产后第 1 年可获净利 60 万元，以后每年递增 5 万元。该公司要求的最低报酬率为 10%。

（三）案例要求

（1）计算该项目各年现金净流量。

（2）计算该项目回收期。

（3）计算该项目净现值。

案例五——哪种焊机更好？

（一）案例目的

训练不同投资方案决策。

（二）案例资料

长征自行车厂计划年度准备购置一台自动焊接机，经调查研究，把多项选择方案落实到甲、乙两种焊接机中选择一种，其有关资料如表 4-11 所示。

表 4-11 　　　　　　　　　　　两种焊接机相关数据表 　　　　　　　　　单位：元

摘要	甲焊接机	乙焊接机
购入成本	80 000	120 000
有效使用年限（年）	5	5
期满残值	0	5 000
每年产量（焊接自行车架个数）（个）	10 000	20 000
每个焊接车架的价格	10	10
焊接每个车架的变动成本（包括焊条、电费、制作费、废品等）	8	8.5

假定该企业的资金成本为 8%，焊接工段所有焊好的车架都能依价售给下道工序。

（三）案例要求

采用内含报酬率法进行选用哪种焊接机的决策分析。

案例六——项目可行吗？

（一）案例目的

训练投资项目有关指标的测算。

（二）案例资料

如果某项目期初投资净额为 20 000 元，项目寿命为 10 年，预计每年现金流量为 3 000 元，项目要求的最低收益率为 12%。

（三）案例要求

请计算该项目的净现值和现值指数，评价项目的可行性。

案例七——租赁还是购买？

（一）案例目的

训练不同投资方案决策。

（二）案例资料

您的客户之一正考虑购买厂房，其价格为 96 000 元，预期使用寿命为 6 年。他们对这类厂房的标准折旧方法是直线折旧，且假定没有残值。同时，他们也在考虑使用租赁方式来承租该厂房而不是购买。租赁条款为：每年预付租金 22 000 元，租期 6 年，此后仅需交付微不足道的名义租金即可继续承租。在租赁期内，设备的维修、保养和保险将由承租方负责。

假定公司税率为 40%，资本减免为 100%。税款和减免都在当年年底清算并付清。同时假定您的客户有足够的利润来吸收资本减免额。他们使用 12% 作为舍取折现率。

（三）案例要求

（1）在上述资料的基础上，您将建议您的客户去购买还是去租赁？

（2）如果他们预计直到该项设备使用期第 2 年才能有足够利润吸收资本免让，您的建议会受到影响吗？

案例八——机床需要更新吗？

（一）案例目的

训练投资项目有关指标测算。

（二）案例资料

彩虹公司计划更新一台数控机床。新机床买价和运输费共计 29 000 元，公司另需支付安装费 3 000 元。新机床使用年限为 20 年，20 年后有残值收入 2 000 元，在使用年限内采用直线法全额计提折旧费用。现有的旧机床原值为 15 000 元，已使用 12 年，账面价值为零。旧机床现在的残值收入为 1 000 元。如果公司愿意支付很高的维修费，旧机床可一直使用下去。使用新机床会降低维修费和减少机床操作人数，预计每年公司可节约现金支出 9 000 元。公司适用 40% 的边际所得税率，资本成本为 12%。

（三）案例要求

请判断是更新还是继续使用旧机床。

项目五 对外投资管理

学习目标

知识目标：

1. 了解对外投资的种类、目的；

2. 理解影响对外投资的因素；

3. 熟悉企业对外投资决策程序；

4. 了解对外证券投资的种类和证券投资的各种风险；

5. 了解债券投资和股票投资各自的特点；

6. 掌握债券和股票的估价方法；

7. 了解对外直接投资的方式和特点。

能力目标：

1. 初步掌握对外投资的决策程序；

2. 能够对投资方案进行分析；

3. 能够运用债券的估价模型对债券进行估价，进而分析是否具有投资价值；

4. 能够运用股票的估价模型对股票进行估价，进而分析是否具有投资价值；

5. 能够运用对外投资理论分析现实中的经济问题。

重点与难点

教学重点：

1. 对外投资的种类、目的；

2. 对外投资的影响因素；

3. 证券投资的种类；

4. 债券投资的收益、风险的计量和估价；

5. 股票投资的收益、风险的计量和估价；

6. 对外直接投资的方式和特点。

教学难点：

1. 债券投资的收益和风险的衡量；

2. 债券投资的估价模型；

3. 股票投资收益和风险的衡量；

4. 股票投资估价模型；

5. 投资组合决策。

沃伦·巴菲特(Warren Buffett)是有史以来最伟大的投资家,他依靠股票、外汇市场的投资,成为世界上数一数二的富翁。巴菲特1930年8月30日出生在美国内布拉斯加州的奥马哈市。他从小就极具投资意识,1941年,11岁的巴菲特购买了平生第一只股票。1947年,巴菲特进入宾夕法尼亚大学攻读财务和商业管理。两年后,巴菲特考入哥伦比亚大学金融系,拜师于著名投资理论学家本杰明·格雷厄姆,在格雷厄姆门下,巴菲特如鱼得水。1956年,他回到家乡创办"巴菲特有限公司"。1964年,巴菲特的个人财富达到400万美元,而此时他掌管的资金已高达2 200万美元。1965年,35岁的巴菲特收购了一家名为伯克希尔·哈撒韦的纺织企业,到了2007年年底已发展成拥有620亿美元的伯克希尔工业王国,由一家纺纱厂变成巴菲特庞大的投资金融集团。他的股票在30年间上涨了2 000倍,而标准普尔500家指数内的股票平均才上涨了近50倍。多年来,在《福布斯》一年一度的全球富豪榜上,巴菲特一直稳居前三名。《2018胡润全球富豪榜》排名第2。《2019福布斯全球亿万富豪榜》排名第3。

讨论:沃伦·巴菲特为什么被称为"股神"? 沃伦·巴菲特是怎么投资的?

任务一　对外投资认知

一、对外投资的种类与目的

(一) 对外投资的概念

投资是指将财力投放于一定的对象,以期望在未来获取特定收益的行为。投资具有以下特点:第一,对象性。财力必须投放于特定对象上,如实物、有价证券等。第二,预付性。投放财力是在经营过程之前发生的,具有预付的性质,只有在预付款形成生产经营能力或实际运转后才能收回。第三,目的性。投放财力总是为了一定的目的,为企业的近期或远期目标服务的。第四,风险性。投资收益只能在未来才能实现,由于客观情况的不确定,其特定收益目标也就具有一定的风险。

投资包括对外投资和对内投资两种。对外投资是指企业为了特定的投资目的,以现金、实物资产、无形资产等方式。或以购买有价证券的方式向企业外部主体进行的投资。与其对应的为对内投资,是指把财力投在企业内部,购置各种经营用或服务用资产的投资。广义的投资概念包括对内投资和对外投资,狭义的投资概念仅指对外投资。本章主要讨论对外投资。

(二) 对外投资的种类

企业对外投资可按不同的标志进行分类。

1. 按产权关系的不同分类

按对外投资后形成产权关系的不同,分为股权投资和债权投资。股权投资是指投资金额形成被投资企业的资本金,企业拥有被投资企业的所有权,按投资比例享有权益和承担风险。如购买上市公司的普通股、兼并或收购某家企业等。债权投资是指投资金额形成被投资单位的负债,企业拥有被投资单位的债权,享有到期收回本息的权益,如购买企业债券等。

股权投资与债权投资对比有以下基本特点:第一,形成的权益不同。股权投资形成企业的所有权,企业能参与被投资企业的管理;债权投资形成企业的债权,没有管理权。第二,收益水平不同。股权投资的收益要求高于债权投资。第三,风险水平不同。债权投资的风险低于股权投资。第四,在特定的情况下,两者可以转换。如购买可转换债券、可转换优先股等,在被投资企业预期利润上升时,可选择普通股股权投资,进行相应的转换;当预测被投资单位的利润会逐年下滑时,可转换债不予转换,可转换优先股选择转为债券等。

2. 按存在形态的不同分类

按对外投资的存在形态不同,分为实体投资和证券投资。实体投资是直接以现金、实物、无形资产等投入其他企业,形成实质形态资产的投资,也称实业投资或直接投资。如联营投资、并购投资等。证券投资是指企业以现金、实物、无形资产购入其他主体的有价证券形成金融资产形态的投资,也叫间接投资或金融投资。如投资于股票、债券、大额存单、期货、保险单等。

实体投资与金融投资相比较,有以下的基本特点:第一,与生产经营的联系度不同。实体投资是把资金直接投放于生产经营性资产,直接形成生产经营活动的能力,以便获得投资利润的投资,所以又称为直接投资。金融投资是把资金投放于有价证券等金融资产,以便获得投资收益的投资,所以又称为间接投资。第二,投资收益的构成不同。在投资收益上,实体投资只能获得投资利润,而金融投资不仅可以获得投资利润,还可获得金融资产的买卖价差,即资本利得。第三,投资风险不同。实体投资时,最大的风险是商品市场的风险,即生产的产品或提供的劳务在商品市场上不能实现的风险;而金融投资不仅会面对所投资企业产品或劳务在商品市场的风险,而且还要面对金融工具在金融市场上的风险。如投资于 A 公司股票,当 A 公司产品销售不畅、经营状况不佳时,A 公司便会亏损,此时投资者就无红利可得,即承担商品市场的风险,而且还要承担股价下跌的风险,即承担金融市场的风险。所以金融投资的风险大,相应的投资报酬率也较高。第四,变现能力不同。实体投资具有投资回收期较长,变现速度慢、流动性差的特点;金融投资则正好相反。

3. 按回收期的不同分类

按对外投资资金的回收期限不同,分为短期投资和长期投资。长期投资是指购进不准备随时变现,持有时间在一年以上的有价证券投资以及超过一年的其他投资。短期投资是指能够、也准备在一年以内收回的投资,如投资期在一年以下的股票、债券等。

两者相比,具有以下基本特点:第一,回收期限不同。第二,风险不同。长期投资风险要大于短期投资风险,与此相适应,长期投资收益要高于短期投资收益。第三,投资目的不同。短期投资的目的在于提高暂时闲置资金的使用效率,谋求短期资金效益;而长期投资除了有谋求长期资金效益的目的外,还有扩大规模效应、保证原材料供应、扩大销售市场、谋求控股权、多元投资分散风险等特定的目的。第四,在特定情形下,两者可以转化。如长期投资随着时间的推移、到期日的逐步临近,变成了一年内到期的长期投资,此时,实际上已是短期投资(即时间性转化);若在长期投资期间,因企业急需资金或发现被投资单位财务状况恶化,继续投资会招致很大损失,企业改变投资目的,也可将长期投资迅速变现(即管理性转化)。

企业对外投资还可以按其他标志进行分类,在此不再一一列举。每种分类在对外投资管理中均有其独特的作用,适用于不同的管理要求。

▶ **小心地雷**
XIAOXIN DILEI

对外长期投资与短期投资的划分不完全取决于投资对象的期限长短,更取决于投资的目的。如一年期的债券,它只能适宜于短期投资,如购买三年后到期的债券或股票,是长期投资还是短期投资,则完全取决于投资的目的。

(三)对外投资的目的

综合分析,对外投资有以下几个目的。

1. 谋求资金收益

将企业暂时闲置的资金用于对外投资,谋求高于银行存款利息的收益;或将资金长期投资于其他企业,以获得较高的投资收益。

2. 实现企业外部扩张

一是通过对其他同类企业的投资,以扩充现有产品或劳务市场的份额,使企业的规模不断扩大,从而取得市场定价或竞争的话语权,获取规模效益。二是通过对本企业上、下游企业的投资,可以获得稳定的原材料来源或更好的价格优惠;扩大和稳固现有的销售渠道,节约营销费用。三是通过对其他不同企业或不同对象的投资,一方面扩充了企业的资产,另一方面通过多样化投资分散经营风险。

3. 谋求其他特定的目的

通过对外投资,可实现以下目的:

(1)转移投资风险,实现资本转移。当某一企业所处行业进入衰退期,企业可以利用对外战略投资,转移现有行业的经营风险,实现从某一夕阳产业转出的战略转移。

(2)获取先进技术等无形资产。通过并购或联营等长期投资方式,可获取或消化其他企业的专用技术、商标、品牌、土地使用权等无形资产。如某房地产企业可以对某一拥有大量土地资源的企业实施控股,以获得大量土地资源储备。

(3)提高财务杠杆效应,增强负债筹资能力。通过兼并等方式实现对其他企业的控股,从而使控股公司拥有更大的举债能力,降低资金成本。

(4)合理避税。税法一般包括亏损递延条款,各种不同收益的税率也不尽相同。企业可利用这些规定,通过长期投资行为及相应的财务处理合理避税。

(5)借壳上市。我国资本市场 IPO 融资非常困难,企业可以通过对某一 ST 或 * ST 公司实行控股,并进行重组,达到借壳上市的目的。

▶ **相关链接**
XIANGGUAN LIANJIE

IPO 全称 Initial public Offering(首次公开募股),是指某公司(股份有限公司或有限责任公司)首次向社会公众公开招股的发行方式,通常为"普通股"。有限责任公司 IPO 后会成为股份有限公司。

沪深证券交易所在 1998 年 4 月 22 日宣布,根据 1998 年实施的股票上市规则,将对财务状况或其他状况出现异常的上市公司的股票交易进行特别处理。ST 股是指境内上市公司连续两年亏损,被进行特别处理的股票。* ST 股是指境内上市公司连续三年亏损的股票。由于"特别处理"的英文是 Special Treatment(缩写是"ST"),因此,这些股票就简称为 ST 股。

借壳上市是指一家私人公司通过把资产注入一家市值较低的已上市公司,得到该公司一定程度的控股权,利用其上市公司地位,使母公司的资产得以上市。通常被借壳公司会被改名。

二、对外投资决策的依据

(一) 对外投资项目的收益分析

尽管对外投资的目的是多种多样的,但是,追求最大的投资收益是企业对外投资的最重要的目标,因此也是进行投资决策的基本依据。对外投资的收益,有投资利润,如投资分回的红利、股息、利息等;还包括资本增值,如股市上扬使企业购买的股票增值、原投资形成的不动产因地价短缺而价值大增、原兼并后的 ST 公司因重组成功而市值上扬等。对长期对外投资而言,投资利润和资本增值水平超过对内投资利润和资本增值水平是进行对外投资决策的先决条件。

在投资中考虑投资的收益,要求对外投资方案的选择,必须以投资的收益大小来取舍;要以收益具有确定性的方案为选择对象;要细化分析影响对外投资收益的各种因素,并明确这些因素对对外投资收益作用的方向和程度,寻求提高和稳定投资收益的途径。

(二) 对外投资项目的风险分析

筹资中,筹资风险就是财务风险。与此不同,投资风险是一种市场风险或经营风险。对外投资风险是指企业由于对外投资遭受损失的可能性,或者说不能获得预期投资收益的可能性。它源于投资者对市场预期的不准确性以及被投资主体的经营缺乏效率。如金融投资中,投资者投资 A 公司股票,期望报酬率为 18%,由于 A 公司经营不善(经营缺乏效率)或股市萧条(市场预期的不准确)导致实际收益率为 14%,二者相差 4%(18%－14%),这个差额就是投资者所承担的风险。众所周知,投资与风险并存,对外投资中更应注重对风险的分析。

投资风险主要来自客观经济环境的不确定性。如社会经济是否景气、金融市场利率变化、通货膨胀程度、市场销售和生产技术、各种要素价格的变化等,这些都会造成对外投资收益的不确定。

诱发对外投资风险的因素很多,既有系统的因素,也有非系统因素。具体分析来说,主要有:

(1) 利率风险。由于金融市场资金利率的变动所引发的投资损失的不确定性,叫利率风险。如银行利率上升,证券等要素价格会下降;反之,则上升。

(2) 购买力风险。这是由于物价上涨、通货膨胀给投资者造成的损失。投资者的投资收益会随着物价的上涨而相应下降,当物价上涨到一定程度时,实际收益会变成负数。如预期对外投资收益率为 8%,如果当年通胀率为 6%,企业的实际收益只有 2%,一旦通胀率超过 8%,对外投资的收益率就变成负数。

(3) 外汇风险。汇率变动会使企业以外币计价的资产、负债、收入、支出发生增减变动,从而导致投资收益的不确定性所引发的风险。它具体可分解为外汇交易风险、会计折算风险和经济风险三种。企业对外投资若涉及外币业务,应对外汇风险予以关注和合理规避。

(4) 流动性风险。对外投资所形成的资产不能立即变现的风险,叫流动性风险。能在短期按市价予以转让的资产,是流动性较高的资产,该种资产的流动性风险小;反之,则是流动性较高的资产。如投资有限责任公司所形成的股权资产要比投资上市公司所形成的股权资产的变现性差;投资房地产行业所形成的资产要比投资证券行业所形成的资产流动性差;投资小公司的债券资产要比投资大公司的债券资产的流动性差。

（5）经营风险。对外投资项目由于决策或经营管理不善而导致的资产运营效率低下所形成的风险,如规模不经济、协同效应不明显等。

（三）对外投资项目的环境分析

对外投资不能脱离一定的投资环境。投资环境是指企业内外各种因素影响企业投资活动的因素总和。在这些因素中,有的属于内部因素,是非系统因素;有的属于外部因素,是系统因素。投资环境按其构成内容,具体可分为硬环境和软环境。

硬环境是指与投资活动直接相关的物质条件状况,包括自然地理状况、人力资源和物质资源的状况,如原材料、燃料、运输、通讯、人力、技术等。

软环境是指社会政治体制、经济体制、产业发展、通货膨胀状况等,包括政府投资、外贸、财政、税收、金融、外汇、科技、工商管理、法律等环境。

一个良好的企业软、硬投资环境,应该有比较多的投资机会、比较健全的投资管理体制、完善的金融市场,政治稳定、法律公平、硬件适应、软件优良。然而,现代市场经济条件下的投资环境具有构成复杂、变化多端等特点。这就要求企业财务管理人员在对外投资决策分析时,必须熟知投资环境的要素、性质,认清投资环境的特点,要预测外部环境的变化趋势和影响作用,控制内部环境的变化、增强其对外部环境的适应能力、应变能力和利用能力,根据投资环境的发展变化,采取相应的对外投资策略。

▶**要点回顾**
YAODIAN HUIGU

对外投资是指企业以购买股票、债券的方式或以货币资金、实物资产、无形资产等方式向企业以外的其他经济实体进行的投资。企业对外投资的目的是获取投资收益、分散经营风险、加强企业间的联合、控制或影响其他企业。企业的对外投资种类繁多、形式多种多样,与对内投资相比,在投资收益、投资风险、投资变现能力等方面都有不同的特点。对外投资按投资时间和目的分为短期投资和长期投资。短期投资是指能够随时变现、投资时间不超过一年的有价证券以及不超过一年的其他投资;长期投资是指不准备随时变现、持有时间在一年以上的有价证券以及超过一年的其他投资。

任务二　证券投资管理

一、证券投资概述

（一）证券投资的概念

1. 证券的概念与种类

证券是有价证券的简称,它是指票面载有一定的金额,代表相应的财产权益,可以有偿转让的凭证。如股票、债券、大额存单、认股权证等。

证券投资是指以有价证券及其衍生产品为交易对象的投资行为,它是企业投资的重要组成部分。

证券的种类很多,金融市场常见的证券有:

（1）国库券。国库券是政府为解决先支后收、资金临时性短缺而发行的有价证券。国库券本金安全、流动性强,期限有长有短,是金融市场上主要的信用工具之一。

（2）短期融资券。它是由财务公司等金融机构和工商企业所发行的短期无担保商业本票。它可以由发行人直接出售，也可由经纪人出售；期限较短，一般在一年以内；利率比国库券高，流动性较差。

（3）央行票据。它是由中央银行发行的短期金融票据，发行和回购央行票据是中央银行调节货币供应量的手段之一。它利率较低，流动性强，风险小，主要在银行间市场交易。

（4）可转让大额存单。它是指可以在市场上转让的在商业银行存放的特定数额、特定期限的存款证明。可转让存单的利息率因金融市场状况、存单的期限及发行银行的信誉不同而不同，利率比国库券和央行票据要高，比企业债券低。可转让存单有比较活跃的交易市场（主要是银行间市场），流动性很强。

（5）企业股票。公司发行的用以募集股本的有价证券，是股东的入股凭证、借以获得股利收入的有价证券。它可以在市场上自由买卖，流动性强，风险大。

（6）企业债券。它是公司发行的约定到期还本付息的有价证券。其利率随发行公司的信誉、有无担保、期限长短不同而不同，但一般比国库券高，风险较股票要低。

2. 证券的分类

证券可按不同的标准进行分类。

（1）按证券的发行主体，可分为政府证券、金融证券和公司证券三种。政府证券是中央政府和地方政府为筹措资金而发行的证券，如国库券。金融证券是由银行或其他金融机构为筹措资金而发行的证券，如金融企业债券。公司证券是指工商企业为筹措资金而发行的证券，如企业股票、企业债券等。就风险而言，政府证券最小，金融证券次之，企业证券一般最高。

（2）按证券所体现的权益关系分类，可分为所有权证券和债权证券两种。所有权证券是指持有人持有的代表其在发行单位所拥有的所有权的证券，如普通股股票。拥有人对发行单位有一定的管理权和收益分配权。债权证券是指持有人持有的代表其在发行单位拥有债权的证券。持有人拥有到期收回本息的权力，一般无权对发行单位进行管理和控制。所有权证券相对债权证券而言，风险较高，收益也大。

（3）按证券的收益状况进行分类，可分为固定收益证券和变动收益证券两种。固定收益证券是指在证券票面上规定固定收益率的证券，如优先股的固定股息率、债的固定利率等。变动收益证券是指票面上不规定固定的收益率，其收益状况随企业经营状况变动而变动的证券，如普通股、基金就是典型的变动收益证券。变动收益证券相对于固定收益证券来说，风险大，但收益高。

（4）按证券到期日的长短，可分为短期证券和长期证券两种。短期证券是指将在一年内到期的证券，如短期国债、央行票据、商业票据等。长期证券是指到期日长于一年的证券，如长期国债、股票、企业债券等。短期证券相对于长期证券而言，风险较小，但报酬也低。

（5）按证券是否上市，可分为上市证券和非上市证券。上市证券又称挂牌证券，是指在交易所注册登记，公开买卖的证券。如上市公司发行的股票、可转换债券；政府发行的国库券；基金公司发行的基金等。非上市证券也称为非挂牌证券、场外证券，是指不在交易所注册、公开交易的证券。它一般在场外交易市场交易，如开放式基金等。上市证券与非上市证券相比，流通性强，风险较小，但收益不高。

（6）按证券依据的基础，可分为基础证券和衍生证券。基础证券是指传统的金融工具，在此基础上能派生出其他的证券,如股票、债券等。衍生工具是指传统证券基础上派生出来的证券,如可转换证券、认股权证、住房抵押支持证券等。基础证券相对于衍生证券而言,风险小,收益相对也低。

▶ **相关链接**
XIANGGUAN LIANJIE

认股权证本质上为一权利契约,投资人在支付权利金购得权证后,有权于某一特定期间或到期日,按约定的价格(行使价)认购或沽出一定数量的标的资产(如股票、股指、黄金、外汇或商品等)。权证的交易实属一种期权的买卖。与所有期权一样,权证持有人在支付权利金后获得的是一种权利,而非义务,行使与否由权证持有人自主决定;而权证的发行人在权证持有人按规定提出履约要求之时,负有提供履约的义务,不得拒绝。简之,权证是一项权利:投资人可于约定的期间或到期日,以约定的价格(而不论该标的资产市价如何)认购或沽出权证的标的资产。

住房抵押支持证券是把金融机构所持有的个人住房抵押贷款债权转化为可供投资者持有的住房抵押支持证券,以达到筹措资金、分散房地产金融风险等目的。主要做法是:银行将所持有的个人住房抵押贷款债权,出售给专门设立的特殊目的公司(SPC),由该公司将其汇集重组成抵押贷款集合,每个集合内贷款的期限、计息方式和还款条件大体一致,通过政府、银行、保险公司或担保公司等担保,转化为信用等级较高的证券出售给投资者。

(二) 证券投资的分类与目的

1. 证券投资的分类

以上分析可以看出,证券是多种多样的,与此相对应,证券投资的对象也是多种多样。按不同的标准,可对证券投资进行如下分类:

(1) 按证券投资的对象,可分为股票投资、债券投资、基金投资和其他投资。债券投资是指企业将资金投向各种债权证券的投资,如企业购买国债、公司债券、短期融资券等。股票投资是指企业将资金投向股权证券的投资,如企业购买普通股、优先股等。基金投资是指企业购买各种基金的投资,如购买封闭式基金、开放式基金等。其他投资是指企业将资金投向股票、债券、基金以外的证券投资,如购买认股权证等。

(2) 按证券投资是否组合,分为单一投资和组合投资。单一投资是指企业将资金集中投向某一证券的投资,如集中资金单独购买宝钢股份的股票投资。组合投资也叫分散投资,是指企业将资金同时投向于多种证券,如既投资于股票,又投资于债券,或同时投资于多个股票、债券等。组合投资相对于单一投资而言,可分散风险,但收益较低,它是企业法人等进行证券投资时常用的投资方式。

2. 证券投资的目的

企业证券投资的目的主要有以下两个方面:

(1) 提高资金使用效益,获取投资收益。企业在生产经营中,必须保留一部分现金类资产,出于预防的动机,将一部分资金短期投向证券,以调剂现金的余缺,同时获取短期投资收益;当企业有短期闲置的长期资金时,也可以投资于证券,在需要动用这部分资金时,可以随时卖出证券,收回现金。

(2) 获得对相关企业的控制权。有些企业从战略上考虑控制另外一些企业时,可以通过股票投资来实现。如一家钢铁厂欲控股一家铁矿石公司时,可在二级市场上购买这家公司的股票,直到所拥有的股权能控制铁矿石公司为止。

(三) 证券投资的风险与收益

1. 证券投资的收益

证券投资收益是指投资者进行证券投资所获得的净收入,主要包括债券利息、红利和资本利得等。

(1) 投资利润。投资利润是企业进行证券投资所获得股利、股息和利息等。股利是发行普通股的企业根据盈利状况进行利润分配时向普通股股东分配的利润,它是不稳定的。若发行公司亏损、无利可分时,购买普通股的投资者便无法获得这一部分利润。股息是发行优先股的企业向优先股股东分配的利润,它是优先股的面值与股息率的乘积,相对稳定。若是累积优先股,投资者这部分收入就更加保险。利息是发行人按债权凭证载明的利率按期支付给投资者的报酬,如国债利息、公司债券利息、商业票据利息等,这一部分投资利润最为稳定。

(2) 资本利得。即证券买卖价格的差额。证券市场的价格是波动的,当售价高于购买价时,投资者获得资本利得;若售价低于购买价时,投资者承担资本利损。

不同对象的证券投资,以及投资者投资的目的、择取的投资方式不同,所获取的投资收益也会不同。关于证券投资收益的计算,放入本节的后半部分讲述。

2. 证券投资的风险

证券投资风险是指投资者在证券投资过程中遭受损失或达不到预期收益的可能性。证券投资风险主要来源于以下几个方面:

(1) 证券市场的风险。所谓证券市场风险,是指因政治、经济、法律、通货膨胀、利率、投机活动、普遍的心理预期以及国际形势、各种不可抗力等因素影响证券市场价格而给证券投资者可能带来的损失。主要包括利率风险、购买力风险、心理预期风险等。

① 利率风险是指由于资本市场或货币市场利率的升降可能引起证券价格波动、流动性降低而给证券投资者带来的损失。利率变化对证券投资收益的影响,主要表现在以下几个方面:第一,金融市场利率的上升会导致企业成本的上升,财务费用加大、经营利润下滑,一方面导致企业可供分红的利润减少、股票投资利润下降,另一方面由于预期利润下降,企业偿债能力的降低,会造成证券市场价格的下跌。第二,在其他因素不变的情况下,利率上升会引起金融市场资金流向的变化,部分资金会转向储蓄市场,证券市场的资金相应减少,从而导致证券价格的下跌。一般情况下,金融市场利率的升降会引发证券市场价格的下跌或上涨。

② 购买力风险也叫通货膨胀风险,是指因通货膨胀而导致的证券市场价格波动,流动性降低及投资者本金与收益发生贬值损失的可能性。通货膨胀对证券市场的影响主要表现在以下几个方面:第一,通货膨胀会引起企业进货成本的上升、厂房设备购置成本负担的加重、导致企业盈利能力的下降,证券投资利润减少。第二,通货膨胀期间必然伴随着政府的紧缩调控措施,央行提高利率、减少货币供应量,财政降低公共投资、提高税收等,这样会使企业的产品销售量下降,证券市场的资金供应减少,综合导致证券市场价格的下跌。第三,通货膨胀还会引起投资本金和收益的贬值。证券投资收益率有名义收益率与真实收益率之分。名义收益率是证券投资的货币收益率,真实收益率是在名义收益率中剔除通货膨胀后的收益率。如果名义收益率不抵通货膨胀率,投资者不仅不能获利,而且还会被侵蚀投资本金。

▶**身边的事**
SHENBIAN DE SHI ···

实际利率与名义利率、通货膨胀率之间关系是：

$$实际利率 = \frac{1 + 名义利率}{1 + 通货膨胀率} - 1$$

如，投资名义收益率为 10％，本金 1 000 万元，通胀率为 20％，则补偿通货膨胀后的真实价值为 916.7 万元，本金侵蚀 83.3 万元，即真实收益率为 −8.33％。

③ 心理预期风险是指因较为普遍的心理预期，导致证券市场价格波动而给投资者所带来的可能损失。上述分析的利率风险和通货膨胀风险，它们在证券市场独立发挥作用的同时，还必然会以各种方式在不同程度上影响着证券市场的预期走势。当国内外政治经济形势、行业景气度、经济政策法规、证券发行者的财务状况等发生一定的变化时，各参与证券市场的主体，如基金公司、咨询公司、普通个人投资者等都会对证券市场产生一定的心理预期，加之报纸、电台、网络等媒体的传播和导向，从而产生较为普遍的心理观念，进而影响证券市场价格的波动。所以心理预期既是影响证券市场价格的一个相对独立的因素，也是其他各种影响证券市场因素综合作用的结果。

（2）证券发行主体的风险。证券发行主体有政府、金融机构和公司，由于政府和金融机构的信用很高，政府债券和金融债券的风险系数最小，政府债券和金融债券只会受到主体以外因素的影响，如来自通货膨胀的风险。因此，证券发行主体的风险主要是证券发行公司的经营风险和违约风险。

① 经营风险。是指发行公司由于内外部环境的变化或经营管理不善导致资产使用效率低下、收益下降、竞争失败而使投资者无法获取预期收益甚至亏损的可能性。根据经营状况恶化的程度，可具体细分为：第一，盈利下降的风险。一旦发行公司的盈利水平下降，股票投资者便难以获得预期的收益率，债券投资者也会对所持债券安全级别产生疑惑，这就不可避免会对证券市场价格产生下跌的影响。当然，发行公司经营利润的波动是正常现象，一般来说，企业盈利能力下降只是一种低度风险，通常对债券的偿还能力不会危及，也不会给股票投资者造成重大损失。第二，经营亏损的风险。发行公司经营亏损是一种中度以上的风险，若只是某一年度出现少许的亏损，可以视为中度风险；但若是连续几年亏损或一次性亏损数额巨大，则是高度风险。发行公司亏损，将使股票投资者的股息、红利减少甚至完全没有，在亏损巨大的情况下，股票投资者还会亏蚀本金。同理，债券偿付的安全系数也会下降，债券投资者要承担市价下跌损失或逾期偿付的损失。第三，破产风险。发行企业因经营不善而导致破产，是一种高度风险，意味着证券投资者股利或利息全无，被迫承担证券贬值损失和变现能力损失（停牌，无法交易），投入的本金仅能得到部分补偿，甚至丧失殆尽。

② 违约风险。即企业不能按照证券发行契约履行承诺而给证券投资者带来的损失。具体分析发行公司的违约风险，可分为以下两种：第一，无力履行承诺。这种情形在很大程度上缘于企业的经营风险，即企业资产使用效率低下，利润下滑，现金流量不足或其他突发原因而导致发行公司无法满足股票投资者的期望收益和按期支付债券本息。这种违约风险并非发行公司的本意，是无意违约风险。如预告下期利润会增长 30％，后因突发事故或原材料上涨等原因而无法实现。第二，故意不予履行承诺。它是发行公司有能力履行承诺而不予履行的违约风险，可能是大股东人为操纵，或者企业信誉不佳，或者是故意欺诈等，它实质

上是一种道德风险。

（3）投资者自身的风险。投资者自身的风险是指投资者投资决策失误而蒙受损失的可能性。如投资者错误判断了证券的素质，未能准确把握买卖的时机和买卖价位，缺乏投资技巧和分析技术等。

具体分析，投资者的投资风险由两个因素构成：即素质不佳和信息缺乏。投资者的素质包括专业素质和心理素质。专业素质是指投资者必备的证券投资专业知识、技巧和经验，如宏观经济的基本面知识、行业经济的基本面知识、证券投资分析技术知识及专业实践经验等。心理素质主要是指投资者对证券价格波动的自我控制能力、证券投资的理念态度及对证券市场内外部环境变化的适应和洞察能力。信息缺乏是指投资者无法充足、及时地获得证券市场的相关信息，它可能源于信息本身的不畅，或获取信息的成本过高，或投资者捕捉信息的能力不足等。

在整个证券投资过程中，都蕴含着风险因素，一切回避风险的企图都是徒劳的，它是客观存在的。证券投资风险也是对投资证券行为的一种约束，但它提供了一种获取风险收益的机会，投资者必须树立风险价值观念。另外，不同对象的证券投资、不同证券投资的目的、不同的证券投资方式与技术，所面临的证券投资风险也各不相同，投资者应注重投资时机的选择、投资方式的运用，提高投资收益，降低投资风险。

二、债券投资管理

（一）债券和债券投资的含义

债券是由公司、金融机构或政府发行的，为筹集资金，向债权人发行的，在约定时间支付一定比例的利息，并在到期时偿还本金的一种有价证券。目前，我国的债券中，国债占有绝对比重，债券多为一次还本付息和利随本清式存单型债券，且单利计算，平价发行，企业债券利率相对较低。

债券投资是指投资者将资金投资于债券以获利的间接投资行为。

（二）债券投资的优缺点

1. 债券投资的优点

（1）本金安全性高。与股票相比，债券投资风险较小。政府发行的债券有国家财力作后盾，其本金的安全性非常高，通常视为无风险证券。企业债券的持有者拥有优先偿还权，即当企业破产时优先于股东分得企业资产，因此，其本金损失的可能性较小。

（2）投资收益稳定。债券票面一般都标有固定利息率，债券的发行人有按时支付利息的法定义务。因此，在正常情况下投资于债券都能获得比较稳定的收入。

（3）市场流动性好。许多债券特别是政府及大企业发行的债券都可以在金融市场上迅速出售，流动性好。

2. 债券投资的缺点

（1）无经营管理权。投资债券只是获得收益的一种手段，而无权对债券发行单位施加影响和控制。

（2）购买力风险较大。债券的面值和利息率在发行时就已确定，如果投资期间的通货膨胀率比较高，则本金和利息的购买力将受到不同程度的侵蚀。在通货膨胀率非常高时，投资者虽然名义上有收益，但实际上却发生损失。

（三）债券估价模型

在进行债券投资时，首先要弄清所选的债券的市价是多少，是否值得投资。这就需要对债券的价值进行估计，即对债券的内在价值进行评价。进而决定企业什么情况下进行债券投资，只有市价低于内在价值时才值得投资。

债券的内在价值是指按投资者要求的期望收益率对未来获得的利息和收回的本金的折现的现值。

1. 基本模型

这是针对典型的按年付息、到期还本的债券的估计方法。按照现金流量折价模型，其一般计算公式为：

$$V = \sum_{t=1}^{n} \frac{I}{(1+R)^t} + \frac{M}{(1+R)^n}$$
$$= I \times (P/A, R, n) + M \times (P/F, R, n)$$

式中：V 为债券价值；M 为债券面值；I 为债券的年利息；R 为市场利率（期望的报酬率）；n 为债券的投资期。

【例 5-1】 泰达公司 2021 年 2 月 1 日购买一张面值为 1 000 元的债券，其票面利率为 9%，期限为 8 年，每年 1 月 31 日付息一次，到期还本，该债券已发行 3 年。当前市场利率为 12%，该债券的市价为 850 元。问：该公司是否可以投资？

解： 该债券估价为：

$$V = 1\,000 \times 9\% \times (P/A, 12\%, 5) + 1\,000 \times (P/F, 12\%, 5)$$
$$= 90 \times 3.604\,8 + 1\,000 \times 0.567\,4$$
$$= 891.83（元）$$

分析：市场价格为 850 元，低于公司估价，所以值得买进，可以投资。

2. 一次还本付息且不计复利的债券估价模型

我国很多债券属于一次还本付息且不计复利的债券，其估计计算公式为：

$$V = (M + M \times i \times N) \times (P/F, R, n)$$

式中：V 为债券价值；M 为债券面值；i 为债券的年利息率；R 为市场利率（期望的报酬率）；N 为债券发行期；n 为债券的投资期。

【例 5-2】 某企业拟购买另一家企业发行的利随本清的企业债券，该债券面值为 2 000 元，期限 3 年，票面利率为 5%，不计复利，当前市场利率为 6%。问：该债券发行价格为多少时，企业才能买？

解： $V = (2\,000 + 2\,000 \times 5\% \times 3) \times (P/F, 6\%, 3) = 1\,718.79（元）$

即债券发行价必须低于 1 718.79 元时，企业才能进行投资。

▶ **你也能做**
NIYENENG ZUO

某企业 2021 年 1 月 1 日购买面额为 1 000 元的 10 年期债券，其票面利率为 9%，每年计息一次，当前市场利率为 8%，债券的发行价为 1 080 元。问：该债券是否值得投资？

（四）债券投资收益率的衡量

1. 债券投资的名义收益率

债券投资的名义收益率，指不考虑时间价值与通货膨胀因素影响的收益水平，包括到期收益率与持有期间收益率。

$$到期收益率 = \frac{(\sum 利息 + 面值 - 买价) \div 持有年限}{买价}$$

$$持有期间收益率 = \frac{(\sum 利息 + 卖价 - 买价) \div 持有年限}{买价}$$

【例5-3】 某人2020年7月1日按1 050元购买甲公司2020年1月1日发行的5年期债券,面值1 000元,票面利率为4%,每年12月31日付息,到期还本的债券,2021年1月1日以1 090元的价格出售。要求:计算该投资人持有期间投资收益率。

解: $持有期间收益率 = \frac{(1\,000 \times 4\% + 1\,090 - 1\,050) \div 0.5}{1\,050} = 15.24\%$

▶ **你也能做**
NIYENENG ZUO

假定例5-3投资人债券持有到期,该投资人持有到期收益率是多少?

2. 债券投资的实际收益率

一般来说,不考虑时间价值及通货膨胀因素计算得到的名义收益率不能作为债券投资决策的依据。例如,票面利率相同的两种债券,一个每年付息一次,另一个到期一次性还本付息,其实际的收益水平显然是不同的。同样,如果不考虑通货膨胀因素,投资者便无法确切地掌握投资的保值增值情况以及名义收益率与实际利率的差异。因此,在衡量长期到期债券收益时,就不仅要考虑通货膨胀的影响,而且必须考虑时间价值的因素。

债券投资的实际收益率是按复利计算的,能使未来现金流入现值等于债券购买价格的贴现率。下面分别对两种不同付息方式的债券投资的实际收益率进行计算。

(1) 分年付息、到期还本方式债券的实际收益率。它与投资项目评估中的内含报酬率在本质上是一致的。其计算方法是求解含有贴现率的方程,即:

债券购买价格 = 未来现金流量现值

$$P_{买} = \sum_{t=1}^{n} \frac{I}{(1+R)^t} + \frac{M(P_{卖})}{(1+R)^n}$$
$$= I \times (P/A, R, n) + M(P_{卖}) \times (P/F, R, n)$$

式中: $P_{买}$ 为债券的购买价格; $P_{卖}$ 为债券的中途出售价格; M 为债券到期收回的本金; R 为债券投资实际收益率; I 为年固定利息; n 为债券的投资期。

具体计算,可用试误法,并结合插值法。

【例5-4】 某公司于2017年1月1日以930元购买一张面值1 000元的债券,其面值利率为8%,每年12月31日计算并支付一次利息,该债券于2021年12月31日到期,按面值收回本金。要求:计算该债券的实际收益率。

解: $930 = 1\,000 \times 8\% \times (P/A, R, 5) + 1\,000 \times (P/F, R, 5)$

假设:实际收益率为9%,则计算如下:

$1\,000 \times 8\% \times (P/A, 9\%, 5) + 1\,000 \times (P/F, 9\%, 5)$
$= 80 \times 3.890 + 1\,000 \times 0.650$
$= 961.2(元)$

961.2 元大于 930 元,说明其实际收益率应大于 9%,用 10% 再一次进行测试,计算如下:

$$1\,000 \times 8\% \times (P/A, 10\%, 5) + 1\,000 \times (P/F, 10\%, 5)$$
$$= 80 \times 3.791 + 1\,000 \times 0.621$$
$$= 924.28(元)$$

利用插值法,该债券的实际收益率为 9.85%。

(2) 一次还本付息且不计复利方式下债券的实际收益率。其计算公式为:

$$P_买 = (M + M \times i \times N) \times (P/F, R, n)$$
$$或 \quad P_买 = P_卖 \times (P/F, R, n)$$

式中:$P_买$ 为债券的购买价格;$P_卖$ 为债券的中途出售价格;M 为到期的本金;i 为债券的年利息率;R 为债券的实际利率;N 为债券发行期;n 为债券的投资期。

【例 5-5】 某公司 2021 年 2 月 1 日平价购买一张面额为 1 000 元债券,其票面利率为 8%,按单利计息,5 年后的 1 月 31 日到期,一次还本付息。要求:计算其到期实际收益率。

解:
$$1\,000 = (1\,000 + 1\,000 \times 8\% \times 5) \times (P/F, R, 5)$$
$$(P/F, R, 5) = 1\,000/1\,400 = 0.714$$

查复利现值系数表可知,5 年的现值系数等于 0.714 时,$R = 7\%$。

三、股票投资管理

(一) 股票及股票投资的含义

股票是指股份公司发给股东的所有权凭证,是股东借以取得股利的一种有价证券。

股票投资是指投资者买入股份公司的股票。股票的持有者即为该公司的股东,对该公司财产有要求权。

股票投资的目的一般是为了获得股利和买卖价差;购买某一大量股票的目的通常是为了控制该企业。

(二) 股票投资的优缺点

1. 股票投资的优点

(1) 期望收益高。股票的价格虽然变动频繁,但从长期来看,优质的股票的价格总是上涨的居多,只要选择得当,都能取得优厚的投资收益。

(2) 购买力风险低。普通股票的股利不固定,在通货膨胀率较高时,由于物价普遍上涨,股份公司盈利增加,股利的支付也随之增加,因此,与固定收益证券相比,普通股票能有效降低购买力风险。

(3) 拥有经营控制权。普通股股东属股份公司的所有者,有权监督和控制企业的生产经营情况。因此,欲控制一家企业,最好是收购这家企业的股票。

2. 股票投资的缺点

股票投资的主要缺点是投资风险大。主要因为:

(1) 价格不稳定。普通股的价格受众多因素影响,如政治因素、经济因素、投资人心理因素、企业的盈利情况等,很不稳定。

(2) 收入不稳定。普通股股利的多少,取决于企业的经营状况和财务状况,其有无、多少都无法有法律上的保证，收入的风险也远远大于固定收益证券。

▶ **小心地雷**
XIAOXIN DILEI

2008 年是极其不平常的一年，"百年一遇"的事件如此集中，为历史罕见。其中，"百年一遇"的金融危机正影响着全球经济的发展，美国《时代》周刊近期评出 2008 年度十大新闻，列第一位的就是美国金融动荡引发的全球经济衰退。回顾 2008 年，我们深刻感受到了全球股市、汇市、商品市场的种种剧烈波动。

不过，2008 年的严峻局势，在年初开局的时候并没有多少人意识到。尽管美国次贷危机在 2007 年已经爆发，2007 年三季度许多投资银行大量计提减值准备，次贷危机的损失已经明显地体现出来，但大家依然没有意识到这将演变为一次严重的金融危机。然而，一进入 2008 年，全球股市就步入下跌通道，只是一开始比较缓慢，没有给人一种暴风雨即将来临的感觉。

美国股市方面，道琼斯指数自 2007 年 10 月创下 14 198.8 点的历史新高，2008 年年初就跌破了 13 000 点，但在 12 000 点关口徘徊了半年。中国 A 股跌势要大很多，上证指数 2008 年 1 月下跌了 16.69%，由 5 000 点来到 4 000 点，没有想到的是，这仅仅是下跌的开始。

10 月份，一场更大的暴风雨来临了。具有 158 年历史的雷曼兄弟公司宣布申请破产保护，美林证券被美国银行收购，这样，加上之前贝尔斯登被收购，华尔街五大投行只剩下高盛和摩根士丹利两家，然后这两家也已是风雨飘摇、满目疮痍。加上全球最大的保险公司——AIG（美国国际集团）要求政府救助，人们意识到次贷危机的严重性。美国次贷危机演变为席卷全球的金融危机，全球股市出现全面暴跌。美国股市首当其冲，道琼斯指数跌破万点大关后一路下跌到 7 884 点，创下多年来的最大月跌幅，指数回到 10 年前的水平；标准普尔指数 2008 年最低点和 2007 年最高点相比跌了一半。其他市场比美国股市受到的伤害更大，德国、法国、英国欧洲三大股市的指数，与 2007 年最高点相比，2008 年最低点基本上也是指数打了对折。俄罗斯股市跌幅超过 70%，冰岛股市跌幅更是超过 90%。

亚洲股市方面，日本东京日经 225 指数 2007 年最高为 18 300 点，2008 年最低 6 995 点，跌幅超过 60%；中国香港地区恒生指数 2007 年最高点为 31 958 点，2008 年最低点只有 10 676 点，最大跌幅达到 67%。中国 A 股也在 10 月份急剧下跌，上证指数 10 月份最低探至 1 664.93 点，这个月的跌幅高达 24.63%，为 14 年来最大月跌幅。上证指数从 2007 年 10 月创造的最高点 6 124.04 点到 2008 年 10 月最低点 1 664.93 点，跌幅高达 72.81%，创下十多年来最短时间的最大跌幅，绝大部分投资者损失惨重，很多人血本无归。

（三）股票估价

对股票投资要确定股票的价值，然后在合适的价位买入。股票的价值是指其预期的未来流入量的现值。它是股票的真实价值，又称"股票的内在价值"或"理论价值"。股票价格是股票在证券市场上的交易价格。这是市场上买卖双方进行竞价后产生的双方均能接受的价格。但以多少价位买入，必须要知道股票的内在价值，这就要对股票的价值进行估计。

股票估价的基本模型：

$$V = \sum_{t=1}^{\infty} \frac{D_t}{(1+R_s)^t}$$

式中：V 为股票价值；D_t 为第 t 年的股利收入；R_s 为贴现率。

它是现金流量折价模型中在股票估价中的应用，称为股利折现模型（DDM）。直接使用上述公式确定股票的内在价值，要求投资者预测所有未来的股利收入，这几乎是不可能的事。但如果对股票股利作一定的假设，就可以简化上述公式，其应用也成为可能。下面分别介绍不同股利增长假设的三个应用模型。

1. 零增长股票的估价模型

零增长假设是指股票股利在若干时期内维持不变。因此，零增长模型常被应用于优先股内在价值的确定。由于优先股股利是一项永续年金,优先股的内在价值就是永续年金的现值。

$$V = \sum_{t=1}^{\infty} \frac{D_t}{(1+R_s)^t} = \frac{D}{R_s}$$

【例5-6】　假设某公司每年分配股利 1.50 元,最低收益率为 16%。问:股票价值是多少?

解:
$$V = D/R_s = 1.50 \div 16\% = 9.38(元)$$

2. 固定增长股票的估价模型

固定增长模型是基于股利在一个时期内按固定比例 g 增长的假设,因此有:

$$V = \frac{D_0(1+g)}{R_s - g} = \frac{D_1}{R_s - g}$$

式中:D_1 为预计第一年年末的股利;R_s 为贴现率;g 为股利增长率。

【例5-7】　某公司股票投资必要收益率为 16%,现欲购买 A 公司股票,假定 A 公司当前股利 $D_0 = 1.50$ 元,且预期股利按 12% 的速度增长。问:该股票的价值是多少?

解:
$$V = \frac{D_1}{R_s - g} = \frac{1.50 \times (1+12\%)}{16\% - 12\%} = 42(元)$$

▶**你也能做**
NIYENENG ZUO

某企业现有一笔资金可用于甲、乙两种股票投资,期限两年,预计年股利额分别为 2 元/股、3 元/股,两年后市价分别可望涨至 28 元、32 元。现市价分别为 26 元、30 元,企业期望报酬率为 12%。问:投资哪种股票有利?

▶**身边的事**
SHENBIAN DE SHI

你的朋友有闲置的资金想要进入股市进行投资,但是股市有那么多的股票,要买入哪只股票时应如何进行决策,你能帮他分析一下吗?

3. 阶段性增长股票的估价模型

第一步,计算出非固定增长期间的股利现值;

第二步,找出非固定增长期结束时的股价,然后再算出股价的现值;

第三步,将上述两个现值加总,其和即为阶段性增长股票的价值。

在股票投资时还必须进行市盈率分析。所谓市盈率,是指股票的价格与该股上一年度每股税后利润之比,该指标为衡量股票投资价值的一种动态指标。

市盈率=每股市价÷每股收益
股票价格=该股票市盈率×该股票每股收益
股票价值=行业平均市盈率×该股票每股收益

(四)股票投资收益的衡量

企业进行股票投资的主要目的还是为了获得投资收益,股票投资的收益包括平时的股息或红利收入和转让时的买卖差价。投资收益率是进行股票投资决策的重要指标。下面分别介绍一下名义收益率和实际收益率计算方法。

1. 股票投资的名义收益率

$$持有期间收益率 = \frac{\left[\sum 股利 + (卖价 - 买价)\right] \div 持有年限}{买价}$$

【例5-8】 某企业2019年年初以45元的市价购入10 000股A公司股票,到年末分得现金红利2元/股,该年末股票市价已涨至48元/股。2020年年末该企业在获得了2.5元/股红利后,随即按52元/股的市价将所持有的A公司股票全部出售。

$$持有期间收益率 = \frac{\left[2 \times 10\ 000 + 2.5 \times 10\ 000 + (52 - 45) \times 10\ 000\right] \div 2}{45 \times 10\ 000} \times 100\%$$
$$= 12.78\%$$

2. 股票投资的实际收益率

股票投资的实际收益率是在名义收益率的基础上,剔除通货膨胀影响,并考虑时间价值因素得到的收益水平。股票投资实际收益率是投资者现金流出现值等于现金流入现值的折现率。下面以固定股利增长模型为例来说明。

根据固定股利增长模型,可以得到:

$$P_0 = \frac{D_0(1+g)}{R_s - g} = \frac{D_1}{R_s - g}$$

把公式移项整理,可以得到:

$$R_s = \frac{D_1}{P_0} + g$$

【例5-9】 有一只股票的价格为20元,预计下一年的股利是1元,该股利以大约10%的速度持续增长。要求:计算该股票的期望报酬率。

解:
$$R = \frac{1}{20} + 10\% = 15\%$$

如果用15%作为必要报酬率,则一年后的估价为:

$$P_1 = \frac{1 \times 110\%}{15\% - 10\%} = 22(元)$$

如果现在用20元购买该股票,年末将收到1元的股利,并且得到2元的资本利息。

$$总收益率 = 股利收益率 + 资本利得收益率$$
$$= \frac{1}{20} + \frac{2}{20}$$
$$= 15\%$$

这个例子验证了股票期望收益率模型的正确性。该模型可以用来计算特定公司风险情况下股东要求的必要收益率,也就是公司的权益资本成本。这就是说,股东期望或者说要求公司赚取15%的收益。如果股东要求的大于15%,就不会进行某种投资,如果股东的要求小于15%,就会争购该股票,使得价格升上去。既然股东接受了20元的价格,就表明他们要求的是15%的收益率。

如果例 5-8 中的购买企业是你所在的公司,那么请你帮公司算算其实际收益率。

进行股票投资经常使用的工具:

(1) 市盈率。市盈率越低,代表投资者能够以较低价格购入股票以取得回报。每股盈利的计算方法,是该企业在过去 12 个月的净收入除以总发行已售出股数。假设某股票的市价为 24 元,而过去 12 个月的每股盈利为 3 元,则市盈率为 24÷3＝8。该股票被视为有 8 倍的市盈率,即每付出 8 元可分享 1 元的盈利。投资者计算市盈率,主要用来比较不同股票的价值。理论上,股票的市盈率越低,越值得投资。比较不同行业、不同国家、不同时段的市盈率是不大可靠的。比较同类股票的市盈率较有实用价值。

(2) OX 图。亦称“点线图”或“圈叉图”,是用以进行证券投资技术分析,进而观察未来股份变动方向而绘制的一种分析图。OX 图以符号“O”表示股价下跌,以符号“X”表示股价上涨。OX 图除了能应用在大势研判以外,亦可用于分析个别股的股价变动方面。OX 图有三种最基本的功能:第一,可以表现多空间强弱情势与变化;第二,可以显示抵抗区域的位置;第三,可以观察中长期大势与个别股股价变动的方向。因此,它能提供投资者买进时机与卖出时机,告诉投资者何处有支撑与阻力以及股价变动方向的延续性和有效性等。

(3) K 线。亦称“阴阳线”或“红黑线”,是指将股市每日、每周或每月的股价变动用图形表示,依照形状,依照形状评判股价未来动态的一种方法。投资者为了确保个人利益,需要预测买卖双方在次日、在下周或是在下个月孰占优势,以便决定是加入买方还是卖方的行列。K 线就是将买卖双方实战结果用图形表示出来,借以分析买方与卖方的增减与转变进程。K 线理论是股票技术分析中最容易被投资者接受的方法之一,它包括 4 个部分,即开盘价、最高价、最低价、与收盘价。K 线与 OX 图一样,除能用于大势的研判以外,还可以用于观察个别股的股价变动方面。所不同的只是,K 线是将每日涨跌情形用于形状表示,而 OX 图则是用“O”和“X”来表示涨跌。

四、基金投资管理

(一) 基金的概念和种类

1. 基金的概念

基金又称为投资基金,是一种利益共享、风险共担的集合投资制度。它通过发行基金证券,集中投资者的资金,交由基金托管人托管,由基金管理人管理,主要从事股票、债券等金融工具的投资。

2. 基金与股票、债券的区别

(1) 基金证券的概念。基金证券或称投资基金证券,是指由基金发起人向社会公开发行的,表示持有人按其所持份额享有资金所有权、收益分配权和剩余资产分配权的凭证。按照基金的发起和建立方式的不同,基金证券可分为“基金受益证券”和“基金股票”两种。

(2) 基金证券与股票、债券的区别。基金证券是一种有价证券。虽然它自身并没有价值,但由于它代表着证券持有人的资产所有权、收益分配权以及剩余财产分配权等诸多权益,因而也能在市场上进行交易,并在交易过程中形成自己的价格。作为有价证券,基金证券有着与股票、债券共同的特征。

基金证券又有与股票、债券之间的明显区别。这些区别主要体现在以下几个方面:

第一,权利关系不同。基金证券是由基金证券发起人发行的。如果基金是发起人按照契约形式发起的,则投资购买基金证券的持有人与发起人之间是一种契约关系;如果基金是按照公司形式发起的,则通常先要组成基金公司,并由发起人组成董事会,由董事会决定基金的发起、设立、终止以及选择管理人和托管人等事项。证券持有人虽然也是公司的股东之一,但都不参与基金的运用。发起人与管理人、托管人之间完全是一种信托契约关系;股票是由股份公司发行的,股东对公司是一种股权关系;债券的投资者与发行者之间形成的是一种债权债务关系。

第二,投资者的经营管理权不同。通过发行股票筹集到的资金,完全可以由发行股票的股份公司掌握和运用,股票持有人也有权参与公司的经营管理决策;通过发行债券筹集到的资金,也是由发行债券的公司自主支配。而投资基金的运作机制则有所不同。无论是哪种类型的基金,其发起人和投资人都不直接从事基金的运作,而是委托管理人营运。投资者只分享基金的盈利和分红,不干预基金的管理和操作。

第三,风险和收益各不同相。投资基金是委托专门的投资机构进行分散组合投资,因而可以分散和降低投资风险。从风险程度上看,投资于基金证券的风险要小于对股票的投资,但大于对债券的投资。投资于基金证券的收益是不固定的,这一点不同于债券而类似于股票。从收益上看,基金证券的投资收益一般小于投票投资,但大于债券投资。因此,一般认为基金证券是一种风险低于股票,收益高于债券的有价证券。

第四,存续时间不一致。每一种类型的投资基金都有规定一定的存续时间,期满终止。这一点类似于债券投资。与债券投资所不同的是,也可以期满后再延续。封闭式基金在存续期间不得随意增减基金证券,持有人只能通过交易市场买卖基金证券。从这一点看,投资于基金证券又类似于股票投资。与股票投资所不同的是,开放式基金可以随时增加或减少基金证券,持有人可以按基金的资产净值向公司要求申购或赎回其所持有的单位或股份。

3. 投资基金的特征

投资基金的基本功能是汇集众多投资者的资金,交由专门的投资机构管理,由证券分析专家和众多投资专家具体操作运用,根据设定的投资目标,将资金分散投资于特定的资产组合,投资收益归原投资者所有,代理投资机构作为基金的管理者,只收取一定的服务费用。其特征可以总结为:集体投资、分散风险、专家操作管理。具体来说,是由代理投资机构把众多的、非特定的投资者的资金集中起来,组成一个共同的财产进行投资代理。

4. 基金的分类

(1)基金按其法律地位进行分类,可以分为契约型基金和公司型基金。

① 契约型基金。它是由委托者、受托者和受益者三方订立信托投资契约,由经理机构(委托者)根据契约,运用信托财产进行投资,由受托者(信托公司或银行)负责保管信托财产,而投资成果则由投资者(受益者)享有的一种基金类型,是根据一定的信托契约原理组织起来的代理投资制度。

② 公司型基金。与契约型基金不同的是,公司型基金不是按照一定的信托契约,而是按照公司法组成以盈利为目的的股份有限公司进行营运。投资者经由购买公司股份成为股东,由股东大会选出董事、监事,再由董事、监事投票选出该公司的总经理,并选定某一投资管理公司来管理该公司的资产。这种基金股份的出售一般都委托专门的承销公司来进行。

公司型基金的当事人通常包括投资公司、管理公司、保管公司与承销公司四个。投资公司是公司型基金的主体,它以发行股票的方式筹措资金,其股东即为受益者,相当于契约型基金的受益凭证的持有者。管理公司在与投资公司订立管理契约之后,既要办理一切管理事务并收取管理报酬,又要为投资公司充当顾问,提供调查资料和服务。保管公司一般由投资公司指定的信托公司或银行充当。承销公司负责推销和回购公司股票。

(2) 根据投资标的划分,可分为国债基金、股票基金、货币基金、黄金基金、实业基金等。

① 国债基金。国债基金的主要投资对象是信用等级较高、流动性较强的各种国债,其目的是保证资本金安全,追求的是当期收入,是一种低风险的收益型基金。

② 股票基金。股票基金是最基本的基金品种之一,投资基金的投资对象就是股票,它通过对不同类型股票的投资选择,达到追求资本的增值,并最大限度地规避风险。

③ 货币基金。货币基金是以全球的货币市场为投资对象的一种基金,其投资工具期限在一年以内,包括银行短期存款、国库券、公司债券、银行承兑票据及商业票据等。通常,货币基金的收益会随着市场利率的下跌而降低,与债券基金正好相反。

④ 黄金基金和衍生证券基金。顾名思义,这类基金就是指以投资与黄金或其他贵金属及其生产和相关产业的证券为主要对象的基金和以衍生证券为投资对象的基金。

⑤实业基金。即进行实业投资的基金,如房地产投资基金。

(3) 根据投资目标,具体可划分为成长型基金、收入型基金、平衡型基金。

① 成长型基金。这是基金中最常见的一种,它追求的是基金资产的长期增值。为了达到这一目标,基金管理人通常将基金资产投资于信誉度较高,有长期成长前景或长期盈余的公司的股票。

在成长型基金中,还有更为进取的基金,即积极成长型基金,以及投资于特定行业的特殊性基金。

② 收入型基金。收入型基金主要投资于可带来收入的有价证券,以获取当期的最大收入为目的。收入型基金资产成长的潜力较小,损失本金的风险相对也较低,一般可分为固定收入型基金和权益收入型基金。

③ 平衡型基金。平衡型基金的投资目标是既要获得当期收入,又要追求长期增值,通常是把资金分散投资于股票和债券,以保证资金的安全性和营利性。

(4) 按照投资基金能否赎回,可以分为封闭型基金和开放型基金。

① 封闭型基金,是指在基金的存续时间内,不允许证券持有人赎回基金证券,不得随意增减基金证券,证券持有人只能通过证券交易所买卖证券。这种基金证券的资产比较稳定,便于经营,但价格受市场供求关系的影响较大。公司型的封闭型投资基金,其经营业绩对基金股东来说至关重要,在其经营业绩好时,股东可以通过超过基金净资产价值的证券价格获得较高的收益,但在其经营业绩不好时,投资人则会承担较大的亏损,带来较大投资风险。

② 开放型基金,是指在基金的存续时间内,允许证券持有人申购或赎回所持有的单位或股份,在基金发行新证券时,一般按基金的净资产价值加经销手续费出售基金证券,持有人赎回基金证券时,则按净资产价值减除一定比例的手续费作为赎回价格。由于开放型投资基金允许赎回,因此其资产经常处于变动之中,一般要求投资于变现能力较强的证券。

开放型基金与封闭型基金的差异具体如表 5-1 所示。

表 5-1   开放型基金和封闭型基金的比较

项目	开放型基金	封闭型基金
基金规模	不固定,可随时增减,可随时接受投资者申购和赎回	在封闭期内固定,到期清盘。规模扩大要报主管机构审批或核准
存续期限	没有预定的存续期限,理论上可以无限期存续,也可能因为投资者大量赎回而清盘	有固定的封闭期限,期满后清盘
交易方式	始终在基金投资者和基金管理人及其代理人之间进行,基金投资者之间不发生交易行为	在证券交易所上市或者以柜台交易方式转让,交易多数在基金投资者之间进行,基金投资者和基金管理人之间的交易,只在基金发起人认购和期满清盘时发生
交易价格	按照每日基金单位资产净值确定	市场竞价确定,相对于单位资产净值可能折价或者溢价
投资策略	强调流动性,不能尽数将募集资金用于长期投资,必须保留一部分现金及流动性资产	可将募集资金全部用于投资,并据此制定长期的投资策略,取得长期经营绩效
信息披露	每日公布基金单位净值,每季度公布资产组合,对披露要求更为严格	每周公布基金单位净值,每季度公布资产组合

(二) 基金投资的优缺点

1. 基金投资的优点

将资金投向投资基金的最大优点是能够在不承担太大风险的情况下获得较高收益。这是因为:

(1) 基金具有专家理财优势。基金的管理人都是投资方面的专家,他们在投资前均进行多种研究,这能够降低风险,提高收益。

(2) 基金具有资金规模优势。我国的投资基金一般拥有资金 20 亿元以上,这种资金优势可以进行充分的投资组合,能够降低风险,提高收益。

2. 基金投资的缺点

将资金投向投资基金的缺点主要有:

(1) 无法获得很高的投资收益。投资基金在投资组合过程中,在降低风险的同时,也丧失了获得巨大收益的机会。

(2) 在大盘整体大幅度下降的情况下,进行基金投资也可能会损失较多,使投资人承担较大风险。

五、证券组合投资

(一) 证券组合投资概述

投资者投资决策的原则是获得尽可能大的期望收益率,承担尽可能小的风险。如果仅投资于单个证券,决策选择将只有限种,为了获得更多的选择机会,投资者可以将资金按一定的比例分别投资于若干不同的证券上,这种投资方式叫证券的组合投资。

投资者通常不把其准备投资证券的所有资金都投资于某一特定的证券上,而是购买风险程度高低不同的数种证券,进行合理的投资组合。最常用的方法是"投资计划三分法",即把资金分为三部分,第一部分资金用于购买安全性高的债券或优先股,第二部分资金用于购买具有成长性的普通股,第三部分资金则作为准备金存入银行,以待最好的投资机会,或用来弥补意外的损失。

(二)证券投资组合的收益率衡量

证券投资组合的收益率等于各证券的收益率乘以其投资比重,其公式如下:

$$证券组合收益率 = \sum(各证券收益率 \times 权数)$$

【例5-10】 企业购入 A、B、C、D、E 五种证券,年均真实收益率分别为 20%、10%、12%、15%、9%,投资比重分别为 0.3、0.2、0.25、0.15、0.1。问:投资的组合收益率为多少?

解: 组合收益率 = 20% × 0.3 + 10% × 0.2 + 12% × 0.25 + 15% × 0.15 + 9% × 0.1
= 14.15%

(三)证券投资组合的风险衡量

证券组合风险的大小,并不是各证券风险的加权平均,它取决于单个证券的风险和各个证券收益间的相关程度(即协方差的大小),考虑到篇幅和难度,关于协方差的计算,这里不再讨论。

(四)证券组合投资的方法

进行证券组合投资的方法很多,但最常见的方法通常有以下几种:

1.选择足够数量的证券进行组合

这是一种最简单的证券组合方法。在采用这种方法时,不是进行有目的的组合,而是随机选择证券。随着证券数量的增加,可分散风险会逐步减少,当数量足够多时,大部分可分散风险都能分散掉。

2.把风险大、风险中等、风险小的证券放在一起进行组合

这种组合方法又称1/3法,是指把全部资金的1/3投资于风险大的证券,1/3投资于风险中等的证券,1/3投资于风险小的证券。一般而言,风险大的证券对经济形势的变化比较敏感,当经济处于繁荣时期,风险大的证券获得高额收益,但当经济衰退时,风险大的证券却会遭受巨额损失;相反,风险小的证券对经济形势的变化则不十分敏感,一般都能获得稳定收益,而不致遭受损失。因此,这种1/3的投资组合法,是一种进可攻、退可守的组合法,虽不会获得太高的收益,但也不会承担太大的风险,因此也是一种常见的组合方法。

3.把投资收益呈负相关的证券放在一起进行组合

把收益呈负相关的股票组合在一起,能有效地分散风险。例如,某企业同时持有两家汽车制造公司的股票和一家石油公司的股票,当石油价格大幅度上升时,这两种股票便呈负相关。因为油价上涨,石油公司的收益会增加,但油价的上升,会影响汽车的销售,使汽车公司的收益降低。只要选择得当,这样的组合对降低风险有十分重要的意义。

▶**他山之石**
TASHAN ZHI SHI

现在大家的理财意识越来越强,许多人认为"不要把所有鸡蛋放在同一个篮子里",这样即使某种金融资产发生较大风险,也不会全军覆没。但股神巴菲特却认为,投资者应该像马克·吐温建议的那样,把所有鸡蛋放在同一个篮子里,然后小心地看好它。对一个普通人来说,巴菲特认为只要有三家公司的股票就够了。他的理由同样是基于一个常识:买的股票越多,越可能购入一些对之一无所知的企业的股票。而通常对一家企业的了解越多,关注越深,你的风险越低,收益就越好。

证券投资是指投资者(法人或自然人)购买股票、债券、基金等有价证券以及这些有价证券的衍生品,以获取红利、利息及资本利得的投资行为和投资过程,是直接投资的重要形式。证券的种类很多,按照不同的标准可以分为不同的类别,主要有以下几种分类:按证券发行的主体,可以分为政府债券、金融证券和公司证券;按证券的期限,可以分为短期证券和长期证券;按证券的收益状况,可分为固定收益率证券和变动收益证券;按证券体现的权益关系,可分为所有权证券和债权证券。证券投资的风险是指证券的预期收益变动的可能性及变动幅度。与证券投资相关的所有风险称为总风险,总风险可分为系统风险和非系统风险两大类。股票投资的收益是指投资者从购入股票开始到出售股票为止整个持有期间的收入,这种收益由股息收入、资本损益和资本增值收益组成。债券的投资收益来自两个方面,一是债券的利息收益,二是资本损益。债券是由公司、金融机构或政府发行的,为筹集资金,向债权人发行的,在约定时间支付一定比例的利息,并在到期时偿还本金的一种有价证券。目前,我国的债券,国债占有绝对比重,债券多为一次还本付息和利随本清式存单型债券,且单利计算,平价发行,企业债券利率相对较低。债券的内在价值是指按投资者要求的期望收益率对未来获得的利息和收回的本金的折现的现值。债券投资的名义收益率,指不考虑时间价值与通货膨胀因素影响的收益水平,包括到期收益率与持有期间收益率。债券投资的实际收益率是按复利计算的、能使未来现金流入现值等于债券购买价格的贴现率。股票是指股份公司发给股东的所有权凭证,是股东借以取得股利的一种有价证券。对股票投资要确定股票的价值,然后在合适的价位买入。股票的价值是指其预期的未来流入量的现值。投资者投资决策的原则是获得尽可能大的期望收益率,承担尽可能小的风险。如果仅投资于单个证券,决策选择将只有有限种,为了获得更多的选择机会,投资者可以将资金按一定的比例分别投资于若干不同的证券上,这种投资方式叫证券的组合投资。进行证券组合投资的方法很多,但最常见的方法通常有以下几种:选择足够数量的证券进行组合;把风险大、风险中等、风险小的证券放在一起进行组合;把投资收益呈负相关的证券放在一起进行组合。

任务三　对外直接投资管理

一、联营投资管理

直接投资是企业对外投资的主要方式,包括多种投资形式。本任务主要介绍联营投资、兼并投资。

(一) 联营投资的概念、形式

1. 联营投资的概念

联营投资是与有关单位共同出资、组成联合经营的对外投资活动。联合经营是由若干个主体在自愿、平等、互利的基础上组成的经济组织。联合经营各方共同协商签订章程或契约合同,履行相应的手续、程序,承担相应的经济、社会责任。参加联合经营的各单位一般都具有一定的协作关系。

2. 联营投资的形式

联合经营企业是按照自愿平等、互惠互利,共同发展的原则,根据生产经营发展需要,采取多种形式建立起来的。就联营投资企业的经济联系程度来划分,可以分为如下三种形式:

(1) 紧密型联营投资。是联营投资各方通过联合注资组成新的法人实体,即联营企业。其主要特点有:第一,联营企业是具有法人资格的有限责任公司,对外独立承担民事责任,实行独立核算,自负盈亏。第二,联营企业实行董事会领导下的经理负责制。董事会是联营企业生产经营、财务管理的权力机构,具有独立的法人财产的经营权,实行人、财、物,产、供、销的统一管理。第三,参加联营企业的各联营方与联营企业具有平等的法律地位,都是独立的法人。第四,联营各方按联营企业章程以出资比例享有经营管理权,利润分配权,并承担相应的亏损风险。

（2）半紧密型联营投资。半紧密性联营是一种合伙型的联合经营。其主要特征有:联营体不具备法人资格;参与联营的各方共同经营、共同承担民事责任;各联营方仍然保留法人地位;各联营单位与联营企业有密切、稳定的生产经营关系等。

（3）松散型联营投资。松散型联营是指联营各方按联营协议协作生产和经营,承担风险和分配利润。其主要特征有:各联营方各自独立进行核算、自负盈亏;各联营方签订联营合同或协议,按协议进行协作生产或协作经营,承担相应风险和享受利润;一般设立一个联营的管理组织。

联营投资还可按不同的标准进行多种分类。如按联营生产经营内容分,有建立货源基地、加工基地、销售基地的联营;按联营的地域划分,有跨县（市）、跨省（区）或跨国的联营;按联营的产业划分,有商业联营、农商联营、农工商联营等。

（二）联营投资的管理

联营投资管理应该包括投资前的可行性分析、资产评估、投资的资金筹措、投资后的财务监控、投资收益分配、回收清算等。

1. 进行联营投资的可行性研究

根据企业发展战略的需要,选择联营企业,并对联营投资进行可行性研究。分析时,要对影响联营的各项因素进行调查,反复研究联营投资方案:综合考虑国家产业政策、财税政策、资本市场、商品市场、材料供应、技术水平、能源动力、交通运输等因素的状况及未来动态;联营项目是否满足企业发展战略的需要;联营项目规模是否经济;联营方的生产经营状况及其背景等。在此基础上选出投资收益最大化的方案。

联营投资的可行性研究一般分成以下步骤:

（1）选择投资机会、策划投资意向。根据宏观经济发展的状况和本企业战略发展的规划,讨论研究联营投资的方向、范围、时机等。

（2）进行调查研究,形成初步可行性研究方案。主要包括以下内容:联营项目产品的市场研究和初步的生产经营规划;投入物的供应数量、供应商;联营项目的场址;联营项目的设计方案（土建工程和设备工程等）;联营项目实施进度计划;联营项目的财务效益分析;关键技术的论证、联营组织机构的形式等。

（3）详细研究,形成详细可行性研究方案。在初步可行性研究的基础上,对初选的联营项目进行全面的分析和论证,明确联营项目的范围、投资、收入成本估算,从技术、经济、财务、内外环境等方面对初步方案进行评价并作出选择,提出结论性建议,确定联营项目的可行性,编制可行性研究报告。

2. 进行联营投资前的资产评估

联营企业各方以现金、实物资产、无形资产等投入到联营企业,如货币资金、房屋、机器设备、技术图纸、专利权等。资产评估时,必须注意各方投入联营企业的资产是联营企业生产经营所必须的;应该委托资产评估机构来评估各方投入的资产。

3. 筹集联营投资所需资金

企业间的联营,在很大程度上也是一种筹集资金的行为,根据规定下列资产可以向联营企业进行投资:先进的技术成果、商标、专利权;现有的固定资产和原材料存货等;未分配利润、盈余公积等自有资金。

但下列各项不得直接用于联营投资:应上交国家的税收、利润;国家拨付的指定用途的专款;农田不能直接对外投资,但依法征用的除外;另外,根据《公司法》的规定,企业对外投资的总额不得超过其净资产的一半。

4. 加强对联营企业的财务监管,实现联营投资的目标

联营企业成立以后,可以依法独立地开展生产经营活动,进行独立的生产经营决策,联营投资方不能随意干预联营企业的生产经营管理的权力。但联营投资方作为联营企业的股东,有权决定联营企业的经营者,审议企业重大的筹资、投资和利润分配方案,实行必要的财务监管,从各方面支持联营企业的生产经营,实现联营投资的目标。

5. 合理分配联营企业的利润,正确核算投资收益

联营企业实现的净利润,应按国家规定的利润分配程序,在依法交纳企业所得税、提取盈余公积后,才能根据联营协议的规定来分配各方应得的利润。

联营企业利润分配时,应在平等互利的前提下。由参与联营投资的各方共同商定利润分配方法。分配利润时,应充分考虑联营企业未来发展,确定留分比例。对于不同形式的联营企业实行不同的利润分配方法:按投资各方投入资金的比例分配利润;只以一定的资源、场地等生产资料参与联营的,可以按一定的资金利润率或按固定分成比例参与联营利润分配;以专利权、商标权参与联营的,可以收取技术转让费,亦可以合理作价,参与联营利润的分配。

各联营企业应根据现行会计制度的规定,对联营的对外投资进行正确的会计核算,根据参与联营的具体形式,分别采用成本法、权益法等方法来核算对外联营投资的应有权益和投资收益。

6. 依法进行投资回收清算

联营企业因联营期满自动停业或因经营不善发生重大亏损被迫停业,应依法进行解散清算。清算工作由清算小组来完成。清算时要清算联营企业的各项资产和债权债务,在支付清算费用后,按下列顺序进行清偿:支付未付的职工工资、劳动保险等;支付未缴的税金;清偿联营企业的债务;根据联营协议分配剩余财产。

联营投资方应对收回的各项投资与长期投资的账面价值比较,其差额部分作为投资收益处理。

二、兼并投资管理

(一)兼并投资的概念与类型

1. 兼并投资的概念

兼并投资通常是指一家企业以现金、证券或其他形式购买其他企业的产权,使其他企业丧失法人资格或改变法人实体,并取得对这些企业决策控制权的投资行为。它是市场经济条件下优胜劣汰、优势企业对外投资扩充的结果。

兼并与合并、收购有许多相似之处。它的基本特点是:第一,有偿性。企业兼并是一种有偿的合并形式,通过购买来取得被兼并企业的产权,这与创设合并不同。第二,吸收性。

兼并企业通过有偿方式取得被兼并企业的资产,继承被兼并企业的债权、债务,被兼并企业失去法人资格,兼并企业保留法人资格和原有的企业名称。这与收购有所区别,在资产的收购中,收购方是无须承担债务的;在股权的收购中,被收购企业仍可以以法人实体存在,其产权可以是部分转让。

▶相关链接
XIANGGUAN LIANJIE

兼并、合并与收购在资本市场上统称为"并购"或"购并"。泛指在市场机制作用下企业为了获得其他企业控制权而进行的产权交易投资活动。兼并与收购的区别在于:①在兼并中,被合并企业作为法人不复存在;在收购中,被收购企业可仍以法人实体存在。②兼并后,兼并企业成为被兼并企业的所有者,是资产、债权、债务、股权的一同转换;收购后,收购企业是被收购企业的新股东,以收购出资的股本为限承担被收购企业的风险。③兼并多发生在被兼并企业财务状况不好、生产经营停滞或半停滞之时,兼并后一般需要重新整合其资产;而收购一般发生在企业正常生产经营状态,产权流动比较平和。

兼并投资的基本目的是:扩大企业市场占用率;扩大经营规模,实现规模经营;扩大企业经营范围,分散经营或综合化经营;谋求管理上和财务上的协同效应等。

2. 兼并投资的类型

企业兼并的形式多种多样,按不同的分类标准可划分为不同的类型:

(1)按双方产品和产业的联系划分,可分为横向兼并、纵向兼并、混合兼并。当兼并方与被兼并方处于同一行业、生产或经营同一产品,兼并使资本在同一市场领域集中时,则称为横向兼并。如两个生产工艺相同或相近的企业,兼并后可按兼并企业的要求进行生产或加工,如此,则可获得三个方面的效应:①购销上的规模效应,节约采购成本,扩大市场份额;②生产上的规模效应,通过并购将多个工厂置于同一企业的领导之下,可避免重复投资,集中研发费用,提高生产效率等;③管理上的规模效应,兼并经常伴随公司组织结构的调整和人力资源的整合,可节约管理和人力成本。

横向兼并能确立和巩固兼并企业在行业内的优势地位,扩大企业规模,但往往受到反垄断法律或政策的限制。

纵向兼并是生产工艺或经营方式上有前后关联的企业进行的兼并,是生产、销售的连续过程中互为购买者和销售者的兼并,也即上、下游企业间的兼并。如钢铁厂兼并铁矿厂、生产制冷剂的企业兼并空调厂等。这种兼并的主要目的是:①组成专业化生产,实现产、供、销一体化;②稳定原材料来源或扩大产品市场份额、节约采购成本或销售费用等。纵向兼并很少受到反垄断法律的限制。

混合兼并是对处于不同产业领域、产品属于不同市场,且与其产业部门之间不存在特别的生产技术联系的企业进行的兼并。如钢铁厂兼并某大型商场、石油公司兼并木材公司等。这种兼并的目的主要是:①通过分散投资、多样化经营降低兼并企业的风险,扩大市场活动范围;②实现从某一夕阳产业的战略转移;③获得降低资金成本、合理避税等财务上的协同效应等。

(2)按兼并的实现方式,兼并可分为承担债务式、现金购买式和吸收股份式。

承担债务式兼并是指在被兼并方资不抵债或资产债务相等的情况下,兼并方以承担被兼并方全部或部分债务为条件接受其资产,获得被兼并方的资产所有权和经营权。通过这种兼并,使被兼并方的生产要素转入兼并企业,成为兼并企业生产要素的一部分。

现金购买式兼并有两种方式:一是兼并方通过出资现金购买被兼并企业的全部资产取

得被兼并企业的资产所有权,从而使被兼并方成为兼并企业的分支机构或隶属企业,被兼并方成为除了现金以外没有其他资产的空壳,不得不从法律意义上消失;二是兼并方以现金通过股权市场协商购买被兼并公司的全部股权,以实现兼并的目的。

吸收股份式兼并是被兼并企业的所有者以被兼并企业的净资产作为股本投入到兼并方,成为兼并方企业的一个股东。兼并企业从而享有被兼并企业资产的占用、使用和处置的各种权利,同时承担相应的责任。

(二)兼并投资的管理

1. 进行市场调研,选择被兼并企业(即目标公司)

根据企业所需的内外部环境和企业的发展战略,进行市场调查,选择目标公司。

2. 对被兼并企业的价值进行评估

对目标企业进行价值评估时,应聘请有资产评估资格的会计师事务所或投资银行进行,根据被兼并企业的不同类型和特点,选择合适的评估方法,确定目标公司的企业价值。

在兼并过程中,通常使用以下几种评估方法:

(1)重置成本法。即按资产全新情况下的现值或重置成本减去已使用年限的折旧,来确定被评估资产的价值。

(2)市场法。即按市场上近期同类资产的交易价格来评估确定资产的价值。

(3)收益贴现法。按兼并后的预期利润率计算收益的现值来确定被评估企业的价值。

(4)贴现现金流量法。即预测被兼并企业未来能带来的现金流量,以一定的贴现率贴现计算出被兼并企业的价值。

(5)账面净资产法。即以资产负债表上的净资产作为目标公司的价值。

前述(1)(2)两种方法适宜对被兼并企业单项资产的评估,评估后应进行加总,并减去企业的负债后,才是被兼并企业的价值。

3. 对兼并投资的成本进行分析

广义的兼并成本是指由于兼并而发生的一系列代价的总和。这些成本既包括兼并的完成成本,也包括兼并后的整合重组成本;既包括有形成本,也包括无形成本。具体来说应包括以下几个成本项目:

(1)兼并完成成本。即兼并行为发生的兼并价款和兼并费用。兼并价款是指在兼并过程中支付给被兼并方的现金、股票、其他资产等,这些资产应进行合理的评估。兼并费用是指兼并过程中发生的调查、策划、谈判、文本制定、资产评估、律师费等。

(2)整合和营运成本。它包括:整合改制成本,如安置多余人员、剥离无效资产、进行员工培训、配备管理人员等有关费用;注入资金成本,如向被兼并企业注入优质资产,拨付启动资金或开办费等。

(3)兼并的机会成本。即因实际兼并成本支付而放弃的其他项目投资的收益。

狭义的兼并成本仅仅指兼并的完成成本。

在兼并过程中,应认真进行调查、预测,分项进行兼并成本的计算与分析,然后汇总与被兼并企业的价值进行比较,确定是否进行兼并投资。

4. 对兼并投资的风险进行分析

企业兼并是高风险的经营,应在关注各种收益、成本的同时,重视和规避兼并过程中的各种风险。兼并过程中的风险主要有以下几种:

（1）营运风险。是指兼并后，可能无法产生经营上、财务上的协同效应、市场份额效应或产生规模不经济等风险，甚至可能出现兼并企业被被兼并企业拖垮的风险。

（2）融资风险。企业兼并需要大量的资金。兼并后企业资金规模和资金结构会发生重大变化。融资风险具体包括：资金是否可以在时间上和数量上保证兼并的需要；筹资方式是否满足兼并的融资需求；兼并后的资金结构是否合理；现金支付后是否会影响企业正常的生产经营等。

（3）法律风险。各国法律对企业兼并、重组都作了相关的详细规定，程序复杂，导致兼并成本高、兼并风险大。

（4）体制风险。在我国国有企业的改革进程中，相当一部分企业的兼并行为是由于政府强行撮合的。过分强调优帮劣、富扶贫的解困行为，使兼并行为偏离了兼并要实现的目标，体制风险在兼并开始时就一直潜伏存在着。

企业兼并风险是客观存在的，复杂而多变，兼并企业应谨慎对待，尽可能去预测风险并合理规避，将兼并风险消除在兼并的各个环节中，最终实现兼并的成功。

5. 兼并的筹资安排

应根据兼并要实现的目标和兼并企业的资金结构现状合理选择增资扩股、发行债券、动用内部留存、卖方融资（即推迟支付）、银行贷款等方式来筹集兼并所需要的资金，在时间上、数量上、资金成本水平等方面满足兼并的需要。

6. 决策机关进行决策

在科学论证分析的基础上，与被兼并方进行谈判，形成兼并方案，包括兼并的方式、债权债务的安排、职工的安置等，然后提供企业权力机关进行决策。

7. 执行兼并方案

办理产权转移和财务交接手续；兼并完成后，依法办理工商注销和变更手续。

▶**身边的事**
SHENBIAN DE SHI

2008年9月3日，可口可乐公司宣布旗下全资公司将以总价179亿港元现金收购中国汇源果汁集团有限公司。可口可乐中国公关负责人李小筠透露，此次收购动机是"看好中国果汁饮料的发展潜力"。为了可口可乐的整体发展，公司希望不含汽饮料有很好的发展，汇源果汁将与美汁源、果粒橙、原叶茶等，共同丰富可口可乐饮料的品种。而可口可乐官方也表示，公司将致力于全方位发展饮料业务的，包括茶、水、果汁以及带汽饮料，以供消费者有更多选择。为配合这一发展策略，可口可乐公司计划通过此项收购加强饮料业务。收购成功后，凭借可口可乐全球的资源整合能力，将使消费者享受更好的果汁产品。

2009年3月18日，商务部表示，可口可乐并购汇源未通过反垄断调查，其收购会影响或限制竞争，不利于中国果汁行业的健康发展。商务部具体阐述了未通过审查的三个原因：第一，如果收购成功，可口可乐有能力将其在碳酸饮料行业的支配地位传导到果汁行业。第二，如果收购成功，可口可乐对果汁市场的控制力会明显增强，使其他企业没有能力再进入这个市场。第三，如果收购成功，会挤压国内中小企业的生存空间，抑制国内其他企业参与果汁市场的竞争。

▶**要点回顾**
YAODIAN HUIGU

企业对外直接投资是指以货币资金、实物资产或无形资产对其他企业进行的直接投资。投资行为结束后，企业仍参与被投资企业的生产经营活动。企业对外直接投资主要有三种方式：对外合资投资、对外合作投资、对外购并投资。方式不同，其特点也不同。企业对外投资时必须要进行周密的调查研究，进行各方面的预测,以期达到预期的目的。

▶本项小结
BENXIANG XIAOJIE

对外投资是指企业以购买股票、债券的方式或以货币资金、实物资产、无形资产等方式向企业以外的其他经济实体进行的投资。企业对外投资的目的是获取投资收益、分散经营风险、加强企业间的联合、控制或影响其他企业。证券投资是指投资者(法人或自然人)购买股票、债券、基金等有价证券以及这些有价证券的衍生品,以获取红利、利息及资本利得的投资行为和投资过程,是直接投资的重要形式。企业对外直接投资是指以货币资金、实物资产或无形资产对其他企业进行的直接投资。企业对外直接投资主要有三种方式:对外合资投资、对外合作投资和对外购并投资。

▶专业术语
ZHUANYE SHUYU

1. 对外投资   2. 实体投资   3. 证券投资

4. 股票   5. 债券   6. 投资风险

7. 投资收益率   8. 名义收益率   9. 实际收益率

10. 市盈率   11. 证券投资组合   12. 对外直接投资

13. 联营投资   14. 兼并投资

▶复习思考
FUXI SIKAO

1. 什么是对外投资?

2. 对外投资的目的是什么?

3. 对外投资的基本程序是什么?

4. 什么是证券、证券投资?

5. 证券如何分类?

6. 股票与债券各有什么特点?

7. 债券如何进行估价?

8. 如何确定债券的收益率?

9. 股票估价的基本模式有哪些?如何应用?

10. 如何进行证券投资组合?

11. 对外直接投资的方式有哪几种?

12. 对外直接投资的基本程序是什么?

▶课后练习
KEHOU LIANXI

一、单项选择题

1. 一般而言,下列证券的风险程度由大到小的正确顺序是( )。
   A. 政府债券、企业债券、金融债券   B. 金融债券、政府债券、企业债券
   C. 企业债券、金融债券、政府债券   D. 政府债券、金融债券、企业债券

2. 按证券体现的权益关系的不同,证券可分为( )。
   A. 短期证券和长期证券   B. 固定收益证券和变动收益证券
   C. 所有权证券和债权债券   D. 政府证券、金融证券和公司证券

3. 下列各项中,不属于证券投资风险的是( )。
   A. 利率风险   B. 流动性风险   C. 财务风险   D. 购买力风险

4. 下列各项中,不属于证券市场风险的是( )。

A. 违约风险　　　　　　B. 利率风险　　　　　　C. 通货膨胀风险　　　　D. 心理预期风险

5. 下列投资中,风险最小的是(　　　)。

    A. 购买政府债券　　　　　　　　　　　　　　　B. 购买企业债券

    C. 购买股票　　　　　　　　　　　　　　　　　D. 投资开发新项目

6. 在财务管理中,由那些影响所有公司的因素而引起的、不能通过多元化投资分散的风险被称为(　　　)。

    A. 财务风险　　　　　　B. 经营风险　　　　　　C. 系统风险　　　　　　D. 公司持有风险

7. 由于通货膨胀而使证券到期或出售中所获得的资金购买力减少的风险称作(　　　)。

    A. 违约风险　　　　　　B. 利息率风险　　　　　C. 购买力风险　　　　　D. 流动性风险

8. 下列各项中,属于债券投资的缺点的是(　　　)。

    A. 对企业资产和盈利的求偿权居后　　　　　　B. 购买力风险比较大

    C. 价格受众多因素的影响　　　　　　　　　　D. 收入不稳定,与企业经营状况有关

9. 基金在存续时间内,不允许证券持有人赎回基金证券,不得随意增减基金证券,证券持有人只能通过证券交易所买卖的基金是(　　　)。

    A. 契约型基金　　　　　B. 公司型基金　　　　　C. 开放型基金　　　　　D. 封闭型基金

10. 联营投资各方通过联合注资组成新的法人实体,这种联营投资是(　　　)。

    A. 紧密型联营投资　　　　　　　　　　　　　B. 半紧密型联营投资

    C. 合伙型投资　　　　　　　　　　　　　　　D. 松散型联营投资

二、多项选择题

1. 证券投资收益包括(　　　)。

    A. 资本利得　　　　　　B. 债券利息　　　　　　C. 股票股利　　　　　　D. 租息

2. 在计算长期证券的投资收益率时,下列说法正确的有(　　　)。

    A. 要考虑资金时间价值因素

    B. 要求的收益率越高,则其购买价格越高

    C. 可以采用插值法

    D. 投资收益率即为能使证券未来收益的现值等于购买价格时的贴现率

3. 下列各项中,能够影响债券内在价值的因素有(　　　)。

    A. 债券的价格　　　　　　　　　　　　　　　B. 债券的计息方式

    C. 当前的市场利率　　　　　　　　　　　　　D. 票面利率

4. 企业对外投资的目的有(　　　)。

    A. 影响或控制其他企业　　　　　　　　　　　B. 扩大经营规模

    C. 分散经营风险　　　　　　　　　　　　　　D. 谋求更高的收益

5. 企业如果进行有效的投资组合,应采取的措施有(　　　)。

    A. 将不同收益率的投资进行组合　　　　　　　B. 将不同风险的投资进行组合

    C. 将不同弹性的投资进行组合　　　　　　　　D. 将不同的投资方式进行组合

6. 按照投资的风险分散理论,以等量资金投资于 A、B 两项目,(　　　)。

    A. 若 A、B 项目完全负相关,组合后的风险完全抵销

    B. 若 A、B 项目完全负相关,组合后的风险不扩大也不减少

    C. 若 A、B 项目完全正相关,组合后的风险完全抵销

    D. 若 A、B 项目完全正相关,组合后的风险不扩大也不减少

7. 股票投资的优点有(　　　)。

    A. 能获得比较高的收益　　　　　　　　　　　B. 拥有一定的经营控制权

    C. 适当降低购买力风险　　　　　　　　　　　D. 本金可归还,安全性较高

8. 证券投资风险中的违约风险,可能由(　　　)情况造成。

A. 企业财务管理失误,不能及时清偿债务

B. 利息率变动引起证券价格变动而使投资人遭受损失

C. 自然原因如火灾引起的非常破坏事件

D. 投资人想出售有价证券但不能立即出售

9. 按照投资基金能否赎回,可以分为(　　)。

A. 契约型基金　　　　　B. 公司型基金　　　　C. 开放型基金　　　　D. 封闭型基金

10. 按兼并的实现方式,兼并可分为(　　)。

A. 混合兼并　　　　　　　　　　　B. 承担债务式兼并

C. 现金购买式兼并　　　　　　　　D. 吸收股份式兼并

三、判断题

1. 由于优先股的股利通常高于债券利息,所以优先股的信用等级一般高于同一企业债券的信用等级。

（　　）

2. 任何投资都要求对承担的风险进行补偿,证券投资组合要求补偿的风险包括不可分散风险和可分散风险。（　　）

3. 在通货膨胀不断加剧的情况下,变动收益证券比固定收益证券能更好地避免购买力风险。（　　）

4. 某项投资,其到期日越长,投资者受不确定性因素的影响就越大,其承担的流动性风险就越大。（　　）

5. 债券投资的购买力风险较小。（　　）

6. 封闭型基金价格受市场供求关系的影响较大。（　　）

7. 证券组合风险的大小,是各证券风险的加权平均数。（　　）

8. 兼并营运风险是指兼并后,可能无法产生经营上、财务上的协同效应、市场份额效应或产生规模不经济等风险,甚至可能出现兼并企业被被兼并企业拖垮的风险。（　　）

9. 基金按其法律地位进行分类,可以分为契约型与公司型两大基本类型。（　　）

10. 松散型联营是一种合伙型的联合经营。（　　）

▶ 项目训练
XIANGMU XUNLIAN

一、计算分析题

1. 某公司在 2019 年 1 月 1 日以 950 元价格购买一张面值为 1 000 元、期限为 5 年的到期一次性还本付息单利计息债券,债券票面利率 8%。要求:假定 2021 年 1 月 1 日该债券的市价为 982 元,此时卖出债券的投资收益率是多少?

2. 某公司准备购买一种面值为 1 000 元,票面利率为 8%,4 年期的债券,该债券每年支付一次利息。要求:

(1) 若市场利率为 15%,债券价值是多少?

(2) 若市场利率下降到 12%,债券价值是多少?

(3) 若该债券的购买价格为 950 元,则到期收益率是多少?

3. 甲企业计划利用一笔长期资金投资购买股票。现有 M 公司股票和 N 公司股票可供选择,甲企业只准备投资一家公司股票,已知 M 公司股票现行市价为每股 9 元,上年每股股利为 0.15 元,预计以后每年增长率为 6%;N 公司股票现行市价为每股 7 元,上年每股股利为 0.60 元,股利分配政策将一贯坚持固定股利政策。甲企业所要求的投资必要报酬率为 8%。

要求:(1) 利用股票估价模型分别计算 M、N 公司股票价值;

(2) 判断甲企业应投资哪只股票。

4. 某股东持有 K 公司股票 100 股,每股面值 100 元,投资最低报酬率为 20%。预期该公司未来三年股利成零增长,每期股利 20 元。预计从第四年起转为正常增长,增长率为 10%。

要求:计算该公司股票的内在价值。

5. A 企业于 2020 年 1 月 5 日以每张 1 020 元的价格购买 B 企业发行的利随本清的企业债券。该债券的面值为 1 000 元,期限为 3 年,票面年利率为 10%,不计复利。购买时市场年利率为 8%。不考虑所得税。要求:

(1) 利用债券估价模型评价 A 企业购买此债券是否合算?

(2) 若 A 企业于 2021 年 1 月 5 日将该债券以 1 130 元的市价出售,计算投资收益率。

6. 公司欲购买一家公司发行的每张面值 1 000 元、票面利率 12%、一次性还本付息(单利计息)、期限 6 年的债券,该债券已上市流通 3 年。公司的期望报酬率为 10%。要求:

(1) 若现行市价为 1 200 元,能否投资购买?

(2) 如果购买持有到期年收益率(名义收益率)是多少?

7. 某公司在 2021 年 5 月 1 日拟将 400 万元的资金进行证券投资,目前证券市场上有甲、乙两种股票可以买入。有关资料如下:

购买甲股票 10 万股,预计 2022 年、2023 年和 2024 年的 4 月 30 日每股可分得现金股利分别为 4 元、6 元和 7 元,并计划于 2024 年 5 月初以每股 50 元的价格将甲股票全部出售。

购买乙股票 80 万股,预计未来的 3 年中,每年 4 月 30 日每股均可获得现金股利 0.7 元,并计划于 2024 年 4 月 30 日以每股 6 元的价格将乙股票全部抛出。

要求:分别计算甲、乙两种股票的投资收益率,并确定该公司应投资于哪种股票。

二、案例题

案例一——巴菲特式投资六要素

(一) 案例目的

掌握企业证券投资要素分析。

(二) 案例资料

《美国新闻与世界报道》周刊在其最新一期文章中刊文介绍了巴菲特式投资的六要素,称巴菲特的神秘之处恰在于他简单有效的投资方式。巴菲特的投资方式究竟有什么要素? 文章列举了 6 点供投资者参考:

1. 赚钱而不要赔钱

这是巴菲特经常被引用的一句话:“投资的第一条准则是不要赔钱;第二条准则是永远不要忘记第一条。”因为如果投资一美元,赔了 50 美分,手上只剩一半的钱,除非有百分之百的收益,才能回到起点。巴菲特最大的成就莫过于在 1965 年到 2006 年间,历经了 3 个熊市,而他的伯克希尔·哈撒韦公司只有一年(2001 年)出现了亏损。

2. 别被收益蒙骗

巴菲特更喜欢用股本收益率来衡量企业的盈利状况。股本收益率是用公司净收入除以股东的股本,它衡量的是公司利润占股东资本的百分比,能够更有效地反映公司的盈利增长状况。根据他的价值投资原则,公司的股本收益率应该不低于 15%。在巴菲特持有的上市公司股票中,可口可乐的股本收益率超过 30%,美国运通公司达到 37%。

3. 要看未来

人们把巴菲特称为“奥马哈的先知”,因为他总是有意识地去辨别公司是否有好的发展前途,能不能在今后 25 年里继续保持成功。巴菲特常说,要透过窗户向前看,不能看后视镜。预测公司未来发展的一个办法,是计算公司未来的预期现金收入在今天值多少钱。这是巴菲特评估公司内在价值的办法。然后他会寻找那些严重偏离这一价值、低价出售的公司。

4. 坚持投资能对竞争者构成巨大“屏障”的公司

预测未来必定会有风险,因此巴菲特偏爱那些能对竞争者构成巨大“经济屏障”的公司。这不一定意味着他所投资的公司一定独占某种产品或某个市场。例如,可口可乐公司从来就不缺竞争对手。但巴菲特总是寻找那些具有长期竞争优势、使他对公司价值的预测更安全的公司。20 世纪 90 年代末,巴菲特不愿投资科技股的一个原因就是:他看不出哪个公司具有足够的长期竞争优势。

5. 要赌就赌大的

绝大多数价值投资者天性保守,但巴菲特不是。他投资股市的 620 亿美元集中在 45 只股票上。他的投资战略甚至比这个数字更激进。在他的投资组合中,前 10 只股票占了投资总量的 90%。晨星公司的高级股票分析师贾斯廷·富勒说:"这符合巴菲特的投资理念。不要犹豫不定,为什么不把钱投资到你最看好的投资对象上呢?"

6. 要有耐心等待

如果你在股市里换手,那么可能错失良机。巴菲特的原则是:不要频繁换手,直到有好的投资对象才出手。巴菲特常引用传奇棒球击球手特德·威廉斯的话:"要做一个好的击球手,你必须有好球可打。"如果没有好的投资对象,那么他宁可持有现金。据晨星公司统计,现金在伯克希尔·哈撒韦公司的投资配比中占 18% 以上,而大多数基金公司只有 4% 的现金。

(三)案例要求

结合巴菲特的观点,分析企业证券投资应考虑哪些因素。

案例二——海尔集团对外直接投资

(一)案例目的

掌握企业对外直接投资目的分析。

(二)案例资料

海尔集团年总收入 1 000 多亿元(约 140 多亿美元),其主要产品有空调、微波炉和彩色电视机,集团总部所在地山东青岛,成立日期 1984 年。公司近 10 年走对外扩张路线,主要进行了以下主要对外投资活动:

(1)1999 年 4 月,在美国南卡州建立了美国海尔工业园,投资超过 4 000 万美元,是中国对美国最大的绿地投资,其目的在于吸取美国的设计、研发和技术创新经验,同时也提高其全球品牌美誉度。

(2)2002 年 3 月,海尔买下纽约中城格林尼治银行大厦作为北美的总部。代表着海尔对美国市场的承诺,即海尔要在美国扎根下去。

(3)在美国一些成熟市场建立研发中心,如在洛杉矶和波士顿建立设计中心,在纽约设立营销中心等。

(4)2001 年 6 月,并购了意大利迈尼盖蒂冰箱工厂,加之在法国里昂和荷兰阿姆斯特丹的设计中心,在意大利米兰的营销中心,海尔在欧洲也实现了"三位一体"的本土化经营。

(5)2006 年 10 月,与三洋株式会社成立合资公司——海尔三洋株式会社,海尔以现金入股,占 60%;三洋以原冰箱事业开发团队整体进入合资公司。合作之后加上三洋的 270 万台冰箱制造能力打造了全球最强大的冰箱联合体。

(三)案例要求

结合上述资料分析企业对外直接投资的目的,判断海尔集团对外直接投资的目的。

案例三——清华电子公司与浮旦电子公司联营投资方案

(一)案例目的

掌握联营投资项目经济效益的评价分析。

(二)案例资料

北京清华电子公司与上海浮旦电子公司拟全资组建一家新企业——京浦电子公司。京浦电子公司准备生产新型电子计算机,项目分析评价小组已收集到如下材料:

(1)为组建该项合资企业,共需固定资产投资 12 000 万元,另需垫支营运资金 3 000 万元,采用直线法计提折旧,双方商定合资期限为 5 年,5 年后固定资产残值为 2 000 万元。5 年中每年销售收入为 8 000 万元,付现成本第一年为 3 000 万元(含支付的利息及技术转让费),以后随设备陈旧,逐年将增加修理费 400 万元。

(2)为完成该项目所需的 12 000 万元固定资产投资,由双方共同出资,每家出资比例为 50%,垫支的营运资金 3 000 万元拟通过银行借款解决。根据分析小组测算,京浦公司的加权平均资本成本为 10%,清华电子公司的加权平均资本成本为 8%,浮旦电子公司的加权平均资本成本为 12%。

（3）预计京浦公司实现的利润中有 20% 以公积金、公益金的方式留归京浦公司使用,其余的全部进行分配,清华公司和浮旦公司各得 50%。但提取出的折旧不能分配,只能留在京浦公司以补充资金需求。

（4）清华公司每年可以从京浦公司获得 800 万元的技术转让收入,但要为此支付 200 万元的有关费用。浮旦公司每年可以向京浦公司销售 1 000 万元的零配件,其销售利润预计为 300 万元,另外,浮旦公司每年还可从京浦公司获得 300 万元的技术转让收入,但要为此支付 100 万元的有关费用。

（5）设清华公司、浮旦公司和京浦公司的所得税均为 30%,假设从子公司分得的股利不再交纳所得税,但其他有关收益要按 25% 的所得税税率依法纳税。

（6）投资项目在第五年年底出售给当地投资者经营,设备残值、累计折旧及提取的公积金等估计售价为 1 亿元,扣除税金和有关费用后预计净现金流量为 6 000 万元。该笔现金流量清华公司和浮旦公司各分 50%,假设分回母公司后不再纳税。

（三）案例要求

1. 从经济效益角度对京浦合资联营项目进行评价。

2. 从清华公司、浮旦公司角度对联营项目进行经济效益的评价分析。

3. 你认为清华公司与浮旦公司联营的动机是什么?

4. 你认为清华与浮旦的联营属于什么类型的联营?

项目六 损益管理

知识目标：

1. 掌握收入的含义和构成；

2. 把握成本与费用的含义及区别；

3. 熟悉净利润的形成过程；

4. 掌握营业收入的预测方法；

5. 掌握成本费用预测的基本方法；

6. 认识成本费用决策、计划、控制与考核的方法；

7. 把握利润分配的原则和程序；

8. 熟悉股利分配的政策；

9. 掌握经营杠杆原理及其计算和应用；

10. 熟悉总杠杆原理及其计算和应用。

能力目标：

1. 初步懂得企业损益管理包括的内容；

2. 能灵活运用营业收入和成本费用的预测方法进行计算；

3. 具备针对不同企业选择正确的股利分配政策的能力；

4. 懂得利润分配的相关法律程序和原则；

5. 能运用经营杠杆和总杠杆解决一些现实问题。

教学重点：

1. 净利润的形成过程；

2. 营业收入的预测方法；

3. 成本费用的预测方法；

4. 利润分配的原则与程序；

5. 股利政策的类型及应用；

6. 经营杠杆系数的计算及应用；

7. 总杠杆系数的计算及应用。

教学难点：

1. 营业收入的预测方法；

2. 成本费用的预测方法；

3. 股利政策的类型及应用；

4. 经营杠杆系数的计算及应用；

5. 总杠杆系数的计算及应用。

案例导入

三一重工(600031)2017 年的营业收入是 383.35 亿,盈利 20.92 亿元,净利率为 5.81%,股利分配为 10 派 1.6 元;2018 年的营业收入是 558.22 亿,盈利 61.16 亿元,净利率为 11.29%,股利分配为 10 派 2.6 元;2019 年的营业收入是 756.66 亿,盈利 112.07 亿元,净利率为 15.19%,股利分配为 10 派 4.2 元。2020 年中报和三季报的财务出来后,又是一份不错的成绩单,虽然受疫情影响,但三一重工依旧保持良好的增长和盈利,三季报的营业收入是 728.92 亿,盈利 124.50 亿元,净利率为 17.47%,真正实现了销售规模增长和利润率增长的同步,同时股价也从 2017 年年初的 5.6 元/股一路上扬,2021 年 1 月 12 日增长到 45.7 元/股,股东财富有了极大的提高。

分析三一重工财务报表,发现三一重工 2017—2020 年除销售额持续增长外,利润率也是不断增长的,这说明企业的规模经济效应在发挥巨大作用。这与其他很多企业不同,其他企业是销售规模上升了,总利润也有所增加,而利润率却下降了,增长的是规模,牺牲的是效能,规模越大,风险也越大。从管理经济学角度来看,当企业销售规模增加后,固定成本在产品中会被摊薄,企业利润率因此也会增长。规模扩大,利润率适度提升,规模效应才能体现,如果企业的销售规模扩大是过度牺牲利润率,或者销售规模的增加,总利润却减少,就失去了做大的意义。

讨论:企业如何对收入、成本和利润进行预测？企业进行股利分配要考虑哪些因素？三一重工是如何进行股利分配的？

任务一 损益管理认知

一、损益管理的意义

在企业生产经营过程中,成本费用是生产经营过程中取得收入的必要支出。即销售商品或者提供劳务等经营活动会消耗相应的成本费用,同时通过从销售商品或者提供劳务等经营活动中取得的收入,才能补偿其在生产经营活动中的耗费,并重新购买原材料、支付工资等费用,这样,一定会计期间内的收入与其费用相配比之后,产生当期的利润,利润是企业一定时期的经营成果,反映了一定期间企业经营的盈亏。如何对企业产生的收入及发生的成本费用进行科学的管理,是提高企业经营管理水平,取得最大收益的保证。

二、损益管理的内容

(一) 收入管理

1. 收入的含义

根据《企业会计准则——收入》的定义,收入是企业在日常活动中形成的,会导致所有者权益增加的或二者兼而有之,与所有者投入资本无关的经济利益总流入。

▶ **相关链接**
XIANGGUAN LIANJIE

根据《企业会计准则——收入》对收入的定义,我们通常所指的收入是指企业的营业收入,除营业收入之外的其他收入,如营业外收入及投资收益等在利润的形成中确认。

2. 营业收入的确认

收入只有在经济利益很可能流入从而导致企业资产增加或负债减少,且经济利益的流入额能够可靠计量时才能予以确认。

3. 收入包括的内容

营业收入是指企业在从事销售商品或提供劳务等经营业务过程中取得的收入,分为主营业务收入和其他业务收入两部分。

(1) 主营业务收入。是指企业进行经常性业务取得的收入,如销售商品的收入和提供劳务的收入,是利润形成的主要来源。

(2) 其他业务收入。是指企业在生产经营过程中取得的除基本业务收入以外的各项收入,如出售材料和出租资产的收入等,同样也是利润形成的来源。

(二) 成本费用管理

1. 成本和费用的概念

(1) 成本是指企业在生产经营过程中对象化的、以货币表现的为达到一定目标或为了获得某项资产而应当或可能发生的各种经济资源的价值牺牲或代价。

(2) 费用是指企业在生产经营过程中发生的各种资金的耗费。

(3) 成本与费用之间的关系。

成本和费用是既相互联系又相互区别的两个概念。费用是一定期间的发生额,与时间发生关系,而成本是按一定的对象进行归集,与成本对象发生关系。费用是计算成本的基础。

企业进行产品的生产,必然要发生各种各样的耗费。企业在一定时期内为制造一定数量的产品所发生的资金耗费就是产品的成本。

▶ **小心地雷**
XIAOXIN DILEI

在日常工作和生活中,我们很容易把"成本"和"费用"混为一谈,比如,"你们公司这个月的成本是多少?",或者"这种产品的费用比较高"等说法。

2. 成本费用开支范围与分类

(1) 成本。成本是企业为生产经营商品和提供劳务等发生的各项支出。各企业所从事的生产经营活动性质不同,成本的范围也不尽相同。

工业企业的生产成本是指工业产品的制造成本,即工业企业生产过程中实际消耗的直接材料、直接人工、其他直接支出和制造费用。

① 直接材料。包括企业生产经营过程中实际消耗的原材料、辅助材料、备品配件、外购半成品、燃料、动力、包装物以及其他直接材料。

② 直接工资。包括企业直接从事产品生产人员的工作、奖金、津贴和补贴。

③ 其他直接支出。包括直接从事产品生产人员的职工福利费等。

④ 制造费用。是指企业各个生产单位(分厂、车间)为组织和管理生产所发生的各项费用,包括生产单位管理人员工资、职工福利费、保险费等

(2) 期间费用。期间费用是指企业在生产经营过程中发生的,与产品生产活动没有直接联系,属于某一时期耗用的费用。期间费用不计入产品生产经营成本,而是按照一定期间(月份、季度或年度)进行汇总,直接体现为当期损益。

工业企业期间费用包括管理费用、财务费用和销售费用。

① 管理费用。管理费用是指企业行政管理部门为管理和组织经营活动而发生的各项费用。包括:公司经费,工会经费,职工教育经费,劳动保险费,待业保险费,董事会费,咨询费,审计费,诉讼费,排污费,绿化费,税金(指企业按照规定支付的房产税、车船使用税、土地使用税、印花税等),土地使用费(海域使用费)土地损失补偿费,技术转让费,技术开发费,无形资产摊销,开办费摊销,业务招待费,坏账损失,存货盘亏、毁损和报废(减盘盈),其他管理费用。

② 财务费用。财务费用是指企业为筹集资金而发生的各项费用。包括利息支出,汇兑损失(减汇兑收益),银行及金融机构手续费。

③ 销售费用。销售费用是指企业在销售商品过程中所发生的费用。包括企业销售商品过程中发生运输费、包装费、装卸费、保险费、广告费、展览费,以及为销售本企业商品而专设的销售机构(含销售网点、售后服务网点等)的职工工资及福利费、类似工资性质的费用、业务费等经营费用。商品流通企业在购买商品过程中所发生的进货费用,也包括在内。

(三) 利润管理

利润是企业在一定期间生产经营活动的最终成果,也就是一定期间的收入与当期相关的成本费用相抵后的差额,收入大于成本费用之差为利润,反之则为亏损。

利润是企业在一定时期内的生产经营活动的所取得的经营成果,它是企业生存和发展的前提,也是企业经济效益的具体体现,因此,利润对于企业来说是最重要的,没有利润企业就不可能正常的生产和经营下去。企业生产和经营的目标就是不断提高企业的经济效益和盈利水平,这就要求企业在生产经营过程中不断分析影响企业利润的相关因素,并采取多种有效的措施和方案确保企业目标利润的实现。利润预测已经成为企业正常生产经营活动过程中的一项重要工作,受到企业管理层的高度重视。

根据新的会计准则中利润表的构成,在会计上主要有三组利润的概念,即营业利润、利润总额、净利润。

1. 营业利润的形成

$$营业利润=营业收入-营业成本-税金及附加-销售费用-管理费用-财务费用$$
$$-资产减值损失+公允价值变动收益+投资收益$$

2. 利润总额的形成

$$利润总额=营业利润+营业外收入-营业外支出$$

3. 净利润的形成

$$净利润=利润总额-所得税费用$$

其中,
$$营业收入=主营业务收入+其他业务收入$$
$$营业成本=主营业务成本+其他业务成本$$

在项目一中,我们已经讨论过了关于企业财务管理目标的问题,对比几种观点,从长远角度来看,企业应该将价值最大化作为财务管理的最终目标,而不是人们一直所推崇的利润最大化。即便如此,对于一个企业而言,企业要实现持续经营的目的,保证生产经营活动不间断地进行,必须要实现利润。利润是由一定会计期间的收入与费用配比得到的,所以,要求正确确认收入的产生,正确合理地划分成本费用,最大限度地降低企业的成本费用,实现合理范围内的利润最大化。

任务二　收入管理

一、营业收入的管理

(一)营业收入管理的意义

营业收入是企业生产成果的货币表现,也是一项重要的财务指标。有计划地组织产品销售,及时取得销售收入,加强销售收入管理,对于企业和整个国民经济都有重要意义。

1. 及时取得销售收入是补偿耗费、持续经营的基本前提

随着社会主义市场经济的建立,企业逐渐走向市场,成为适应市场要求,依法自主经营、自负盈亏、自我发展、自我约束的商品生产者和经营单位。企业只有面向市场,尽快地把生产出来的产品销售出去,取得销售收入,才能补偿生产资料的耗费,支付工资和各项费用,保证再生产过程连续不断地进行。

2. 及时取得销售收入,是加速资金周转、提高资金利用效果的重要环节

从资金周转与循环来看,销售产品表现为成品资金转化为货币资金,是资金周转循环的前一过程的结束,后一过程的继起。所以,企业销售产品越快,实现销售收入越多,意味着资金周转越快,从而能够做到以尽量少的资金占用完成尽可能多的生产和销售任务。

3. 及时取得销售收入,是及时实现利润、分配利润的必要条件

只有取得销售收入,才能实现盈利,也才能及时、足额地缴纳税金,偿还借款,依法分配利润,从而增强国家财力和企业活力。因此,所有企业都必须认真地组织产品销售,搞好销售收入管理,并不断开辟增收的途径,使企业的收入能够稳定增长。

(二)营业收入的日常管理要求

营业收入是企业的周转资金集合利润的主要来源,为了保证营业收入按计划完成,企业财务部门需要协同销售部门积极地做好日常管理工作,加强对营业收入的日常管理,提高企业的经济效益。具体来说,需要做好以下几个方面的工作:

1. 搞好市场调查,合理确定商品价格,严格管理销售合同

销售合同是企业与其他单位之间商品交易活动而签订的具有法律效力的契约书,规定了商品的购销双方的权益。销售合同极其重要,企业财务部门应积极参与重大销售合同的签订过程,并对合同的条款进行严格的审查,组织好销售合同的签订、审查和执行情况。

2. 合理地选择结算方式,确保及时取得销售款项

企业在按照合同履行发出商品的义务后,要做好销售结算工作,确保将货款及时取回。如果采用委托收款或托收承兑的方式结算的,财务部门要在银行规定的时间内积极办理收

款手续。对于未按规定时间给付货款的企业,为了防止坏账的发生,财务人员要采用必要收账程序进行催收,甚至采用法律诉讼程序来保证款项的收回,维护企业的权益。

3. 加强产品营销管理,扩大销售收入

为了提高企业的知名度,增强自己的竞争力,企业应加强商品的市场宣传,提高市场的占有率,提高销售量。当然,企业要对广告宣传费用等进行必要的审核,确保增加的销售收益大于广告成本才确实可行。同时,还应搞好商品的售后服务,及时掌握市场的反馈信息。

二、营业收入预测

(一) 营业收入预测的含义

营业收入预测是企业根据以往的历史资料,在充分对市场进行调查研究的基础上,运用一定的预测方法,对其未来某一时期的销售量(额)、销售状态及其变化进行科学的推断和预计。销售预测不仅对改善销售工作有直接的作用,而且可以为企业进行经营决策提供重要的参考资料。

(二) 营业收入预测方法

营业收入预测包括对商品价格、商品销售量、销售状态及其变化趋势的预测。销售量预测方法概括起来有两大类:定性销售预测和定量销售预测。

1. 定性销售预测

(1) 市场调查分析法。市场调查法是指对特定产品在市场上的供求关系以及顾客的认知和喜爱程度等情况进行摸底调查,掌握各因素对该产品销售情况的影响程度,并据以对该产品的销售情况做出相应推测的过程。其调查的内容主要有以下几个方面:

第一,对产品所处周期阶段的调查。任何产品的发展都会经历从新生、发展、成熟、衰退这四个阶段,也称为产品的寿命周期。不同的阶段对产品的销售量会产生很大的影响,我们在对企业的销售量进行预测时,必须明确该产品所处的特定阶段。一个产品处于新生时期,由于产品刚刚上市,许多消费者对它的功能和性质还不太熟悉,所以销量自然会不太理想;但是在成长发展时期,由于在部分消费者的率先使用和广告的大力宣传作用下,该产品逐渐被人们所熟悉,使销量有了较大的提高,同时这时有很多厂家见该产品有利可图,也纷纷上马生产,潜在的竞争对手也会不断涌现;在产品的成熟期,产品的性能被广大的消费者所熟悉,消费者对该产品的需求达到了旺盛的时期,销售量也进入了一个稳定的时期;在产品的衰退期,产品的性能跟不上时代的需求,部分功能逐渐被新产品所取代,产品逐步遭到市场的淘汰,直至退出市场,企业的销售量也在逐渐降低。因此,对于企业的销售预测,必须要关心产品所处的发展阶段,并且要明确产品在这个阶段会停留多长时间,然后才能够预测出企业产品在这个阶段的销售情况。

第二,对消费者的消费情况进行调查。企业产品的销售情况在很大程度上要取决于消费者的购买力、消费偏好、消费心理以及消费习惯等状况,通过调查了解消费者的消费意图,以及目标消费者的一些特征等资料对于预测企业的销售状况将会有很大的帮助。

第三,对市场竞争对手和潜在竞争对手情况的调查。企业的销售情况除了受到上述几个方面的因素影响以外,还受到市场竞争情况的影响。市场竞争越激烈,市场销售状况就越差,反之一些垄断行业的销售状况就越好。企业处于市场经济的竞争中就必须关心市场的竞争情况,除了要了解自己产品的基本情况外,也要关心竞争对手产品的优势和缺陷,并且在调

查中逐步地完善自己产品的品质和营销策略,以便于使自己在企业的竞争中立于不败之地。

(2)判断分析法。判断分析法是定性分析法的一种,它主要是指企业通过邀请一些熟知市场行情、经验丰富的专家和专业销售人员,根据企业过去的销售情况和市场行情来对企业未来的销售趋势做出推测的一种方法。这种方法简便易行,省时省力,但是容易受到人为主观因素的影响,容易发生疏忽和失误,其结果在准确性方面有所欠缺,其一般适用于不具备完整、可靠的历史资料,且无法进行定量分析的情况。

判断分析法按具体方式可以分为专家意见法、营销人员意见综合判断法和经理人员意见法三种。

专家意见法是指聘请理论知识和实践经验丰富的专家,运用他们的专业知识和能力对企业的销售情况作出相关的预测。这种方法在实际运用中主要有以下三种形式:

a. 个人意见法。先要求各位专家、学者以及相关的经理和销售经验丰富的营销人员,根据自己的判断,对企业的销售情况做出个人的预测,然后企业派专人将这些意见进行归纳总结,从而得出企业销售情况的预测。

b. 会议判断法。让各位专家组成几个小组,通过分别召开会议或各种座谈会的形式,不断对企业的销售情况进行讨论,共同探讨,最后将各种不同意见进行综合归纳,得出企业的销售预测情况。

c. 德尔斐法。采用函询调查方式,让各位专家发表个人意见,并经多次信息反馈,最后综合各专家意见,对企业的销售做出预测。

2. 定量销售预测

(1)趋势预测分析法。趋势预测分析法主要是利用时间序列将事物的发展结果一一列示出来,并通过观察分析,找出它们之间的规律,并根据该规律推测销售的未来值。在实际预测中主要有算术平均法、移动加权平均法、指数平滑法、回归分析法等。

① 算术平均数法。算术平均数法是用过去若干期的销售量或销售额的算术平均数来作为计划期的销售预测值。其计算公式为:

$$计划期销售额预测值 = \frac{以前各期销售量(额)之和}{期数}$$

【例6-1】 某公司上半年销售甲产品的销售量资料如表6-1所示。

表6-1   甲产品销售资料

月 份	1	2	3	4	5	6
销售额(万元)	530	550	580	560	580	578

要求:利用算术平均数法对企业7月份的销售量做出预测。

解:根据题中所给出的资料,并利用算术平均数法公式,可以得出:

$$7月份销售额预测值 = \frac{以前各期销售量(额)之和}{期数}$$
$$= (530 + 550 + 580 + 560 + 580 + 578) \div 6$$
$$= 563(万元)$$

利用这种方法进行预测,计算比较简单易行,但也正是由于其只是简单地将各个期间的销售量进行平均计算,忽略了企业近期销售情况对计划期预测值的重大影响性,因此该种方法存在一定的缺陷,只适用于各个月份的销售情况变动不大的产品,对于变化较大的产品。

② 移动加权平均法。移动加权平均法是将过去若干期间的销售量或销售额,按照近期加权数大些远期加权数小些的原则分别进行加权,计算加权平均数,并以此作为计划期的销售预测值。其计算公式是:

$$\text{计划期销售量预测值} = \frac{\Sigma \text{某期销售量(额)} \times \text{该期的权数}}{\text{各期权数之和}}$$

为了反映近期销售的发展变化趋势,还可以在上述公式的基础上,加上平均每期的趋势变动值,来对上述计算结果进行修正,从而得出计划期的销售预测值。

因此,上述公式还可以表示为:

$$\text{计划期销售量预测值} = \frac{\Sigma \text{某期销售量(销售额)} \times \text{该期的权数}}{\text{各期权数之和}} + \text{修正值}$$

$$\text{修正值} = \frac{\text{本季度平均每月实际销售量(额)} - \text{上季度平均每月实际销售量(额)}}{3}$$

【例 6-2】　接例 6-1,要求根据 4、5、6 三个月的观测值,利用移动平均数法对企业 7 月份的销售量作出预测。

解:首先,计算平均每月销售变动趋势值。

$$\text{一季度月平均实际销售额} = \frac{530 + 550 + 580}{3} = 553.33(\text{万元})$$

$$\text{二季度月平均实际销售额} = \frac{560 + 580 + 578}{3} = 572.67(\text{万元})$$

$$\text{修正值} = \frac{572.67 - 553.33}{3} = 6.45(\text{万元})$$

其次,假设取权数 4、5、6 三个月份的权数分别为 1、2、3,则:

$$
\begin{aligned}
\text{7 月份销售额预测值} &= \frac{\text{以前各期销售额之和}}{\text{期数}} + \text{修正值} \\
&= \frac{560 \times 1 + 580 \times 2 + 578 \times 3}{6} + 6.45 \\
&= 575.67 + 6.45 \\
&= 582.12 (\text{万元})
\end{aligned}
$$

用移动平均法进行预测计算时,弥补了算术平均法的缺陷,使企业的预测更加贴近于实际,加大了预测期与近期的联系。

③ 指数平滑法。平滑指数法是一种特殊的加权平均法,它是在前期销售量的实际数和预测数的基础上,利用事先确定的平滑指数预测未来销售量的一种方法。平滑指数越大,则近期实际数对预测结果的影响越大;平滑指数越小,则近期实际数对预测结果的影响越小。

假设 D 表示实际值,F 表示预测值,a 表示平滑指数($0 \leqslant a \leqslant 1$),$t$ 表示第 t 期,其计算公式是:

$$F_t = aD_{t-1} + (1-a)F_{t-1}$$

【例6-3】 某企业6月份的实际销售量是510千克,原来预测6月份的销售量为500千克,平滑指数$a=0.3$。要求:用平滑指数法预测该企业7月份的销售量。

解:
$$F_7=aD_6+(1-a)F_6$$
$$=0.3\times510+(1-0.3)\times500$$
$$=503(千克)$$

用平滑指数法进行预测时,平滑指数对于预测值的大小具有很大的影响,而企业在确定平滑指数时往往是根据企业过去的实际值和预测值进行比较而得出的,所以带有一定的主观因素,但是由于其能够充分考虑近期预测值和实际值对于与计划期预测值的影响,特别是企业出现了偶然的突发因素,就更能够显示出其优越性,因此在实际中有着广泛的运用。企业为避免人为因素对平滑指数的影响,会利用不同的平滑指数进行反复的验证,以达到预测值和实际值之间的差异最小化,得到最佳的销售预测值。

(2)直线回归分析法。直线回归分析法就是运用直线回归方程,根据自变量的变动来预测因变量发展趋势的方法。一般来说,过去各期的实际销售量(额)表现为时间的函数,而且大致存在着线性关系的特征。利用这种特征,采用一定的数学方法求出一条直线表示的销售量(额)的趋势线,并以它的基础向外延伸来预测未来的一种方法,就是直线回归分析法。

假设时间为自变量(X),被预测指标的销售量(额)为因变量(Y),而且$Y=a+bX$,从而求出a、b的值,再代入$Y=a+bX$中,建立一个数学模型,预测出未来值。

$$\begin{cases}\sum Y=na+\sum X\\\sum XY=a\sum X+b\sum X^2\end{cases}$$

$$\begin{cases}a=\dfrac{\sum y-b\sum x}{n}\\b=\dfrac{n\sum xy-\sum x\sum y}{n\sum x^2-\left(\sum x\right)^2}\end{cases}$$

【例6-4】 甲公司专门生产笔记本电脑散热器,笔记本电脑散热器的销售情况主要取决于笔记本电脑的销售量。调查得出,最近五年笔记本电脑和笔记本电脑散热器的销售情况如表6-2所示。

表6-2　　　　　　　　　笔记本电脑、电脑散热器销售量统计资料

年　度	2016	2017	2018	2019	2020
笔记本电脑销售量(万台)	100	120	150	180	200
笔记本散热器销售量(万件)	92	108	138	165	182

假定计划期2021年笔记本电脑的销售量预测为225万台,甲公司电脑散热器销售的市场占有率为15%。要求:采取回归分析法预测2021年笔记本电脑散热器的销售量。

解: ①假设笔记本电脑销散热器售量(Y)与笔记本电脑的销售量(X)之间存在线性关系,并建立预测模型:$Y=a+bX$。

②根据上述资料,进行整理,可得出以下数据(见表6-3)。

年度	笔记本电脑销售量 X(万台)	电脑散热器销售量 Y(万件)	XY	X^2	Y^2
2016	100	92	9 200	10 000	8 464
2017	120	108	12 960	14 400	11 664
2018	150	138	20 700	22 500	19 044
2019	180	165	29 700	32 400	27 225
2020	200	182	36 400	40 000	33 124
Σ	750	685	108 960	119 300	99 521

表 6-3　　　　　　　　　根据资料整理的数据

③ 根据上述整理的资料,求出参数系数:

$$\begin{cases} a = \dfrac{(\Sigma Y - b\Sigma X)}{n} \\ b = \dfrac{(n\Sigma XY - \Sigma X\Sigma Y)}{[n\Sigma X^2 - (\Sigma X)^2]} \end{cases}$$

把数字代入上式可得:

$$\begin{cases} a = 0.5 \\ b = 0.91 \end{cases}$$

$$Y = a + bX = 0.5 + 0.91X$$

2021 年预计笔记本电脑散热器的销售量为:

$$Y = 0.5 + 0.91X = 0.5 + 0.91 \times 225 = 205.25(万件)$$

2021 年甲公司的笔记本电脑散热器预计销售量为:$205.25 \times 15\% = 30.79$(万件)

(3) 本量利分析预测法。本量利分析法是根据企业的成本、产量和利润三者之间的关系,进行综合分析,预测企业产品销售额的方法。具体分为保本点预测法和保利预测法两种。

① 保本点预测法。保本点销量就是企业刚好能够收回成本和缴纳税金时的销售量,这时企业处于不亏不盈的状态,在这一点的销售量为保本量,这一点的销售额为保本额。保本点销售量和销售收入的计算公式如下:

$$保本点销售量 = \frac{固定成本总额}{单位售价 - 单位变动成本 - 单位税金}$$

或

$$= \frac{固定成本总额}{单位售价(1 - 税率) - 单位变动成本}$$

$$保本点收入 = 单位售价 \times 保本点销售量$$

【例 6-5】　某企业生产的丙产品,单价为每件 100 元,单位变动成本为 60 元,年固定成本 20 000 元,税费为 10%。要求:计算保本点销售量和保本点销售收入。

解:

$$保本点销售量 = \frac{20\,000}{100 \times (1 - 10\%) - 60} = 667(件)$$

$$保本点收入 = 100 \times 667 = 66\,700(元)$$

② 保利预测法。目标利润销售量就是假定在单价和成本水平既定的情况下,为确保目

标利润的实现应达到的销售量(额),其计算公式如下:

$$目标利润销售量 = \frac{固定成本总额 + 目标利润}{单位售价 - 单位变动成本 - 单位税金}$$

或

$$= \frac{固定成本总额 + 目标利润}{单位售价(1 - 税率) - 单位变动成本}$$

$$目标利润销售收入 = 单位售价 \times 目标利润销售量$$

【例6-6】 假定例6-5中企业的目标利润为100 000元,其他资料不变,则其目标利润的销售量和销售收入是多少?

解:

$$目标利润销售量 = \frac{20\,000 + 100\,000}{100 \times (1 - 10\%) - 60} = 4\,000(件)$$

$$目标利润销售收入 = 100 \times 4\,000 = 400\,000(元)$$

▶**你也能做**
NIYENENG ZUO

福达公司是一家从事罐头食品的企业,经过最近的市场问卷调查得出,其中某种水果罐头的味道最受广大消费者欢迎,但是由于其价格偏高,造成销售量一直不是最佳。经过公司销售部门等讨论之后,决定只有将其价格由现在的10元降至8元,才会在市场上占有较大的销售量。而生产10 000盒罐头的支出为:变动费用为15 000元,固定费用为7 000元。该公司采用薄利多销的经营策略,确定的目标利润为30 000元。请测算目标利润下产品的销售量,比较两种价格下企业的销售收入,并在保持原价格和新价格之间做出决策。

▶**要点回顾**
YAODIAN HUIGU

营业收入是企业生产经营成果的货币表现,是一项重要的财务指标。通过这一部分的学习,要求全面理解和掌握营业收入的预测、计划和日常的管理方法。营业收入预测包括对商品价格、商品销售量、销售状态及其变化趋势的预测,应主要掌握对销售量的预测方法,包括定性销售预测和定量销售预测。

任务三　成本费用管理

一、成本预测与成本预算

(一)成本预测

1. 成本预测的含义

成本预测是企业根据历史资料和现有条件,在完成预测期的各项目标的前提下,对企业在预测期内的成本总额和单位产品成本做出估计和推断。

2. 成本预测的意义

现代企业的成本管理工作不再是以前简单的在期末计算和分析成本,而是要将成本预测作为企业成本管理过程中的一个重要环节。现代企业的成本要受到多种因素的影响,如原材料的价格、工人工资、制造费用、运输费用以及当前的生产技术等。通过成本预测,可以使企业在生产经营过程中,对企业的成本进行有效的控制和对相关成本部门进行业绩考核,并通过各种途径不断降低成本,以增强企业在市场上的竞争能力,为企业创造更多的经济效益。

3. 成本预测的步骤

（1）提出目标成本的初步方案。目标成本是指企业在对自身的一些具体情况进行分析，通过建立相关的数学模型，所计算和确定的成本目标。企业的目标成本往往受到很多复杂的因素的影响，企业在预测时，一般要经过反复的测算才能够确定。目标成本的初步测算一般有以下两种方法：

① 倒推法。这种方法是指在事先确定目标利润的基础上，通过市场调查，根据该产品在国内或国际市场的经济信息，确定一个合适的销售单价，再根据销售量的预测计算出预计的销售额，然后用预计销售收入减去目标利润和应缴纳的税金，并以此作为该产品的目标成本。其计算公式如下：

$$目标成本＝预计销售收入—目标利润—应缴纳的税金$$

② 先进水平成本法。这种方法是以本企业历史上最好的成本水平或国内外同行业同类产品的先进成本水平作为目标成本，也可以将企业上年实际成本水平扣除行业或主管单位下达的成本降低率后，作为目标成本。这种方法的缺陷是没有将目标成本同目标利润联系起来，因此与企业的实际存在一定的差距。

（2）进行成本预测。根据的企业的实际情况和历史资料，通过计算分析建立相关的数学模型，来对企业当前情况下产品成本能够达到目标成本的可能性和现实性进行分析，并计算出企业能够达到的成本同目标成本之间的差距。

（3）拟定完成目标成本的各种可行性方案。对预测目标和目标成本之间的差距进行分析研究，并通过各种可行性的方法不断降低产品的成本，并在此基础上拟定出降低产品成本的多种备选方案，力求使预测成本和目标成本之间的差距缩短到最小。

（4）制定出确实可行的目标成本。对降低产品成本的多种备选方案进行研究和分析，经过比较，从中选出最佳的方案，并按此方案确定的成本作为正式的目标成本。

4. 成本预测分析的专门方法

企业成本的预测往往需要根据企业的历史资料和相关数据，并按照一定的数据处理方法对企业的成本作出估计和推断。常用的成本预测方法主要有历史资料分析法、产品成本定额测算法和预计成本测算法等。

（1）历史资料分析法。历史资料分析法是根据企业成本的历史资料，并采用一定的方法对这些数据进行相应处理，建立相关的数学模型，并根据该模型对企业的成本进行预测，具体的方法有高低点法、加权平均法和回归分析法等。

① 高低点法。高低点法是指根据过去一定期间成本与相应业务量资料，通过最高点业务和最低点业务量资料，运用这两点确定出成本中固定成本和变动成本，进而预测出产品总成本的一种简便方法。其基本原理是：各期的总成本或混合成本都可以用成本性态模型 $Y＝a＋bX$ 表示。从历史资料中找出高低点业务量及其相应的总成本或混合成本，运用解析几何中的两点法公式，即可求出 a、b 两个常数，并建立相应的成本模型。其计算的具体步骤是：

第一步，在各期业务量与成本资料中，以业务量为准，找出最高点和最低点，即 $(X_{高}, Y_{高})$ 和 $(X_{低}, Y_{低})$。

第二步,计算单位平均变动成本 b。

$$b = \frac{(Y_{高} - Y_{低})}{(X_{高} - X_{低})}$$

第三步,将高点或低点坐标值和 b 值代入直线方程 $Y = a + bX$,计算固定成本 a。

$$a = Y_{高} - bX_{高}$$

或

$$a = Y_{低} - bX_{低}$$

第四步,将求得的 a、b 代入直线方程 $Y = a + bX$,得到成本性态分析模型,再利用计划期业务量的预测值,求出总成本。

【例6-7】 已知生新公司下半年产品总成本资料如表6-4所示,预计明年1月份该公司的产量将达到15件。要求:用高低点法进行总成本预测。

表6-4　　　　　　　　　生新公司今年下半年产品总成本资料

月份	产量 X(件)	固定成本总额 a(元)	单位变动成本 b(元)	总成本 Y(元)
7	7	47	9	110
8	9	53	8	125
9	6	33	9.5	90
10	8	47	8.5	115
11	10	52	7.8	130
11	12	51	7	135

解: 第一步,根据已知资料找出最高点 $(X_{高}, Y_{高})$ 和最低点 $(X_{低}, Y_{低})$,即:点 $(12, 135)$ 和点 $(6, 90)$。

第二步,平均单位变动成本。

$$b = (Y_{高} - Y_{低})/(X_{高} - X_{低})$$
$$= (135 - 90)/(12 - 6)$$
$$= 7.5(元)$$

第三步,计算固定成本 a。

$$a = Y_{高} - bX_{高}$$
$$= 135 - 7.5 \times 12$$
$$= 45(元)$$

第四步,预测总成本。

该项混合成本性态模型为:

$$Y = 45 + 7.5X$$

因预计明年1月份该公司的产量将达到15件,即 $X = 15$,则总成本预计为:

$$Y = 45 + 7.5X = 45 + 7.5 \times 15 = 157.5(元)$$

则:且预计单位平均成本 $= 157.5 \div 15 = 10.5$(元/件)

② 加权平均法。这种方法主要是根据过去期间的变动成本和总成本之间的资料,并通

过对这些历史资料按照时间序列的顺序分别进行加权(近期权数大写,远期权数小些),计算总成本的加权平均值,作为计划期的预测值。

假设 w 为权数,i 为期数,w_i 为各期权数,且 $\Sigma w_i = 1$,则总成本的加权平均成本计算公式可以表示为:

$$Y = \Sigma a_i w_i + \Sigma b_i w_i \cdot X$$

【例 6-8】 接例 6-7,预计明年 1 月份该公司的产量将达到 15 件,用加权平均数法预测生新公司明年 1 月份的产品总成本和单位产品平均成本。

假设对上述资料按期间进行加权,w_i 由近到远的值为 0.05,0.1,0.15,0.2,0.25,0.25。

解: $Y = \Sigma a_i w_i + \Sigma b_i w_i X$

$= (0.05 \times 47 + 0.1 \times 53 + 0.15 \times 33 + 0.2 \times 47 + 0.25 \times 52 + 0.25 \times 51) +$

$(0.05 \times 9 + 0.1 \times 8 + 0.15 \times 9.5 + 0.2 \times 8.5 + 0.25 \times 7.8 + 0.25 \times 7) \times 15$

$= 47.75 + 8.075 \times 15$

$= 47.75 + 121.125 = 168.875(元)$

预计单位平均成本 $= 168.875 \div 15 = 11.26(元/件)$

③ 回归分析法。这种方法在前面已经叙述过了,它主要是运用数学中最小平方的原理进行预测成本,其基本模型公式为:

$$Y = a + bX$$

通过计算可以确定 a、b 两个参数的值,即:

$$\begin{cases} a = (\Sigma Y - b\Sigma X)/n \\ b = (n\Sigma XY - \Sigma X\Sigma Y)/[n\Sigma X^2 - (\Sigma X)^2] \end{cases}$$

【例 6-9】 接例 6-7,预计明年 1 月份该公司的产量将达到 15 件,用回归分析法预测生新公司明年 1 月份的产品总成本和单位产品平均成本。

根据上述资料进行整理得出如表 6-5 所示数据。

表 6-5 根据资料整理的数据

月份	产量 X(件)	总成本 Y(元)	XY	X^2	Y^2
7	7	110	770	49	12 100
8	9	125	1 125	81	15 625
9	6	90	540	36	8 100
10	8	115	920	64	13 225
11	10	130	1 300	100	16 900
12	12	135	1 620	144	18 225
Σ	52	705	6 275	474	84 175

根据上述整理的资料,求出参数系数:

$$\begin{cases} a = \dfrac{(\Sigma Y - b\Sigma X)}{n} \\ b = \dfrac{(n\Sigma XY - \Sigma X\Sigma Y)}{[n\Sigma X^2 - (\Sigma X)^2]} \end{cases}$$

把数字代入上式可得：

$$\begin{cases} a = 56.7 \\ b = 7.01 \end{cases}$$

$$Y = a + bX = 56.7 + 7.01X$$

生新公司明年 1 月份的产品总成本 $= 56.7 + 7.01 \times 15 = 161.85$（元）

单位平均成本 $= 161.85 \div 15 = 10.79$（元/件）

（2）产品成本定额测算法。产品成本定额测算法主要适用于生产过程已经定型的产品，通过对产品成本的各个组成部分，根据历史资料进行生产定额控制，进而预测出企业产品的成本。这种方法适用于企业的定额历史资料完整，且耗用的材料、人工及制造费用波动幅度不大的产品。

（3）预计成本预测法。预计成本预测法主要适用于一些新产品的成本预测和改良型产品的成本预测。由于是新产品，企业没有历史资料可以借鉴，企业通常会采取有关劳动部门提供的关于该产品的生产工艺、生产耗费的相关资料进行预测，并尽可能地将多种影响产品生产阶段成本的因素考虑进去。对于一些改良型的产品，则主要可以依据其原来的历史资料，并合理预计其在改良过程中的成本耗费，从而得出对产品成本的准确预计。

（二）成本预算

预算作为一种计划，是用数字表示的预期结果的报告书。预算管理是利用预算对企业内部各部门、各单位的各种财务及非财务资源进行分配、考核、控制，以便有效地组织和协调企业的生产经营活动，完成既定的经营目标。

1. 制造费用预算

制造费用预算指除直接材料和直接人工预算以外的一切生产费用的预算，列示了所有间接制造项目的成本。这一预算的编制基础也是生产预算，但是，由于制造费用中既有固定费用，也有变动费用。既有付现成本，也有沉入成本（即以前费用摊销数），所以它比材料预算和直接人工预算的编制要复杂。

制造费用分为两个成本库，一个是变动的制造费用作业成本库，另一个是针对其他固定性作业的成本库。

2. 期间费用预算

期间费用包括企业行政管理部门为组织和管理生产经营活动而发生的管理费用，为筹集资金而发生的财务费用，以及为销售产品或提供劳务而发生的销售费用等。在实行制造成本法的条件下，这些费用不计入产品成本，应直接计入当期损益。

二、成本控制与成本分析

（一）成本控制

1. 成本控制的程序

成本控制是指在企业生产经营过程中，按照既定的成本目标，对构成产品成本费用的一切耗费进行严格的计算、调节和监督，及时揭示偏差，并采取有效措施纠正不利差异，发展有利差异，使产品实际成本被限制在预定的目标范围之内。科学地组织成本控制，可以用较少的物质消耗和劳动消耗，取得较大的经济效果；可以不断降低产品成本，提高企业管理水平。

成本控制是现代成本管理工作的重要环节，是落实成本目标、实现成本计划的有力保证。成本控制一般包括以下几项基本程序：

（1）制定成本控制标准，并据以制定各项节约措施。成本控制标准是对各项费用开支和资源消耗规定的数量界限，是成本控制和成本考核的依据。没有这个标准，也就无法进行成本控制。

（2）执行标准，即对成本的形成过程进行具体的监督。根据成本指标，审核各项费用开支和各种资源的消耗，实施增产节约措施，保证成本计划的实现。

（3）确定差异。核算实际消耗脱离成本指标的差异，分析成本脱离差异的程度和性质，确定造成差异的原因和责任归属。

（4）消除差异。组织员工挖掘潜力，提出降低成本的新措施或修订成本标准的建议

（5）考核奖惩。考核成本指标执行结果，把成本指标考核纳入经济责任制，实行物质奖励。

2.成本控制的标准

成本控制标准可以有多种多样，可根据成本形成的不同阶段和成本控制的不同对象确定。主要有以下几种：

（1）目标成本。在产品设计阶段，通常是以产品目标成本或分解为每个零部件的目标成本为控制标准。目标成本是在预测价格的基础上，以实现产品的目标利润为前提而确定的。一般来说，新产品投产以后成本水平的高低，在很大程度上取决于产品设计。所以，把产品设计成本控制在目标成本范围以内，从而也就保证了在新产品正常投产以后能够取得预期的经济效益。

（2）计划指标。在编制成本计划后，可以制订成本计划指标，如产品单位成本、可比产品成本降低率和降低额、费用节约以及废品降低率等计划指标，作为成本控制标准。为了便于掌握，还应根据需要将上述计划指标进行必要的分解，如可以按生产单位、管理部门分解，也可以按不同产品和每种产品的工艺阶段、零部件或生产工序进行分解。以分解后的更加具体的小指标进行控制，可使成本控制工作落实到每个责任单位和各有关具体人员，并把成本控制与成本计划、成本核算紧密结合起来。

（3）消耗定额。在产品生产过程中，可以各项消耗定额作为成本控制的标准。消耗定额是在一定的生产技术条件下，为生产某种产品或零部件而需要耗费人力、物力、财力的数量标准，它包括材料物资消耗定额、工时定额和费用定额等，凡是能制定定额的，都应制定出消耗定额或支出标准。用这些定额或标准控制生产过程中的物质消耗和人力消耗，是保证降低产品成本的必要手段。

（4）费用预算。对企业经营管理费用的开支，一般采用经费预算作为控制标准。特别是对那些与产品生产无直接关系的间接费用，更需编制费用预算。实践证明，通过预算控制费用支出，是促使各部门精打细算，节省开支的有效办法。应当指出，企业在一定时期制定的成本控制标准，并不是一成不变的。在执行过程中，要经常注意各种标准的先进性和适用性，以便积累资料，及时加以修正。

3.成本控制的手段

进行成本控制，除了要明确成本控制标准外，还需要有一定的控制手段。常见的主要成本控制的手段包括凭证控制和制度控制。

（1）凭证控制。凭证是记录经济业务、明确经济责任的书面证明。通过各种凭证，可以

检查经济业务的合法性和合理性,控制财务收支的数量和流向。

(2)制度控制。制度是职工进行工作和劳动的规范,是企业生产经营管理各方面工作正常运转的保证,具有很强的约束力。严格执行各项制度,都对成本控制起到积极的作用。此外,还可用标准成本法、责任成本法等进行成本控制。

4.建立成本控制组织体系

为了有效地进行成本控制,企业要建立成本控制组织体系,实行成本分级分口管理责任制。成本分级分口管理包括两个方面:一是正确处理厂部、车间、班组在成本管理中的关系,以厂部为主导,把厂部、车间、班组各级组织的成本管理结合起来;二是正确处理财务部门同其他有关部门在成本管理中的关系,以财务部门为中心,把财务部门同生产、技术、供销、劳动工资等部门的成本管理结合起来。

实行成本分级归口管理,要适应企业的管理体制和组织机构,明确规定各级组织、各部门在成本管理方面的权责和管理内容。在企业分为厂部、车间和班组三级的情况下,各级成本管理的权责和内容,可概括如下:

(1)厂部成本管理。厂部是整个企业生产经营活动的指挥中心,财务部门作为厂长领导下从事成本管理的专业部门,对成本管理负有主要责任。厂部成本管理的内容主要有:制定和组织执行全厂成本管理制度,大力宣传有关成本管理的方针、政策,提高广大职工的成本意识;在深入挖掘降低成本潜力的基础上,进行成本预测分析;编制成本计划;加强成本控制,核算产品成本,编制成本报表;检查、考核和综合分析全厂成本计划的完成情况和增产节约的经济效果;组织和指导各车间、部门开展成本管理工作,总结和推广先进经验,不断提高企业成本管理水平。

(2)车间成本管理。车间成本管理是企业成本管理的中心环节。车间成本管理工作在车间主任直接领导下,由车间成本组或成本核算员负责组织执行。车间成本管理的内容主要有:根据厂部下达的成本计划或费用指标,编制车间成本计划和增产节约措施计划;根据厂部批准的车间成本计划,向各班组下达有关消耗指标和费用指标,并对车间各职能组和人员提出增产节约的要求;组织车间成本核算,按计划控制车间生产费用,并督促和帮助各班组按计划和消耗定额管理生产费用;检查和分析车间成本计划和班组有关指标的完成情况,总结、推广班组管理的先进经验,不断提高车间成本管理水平。

(3)班组成本管理。班组是企业进行生产经营活动的基层组织,生产费用主要是在班组发生的。因此,搞好班组成本管理对于节约各种物资消耗、促使产品成本降低具有重要意义。班组成本管理的内容主要包括:根据全厂和车间的成本费用计划,拟定班组各项消耗定额和费用计划;根据费用计划和消耗定额,控制班组所发生的各种消耗和费用开支;核算班组负责执行的计划指标,并及时采用适当的形式公布计划的执行结果;检查和分析各项消耗定额和费用指标的执行情况,组织评比竞赛。

5.成本控制的形式

标准成本控制是目前应用较广最具代表性的成本控制方法。

(1)建立标准成本控制的意义。所谓标准成本,是指以在产品设计阶段所选定的最优设计和工艺方案为基础,根据料、工、费的合理耗费,在企业现有的生产工艺技术水平条件下,进行经营应该发生的成本。它为衡量成本水平的高低提供了科学的尺度,并且为各部门的工作业绩提供了重要的依据。

制定标准成本对指导和控制企业的日常经济活动的意义,主要体现在以下几个方面:第一,事先提出按成本项目反映的标准成本,可以用来规划未来的经济活动,并以此作为进行短期决策和长期决策的依据。第二,在日常成本管理工作中,利用标准成本调节和控制日常发生的经济业务,针对重大问题进行分析研究采取有效措施及时加以纠正,以保证预定目标的实现。第三,事后对实际成本脱离标准成本的差异进行分析,以便于分清经济责任,正确评价有关部门和人员的经济业绩。第四,在标准成本控制中,将标准成本和成本差异单独反映,在产品、产成品和销售产品的成本都可以直接按标准成本计算,简化了日常的账务处理和成本核算工作。

(2)标准成本控制的运作程序。

① 制定单位产品的标准成本。单位产品标准成本的制定是标准成本计算和成本控制的基础。单位产品的标准成本,通常是按照某产品在生产各阶段耗费的直接材料、直接人工和制造费用等项目制定各成本项目的标准成本,然后将各成本项目的标准成本相加。确定单位产品的标准成本,可用如下计算公式表示:

单位产品标准成本=直接材料标准成本+直接人工标准成本+制造费用标准成本

② 计算某种产品的标准成本。某种产品的标准成本,是指按照产品的实际产量和单位产品标准成本计算出的该种产品的标准成本。其计算公式如下:

某种产品标准成本=产品的实际产量×单位产品标准成本

③ 汇总计算实际成本。汇总计算实际成本,是指按照一般的成本核算程序,归集产品生产和制造过程中实际发生的直接材料、直接人工和制造费用,以此计算出实际成本的发生额。

④ 计算成本差异。成本差异通常是指产品实际成本与标准成本(注:实际产量)之间的差额。可用如下计算公式表示:

成本差异=实际成本-标准成本

实际成本大于标准成本的差异,通常称为不利差异,可反映在成本差异账户的借方,因此亦称借差;实际成本小于标准成本的差额称为有利差异,通常反映在成本差异账户的贷方,因此亦称贷差。

⑤ 分析成本差异。分析成本差异是标准成本控制运作程序中最为重要的一个环节,只有通过具体分析成本差异的数额及其产生的原因,才能够实现对成本的有效控制,以便进一步降低成本,提高经济效益。对成本差异进行分析,一般要经过以下三个步骤:a. 分析成本差异的类型,并确定其数额;b. 追根溯源,分析成本差异产生的具体原因;c. 明确有关责任人员的经济责任。

(3)标准成本的制定。

① 标准成本的构成。产品的标准成本是由生产产品所消耗的直接材料、直接人工和制造费用构成其基本公式是以"数量"标准乘以"价格"标准。

② 直接材料的标准成本。直接材料标准成本是由直接材料价格标准和直接材料用量标准决定的。

某产品直接材料标准成本＝$\sum$（直接材料用量标准×直接材料价格标准）

a.直接材料价格标准的制定。直接材料的价格标准，是指取得某种材料所应支付的单位价格。直接材料价格标准包括材料的购买价格以及预计的采购费用，如运输费、装卸搬运费等制定直接材料价格标准时，应按每一种材料分别计算。

b.直接材料用量标准的制定。材料的用量标准，即材料的消耗定额，是指生产技术部门在一定条件下确定的单位产品所耗用的各种直接材料的数量，包括形成产品实体的材料数量在正常情况下所允许发生的材料损耗，以及生产中不可避免的废品所耗费的材料数量。制定直接材料用量标准时，也应按各种材料分别计算。

③ 直接人工的标准成本。直接人工的标准成本是由直接材料价格标准和直接材料用量标准决定的。

单位产品直接人工标准成本＝$\sum$（小时工资率标准×工时用量标准）

a.直接人工价格标准的制定。直接人工价格标准（即工资率标准或工资单价），是指在计件工资条件下单位产品支付的直接人工工资，或在计时工资条件下每一标准工时应分配的工资。

b.直接人工用量标准的制定。直接人工用量标准，即工时用量标准，也称工时消耗定额，是指企业在现有的生产和技术水平的基础上，考虑到提高劳动生产率的要求，按照产品加工所经过的程序，详细测算所需耗用的工时数。制定工时消耗定额时，还要考虑到必要的间歇和停工时间，以及在正常条件下不可避免的废品所耗用的工时。

④ 制造费用的标准成本。制造费用标准成本，又称制造费用预算，通常根据变动性制造费用和固定性制造费用分别编制。影响制造费用标准成本的是制造费用价格标准和制造费用用量标准两项因素。

变动性制造费用标准成本＝标准工时×变动性制造费用分配率

固定性制造费用标准成本＝标准工时×固定性制造费用分配率

a.制造费用价格标准的制定。制造费用价格标准，即费用分配率标准。制造费用分配率的大小一般取决于以下两个因素：生产量标准，即企业现有生产能力能达到的最高产量（通常用直接人工小时数或机器台时数表示）；制造费用预算，即根据标准生产能力而确定的固定性制造费用预算和变动性制造费用预算数额之和。制造费用分配率的计算公式为：

$$固定性制造费用标准分配率＝\frac{固定性制造费用预算}{标准总工时}$$

$$变动性制造费用标准分配率＝\frac{变动性制造费用预算}{标准总工时}$$

b.制造费用用量标准的规定。制造费用用量标准，即工时用量标准。它与上述直接人工用量标准的制定相同。

⑤ 单位产品标准成本的制定。有了上述各项标准成本以后，企业通常要为每一种产品设置一个标准成本计算单，并在该计算单中分别列明各项成本的价格标准和用量标准，通过直接汇总的方法得出单位产品的标准成本。

6.成本差异的计算与分析

为了实现对成本的控制,首先应该计算实际成本偏离标准成本的具体数额(即计算成本差异),并在此基础上分析差异形成的原因,以便及时采取相应的对策,进行必要的矫正,以保证成本目标的实现。

(1)直接材料成本差异的计算与分析。直接材料成本是由直接材料价格和直接材料用量两部分构成的,因此,直接材料成本差异的计算包括直接材料价格差异和直接材料用量差异两部分的计算。

① 直接材料价格差异的计算。直接材料价格差异是由于实际直接材料价格脱离标准价格而形成的差异。其计算公式为:

$$直接材料价格差异＝实际用量×(实际价格－标准价格)$$

② 直接材料用量差异的计算。直接材料用量差异是实际材料用量脱离标准用量而形成的差异。其计算公式为:

$$直接材料用量差异＝(实际用量－标准用量)×标准价格$$

【例6-10】 某企业生产 A 产品需用甲材料。本期购入甲材料 3 500 千克,实际耗用 2 970 千克,其标准用量为 3 080 千克。甲材料实际价格为 26.10 元/千克,标准价格为 26.80 元/千克。要求计算甲材料的成本差异额。

解: 直接材料成本差异＝2 970×26.10－3 080×26.8＝－5 027(元)

直接材料价格差异＝2 970×(26.1－26.8)＝－2 079(元)

直接材料用量差异＝(2 970－3 080)×26.8＝－2 948(元)

③ 直接材料价格差异的分析。直接材料价格差异是由于进行材料采购时,实际支付的价款与标准支付金额之间的差额形成的。影响材料价格的因素是多方面的,如采购批量、交货方式、运输条件、材料质量和信用条件等。对于形成差异的具体原因需要做出具体分析。

采购部门专门负责对外采购生产需要的材料物资,以保证生产经营的正常需要。一般来说,采购部门对材料采购价格和采购费用是可以控制的,因此材料价格差异应出采购部门有关人员负责。但在分析材料价格差异时,应充分考虑到造成差异的原因以及这些因素的可控程度。

④ 直接材料用量差异的分析。材料用量差异取决于实际用量与标准用量之间差异的性质和程度。材料用量差异的形成原因也是多方面的,例如,工人操作技术的熟练程度及工作的责任感,设备的完好程度,产品质量控制制度健全与否,材料的质量与规格等都会造成材料用量的差异。

用量差异是在生产过程中产生的,因此一般应由生产部门有关人员负责。但因材料规格不符合要求或材料质量低劣而增加了废品,则应由采购部门负责。另外,由于仓储部门材料保管不当而形成的损失则应由仓储部门负责。

(2)直接人工成本差异的计算与分析。直接工人成本差异,是指直接人工实际成本与直接人工标准成本之间的差额。由于直接人工成本是由直接人工工时用量和工资率所决定的,因此直接人工成本差异包括工资率差异(价格差异)和直接人工工时用量差异(效率差异)两部分。

① 直接人工工资率差异的计算。直接人工工资率差异,也称直接人工价格差异。它是由于直接人工实际工资率水平与标准工资率不同而形成的差异。其计算公式为:

$$直接人工工资率差异＝实际工时×(实际工资率－标准工资率)$$

② 直接人工效率差异的计算。直接工人效率差异是实际耗用的工时脱离标准工时而形成的差异。其计算公式为:

$$直接人工效率差异＝(实际工时－标准工时)×标准工资率$$

【例6-11】 某企业生产A产品,实际工时为7 020工时,标准工时为7 700工时;实际工资率为每小时2元,标准工资率为每小时1.8元。要求:确定直接人工成本差异额。

解: 　　直接人工成本差异＝7 020×2－7 700×1.8 元＝180元(元)

直接人工工资率差异＝(2－1.8)×7 020＝1 404(元)

直接人工效率差异＝1.8×(7 020－7 700)＝－1 224(元)

③ 直接人工工资率差异分析。工资率差异产生的原因主要有以下几个方面:工资制度和工资级别的调整;计算方法的改变,计件工资改为计时工资;由于产品工艺过程和加工方法的而调整工种结构。

工资率差异的产生一般应由生产部门负责,但是在实际工作中往往会出现由于工作安排不当而形成工资率差异。例如,某岗位只需熟练工就能完成的工作却安排了技术工人,因而增加了成本。要分析差异产生的原因时,应从实际出发,分清责任的主次,除了生产部门以外,人事部门及其他部门也应承担一定的责任。

④ 直接人工效率差异分析。直接人工效率差异的方向和大小取决于实际工时与标准工时之间差异的性质和程度。直接人工效率差异产生的主要原因有以下几个方面:劳动生产率提高或降低;产品工艺过程和加工方法的改变,未能及时调整工时标准;生产计划安排不合理造成窝工;原材料供应不及时,造成停工待料;设备发生故障,停工停产;燃料动力供应中断,造成停工。

出现效率差异的责任一般应由生产部门负责,但由于原材料供应不及时,燃料动力供应中断等问题则应由采购部门和动力部门等相关的责任部门负责。

(3) 制造费用成本差异的计算与分析。制造费用成本差异是制造费用实际发生额和制造费用预算之间的差额,一般变动性制造费用差异和固定性制造费用差异分别进行计算和分析。

① 变动性制造费用成本差异的计算。变动性制造费用差异,是指实际变动性制造费用和标准变动性制造费用之间的差额。它是由变动性制造费用耗费差异和变动性制造费用效率差异构成的。

a. 变动性制造费用耗费差异的计算。变动性制造费用耗费差异,是指实际分配率脱离标准分配率而形成的差异。其计算公式为:

$$\begin{matrix}变动性制造\\费用耗费差异\end{matrix}＝\begin{matrix}实际\\工时\end{matrix}×\left(\begin{matrix}变动性制造费\\用实际分配率\end{matrix}－\begin{matrix}变动性制造费\\用标准分配率\end{matrix}\right)$$

b. 变动性制造费用效率差异的计算。变动性制造费用效率差异,是指实际工时脱离标准工时而形成的差异。其计算公式为:

$$变动性制造费用效率差异＝(实际工时－标准工时)×变动性制造费用标准分配率$$

【例 6-12】 某企业生产 A 产品。该产品单位标准机器台时为 7 小时/件,当期变动性制造费用预算额与实际执行结果如表 6-6 所示。要求:确定变动性制造费用差异额。

表 6-6　　　　　　　　变动性制造费用预算额与实际执行结果

	变动性制造费用	每机时标准耗费(元)	机器台时数(小时)		
			7 700	8 400	9 800
预算额	间接材料(元)	0.80	6 160	6 720	7 840
	间接人工(元)	0.70	5 390	5 880	6 860
实际数	实际产量(件)		1 100		
	实际台时(小时)		8 800		
	间接材料耗费(元)		8 160		
	间接人工耗费(元)		6 800		

解: 变动性制造费用差异＝8 160＋6 800－(0.8＋0.7)×1 100×7＝3 410(元)

变动性制造费用耗费差异＝8 160＋6 800－1.50×8 800＝1 760(元)

变动性制造费用效率差异＝1.50×(8 800－1 100×7)＝1 650(元)

② 变动性制造费用成本差异分析。变动性制造费用耗费差异形成的原因主要有以下几个方面:制定预算时考虑不周而使预算数额制定不准确;间接材料价格变化;间接材料质量不合格而导致用量增加;间接人工工资率调整;间接人工人数调整;其他费用发生变化。

变动性制造费用耗费差异的责任归属应进行具体分析,如预算数额制定不准确、材料采购价格变化、间接人工工资率调整、其他费用控制不严等,应分别由财务部门、采购部门、人事部门、生产部门等承担责任,以明确责任归属。

变动性制造费用效率差异的产生是由于实际工时脱离了标准工时而产生的。制造费用效率差异产生的原因与直接人工效率差异产生的原因相同,此处不再赘述。

③ 固定性制造费用成本差异的计算。固定性制造费用差异,是指实际固定性制造费用和标准固定性制造费用之间的差额。

a. 双差异计算法。这是用预算额将固定性制造费用成本差异分为耗费差异和能量差异两部分进行计算的方法。固定性制造费用耗费差异,是指实际固定性制造费用总额与固定性制造费用预算额之间的差异;固定性制造费用能量差异,是指实际产量的标准工时脱离设计生产能力而产生的差异。其计算公式为:

$$\text{固定性制造费用耗费差异} = \text{固定性制造费用实际额} - \text{固定性制造费用预算额}$$

$$= \text{固定性制造费用实际额} - \text{产能总工时} \times \text{固定性制造费用标准分配率}$$

$$\text{固定性制造费用能量差异} = \text{固定性制造费用预算额} - \text{固定性制造费用标准成本}$$

$$= \left(\text{产能标准总工时} - \text{实际产量标准工时}\right) \times \text{固定性制造费用标准分配率}$$

b. 三差异计算法。固定性制造费用成本差异分为固定性制造费用耗费差异、固定性制造费用生产能力利用差异和固定性制造费用效率差异三部分进行计算的方法。后两部分的计算公式为：

$$\text{固定性制造费用生产能力利用差异}=\left(\text{产能标准总工时}-\text{实际工时}\right)\times\text{固定性制造费用标准分配率}$$

$$\text{固定性制造费用效率差异}=\left(\text{实际工时}-\text{实际产量标准工时}\right)\times\text{固定性制造费用标准分配率}$$

【例 6-13】 某企业生产 A 产品。该产品单位标准机器台时为 7 小时/件,固定性制造费用分配率为 0.55 元/小时,实际产量为 1 100 件,当期固定性制造费用预算额与实际执行结果如表 6-7 所示。

表 6-7　　　　　　　　某企业 A 产品当期固定制造费用预算额与实际执行结果

预算额	机器台时数(小时)	7 700	8 400	9 800
	管理人员工资(元)	3 000	3 000	3 000
	固定资产折旧(元)	1 000	1 000	1 000
	其他费用(元)	620	620	620
	合计	4 620	4 620	4 620
实际数	管理人员工资(元)	3 600		
	固定资产折旧(元)	1 100		
	其他费用(元)	836		

要求:根据以上资料分别用双差异计算法和三差异计算法确定固定性制造费用差异额。

解: 固定性制造费用差异＝3 600＋1 100＋836－1 100×7×0.55＝1 301(元)

双差异计算法:

固定性制造费用耗费差异＝3 600＋1 100＋836－0.55×8 400＝916(元)

固定性制造费用能量差异＝0.55×(8 400－1 100×7)＝385(元)

三差异计算法:

固定性制造费用耗费差异＝3 600＋1 100＋836－0.55×8 400＝916(元)

固定性制造费用生产能力利用差异＝0.55×(8 400－8 800)＝－220(元)

固定性费用效率差异＝0.55×(8 800－1 100×7)＝605(元)

④ 固定性制造费用成本差异分析。造成固定性制造费用耗费差异的主要原因有以下几个方面:管理人员工资的变动;固定资产折旧方法的改变;修理费开支数额的变化;租赁费、保险费等项费用的调整;水电费价格的调整;其他有关费用数额发生变化。

耗费差异责任应由有关的责任部门负责。例如,固定资产折旧费的变化应由财务部门负责;修理费开支变化应由设备维修部门负责;其他有关费用可根据实际情况确定责任归属。有些费用(如水电费调价等)属不可控因素,不应由某个部门来承担责任。

形成能量差异的原因主要有以下几个方面:原设计生产能力过高,生产不饱满;因市场需求不足或产品定价策略问题而影响订货量,造成生产能力不能充分利用;因原材料供应不及时,导致停工资料;机械设备发生故障,增加了修理时间;能源短缺,被迫停产;操作工人技术水平有限,未能充分发挥设备能力。

能量差异是由于现有生产能力未充分发挥而造成的差异,难以简单地确定责任的归属。为分清各部门应负的责任,应根据实际情况加以分析,分别由计划部门、生产部门、采购部门、销售部门等承担相应的责任。

(二) 成本分析

成本分析评价是对企业成本水平和成本管理工作的总结和鉴定。正确地进行成本分析评价,可以促使企业改善经营管理,加强经济核算,努力降低产品成本,提高企业经济效益。

成本分析评价要通过一定的经济指标进行,目前常用的指标有:

1. 主要产品单位成本

单位成本是指每一单位产品的成本,计算公式如下:

$$单位成本 = \frac{某产品总成本}{某产品产量}$$

用单位成本指标评价企业的成本水平,最为简单、清晰。一般情况下,一个企业的产品实际单位成本比计划单位成本或上年平均单位成本降低了,就说明该企业在降低成本上取得了成绩。但由于产品品种众多,不可能一一评价每种产品的单位成本,因此,只能就企业的主要产品单位成本进行分析评价。

2. 可比产品成本降低率

可比产品成本降低率,是指同一产品的两个不同时期成本相比的降低额,与前期成本水平相比的比率。由于企业的可比产品往往不止一种,这就需要把每种可比产品的成本降低额加总起来计算降低率,包括计划降低率和实际降低率。其计算公式为:

$$可比产品成本计划降低率 = \frac{\sum(某产品上年预计平均单位成本 - 计划单位成本) \times 计划产量}{\sum(上年预计平均单位成本 \times 计划产量)} \times 100\%$$

$$可比产品成本实际降低率 = \frac{\sum(某产品上年预计平均单位成本 - 实际单位成本) \times 实际产量}{\sum(上年预计平均单位成本 \times 实际产量)} \times 100\%$$

可比产品成本降低率,是我国长期以来分析评价工业企业产品成本的重要指标。这个指标有两个特点:一是综合性,它可以把各种可比产品成本的升降情况综合地反映出来;二是可比性,因为它是以可比产品为基础计算的,不仅可以与计划相比较,检查可比产品成本降低完成情况,而且可以与以前年度相比较,研究成本的降低速度和趋势。

但是,这个指标也有不足之处:一是可比产品与不可比产品界限不易划清,特别是在花色品种、技术革新不断发展的情况下,有时即使相同产品,也会有许多不可比因素;二是它只反映可比产品成本,不能反映成本指标的全貌,无法评价企业全面的成本管理工作,尤其是在可比产品比重小的企业,这种局限性就更为明显;三是由于只评价可比产品成本降低率,因此在可比产品与不可比产品之间分摊费用时,往往人为地使可比产品少负担一些,这种情况严重影响了成本降低指标的准确性。

3. 全部产品成本降低额

可比产品所占比重比较低的企业,应分析企业全部产品的实际成本是否超过按实际产

量计算的计划总成本。计划成本大于实际成本的差额,为全部产品成本降低额。其计算公式如下:

$$
\begin{bmatrix} 全部产品 \\ 成本降低额 \end{bmatrix} = \begin{bmatrix} 本期各种产品的 \\ 计划单位成本 \end{bmatrix} \times \begin{bmatrix} 本期各种产品 \\ 的实际产量 \end{bmatrix} - \begin{bmatrix} 本期全部产品 \\ 的实际成本 \end{bmatrix}
$$

按上述公式计算出来的成本降低额,只要不是负数,即为完成成本计划。该指标综合反映能力强,既包括可比产品,又包括不可比产品,能够克服可比产品成本降低率指标的某些缺陷。

4. 百元产值成本

可用百分比表示(即产值成本率),也可用绝对额表示(即每百元产值花费的成本)。其计算公式如下:

$$
产值成本率 = \frac{总成本}{总产值(或商品产值)} \times 100\%
$$

$$
每百元产值花费的成本 = \frac{总成本}{总产值(或商品产值)} \times 100
$$

百元产值成本指标,既包括可比产品成本,也包括不可比产品成本。用实际产值成本率与计划产值成本率相比较,可以综合反映企业全部产品成本水平及其节约、超支程度。用本企业百元产值指标与同类型企业的百元产值成本指标相比较,可以评价不同企业的成本水平和成本管理工作。该指标概念清楚,计算简便,可以分解落实,有利于开展群众经济核算。但由于产值受价格构成变动的影响,所以在采用百元产值成本指标考核成本时,应注意多做具体分析,剔除不可比因素,否则不利于正确评价企业的成本管理工作。

5. 行业平均先进成本

各个企业的具体条件不同,成本有高有低,因而形成产品的个别成本。可是无论何时,每种产品都有一个在当时生产条件下的平均先进成本。将不同企业的产品个别成本与行业平均先进成本进行对比,即可发现本企业的产品成本是节约还是浪费。它可以用节约率来表示,也可以用绝对额来表示。其计算公式为:

$$
\begin{matrix} 全部产品 \\ 成本节约率 \end{matrix} = \frac{\sum \left(\begin{matrix} 某产品行业平均 \\ 先进单位成本 \end{matrix} - \begin{matrix} 实际单 \\ 位成本 \end{matrix} \right) \times \begin{matrix} 实际 \\ 产量 \end{matrix}}{\begin{matrix} 按行业平均先进 \\ 成本计算的总成本 \end{matrix}} \times 100\%
$$

$$
\begin{matrix} 全部产品 \\ 成本节约额 \end{matrix} = \sum \left(\begin{matrix} 某产品行业平均 \\ 先进单位成本 \end{matrix} \times \begin{matrix} 实际 \\ 产量 \end{matrix} \right) - \begin{matrix} 本期全部产品 \\ 的实际成本 \end{matrix}
$$

按上述公式计算的结果如为负数,即表示本企业的产品成本高于行业平均先进水平。通过与行业平均先进成本的对比分析,有利于鼓励先进,鞭策落后,促使企业改进工作,挖掘潜力,努力降低产品成本。

▶ 要点回顾
YAODIAN HUIGU ···

产品的生产过程,同时也是生产的耗费过程。产品成本是产品价值构成中 C+V 两部分的等价物,用货币形式表示,也就是企业在产品经营过程中所耗费的资金总和。进行成本管理,要正确区分各种支出的性质,严格遵守成本开支范围。成本预测和计划是成本管理的两个重要环节;成本控制是成本管理的实施阶段,企业要建立成本控制组织体系。成本考核是成本管理的总结阶段,它对企业成本计划执行情况做出综合评价。

任务四 利润及分配管理

一、利润分配概述

(一)利润分配原则

企业利润分配,必须遵守国家财政法规,兼顾国家、所有者和企业及职工等方面的利益,使利润分配机制发挥利益激励与约束功能以及对生产的调节功能,充分调动各方面的积极性,为企业再生产创造良好条件。要遵守以下原则:

(1)遵守国家法律,履行企业的社会责任,依法分配。

(2)利润分配要坚持全局观念,必须兼顾企业所有者、经营者和职工的利益,坚持兼顾各方利益原则。

(3)坚持分配与积累并重原则,做到后备有余增加企业的发展实力。

(4)制定合适的分配政策,保持稳定的分红比例,坚持投资与收益对等原则。

(二)利润分配程序

企业税后利润,即净利润应该按照国家的相关法规法制按照以下分配程序进行:

1. 弥补以前年度亏损

企业由于经营不善造成的亏损可以用下一年度的税前利润弥补;下一年度不得税前利润不足以弥补的,可以在五年内用税前利润弥补;连续五年未能弥补完的亏损,可以用税后利润弥补。以前年度亏损未弥补前,企业不得提取盈余公积金,也不能向投资者分配利润。

2. 提取法定盈余公积金

法定盈余公积金是按照有关规定强制性提取的,其主要目的是保全企业的资本,防止企业滥用税后利润。法定盈余公积金按照净利润扣除弥补亏损余额的10%提取。盈余公积金是企业的一项内部积累,可以用于弥补亏损,或者转增资本。

3. 向投资者分配利润

企业税后利润按照上述程序分配后的余额,再加上以前年度结余的未分配利润,即是企业当期可以向投资者或股东分配的利润。对于股份有限公司,如果有优先股股票,则要现支付优先股股利,最后向普通股股东支付股利。

▶ 相关链接
XIANGGUAN LIANJIE

　　根据我国《公司法》《企业会计制度》《税法》等相关法律法规的规定,企业累计提取的法定盈余公积金达到注册资本的50%时可不再提取,并且,转增后的企业法定盈余公积金不得低于企业注册资本的25%。

【例6-14】 某股份有限公司2020年实现的利润总额为1 000万元,所得税率为25%,上年度亏损25万元,公司提取的法定盈余公积金为10%。该公司流通在外的普通股股数为1 000万股,无优先股。要求:写出利润分配的过程,并计算每股股利。

解： 弥补亏损后的净利润＝[1 000－25]×(1－25％)＝731.25(万元)

提取法定盈余公积：731.25×10％＝73.125(万元)

可供分配的利润＝731.25－73.125＝658.125(万元)

每股股利＝658.125÷1 000＝0.658(元/股)

二、股利政策与股利支付

股利政策是指股份有限公司对股利支付有关事项的确定。股利政策是现代财务管理的三大主要政策之一，对公司的筹资决策、投资决策有重要意义。

(一)影响股利政策的因素

1.法律因素

我国《公司法》《证券法》《税法》对于股利政策都有一定的限制，主要表现在：

(1)资本保全限制。为了保护公司能有足够的资本以保护债权人的权益，这就要求公司的净利润在弥补亏损和提取法定盈余公积金之前不得分配股利，不得用募集的经营资本发放股利。

(2)资本积累限制。这一规定要求企业在向投资者或股东分配前，现按照一定比例和基数提取盈余公积金，贯彻无利润不分配的原则。

(3)偿债能力限制。如果公司已经无力偿还债务或因发放股利将极大影响公司的偿债能力，则不准发放股利。

(4)超额累积利润积累约束。股东接受股利缴纳的所得税高于其进行股票交易的资本利得税，于是许多国家规定公司不得超额累积利润，一旦公司的保留盈余超过法律认可的水平，将被加征额外税额。我国法律对公司累积利润尚未做出限制性规定。

2.股东因素

站在股东从自身需要出发，对公司的股利分配往往产生一定的影响，主要表现在：

(1)稳定的收入要求方面的考虑。一些依靠股利维持生活的股东，往往要求公司支付稳定的股利，若公司留存较多的利润将受到这部分股东的反对。

(2)控制权的稀释方面的考虑。另外，一些高股利收入的股东又出于避税的考虑，为了维持在公司的控制权，宁愿不分配股利。

(3)股东为保护控制权而要求限制发放股利。公司支付较高的股利就会导致留存盈余减少，这又意味着将来依靠发行股票等方式筹集资金的可能性增大；而发行新股，尤其是普通股，意味着企业控制权有旁落他人或其他公司的可能，因为发行新股必然稀释公司的控制权，这是公司原有持有控制权的股东们所不愿看到的局面。因此，若他们拿不出更多的资金购买新股以满足公司的需要，就会宁肯不分配股利来反对募集新股。

3.公司因素

就公司的经营需要来讲，一些影响股利分配的因素主要表现在：

(1)盈余的稳定性。公司是否能获得长期稳定的盈余是其股利决策的重要基础。盈余相对稳定的公司能够较好地把握自己，有可能支付比盈余不稳定的公司较高的股利；而盈余不稳定的公司一般采取低股利政策。对于盈余不稳定的公司来讲，低股利政策可以减少因盈余下降而造成的股利无法支付、股价急剧下降的风险，还可将更多的盈余再投资，以提高公司权益资本比重，减少财务风险。

（2）资产的流动性。若企业资产的流动性较高,即持有大量的货币资金和其他流动资产,变现能力强,也就可以采取较高的股利率分配股利;反之,就应该采取低股利率。一般来说,企业不应该也不会为了单纯地追求发放高额股利而降低企业资产的流动性,削弱企业的应变能力去冒较大的财务风险。

（3）举债能力。具有较强举债能力(与公司资产的流动性相关)的公司因为能够及时筹措到所需的现金,有可能采取较宽松的股利政策;而举债能力弱的公司则不得不多滞留盈余,因而往往采取较紧的股利政策。

（4）投资机会。有着良好投资机会的公司需要有强大的资金支持,因而往往少发放股利,将大部分盈余用于投资;缺乏良好投资机会的公司,保留大量现金会造成资金的闲置,于是倾向于支付较高的股利。正因为如此,处于成长中的公司多采取低股利政策,处于经营收缩的公司多采取高股利政策。

（5）资本成本。与发行新股相比,保留盈余不需花费筹资费用,是一种比较经济的筹资渠道。所以,从资本成本考虑,如果公司有扩大资金的需要,也应当采取低股利政策。

（6）债务需要。具有较高债务偿还需要的公司可以通过举借新债、发行新股筹集资金偿还债务,也可直接用经营积累偿还债务。如果公司认为后者适当的话(比如,前者资本成本高或受其他限制难以进入资本市场),将会减少股利的支付。

4.其他因素

公司的股利政策还可能受到其他因素的影响,如债务合同约束、国家经济环境、通货膨胀以及公司股票价格变动的影响。

（二）股利政策的类型

由于股利政策受到多种因素的影响,因此不同的公司在不同时期要结合自身的具体情况会制定不同的股利政策。实务中,经常采用到股利分配政策如下:

1.剩余股利政策

剩余股利政策是指在公司有良好的投资机会时(即投资机会的预期报酬率高于股东要求的必要报酬率时),可以考虑在一定的目标资本结构下,按比例测算出应满足投资所需的权益资本,然后将剩余的税后利润再用于支付股利。其基本步骤为:

（1）设定目标资本结构,即确定权益资本与债务资本的比例;

（2）按资本预算和目标资本结构的要求计算投资方案所需的权益资本数额;

（3）计算税后利润能满足投资方案所需权益资本的最大限额;

（4）满足上述需要后,将剩余利润作为股利支付。

这种股利政策的优点是能充分利用筹资成本最低的资金来源,满足投资机会的需要并能保持理想的资本结构,使加权平均资本成本最低。其缺点为易导致股利支付不稳定,不能得到希望取得稳定收入股东的满意,也不利于树立企业良好的财务形象。

【例 6-15】　某公司 2020 年税后净利为 100 000 万元,2021 年的投资计划所需资金 80 000 万元,公司的目标资金结构为自有资金占 60%,借入资金 40%。则按照目标资金结构的要求,2021 年公司投资方案所需的自有资金数额为多少?如果采用剩余股利政策,2020 年向投资者分红为多少?

解:　（1）2021 年计划所需的内部资金 ＝80 000×60% ＝48 000(万元)

（2）2020 年向投资者分红数额＝100 000－48 000＝52 000（万元）

2. 固定或稳定增长股利政策

固定或稳定增长股利政策是指公司将每年发放的股利固定下来，并在较长时期内保持不变，只有当公司预期未来收益将会有显著的不可逆转的增长时才宣布增加股利。

（1）固定或稳定增长股利政策的优点。

① 稳定的股利将向投资者传递公司经营业绩稳定、风险较小，公司正常发展的信息。这有利于增强投资者对公司的信心，从而稳定公司的价值。

② 稳定的股利对那些对股利有很强依赖性的股东有很强的吸引力。

（2）固定或稳定增长股利政策的缺点。

① 股利支付与公司盈利能力相脱节，当公司盈利下降或现金紧张时，仍要保证股利的正常发放，易引起公司资金短缺，甚至发生财务危机；

② 股利支付可能会影响投资计划的实施，或使公司的资本结构偏离目标值，从而加大资本成本。

固定或稳定增长股利政策适用于公司处于持续通货膨胀的经济环境，此时，奉行固定股利政策的公司会转而实行稳定增长的股利政策。现实中，很少有公司很采用这种政策。

3. 固定股利支付率政策

固定股利支付率政策是指公司每年都按一个固定的股利支付率从税后利润中支付股利，并且在较长时期内保持不变。

这种股利政策的优点是体现投资收益均衡原则，股利的多少与公司的财务正相关，不会加大公司的财务压力。其缺点为股利上下波动，极易造成公司形象不稳定，不利于股票价格的稳定与上涨，不利于公司的成长，该政策不可能使公司价值达到最大。

固定股利支付率政策适用处于成熟期，盈利相对比较稳定的公司。

4. 低正常股利加额外股利政策

低正常股利加额外股利政策是公司事先设定一个较低的经常性股利额，一般情况下，公司每期都按此金额支付正常股利，只有企业盈利较多时，再根据实际情况发放额外股利。

将公司派发的股利固定地维持在较低的水平，则当公司盈利较少或需用较多的保留盈余进行投资时，公司仍然能够按照既定的股利水平派发股利，体现了"一鸟在手"理论。而当公司盈利较大且有剩余现金，公司可派发额外股利，体现了股利信号理论。公司将派发额外股利的信息传播给股票投资者，有利于股票价格的上扬。

低正常股利加额外股利政策的优点：

（1）低正常股利加额外股利政策赋予公司一定的灵活性，使公司在股利发放上留有余地和具有较大的财务弹性。同时，公司每年可以根据具体情况，选择不同的股利发放水平，以完善公司的资本结构，进而实现公司的财务目标。

（2）低正常股利加额外股利政策有助于稳定股价，增强投资者信息。由于公司每年固定派发的股利维持在一个较低的水平上，在公司盈利较少或需用较多的留存收益进行投资时，公司仍然能够按照既定承诺的股利水平派发股利，使投资者保持一个固有的收益保障，这有助于维持公司股票的现有价格。而当公司盈利状况较好且有剩余现金时，就可以在正常股利的基础上再派发额外股利，而额外股利信息的传递则有助于公司股票的股价上扬，增强投资者信心。

可以看出,低正常股利加额外股利政策既吸收了固定股利政策对股东投资收益的保障优点,同时又摒弃其对公司所造成的财务压力方面的不足,所以在资本市场上颇受投资者和公司的欢迎。

低正常股利加额外股利政策的缺点:

（1）由于年份之间公司的盈利波动使得额外股利不断变化,或时有时无,造成分派的股利不同,容易给投资者以公司收益不稳定的感觉。

（2）当公司在较长时期持续发放额外股利后,可能会被股东误认为是"正常股利",而一旦取消了这部分额外股利,传递出去的信号可能会使股东认为这是公司财务状况恶化的表现,进而可能会引起公司股价下跌的不良后果。

低正常股利加额外股利政策主要适用于经营状况和利润不稳定的企业和盈利水平随着经济周期而波动较大的公司或行业。

（三）股利支付的程序和方式

1. 股利支付的程序

股利分配的程序主要有以下几个阶段。

（1）确定股利分配方案。《公司法》规定,公司分配股利,首先由公司董事会根据公司盈余情况和股利政策,拟定股利分配方案（包括配股方案）,然后提交股东大会审议通过。只有经股东大会审议通过的股利分配方案才具有法律效力,才能向社会公布。

（2）股利分配方案宣布和股权登记。股利分配方案经股东大会审议通过后,公司必须及时予以公开宣布。宣布的内容包括:股利分配金额、股利宣告日、股东登记日、除息日、除权日、实际支付日（派息日）、派息方式（现金或送股等）、配股数额、配股价、领取股利的地点、参加分配的资格等。

① 股利宣告日。股利宣告日是指将公司股东会议决定的股利分配情况予以公告的日期。例如,A 公司 2021 年 4 月 20 日召开股东会议,宣布每股派现 0.4 元,5 月 1 日为股东登记日,5 月 10 日支付。

② 股权登记日。股权登记日指有权领取股利的股东资格登记截止日期,又称为除权日。只有这一日在公司股东名册上登记有名的股东,方有权领取最近一次发放的股利。在股权登记日以后购买股票的新股东无权参与本次分配。股权登记日一般在分配方案宣布后的 10～20 天内。

③ 除息（权）日。除息日就是除去股利的日期,也就是领取股利的权利和股票相互分离的日期。在除息日前,股利包含在股票的价格之中,该股票称为含权股（含息股）,持有股票就享有获取股利的权利。除息日开始,股利权与股票相互分离,股票价格会下降,此时,股票称为除息股或除权股。而在除息日当天或以后新购买股票的股东则不能享受这次股利。其原因是,股票买卖之间的交接过户需要一定的时间,如果有股票的转让,公司可能不能够及时地获得股东变更的资料,只能以原登记的股东为股利支付对象。为了避免冲突,证券行业一般规定在股权登记日的前 4 天（或 3 天）为除息日。自该日起,股票为无息交易。也就是说,新股东如果希望获取本次股利,就必须在股权登记日的 4 天前购入股票,否则,股利仍然由原股东领取。例如,A 公司以 5 月 1 日为股权登记日,往前算 4 天为 4 月 27 日,这一天为除息日,因此,购买股票的人如果希望获取股利,就必须在 4 月 26 日或以前购买,否则,股利

仍属原来股东的。

④ 股利支付日。股利支付日就是公司向股东正式发放股利的日期。

（3）股利发放。从股利支付日起，公司将在几天内向已经登记在册的各个股东发放应得股利。我国目前的实际发放情况大致有三个渠道：

① 流通股利：通过证券交易所的各级清算网络直接划到各个入市者的资金账户中。

② 国有股股利：直接划到政府委托的部门。

③ 法人股、内部职工股的股利：通过托管机构或证券登记机构等中介机构发放或由公司直接发放。

2. 股利支付方式

股利支付有多种，常见的有以下几种：

（1）现金股利。现金股利是以现金支付的股利，是企业最常见的、也是最易被投资者接受的股利支付方式。现金股利减少了公司的所有者权益和现金，增加了企业的支付压力。因而公司支付现金股利除了要有累计盈余（特殊情况下可用弥补亏损后的盈余公积金支付）外，还要协调公司的股价、投资需要和股东要求之间的矛盾，并考虑以下因素：① 股东的意愿；② 公司投资的需要；③ 现金供应量。

（2）股票股利。股票股利是公司以增发的股票作为股利的支付方式，是一种比较特殊的股利。它不会引起公司资产的流出或负债的增加，不改变每位股东的股权比例，只涉及股东权益内部结构的调整，将资金从留存盈利账户转移到其他股东权益账户，因此不会引起股东权益总额的改变。公司发放股票股利，可能出于以下方面的考虑：

① 保留现金。发放现金股利会使公司的现金大量减少，可能会使公司由于资金短缺而丧失投资良机或增加公司的财务负担；而发放股票股利，则不会减少公司现金持有量，又能使股东获得投资收益，有利于公司将更多的现金用于投资和扩展业务，减少对外部资金的依赖。

② 避免股东增加税收负担。对股东而言，现金股利需要缴纳所得税，而股票股利则不需要纳税，即使将来出售需要缴纳资本利得税，其税率也较低。

③ 满足股东投资的意愿。股东投资的目的是获得投资报酬，发放股票股利可以使股东得到减轻税收负担的好处，又会使股东得到相当于现金股利的收益。

④ 降低公司的股价。发放股票股利可以增加公司流通在外的股份数，使公司股价降低至一个便于交易的范围之内。降低公司的股价有利于吸引更多的中小投资者，提高股票市场占有率，有助于减轻股市大户对股票的冲击，有利于公司进一步增发新股。

（3）财产股利。财产股利是以现金以外的资产支付的股利，主要是以公司所拥有的其他企业的有价证券，如债券、股票，作为股利支付给股东。财产股利具体有实物股利和证券股利。

（4）负债股利。负债股利是公司以负债支付的股利，通常是以公司的应付票据支付给股东，在不得已情况下也有发行公司债券抵付股利的。

财产股利和负债股利实际上是现金股利的替代。这两种股利方式目前在我国公司实务中均很少使用，但并非法律所禁止。

三、股票股利和股票分割

（一）股票股利的含义

股票股利是企业以增发股票作为股利的支付方式。股票股利的会计处理是把公司的股票股利从留存收益账户转移到普通股面值和资本公积中去。

【例6-16】 A公司在发行股票前资产负债表上的股东权益账户如表6-8所示。

表6-8　　　　　　　　　A公司发放股票股利前的部分资产负债表　　　　　　　　单位:万元

股本(普通股面值4元,已发行1 000万股)	4 000
资本公积	600
留存收益	1 400
股东权益合计	6 000

假定该公司宣布发放10%的股票股利,即对股东按10∶1的比例增发普通股,公司共发放100万股普通股股利。当时股票的公开市价为每股10元。要求:列出发放股票股利对股东权益各项目的影响。

解: 随着股票股利的发放,留存收益中有1 000万元(100×10)的资金要转移到股本和资本公积账户上,使之减少到400万元。转移到股本账户使股本增加400万元(100×4)而达到4 400万元,其余转移到资本公积账户上,使资本公积增加600万元(1 000−400)而达到1 200万元。所以,股票股利发放对资产负债表中股东权益各账户的影响如表6-9所示。

表6-9　　　　　　　　　A公司发放股票股利后的部分资产负债表　　　　　　　　单位:万元

股本(普通股面值4元,已发行1 100万股)	4 400(4 000＋400)
资本公积	1 200(600＋600)
留存收益	400(1 400−1 000)
股东权益合计	6 000

从表中可以看出,A公司的股东权益总额保持不变,只是内部构成发生了变化。发放股利后,由于增加了股数份额,因此,每股净资产将会下降,并且股票市场供应量增加,将会使股票价格有所下跌。如果发放股票股利后股票价格下跌幅度小于每股净资产的下降幅度,股东将会收益;反之,股东将受损。

(二) 股票股利的意义

尽管股票股利不直接增加股东的财富,也不增加企业的价值,但是对股东和企业都有特殊的意义。

1. 股票股利对股东影响

(1) 如果企业在发放股票股利后同时发放现金股利,股东会因持有股数的增加而得到更多的现金;

(2) 有时企业发放股票股利后股票价格并不成比例下降,一般在发放少量股票股利(如2%)后不会引起股价的立即变化,这样可以使股东得到股票价值相对上升的好处;

(3) 股东需要现金时,可以将分得的股票股利出售。

▶**你也能做**
NIYENENG ZUO

某企业宣布发放30%的股票股利后,同时每股支付现金股利1元,股东甲如果持有1 000股股票的情况下,股东甲得到的现金股利为多少?如果不发放股票股利,该股东多得到的现金股利有多少?比较一下得出什么结论?

2. 股票股利对公司财务状况的影响

(1) 通过股票股利的支付方式,公司的资产总额、负债总额、股东权益总额均不发生变化;

(2) 通过股票股利的支付方式,增加流通在外的普通股股数,导致每股账面价值下降;

(3) 通过股票股利的支付方式,股东权益项目内部结构发生变化。

3. 股票股利对经营成果的影响

(1) 通过股票股利的支付方式,每股收益会按股利的支付比例相应地下降;

(2) 通过股票股利的支付方式,股票价格也会按股利的支付比例相应地下降;

(3) 通过股票股利的支付方式,股东持有股票的市场价值总额不变。

(三) 股票分割

1. 股票分割的含义

股票分割又称拆股,是指股份公司用某一特定数额的新股按一定比例交换一定数额的流通在外的股份的行为。发放 25% 以上的股票股利即属于股票分割。

2. 股票股利与股票分割的关系

对于股份有限公司而言,进行股票分割与发放股票股利既有相似之处,又有不同之处。其相同点与不同点如表 6-10 所示。尽管股票分割与发放股票股利都能达到降低公司股价的作用,但一般来讲,只有公司股价剧涨而且预计难以下降时,管理人员认为股价太高不利于股票的交易活动时,才采用股票分割的办法降低股价;而在股价上涨幅度不大时,则采用发放股票股利的办法将股价维持在一个理想的范围之内。股票股利与股票分割的对比表如表 6-10 所示。

表 6-10   股票股利与股票分割对比表

项目名称	股票股利	股票分割	相同点	不同点
资产总额	不变	不变	√	
负债总额	不变	不变	√	
股东权益总额	不变	不变	√	
股东权益内部结构	变化	不变		√
股数	增加	大量增加		√
每股收益	下降	下降	√	
每股市价	下降	下降	√	
股东持股的比例	不变	不变	√	
股东持有股份的市场价值	不变	不变	√	

3. 股票分割的影响

(1) 股票分割增加了公司发行在外的股票数额,使每股账面价值下降;

(2) 股票分割对公司的资产总额、负债总额、股东权益总额以及股东权益内部各项目之间的比例关系都不会产生影响。

4. 股票分割的意义

（1）降低股票的价格。股票市场价值会随股票账面价值的降低而相应降低，为避免股价过高而丧失投资者，股份公司会通过股票分割来降低每股市价，使股价保持在相对合理的水平上。

（2）提高公司的信誉。因为股票分割往往是成长中的公司所为，所以宣布股票分割易向外传递公司目前业绩好，利润高，并且还有很好的增长潜力的信息，会吸引更多的投资者。对股东而言，股票分割后，只要每股现金股利的下降幅度小于股票分割幅度，股东就能获利，间接增加了股东的财富。

▶**要点回顾**
YAODIAN HUIGU

利润的形成与分配是企业财务管理得到一项重要内容，它既关系到投资者的经济利益，又涉及权益未来的发展机遇。在一定程度上是企业的一个再融资的过程。利润分配是一个重要问题，应掌握利润分配的相关程序和方法，根据企业的情况为其确定合理的股利政策。

任务五　经营杠杆与总杠杆

企业成本费用的多少，会直接影响收益的大小。同时，企业成本结构的变动，也会对其收益产生一定影响。因此，在市场经济条件下，企业要想取得良好的效益，必须重视分析成本变动对收益的影响。由于固定生产经营成本是由于固定费用的存在而导致的，当某一财务变量以较小幅度变动时，另一相关变量会以较大幅度变动。

一、几个相关概念

（一）成本习性

成本习性又称为成本形态，是指成本总额与业务量之间在数量上的依存关系。按成本习性可以划分为固定成本、变动成本和混合成本。混合成本可进一步按照属性归类为固定成本和变动成本。这种分类，对于加强成本核算、正确地进行财务决策有重要的意义。

（二）边际贡献

边际贡献（M），是指销售收入减去变动成本后的差额。边际贡献也是一种利润。

$$边际贡献＝销售收入－变动成本$$

若 M 为边际贡献，p 为销售单价，a 为固定成本，b 为单位变动成本，x 为业务量，m 为单位为际贡献，则：

$$M = px - bx = (p-b)x = m \times x$$

（三）息税前利润

息税前利润（$EBIT$），是指不扣利息和所得税费用之前的利润。

$$息税前利润＝销售收入－变动成本－固定成本$$
$$息税前利润＝边际贡献－固定成本$$
$$EBIT = Px - bx - a = (p-b)x - a$$
$$EBIT = M - a$$

二、经营杠杆

(一) 经营杠杆的概念

经营杠杆也称营业杠杆,是指企业在经营活动中对经营成本中固定成本的利用。企业经营成本按其特征可分为变动成本与固定成本两部分。在相关范围内,企业产销量的变动不会改变其固定成本总额,但它会使企业单位产品所分摊的固定成本发生升降,从而提高或降低企业收益的实现,如此就形成企业经营杠杆。

(二) 经营杠杆的计量

1. 经营杠杆作用的衡量指标

由于存在固定经营成本,销量较小的变动会引起息税前利润很大的变动。为反应经营杠杆作用的程度,需要对经营杠杆进行计量。对经营杠杆进行计量常用的指标是经营杠杆系数。经营杠杆系数(DOL),是指息税前利润变动率相当于产销业务量变动率的倍数。

2. 经营杠杆系数的计算

(1) DOL 的定义公式。

$$经营杠杆系数 = \frac{息税前利润变动率}{产销业务量变动率}$$

$$DOL = \frac{\Delta EBIT / EBIT}{\Delta X / X}$$

【例 6-17】 某公司的有关资料如表 6-11 所示,请计算该企业 2020 年的经营杠杆系数。

表 6-11　　　　　　　　　　计算经营杠杆系数的相关资料表

项目	2019 年	2020 年	变动额	变动率
销售量(台)	1 000	1 500	500	50%
销售单价(元)	10	10	0	0
销售额(元)	10 000	15 000	5 000	50%
变动成本(元)	6 000	9 000	3 000	50%
边际贡献(元)	4 000	6 000	2 000	50%
固定成本(元)	2 000	2 000	0	0
息税前利润(元)	2 000	4 000	2 000	100%

根据上述公式可以求得:

$$2020 年的 DOL = \frac{2\,000 \div 2\,000}{5\,000 \div 10\,000} = 2$$

该计算结果表明,当销售量增长 50% 时,息税前利润增长了 100%,即销售量增加 1 倍时,息税前利润增长 2 倍;同理,当销售量下降 1 倍时,息税前利润也会下降 2 倍。

(2) DOL 的计算公式。

上述经营杠杆系数的定义公式,必须已知变动前后的相关资料,比较麻烦,也无法预知下一年的经营杠杆系数,所以在实际工作常用的是下述经营杠杆系数的计算公式。

由定义公式可推导如下 DOL 的计算公式:

$$经营杠杆系数 = \frac{息税前利润变动率}{产销业务量变动率} = \frac{\Delta EBIT / EBIT}{\Delta X / X}$$

$$= \frac{EBLT_1 - EBIT_0}{EBIT_0} \times \frac{x_0}{x_1 - x_0}$$

$$= \frac{px_1 - bx_1 - a - (px_0 - bx_0 - a)}{EBIT_0} \times \frac{x_0}{x_1 - x_0}$$

$$= \frac{(p-b)(x_1 - x_0)x_0}{EBIT_0(x_1 - x_0)} = \frac{(p-b)x_0}{EBIT_0}$$

上式中,下标为 1 的为报告期的数据,下标为 0 的为基期的数据,则:

$$报告期经营杠杆系数 = \frac{基期边际贡献}{基期息税前利润}$$

$$DOL = \frac{M}{EBIT} = \frac{M}{M - a}$$

【例 6-18】　根据例 6-17 的资料,用计算公式计算经营杠杆系数。

解:根据 2019 年资料计算:

$$2020 年的 DOL = \frac{M}{EBIT} = \frac{4\ 000}{2\ 000} = 2$$

同理,根据 2020 年资料计算:

$$2021 年的 DOL = \frac{M}{EBIT} = \frac{6\ 000}{4\ 000} = 1.5$$

(三) 经营杠杆的效应

1. 经营杠杆效应

在单价和成本水平不变的条件下,销售量的增长会引起息税前利润以更大的幅度增长;反之,销售量的下降会引起息税前利润以更大的幅度下降。

2. 经营杠杆效应产生的原因

不变的固定成本总额是产生经营杠杆效应的原因。当销售量增加时,变动成本将同比增加,销售收入也同比增加,但固定成本总额不变,单位固定成本以反比例降低,这就导致单位产品成本降低,单位产品利润增加,于是利润比销量增加得更快。

【例 6-19】　假设甲、乙两个企业有关数据如表 6-12 所示。

表 6-12　　　　　　　　　　甲乙两个企业有关数据

项目	甲企业	乙企业
产品销量(件)	10 000	10 000
单位售价(元)	100	100
单位变动成本(元)	60	50

(续表)

项目	甲企业	乙企业
固定成本总额(元)	100 000	200 000
息税前利润(元)	300 000	300 000

由表 6-12 可知,尽管甲、乙两企业成本结构不同,但是其实现的税前收益是相同的。由此看来,似乎成本结构对企业收益没有影响,但是,若甲、乙两企业的销量变动,对收益的影响却大不一样。但假如甲、乙两企业销量分别增长 10%,其他条件不变,会怎么样呢?

解:销量变动对收益的影响结果如表 6-13 所示。

表 6-13　　　　　　　　　　　　　销量变动对收益影响计算表

项目	甲企业	乙企业
产品销量(件)	11 000	11 000
单位售价(元)	100	100
单位变动成本(元)	60	50
固定成本总额(元)	100 000	200 000
息税前利润(元)	340 000	350 000

由表 6-13 得出,显然,销售量增加的幅度一样,而企业收益增加的幅度不一样,这种效益变动幅度大于销售变动幅度的现象,正是经营杠杆作用的结果。

一般情况下,高固定成本、低变动成本结构的企业,相对于低固定成本、高变动成本结构的企业,其经营杠杆功能强(如上例乙企业),经营风险也较大。反之,其经营杠杆功能弱,经营风险也较小。

根据表 6-13 的资料,甲乙两企业经营杠杆系数分别为:

$$甲企业:DOL=(100-60)\times 10\ 000\div 300\ 000=1.33$$
$$乙企业:DOL=(100-50)\times 10\ 000\div 300\ 000=1.67$$

甲企业收益增长是其产品销量增长的 1.33 倍,也就是说,销量若增长 10%,其收益将增长 13.3%(10%×1.33);同理,乙企业的收益增长为其产品销量的 1.67 倍(即收益增长 16.7%)。

只要企业存在固定成本,就存在经营杠杆效应。经营杠杆率总是大于 1,并且经营杠杆率随着固定成本总额的变动呈同方向变动。即在企业收益一定的情况下,固定成本的比重越大,经营杠杆越高;反之,经营杠杆率则越低。所以,若企业在生产经营过程中,能对固定成本支出加以合理控制,不仅能增加收益,而且还可以降低企业的经营风险。

三、总杠杆

只要企业存在固定的生产经营成本,就会存在经营杠杆;只要企业存在固定的利息费用等财务支出,就会存在财务杠杆,二者会产生联动作用,这种联动作用形成总杠杆或复合杠杆。

(一)总杠杆的概念

经营杠杆是指产销量的变动引起的息税前利润的变动;财务杠杆是指息税前利润变动

引起的每股利润的变动。产销量的变动是最终每股利润变动的源泉,产销量的变动引起EBIT 的变动,然后 EBIT 的变动又引起每股利润的变动。由于固定成本和固定财务支出的共同存在而导致的每股利润变动率大于产销业务量变动率的杠杆效应称之为总杠杆。

(二)总杠杆的计量

1. 总杠杆的衡量指标

为反应总杠杆作用的程度,需要对总杠杆进行计量。对总杠杆进行计量的常用的指标为总杠杆系数。所谓总杠杆系数(DCL),是指普通股每股利润的变动率相当于业务量变动率的倍数。

2. 总杠杆的定义公式

$$总杠杆系数 = \frac{普通股每股利润变动率}{产销量变动率}$$

$$DCL = \frac{\Delta EPS/EPS}{\Delta X/X}$$

【例 6-20】 某企业的资料如表 6-14 所示,要求计算总杠杆系数。

表 6-14   某企业相关资料

项目	2019 年	2020 年	变动额	变动率
销售量(万件)	1 000	1 500	5 00	50%
销售单价(元)	10	10	0	0
销售额(万元)	10 000	15 000	5 000	50%
变动成本(万元)	6 000	9 000	3 000	50%
边际贡献(万元)	4 000	6 000	2 000	50%
固定成本(万元)	2 000	2 000	0	0
息税前利润(万元)	2 000	4 000	2 000	100%
利息(万元)	800	3 200	0	166.7%
税前利润(万元)	1 200	960	2 000	166.7%
净利润(万元)	360	2 240	1 400	166.7%
普通股发行股数(万股)	1 000	1 000	0	0
每股利润(元)	0.84	2.24	1.4	166.7%

解:根据表中的资料计算得出:

$$2020 \text{ 年的 } DCL = \frac{166.7\%}{50\%} = 3.33$$

计算结果表明,当该公司的销售量增长 50% 时,每股利润增长 166.7%,即销售量增加 1 倍时,每股利润增长 3.33 倍;反之,当销售量下降 1 倍时,每股利润下降 3.33 倍。

3. 总杠杆的计算公式

上述公式计算经营杠杆系数的定义公式,必须已知变动前后的相关资料,比较麻烦,也无法预知下一年的总杠杆系数,在实际工作常用的是总杠杆系数的计算公式。

结合经营杠杆和财务杠杆的计算公式可推导得出:

$$总杠杆系数 = 财务杠杆系数 \times 经营杠杆系数$$

$$= \frac{基期边际贡献}{基期息税前利润 - 利息}$$

即

$$DCL = DOL \times DFL$$

$$= \frac{M}{EBIT - I}$$

对于发行优先股和向银行借款的企业来说,考虑优先股东股利,则:

$$总杠杆系数 = \frac{基期边际贡献}{基期息税前利润 - 利息 - \dfrac{优先股股利}{1 - 所得税税率}}$$

即

$$DCL = \frac{M}{EBIT - I - \dfrac{D}{1 - T}}$$

【例 6-21】 根据例 6-20 的资料,用计算公式计算总杠杆系数。

根据表 6-14 的资料得出:

$$2020 年的经营杠杆系数 = \frac{4\,000}{2\,000} = 2$$

$$2020 年的财务杠杆系数 = \frac{2\,000}{2\,000 - 800} = 1.67$$

$$则 2020 年的总杠杆系数 = 2 \times 1.67 = 3.33$$

$$或者 2020 年的 DCL = \frac{4\,000}{2\,000 - 800} = 3.33$$

(三) 总杠杆的效应

1. 总杠杆效应

在单价和成本水平及财务费用支出不变的条件下,销售量的增长会引起每股利润以更大幅度增长;反之,销售量的下降会引起每股利润以更大幅度的下降,这就是总杠杆效应。

2. 总杠杆效应产生的原因

只要企业同时存在固定的生产经营成本和固定的利息等财务支出,就存在总杠杆效应;在其他因素不变的情况下,总杠杆系数越大,总风险越大;总杠杆系数越小,复合风险越小;从总杠杆系数中能够估计出销售额变动对每股利润造成的影响;利用总杠杆系数可看到经营杠杆与财务杠杆之间的相互关系,即为了达到某一总杠杆系数,经营杠杆和财务杠杆可以有很多不同的组合。

【例 6-22】 某企业 2020 年资产总额是 2 000 万元,资产负债率是 40%,负债的平均利息率是 10%,实现的销售收入是 2 000 万元,变动成本率 30%,固定成本和财务费用共 280 万元。如果预计 2021 年销售收入会提高 50%,其他条件不变。

(1) 计算 2021 年的经营杠杆、财务杠杆和总杠杆;

(2) 预计 2021 年每股利润增长率。

解:(1)计算 2021 年的经营杠杆、财务杠杆和复合杠杆。

$$利息\ I = 2\,000 \times 40\% \times 10\% = 80(万元)$$

$$固定成本\ a = 280 - 80 = 200(万元)$$

$$变动成本 = 销售收入 \times 变动成本率 = 2\,000 \times 30\% = 600(万元)$$

$$边际贡献\ M = 销售收入 - 变动成本 = 2\,000 - 600 = 1\,400(万元)$$

$$EBIT = 1\,400 - 200 = 1\,200$$

$$\begin{aligned}DOL &= M/(M-a) \\ &= 1\,400 \div (1\,400 - 200) \\ &= 1.17\end{aligned}$$

$$\begin{aligned}DFL &= EBIT/(EBIT - I) \\ &= 1\,200 \div (1\,200 - 80) \\ &= 1.07\end{aligned}$$

$$DCL = DOL \times DFL = 1.17 \times 1.07 \approx 1.25$$

(2)预计 2021 年每股利润增长率。

$$2021 年每股利润增长率 = DCL \times 收入变动率 = 1.25 \times 0.5 \times 100\% = 62.5\%$$

▶要点回顾
YAODIAN HUIGU

自然界中杠杆原理,是指人们在杠杆的一端用较小的力量,在另一端可以产生较大力量来移动较重物体的现象。企业在经营管理中和财务活动中,这样的现象也同样存在。其表现为:经营活动中由于存在固定成本的存在,会出现业务量较小幅度的变动引起息税前利润较大幅度变动的现象,这就是经营杠杆的作用;或者由于存在固定成本和固定的债务利息,会出现业务量较小幅度的变动引起利润较大幅度变动的现象,这就是总杠杆的作用。这种作用既可以较大幅度地提高企业的经济效益,又存在较大的风险,在企业的经营决策和筹资决策中必须高度重视。

▶本项小结
BENXIANG XIAOJIE

企业利润是衡量企业生产经营管理水平的一项综合性指标,是企业对社会做出贡献的来源,利润是由当前的收入与费用配比之后形成的,营业收入与成本费用的管理要求、预测方法等原理都有其具体的方法和步骤,这就是损益管理在企业经营中发挥的重要性。利润是企业对股东回报的源泉,利润的分配是一个重要的问题,经过多次改革后的利润分配原则和程序,是正确处理股东与企业之间关系的纽带,应掌握具体的利润分配方法。财务管理中的杠杆作用有三种,即经营杠杆、财务杠杆和总杠杆。在本章中,要熟练掌握经营杠杆、总杠杆的原理及计算,合理地运用杠杆原理为企业最大限度地规避风险,提高效益。

▶专业术语
ZHUANYE SHUYU

1. 收入	2. 营业收入	3. 成本	4. 费用
5. 变动成本	6. 固定成本	7. 混合成本	8. 营业利润
9. 利润总额	10. 净利润	11. 定性销售预测	12. 定量销售预测
13. 直线回归分析法	14. 保本点	15. 保利点	16. 股利政策
17. 股利宣告日	18. 股权登记日	19. 除息日	20. 股利支付日
21. 现金股利	22. 股票股利	23. 财产股利	24. 负债股利
25. 股票分割	26. 成本习性	27. 边际贡献	28. 经营杠杆
29. 总杠杆			

▶复习思考
FUXI SIKAO

1. 会计中的收入是什么含义,包括企业哪些途径取得的收入?

2. 成本与费用是什么含义,他们之间存在着什么样的关系?

3. 企业净利润是如何形成的?

4. 营业收入的预测方法有哪些?

5. 定量销售预测的方法有哪些,分别是如何计算的?

6. 成本费用的分类有哪些?

7. 成本费用的预测方法有哪些,分别是如何计算的?

8. 成本费用的决策方法有哪些?

9. 成本费用计划包括的内容有哪些?

10. 利润分配的原则与程序是什么?

11. 影响股利政策的因素有哪些?

12. 股利政策的类型有哪些,各自有什么特点?

13. 什么是股票股利和股票分割,它们之间存在的关系是怎样的?

14. 什么是经营杠杆,是如何计算衡量的,对企业的经营是怎样影响到?

15. 什么是总杠杆,是如何计算衡量的,企业如何利用好总杠杆?

▶课后练习
KEHOU LIANXI

一、单项选择题

1. 利润总额与净利润的区别在于构成项目中是否有(　　)一项。

   A. 所得税费用　　　　　　B. 其他业务收入　　　　　　C. 营业外收入　　　　　　D. 投资收益

2. 成本按其习性可划分为(　　)。

   A. 固定成本和变动成本　　　　　　　　　　B. 固定成本、变动成本和混合成本

   C. 变动成本和混合成　　　　　　　　　　　D. 固定成本和混合成本

3. 当财务杠杆系数为1时,下列表述正确的是(　　)。

   A. 息税前利润增长率为零　　　　　　　　　B. 息税前利润为零

   C. 利息与优先股股息为零　　　　　　　　　D. 固定成本为零

4. 某企业上年的息税前利润为5 000万元,利息为500万元,优先股股利为400万元,本年的息税前利润为6 000万元,利息为500万元,优先股股利为400万元,所得税率为20%。则该企业本年度财务杠杆系数为(　　)。

   A. 1.2　　　　　　　B. 1.11　　　　　　　C. 1.22　　　　　　　D. 1.25

5. 某公司的经营杠杆系数为2,财务杠杆系数为3,预计销售将增长10%,在其他条件不变的情况下,每股利润将增长(　　)。

   A. 50%　　　　　　　B. 10%　　　　　　　C. 30%　　　　　　　D. 60%

6. 某企业固定成本为20万元,全部资金均为自有资金,其中优先股占15%,则该企业(　　)。

   A. 只存在经营杠杆　　　　　　　　　　　　B. 只存在财务杠杆

   C. 存在经营杠杆和财务杠杆　　　　　　　　D. 经营杠杆和财务杠杆可以相互抵消

7. 关于总杠杆系数,下列说法正确的是(　　)。

   A. 等于经营杠杆系数和财务杠杆系数之和

   B. 该系数等于普通股每股税后利润变动率与息税前利润变动率之间的比率

   C. 该系数反映产销量变动对普通股每股税后利润的影响

   D. 复合杠杆系数越大,企业风险越小

8. 某公司年营业收入为 500 万元,变动成本率为 40%,经营杠杆系数为 1.5,财务杠杆系数为 2。如果固定成本增加 50 万元,那么,总杠杆系数将变成(   )。
    A. 2.4   B. 3   C. 6   D. 8

9. 下列各项费用中,不属于企业的期间费用的是(   )。
    A. 管理费用   B. 销售费用   C. 制造费用   D. 财务费用

10. 剩余股利政策的根本目的是(   )。
    A. 调整资金结构   B. 增加留存收益
    C. 降低企业加权平均成本   D. 使利润分配与企业盈余紧密结合

11. 下列各项股利分配政策中,以保持股利与利润间的一定比例关系,体现风险投资与风险收益对等关系的是(   )。
    A. 剩余股利政策   B. 固定股利或稳定增长股利政策
    C. 固定股利支付率政策   D. 低正常股利加额外股利政策

12. 在某种情况下能用来支付股利的项目有(   )。
    A. 股本   B. 资本公积   C. 盈余公积   D. 税前利润

13. 当法定公积金到注册资本的(   )时,可不再提取。
    A. 6%   B. 10%   C. 25%   D. 50%

14. 主要依靠股利维持生活的股东最不赞成(   )政策。
    A. 剩余股利政策   B. 固定股利或稳定增长股利政策
    C. 固定股利支付率政策   D. 低正常股利加额外股利政策

15. 领取股利的权利与股票相互分离的日期是(   )。
    A. 股利宣告   B. 股权登记日   C. 除息日   D. 股利支付日

16. 公司提取法定盈余公积金主要用于(   )。
    A. 集体福利设施支出   B. 转增资本
    C. 财务费用的支出   D. 经营支出

17. 一般来说,如果一个公司举债能力较弱,应采取(   )利润分配政策。
    A. 宽松   B. 较紧   C. 不紧   D. 固定或变动

18. 属于确定利润分配应考虑的其他因素是(   )。
    A. 通货膨胀   B. 资产流动情况   C. 避税因素   D. 偿债能力

19. (   )之后的股票交易,其交易价格可能有所下降。
    A. 股利宣告日   B. 除息日   C. 股权登记日   D. 股利支付日

20. 企业进行损益管理时,可以不用考虑的因素是(   )。
    A. 营业收入   B. 筹资方式   C. 成本费用   D. 投资渠道

二、多项选择题

1. 营业收入的来源有(   )。
    A. 主营业务收入   B. 其他业务收入   C. 营业外收入   D. 投资收益

2. 成本费用按习性分类可以分为(   )。
    A. 固定成本   B. 变动成本   C. 混合成本   D. 重置成本

3. 根据过去的销售收入资料预测未来的销售情况,可采用(   )。
    A. 经验判断法   B. 加权平均法   C. 指数平滑法   D. 量本利分析法

4. 固定成本的特点有(   )。
    A. 成本总额随业务量变化   B. 成本总额不随业务量变化
    C. 单位成本随业务量变化   D. 单位成本不随业务量变化

5. 股份公司分派股利的形式一般有(   )。

A. 现金股利   B. 股票股利   C. 财产股利   D. 负债股利

6. 下列项目中,资本保全约束规定可用来发放股利的有(   )。

A. 原始投资   B. 股本   C. 留存收益   D. 本期利润

7. 在确定收益分配政策时须考虑股东因素,其中,限制股利支付属于(   )。

A. 稳定收入规定   B. 避税考虑   C. 控制权考虑   D. 规避风险考虑

8. 发放股票股利,会产生的影响有(   )。

A. 引起每股利润下降   B. 使公司留存大量现金

C. 股东权益各项目的比例发生变化   D. 股票价格可能下跌

9. 在其他因素不变的情况下,固定成本越高,则(   )。

A. 经营杠杆系数越小   B. 经营风险越大

C. 经营杠杆系数越大   D. 经营风险越小

10. 下列各种筹资活动中,(   )活动会加大财务杠杆作用。

A. 增加银行借款   B. 增发公司债券   C. 增发优先股   D. 增发普通股

11. 下列属于股利政策的有(   )。

A. 剩余股利政策   B. 固定股利支付政策

C. 固定股利支付率政策   D. 低正常股利加额外股利政策

12. 影响股利政策的因素有(   )。

A. 法律因素   B. 债务契约因素

C. 公司财务状况因素   D. 股东因素

三、判断题

1. 当企业的经营杠杆系数等于1时,则企业的固定成本为零,此时企业没有经营风险。   (   )

2. 息税前利润可以用利润总额加上利息费用计算。   (   )

3. 经营杠杆可以用边际贡献除以税前利润来计算,它说明了销售变动引起利润变化的幅度。   (   )

4. 在计算息税前利润的公式 $EBIT=(p-b)x-a$ 中,固定成本和变动成本中都不包含利息费用因素。

(   )

5. 采用固定股利或稳定增长股利政策主要是为了保持理想的资金结构,使企业的综合资金成本最低。

(   )

6. 一般而言,如果企业缺乏良好的投资机会,可适当增加分红数额。   (   )

7. 公司发放股票股利将使公司股本减少。   (   )

8. 企业发生的年度经营亏损,依法用以后年度实现的利润弥补。连续5年不足弥补的,用税后利润弥补,
或者经企业董事会或经理办公会审议后,依次用企业盈余公积、资本公积弥补。   (   )

9. 成本和费用是一回事。   (   )

10. 因为固定成本的存在才导致财务杠杆发挥作用。   (   )

▶项目训练
XIANGMU XUNLIAN

一、计算分析题

1. 甲企业销售额为20万元,总变动成本为销售额的60%,负债比率为50%,利息费用为3 000元,固定成本为50 000元。要求:计算经营杠杆系数、财务杠杆系数和总杠杆系数。

2. 乙企业的产品预计销售量为200万件,销售单价为100元,单位变动成本为40元,总固定成本为4 000万元,共向银行借款10 000万元,年利率为10%。要求:计算经营杠杆系数、财务杠杆系数和总杠杆系数。

3. 宏达股份公司2020年的税后净利润为1500万元,确定的目标资本结构为:负债资本60%,股东权益资本40%。如果2021年该公司有较好的投资项目,需要投资500万元,该公司采用剩余股利政策,应当

如何融资和分配股利?

4. 某公司 2021 年拟投资 2 000 万元引进一条生产线以扩大生产能力,该公司目标资本结构为股权资本占 60%,债权资本占 40%。该公司 2020 年度的税后利润为 1 000 万元,继续执行固定股利政策,该年度应分配的股利为 300 万元。要求:计算 2021 年度该公司为引进生产线需要从外部筹集股权资本的数额。

二、案例题

案例一——收入和利润预测

（一）案例目的

掌握收入和费用的预测方法。

（二）案例资料

广田公司预计 2021 年度销售甲产品,有关数据如表 6-15 所示。

表 6-15　　　　　　　　　　广田公司有关数据资料

项目	单位产品(元)
销售价格	20
购入成本	12
销售佣金(元/件)	1
年固定成本:	
工资	100 000
租金	20 000
广告费	40 000
其他	20 000
固定成本合计	180 000

（三）案例要求

1. 计算 2021 年保本点的销售量和保本点的销售收入。

2. 假设销售 30 000 件甲产品,则获得的利润是多少?

3. 假设销售佣金每件多增加 0.5 元,则保本点的销售量和销售收入是多少?

4. 假设将佣金改为销售人员的固定工资 20 000 元,则保本点的销售量和销售收入是多少?

5. 如果公司想获得利润 45 000 元,计算保利点的销售量。

案例二——不同股利政策的股利分配

（一）案例目的

掌握在不同股利政策下的股利分配。

（二）案例资料

某公司 2019 年的税后净利润为 1.2 亿元,分配的现金股利为 4 200 万元。2020 年的税后净利润为 9 000 万元。预计 2021 年该公司的投资计划需要资金 5 000 万元。该公司的目标资本结构为股权资本占 60%,债权资本占 40%。

（三）案例要求

(1) 如果采用剩余股利政策,计算该公司 2020 年应分配的现金股利额。

(2) 如果采用固定股利政策,计算该公司 2020 年应分配的现金股利额。

(3) 如果采用固定股利支付率股利政策,计算该公司 2020 年应分配的现金股利额。

(4) 如果采用低正常股利加额外股利政策,该公司 2016 年的现金股利为正常股利额,计算该公司 2020

年应分配的现金股利额。

案例三——华生公司新产品决策

（一）案例目的

掌握新产品开发损益管理。

（二）案例资料

华生集团公司开发设计一种新产品，预计单位变动成本为 300 元，固定成本总额为 50 000 元，计划年产销 1000 件。

（三）案例要求

（1）该公司计划获取利润 50 000 元，新产品定价为多少？

（2）根据市场预测，该新产品单位销售价最高不得超过 380 元，若公司希望实现利润 50 000 元，在不扩大销售的条件下公司应采取什么措施？

（3）假若该新产品定价为 380 元，成本水平稳定，要获利 50 000 元，需销售多少件新产品？

项目七　财务分析与评价

知识目标：

1. 了解财务分析与评价的概念与作用；
2. 理解财务分析与评价的含义；
3. 掌握主要财务指标分析与评价的方法；
4. 熟悉综合财务分析与评价的特点和方法；
5. 了解财务分析报告撰写要求。

能力目标：

1. 能明确财务分析与评价的目的；
2. 精通主要财务指标分析与评价的方法；
3. 会用沃尔评分法和杜邦分析法进行财务综合分析；
4. 能撰写较高质量的财务分析报告。

重点与难点

教学重点：

1. 企业财务分析与评价指标的含义；
2. 主要财务分析与评价指标的方法及应用；
3. 综合财务分析与评价方法的含义。

教学难点：

1. 主要财务分析与评价指标的计算；
2. 财务分析与评价指标间的逻辑关系；
3. 综合财务分析与评价的方法及运用。

案例导入

　　新星电脑公司是一家在本地小有名气的私营电脑销售和服务公司,其市场一直很好,可学计算机出身的公司老板小王最近可犯愁了:一所学校计算中心 600 台某种品牌电脑销售安装合同刚刚接下来,可最近原来代理的这种品牌电脑生产商因为欠的货款较多不愿发货,而银行又因为前次贷款尚未还清,也不愿意再追加贷款,更有几个公司骨干技术人员因为经常加班可加班工资又没有及时兑现而离开了公司。小王纳闷:公司效益一直很好,业务也应接不暇,为什么出现这样的局面? 他找到了学财务的中学同学小张帮他出出主意,小张认真分析了新星公司的会计报表,详细了解了公司的经营情况,找到了问题的症结:原来新星公司最近几个月做了几笔较大的业务，可都是先付一半货款，半年后再付另一半货款，结果不仅占用了所代理的厂家资金，公司也垫付了大量的费用，导致资金周转不灵。

讨论：小王遇到什么经营困境？小张是如何找到公司经营困境的原因？如何利用财务分析与评价的方法解决经营效益与资金周转之间的关系？

任务一　财务分析与评价认知

一、财务分析与评价的概念及作用

财务分析与评价是指以企业财务报表和其他资料为主要依据，采用专门方法，系统分析和评价企业的过去和现在的经营成果、财务状况及其变动，目的是了解过去、评价现在、预测未来，帮助利益关系集团改善决策。

财务分析与评价是财务管理的重要方法之一，它是对企业一定期间的财务活动的总结，为企业进行下一步的财务预测和财务决策提供依据。其在企业财务管理工作中具有重要作用：一是通过财务分析与评价，可以了解企业偿债能力、营运能力、盈利能力，便于企业管理当局及其他报表使用者了解企业财务状况和经营成果，并通过分析与评价影响企业财务状况及经营成果的主观因素和客观因素、微观因素和宏观因素，划清经济责任，合理评价经营者的工作业绩，并据此奖优罚劣，揭示企业生产经营活动中存在的问题，总结财务管理工作的经验教训，为企业生产经营决策和财务决策提供重要的依据。二是通过财务分析与评价，可以为投资者、债权人和其他有关部门和人员提供系统的、完整的财务分析与评价资料，便于他们更加深入地了解企业的财务状况、经营成果和现金流量情况，为他们做出经济决策提供依据。三是通过财务分析与评价，可以检查企业内部各职能部门和单位完成财务计划指标的情况，考核各部门和单位的工作业绩，以便揭示管理中存在的问题，总结经验教训，提高管理水平。

二、财务分析与评价的目的

编制财务报表的目的，就是向报表的使用者提供有关财务信息，从而为他们的决策提供依据。但是财务报表是通过一系列的数据资料来全面地、概括地反映企业的财务状况、经营成果和现金流量情况的。对报表的使用者来说，这些数据是原始的、初步的，还不能直接为决策服务。因此，报表的使用者应根据自己的需要，使用专门的方法，对财务报表提供的数据资料进一步加工、整理，从中取得必要的有用的信息，从而为决策提供正确的依据。

对企业进行财务分析与评价所依据的资料是客观的，但是，不同的人员所关心问题的侧重点不同，因此，进行财务分析与评价的目的也各不相同。经营管理者，必须全面了解企业的生产经营状况和财务状况，他们进行财务分析与评价的目的和要求是全面的；企业投资者的利益与企业的经营成果密切相关，他们更关心企业的资本盈利能力、企业生产经营的前景和投资风险；企业的债权人则主要关心企业能否按期还本付息，他们一般侧重于分析企业的偿债能力。综合来看，进行财务分析主要出于以下目的。

1. 评价企业的偿债能力

通过对企业的财务报告等会计资料进行分析，可以了解企业资产的流动性、负债水平以及偿还的能力,从而评价企业的财务状况和经营风险,为企业经营管理者、投资者和债权人提供财务信息。

2. 评价企业的营运能力

企业的生产经营过程就是利用资产取得收益的过程。资产是企业生产经营活动的经济资源,资产营运能力直接影响到企业的收益,它体现了企业的整体素质。进行财务分析,可以了解到企业资产的保值和增值情况,分析企业资产的管理水平、资金周转状况、现金流量情况等,为评价企业的经营管理水平提供依据。

3. 评价企业的获利能力

获取利润是企业的主要经营目标之一,它也反映了企业的综合素质,企业要生存和发展,必须争取获得较高的利润,这样才能在竞争中立于不败之地。投资者和债权人都十分关心企业的获利能力,获利能力强可以提高企业偿还债务能力,提高企业的信誉。对企业获利能力的分析不能仅看其获取利润的绝对数,还应分析其相对指标,这些都可以通过财务分析来实现。

4. 评价企业的发展趋势

无论是企业的经营管理者,还是投资者、债权人,都十分关注企业的发展趋势,这关系到他们的切身利益。通过对企业进行财务分析,可以判断出企业的发展趋势,预测企业的经营前景,从而为企业经营管理者和投资者进行经营决策和投资决策提供重要依据,避免决策失误给其带来重大的经济损失。

三、财务分析与评价的主体

财务分析与评价的主体就是与企业存在现实或潜在的利益关系,为了特定的目的,对企业的财务状况、经营成果、现金流量状况等进行分析和评价的组织或个人。

1. 企业经营者

企业经营者进行财务分析的主要目的是全面评价企业的经营业绩、偿债能力和资产运营效率,并从中找出问题,充分挖掘内部潜力,改善经营管理,提高经济效益。在市场经济条件下,每个企业都面临着激烈的市场竞争,为了在竞争中谋求生存和发展,必须及时了解自身的状况。通过财务分析,不仅能对现有的财务状况和财务成果进行评价,更为重要的是,通过分析找到企业管理中的薄弱环节,找出影响企业财务成果的有利因素和不利因素,挖掘潜力,改变不利因素的影响,促使企业经济效益的提高。企业经营者为了了解本企业财务状况、经营成果,以及在现有条件下可能达到的各种目标,必须及时获取有用的信息,以便采取必需的措施和对策,应付可能出现的不同情况,而财务分析就是取得这些信息最有效的途径。

2. 债权人

债权人作为企业资金的供给者,最为关心资金的安全完整,债权相对于所有权而言,债权人承担的风险较小,在清偿顺序上债权优先于所有权,但债权人不具有表决权,不能参与企业的重大决策。企业财务状况的好坏,尤其是偿债能力的强弱,极大地影响着债权人的资金安全和本息的收回。债权人对财务报表分析的首要目的是评估企业的长、短期偿债能力,分析重点是企业的负债结构及债务的保证程度。企业的偿债能力受多种因素的影响,如企业资产的运营状况、盈利能力及未来的发展潜力等,所以进行分析时也应充分考虑这些因素。债权人分析会计报表的目的,在于了解借款企业有无偿债能力。若借款企业的经营业绩好、财务状况佳，债权的收回就不成问题；若借款企业经营不佳或发生意外，收回债权就可能很困难。因此，债权人在决定是否同某一企业发生经济关系之前，必须仔细分析债务企业的财务报表。

3. 投资者

投资者又称股东，是提供资金给公司的出资人，而且也是公司风险的最终承担者。由于普通股股东权益受多种因素的影响，投资者进行财务分析主要是从出资者的角度，关注企业的盈利能力和风险水平。因投资者一般不直接参与企业的经营管理，对企业盈利水平和风险状况的了解只能通过真实完整的会计资料，利用科学的分析方法对企业的资产结构、盈利能力、支付能力及信用状况等进行全面了解，进而做出是否继续投资的决策，并维护自身的合法权益。企业的股东（投资者）分析会计报表的目的，主要在于了解企业的获利能力，以期投资能有高的回报。

4. 政府监管部门、税务机关、经济管理部门

他们通过财务分析，了解企业遵守政府法规情况、纳税情况和市场秩序的情况、职工收入和就业状况等，以维护正常的市场经济秩序、保障国家和社会的利益。

5. 其他企业的利益相关者

除上述财务分析主体之外，企业的供应商、客户、员工、竞争对手及社会公众，都可能需要通过财务分析了解企业的相关情况，从而成为企业财务分析的主体。供应商希望与企业保持稳定的合作关系，因此希望通过财务分析了解企业的持续购买能力，在赊购的情况下，供应商又是企业的债权人，对企业的短期偿债能力十分关注；客户是企业产品的购买者，客户会关注企业能否长期持续经营下去，能否与之建立并维持长期的业务关系，能否为其提供稳定的货源；员工通常与企业存在长久、持续的关系，他们对企业的盈利能力和偿债能力比率都会予以关注；竞争对手通过对双方企业的财务进行分析，可以判断双方的相对效率与效益，找到自己的竞争优势与劣势，为提高竞争能力打下基础。

尽管企业会计信息的使用者决策目的各不相同，但进行财务分析的基本目的主要是评价企业过去的经营成果，判断企业的抗风险能力，衡量企业目前的财务状况和预测企业未来的发展趋势。他们所需要的会计信息主要涉及企业的偿债能力、抗风险能力和获利能力，而这三者又是相互联系、相互依存的。如果企业的获利能力较低，就会影响到未来的现金净流入；而现金净流入不多，就会影响到企业的偿债能力；企业的偿债能力不足，也就意味着其抗风险能力差。企业的抗风险能力差，其短期偿债能力就低，就必然会影响到投资者的投资信心，也就面临融资困难，经营情况和获利能力也就无法得到改善，企业将面临清理破产的危险；反之，抗风险能力和获利能力强，有较好的信誉，也就更容易吸引投资者；还可以进一步扩大经营规模，形成更强的获利能力的良性循环。

▶ **身边的事**
SHENBIAN DE SHI

试分析董事长、总经理、股东、债权人等不同利益主体对财务报表分析与评价的态度有何区别与共同之处。

四、财务分析与评价的方法

财务报表的分析与评价可以结合企业的经营环境，从不同的角度、根据不同的目的进行

分析,虽然财务报表分析的形式多种多样,但其中都贯穿着比较分析的原理。基本的分析方法主要有五种:比率分析法、比较分析法、因素分析法、趋势分析法、图表分析法等。

1. 比率分析法

比率分析法是把某些彼此存在关联的项目加以对比,计算出比率,经营成果的一种分析方法。在财务分析与评价中,比率分析法应用得比较广泛,能够把某些条件下的不可比指标变成可以比较的指标。比率指标有相关比率、结构比率、效率比率和动态比率四种。

相关比率是指同一时期财务报表中两项相关数值的比率。这一类比率包括:反映偿债能力的比率,如资产负债率、流动比率等;反映营运能力的比率,如存货周转率、应收账款周转率等;反映盈利能力的比率,如净资产收益率、资产净利率等。

结构比率是指财务报表中个别项目数值与全部项目总和的比率。这类比率揭示了部分与整体的关系,通过不同时期结构比率的比较,还可以揭示其变化趋势。如存货与流动资产的比率、流动资产与全部资产的比率就属于这一类比率。

效率比率是反映投入与产出关系的财务比率,效率比率的分子代表产出的项目,通常是各种利润数据,分母则是代表某种投入的数据,通常是资产、股东权益、利润与资产的比率、净利润与股东权益的比率、利润总额与成本费用的比率等。

动态比率是指财务报表中某个项目不同时期的两项数值的比率。这类比率又分为定基比率和环比比率,分别以不同时期的数值为基础揭示某项财务指标的变化趋势和发展速度。

在财务分析中,比率分析法往往要与下面将要讲到的其他方法结合起来,这样才能全面、深入地揭示企业的财务状况、经营成果及其变动趋势。

2. 比较分析法

比较分析法是将两个或两个以上的可比数据进行对比,计算出比率或差额,揭示差异并寻找差异原因的分析方法。比较分析法是最基本的分析方法,在实际使用中十分常见。按对比的方式分,可分为两种:一是绝对比较,通过计算,确定其增减变动数量;二是相对比较,通过计算比率,确定其变动程度,可以是结构分析中的结构百分比,还可以是各种财务比率。因此,严格地说,比较分析法并不是一个独立的分析方法,而是与其他分析方法相结合的一种辅助技术。

比较分析法必须要有比较的标准,比较的标准也就是跟什么比。常见的比较标准有历史标准、行业标准、预算标准、经验标准等。

3. 因素分析法

因素分析法又称连环替代法,是利用指数体系,从数量上确定各因素的变动对总指标的影响程度和影响额的分析方法。采用这种方法的出发点在于,当有若干因素对分析对象发生影响作用时,假定其他各个因素都无变化,顺序确定每个因素单独变化所产生的影响。

因素分析法既可以全面分析各因素对某一经济指标的影响,又可以单独分析某个因素对某一经济指标的影响,在财务分析中应用颇为广泛。

差额计算法是因素分析法的一种简化形式,它是利用各个因素的实际数与计划数之间的差额,来计算各个因素对某一经济指标的影响程度。

4. 趋势分析法

趋势分析法是将企业连续数年的财务报表,以第一年或某一年为基础,计算每一期对基期指标的百分比,使之成为一系列具有比较性的百分比,借以显示该项目的各期上升或下降的变动趋势的分析方法。这种方法所计算的结果可以提供一个明确的趋势概念,而且可以通过对过去的研究和观察,显示企业未来的发展趋势。

5. 图表分析法

图表分析法是以各种图表或表格表示企业在同一年度或不同年度内有关财务状况、经营成果及财务状况的各种关系与趋势的分析方法。以图表方式进行表达,有利于使信息一目了然,能够迅速掌握有关财务状况和经营成果的相互关系和变动趋势。

6. 其他分析法

除了就一般目的的财务报表进行分析外,财务报表使用者还针对特殊的需要,对财务报表进行特殊分析。例如,企业为了确定最佳存货水平,要根据每次订货成本、存货需求量等资料进行经济订购批量分析。

五、财务分析与评价的程序

无论企业的经营管理者,还是投资者、债权人,在做出财务评价和经济决策时,都必须进行充分的财务分析。为了保证财务分析与评价的有效进行,必须遵循科学的程序。财务分析与评价的程序就是进行财务分析与评价的步骤,一般包括以下几步:

(一)明确分析与评价的目的,搜集有关经济资料

财务分析的范围取决于财务分析的目的,它可以是企业经营活动的某一方面,也可以是企业经营活动的全过程。如债权人可能只关心企业偿还债务的能力,这样他就不必对企业经营活动的全过程进行分析,而企业的经营者则需要进行全面的财务分析。

(二)选择适当的分析方法进行对比,做出评价

财务分析与评价的目的和范围不同,所选用的分析方法也不同。常用的财务分析方法有比率分析法、因素分析法等,这些方法各有特点,局部的财务分析,可以选择其中的某一种方法;全面的财务分析,则应综合应用各种方法,以便进行对比,做出客观、全面的评价。

(三)进行因素分析,抓住主要矛盾

通过财务分析,可以找出影响企业经营活动的各种因素。在诸多因素中,有的是有利因素,有的是不利因素;有的是处部因素,有的是内部因素。在进行因素分析时,必须抓住主要矛盾,即影响企业生产经营活动的主要因素,然后才能有的放矢,提出相应的办法,做出正确的决策。

(四)为经济决策提出各种建议

财务分析的最终目的是为经济决策提供依据。通过上述的比较与分析,提出各种方案,然后权衡各种方法的利弊得失,从中选出最佳方案,做出经济决策。这个过程也是一个信息反馈过程,决策者可以通过财务分析总结经验、吸取教训,以改进今后的工作。

六、财务分析与评价的局限性

财务分析与评价的起点是财务报表,分析使用的数据大部分来源于企业公开发布的财务报表。因此,正确理解财务报表是财务分析的前提。然而,也应该清醒地认识到,财务分析的结果并非绝对准确。由于各种因素的限制——企业财务报表、财务分析指标和财务分析方法存在一定的局限性,从而对财务报表分析产生不利影响,致使它的作用并没有完全地

发挥出来,分析的结果与预期往往存在着差距。财务分析与评价的局限性主要体现在以下几个方面:

(一) 会计政策与会计处理方法的多种选择,使不同企业同类的报表数据缺乏可比性

根据《企业会计准则》的规定,企业存货发出计价方法、固定资产折旧方法、坏账的计提方法、对外投资的核算法、所得税会计核算方法,外币报表折算汇率等,都可以有不同的选择。即使是两个实际经营情况完全相同的企业,不同的方法对期末存货及销售成本水平也有不同的影响,因此,财务报表中的有关数据会有所不同,使得两个企业的财务分析发生歪曲。

(二) 会计估计的存在对财务报表的影响也较大

会计报表中的某些数据并不是十分精确的,有些项目数据是会计人员根据经验和实际情况加以估计计量的,如固定资产的折旧年限、无形资产的摊销年限的确定等都不同程度地含有主观估计因素,再如坏账准备的计提比例可以由企业自行掌握;固定资产的净残值率允许在 $3\%\sim5\%$ 之间估计,确需超出此范围也是允许的,只是报经税务部门批准即可。因此,会计报表所提供的数据的质量必然受到这些人为估计准确程度的影响。企业的每一会计估计与企业利润都有直接关系,利润往往又是财务分析中最为关注的一个指标。

(三) 会计假设与会计原则的限制

会计假设和会计原则虽然可以为会计工作提供规范和基础,但是它们也同样限制了财务报表的功能和表达。例如,在货币计量的假设下,财务报表所能表达的信息仅仅限于可以用货币表达的项目,而许多影响企业活动的因素,如企业职工的技术水平、企业产品的质量水平及市场上的竞争能力等,都无法用货币来进行衡量和表达。企业的某些重要资源,例如,人力资源、知识产权等,在技术含量较高的企业是企业的巨大财富,却没有在会计报表上得到充分的计量和反映。另外,会计的真实性在很大程度上依靠于货币的真实性,如果币值不稳定,财务报表所表达的信息就会显得毫无意义。在通货膨胀的情况下,在以历史成本为原则编制的财务报表中,企业的存货和长期资产的价值将被低估,折旧和销售成本将同时受到影响,这就严重歪曲了企业的财务状况和盈利能力。

(四) 财务报表的粉饰限制

公司的管理层有时为了自身的利益,往往采用粉饰技术蒙骗会计报表使用者。一般而言,财务分析的诸多指标中,凡是以时点指标为基础计算的大都可以乔装打扮。如:企业为表现良好的偿债能力和营运能力,可以在报表日前放宽信用条件,扩大销售,增加销售数;抛售短期有价证券;提前办理大额增资并偿还部分流动负债;期末压缩或延缓进货等。这使得公司的财务状况看上去更为乐观,但这种修饰的目的只是在于取得财务报表使用者的好感。

因此,要注意财务报告是否规范;要注意财务报告是否有遗漏;要注意分析数据的反常现象;要注意审计报告的意见及注册会计师的信誉。

▶**要点回顾**
YAODIAN HUIGU ················

财务分析与评价是以企业财务报表和其他资料为主要依据,采用专门方法,系统分析和评价企业的过去和现在的经营成果、财务状况及其变动,目的是了解过去、评价现在、预测未来,帮助利益关系集团改善决策,是财务管理的重要方法之一。对企业进行财务分析与评价所依据的资料是客观的,不同的人员所关心问题的侧重点不同,因此,进行财务分析与评价的目的也各不相同。财务报表的分析与评价可以结合企业的经营环境,从不同的角度、根据不同的目的进行分析,虽然财务报表分析的形式多种多样,但其中都贯穿着比较分析的原理,基本的分析方法主要有比率分析法、比较分析法、因素分析法、趋势分析法、图表分析法等。财务报表使企业进行财务分析与评价所依据的最主要、最基本的资料。财务报表分析最基本的功能是将大量的报表数据转换成为对特定决策有用的信息,以减少决策的不确定性,但在进行分析时,也要充分考虑财务报表资料的局限性。

任务二　主要财务指标分析与评价

总结和评价企业财务状况与经营成果的分析指标,包括偿债能力指标、营运能力指标、盈利能力指标和上市公司其他财务指标。现将后面举例时需要用到的天佳公司的资产负债表(见表7-1)和利润表(见表7-2)列举如下。

表 7-1

资产负债表

编制单位:天佳公司　　　　　　　　2020 年 12 月 31 日　　　　　　　　单位:万元

资产	年初余额	年末余额	负债及所有者权益（或股东权益）	年初余额	年末余额
流动资产:			流动负债:		
货币资金	800	900	短期借款	2 000	2 300
以公允价值计量且其变动计入当期损益的金融资产	1 000	500	应付票据及应付账款	1 300	1 600
应收票据及应收账款	1 200		应付票据	1 000	1 200
应收票据	0		应付账款	300	400
应收账款	1 200	1 300	预收账款	100	100
预付账款	100	150	流动负债合计	3 400	4 000
存货	4 000	5 200			
流动资产合计	7 100	8 050	长期负债	2 000	2 500
长期股权投资	400	400	所有者权益		
固定资产净值	12 000	14 000	实收资本	12 000	12 000
无形资产	500	550	盈余公积	1 600	1 600
			未分配利润	1000	2 900
			所有者权益合计	14 600	16 500
资产总计	20 000	23 000	负债及所有者权益合计	20 000	23 000

表 7-2　　　　　　　　　　　　　　　　利润表

编制单位：天佳公司　　　　　　　　　　2020 年度　　　　　　　　　　　　单位：万元

项　目	上年数	本年累计金额
一、营业收入	18 800	21 300
减：营业成本	10 900	12 500
税金及附加	1 080	1 200
销售费用	1 620	1 900
管理费用	800	1 000
财务费用	200	300
资产减值损失		
加：公允价值变动收益（损失以"－"号填列）		
投资收益（损失以"－"号填列）	300	300
其中：对联营企业和合营企业的投资收益		
二、营业利润（亏损以"－"号填列）	4 500	4 700
加：营业外收入	100	150
减：营业外支出	600	650
其中：非流动资产处置损失		
三、利润总额（亏损总额以"－"号填列）	4 000	4 200
减：所得税费用	1 000	1 050
四、净利润（净亏损以"－"号填列）	3 000	3 150
五、每股收益：		
（一）基本每股收益		
（二）稀释每股收益		

▶**身边的事**
SHENBIAN DE SHI

　　通过财务报表资料可以反映企业年度经营业绩，请注意报表资料中数字指标的勾稽关系，以及各报表之间的逻辑关系。现在对上市公司的信息披露要求非常严格，也非常规范，结合上市公司信息披露制度，分析上市公司的经营业对股票价格的影响。

一、偿债能力指标分析

　　偿债能力是指企业偿还各种到期债务的能力。它是反映企业财务状况和经营能力的重要标志。企业偿债能力低，不仅说明企业资金紧张，难以支付日常经营支出，而且说明企业资金周转不灵，难以偿还到期债务，甚至面临破产危险。偿债能力分析是企业财务分析与评价的一个重要方面，通过这种分析可能揭示企业的财务风险。企业财务管理人员、企业债权人及投资者都十分重视企业的偿债能力分析。偿债能力分析主要分为短期偿债能力分析和长期偿债能力分析,现分述如下。

（一）短期偿债能力指标分析

短期偿债能力是指企业偿付流动负债的能力。在资产负债表中,流动负债与流动资产形成一种对应关系。流动负债是指在一年内或超过一年的一个营业周期内需要偿付的债务,一般来说,这种债务需以流动资产来偿付。因此,可以通过分析流动负债与流动资产之间的关系来判断企业的短期偿债能力。同时,它也是评价流动资产变现能力的重要标志。

企业短期偿债能力的衡量指标主要有流动比率、速动比率和现金比率等。

1. 流动比率

流动比率是企业流动资产与流动负债的比率。计算公式为:

$$流动比率 = \frac{流动资产}{流动负债}$$

流动比率是衡量企业短期偿债能力最通用的比率。它说明一元流动负债有多少流动资产可以作为支付的保证。一般情况下,流动比率越高,反映企业短期偿还债务的能力越强,债权人权益就越有保证,表明企业可以变现资产数额越大,债权人遭受损失的风险越小。但是,流动比率过高也可能是存货过多引起的。因此,流动比率应当保持在一个合适的水平上。一般认为,流动比率维持在 2∶1 时,才足以表明企业财务状况稳妥可靠。实际上,对流动比率的分析应该结合不同的行业特点、企业流动资产结构及各项流动资产的实际变现能力等因素。有的行业流动比率较高,有的行业较低,不可一概而论。但是,单凭这种经验判断也并非可靠,有时流动比率较高,但其短期偿债能力也未必很强,因为可能是存货积压或滞销的结果,而且,企业也很容易伪造这个比率,以掩饰其偿债能力。如年终时故意将借款还清,下年年初再借入,这样就可以人为地提高流动比率。

计算出来的流动比率,只有和同行业平均流动比率、本企业历史的流动比率进行比较,才能知道这个比率是高还是低。这种比较通常并不能说明流动比率为什么过高或过低,要找出原因,还必须分析流动资产和流动负债包括的内容及经营上的因素。一般情况下,营业周期、流动资产中应收账款和存货的周转速度是影响流动比率的主要因素。

【例 7-1】 根据表 7-1 资料,天佳公司 2020 年的流动比率为:

年初流动比率 = 7 100 ÷ 3 400 = 2.088

年末流动比率 = 8 050 ÷ 4 000 = 2.013

2. 速动比率

从前面的分析可知,流动比率在评价企业短期偿债能力时,存在一定局限性。如果流动比率较高,但流动资产的流动性较差,则企业的短期偿债能力仍然不强。在流动资产中,短期有价证券、应收票据、应收账款的变现力均比存货强,存货需经过销售才能转变为现金,如果存货滞销,则其变现就成问题,所以存货是流动资产中流动性相对较差的。一般来说,流动资产扣除存货后的资产称为速动资产,主要包括现金、短期投资、应收票据、应收账款等。速动资产与流动负债的比率称为速动比率,也称酸性试验。其计算公式为:

$$速动比率 = \frac{流动资产 - 存货}{流动负债}$$

速动比率用以衡量企业流动资产中可以即刻用于偿付流动负债的财力。它是流动比率的一个重要的辅助指标。有时公司流动比率虽然较高,但是流动资产中易于变现、具有即刻支付能力的资产却很少,则公司的短期偿债能力仍然较差。因此,速动比率较之流动比率能够更加准确、可靠地评价公司资产的流动性及其偿还债务的能力。通常认为,正常的速动比率为1,低于1的速动比率被认为是短期偿债能力偏低。但这仅是一般的看法,因为不同行业速动比率要求也不一样,例如,没有应收账款的公司,低于1的速动比率则是正常的。相反,一些应收账款较多的公司,速动比率可能大于1。在实际分析时,应该根据企业性质和其他因素来综合判断,不可一概而论。通常,影响速动比率可信度的重要因素是应收账款的变现能力,如果企业的应收账款中,有较大部分不易收回,可能会成为坏账,那么速动比率就不能真实地反映企业的偿债能力。若速动比率过高,则企业可能因拥有过多的速动资产,而失去一些有利的投资和获利机会。

需要说明的是,速动资产应该包括哪几项流动资产,目前尚有不同观点。有人认为不仅要扣除存货,还应扣除预付货款等其他变现能力较差的项目。

【例 7-2】 根据表 7-1 资料,该企业 2020 年的速动比率为:

年初速动比率＝(7 100－4 000)÷3 400＝0.912

年末速动比率＝(8 050－5 200)÷4 000＝0.713

3. 现金比率

现金比率是企业现金类资产与流动负债的比率。现金类资产包括企业所拥有的货币资金和持有的有价证券(即资产负债表中的以公允价值计量且其变动计入当期损益的金融资产)。这些现金类资产或者可以随时提现,或者可随时变现转让,或者可随时贴现变现,总之,持有它们就等于持有现金。现金比率的计算公式为:

$$现金比率 = \frac{现金 + 有价证券}{流动负债}$$

现金比率较流动比率和速动比率更能准确反映企业的直接偿债能力。现金比率越高,表明企业的直接支付能力越强,信用也越可靠。特别是在企业把应收账款和存货都抵押出去或已有迹象表明应收账款和存货的变现能力存在问题的情况下,计算现金比率更为有效。另外,当企业面临支付工资日或大宗进货日等需要大量现金时,测算现金比率更能显示其重要作用。但由于现金的特性所决定,如果企业现金比率过高,丧失相应的周转利益和投资利益,带来较高的机会成本。因此,现金储备也应有一个限度。在美国,现金比率只要不低于20%,便认为企业的直接偿债能力不会有问题。

【例 7-3】 根据表 7-1 资料,该企业 2020 年的现金比率为:

年初现金比率＝(800＋1 000)÷3 400＝0.529

年末现金比率＝(900＋500)÷4 000＝0.350

(二)长期偿债能力指标分析

长期偿债能力分析是指企业偿还长期负债的能力,企业的长期负债主要有长期借款、应付长期债券、长期应付款等。对于企业的长期债权人和所有者来说,不仅关心企业短期偿债能力,更关心企业长期偿债能力。因此,在对企业进行短期偿债能力分析的同时,还需分析企业的长期偿债能力,以便于债权人和投资者全面了解企业的偿债能力及财务风险。反映企业长期偿债能力的财务比率主要有资产负债率、股东权益比率、权益乘数、负债股权比率、有形净值负债率、偿债保障比率、利息保障倍数和现金利息保障倍数等。

1. 资产负债率

资产负债率是企业负债总额与资产总额的比率。其计算公式如下:

$$流动负债率 = \frac{负债总额}{资产总额} \times 100\%$$

资产负债率表明企业资产总额中债权人所提供的资金占的比重,以及企业资产对债权人权益的保障程度,所以也称为举债经营比率。不同的主体对资产负债率指标评价如下:

(1)从债权人的角度看,他们最关心贷给企业的款项的安全程度,即能否按期收回本金和利息。如果股东提供的资本与资本总额相比,只占较小的比例,则企业的风险将主要由债权人负担,这对债权人来讲是不利的。因此,他们希望债务比例越低越好,企业偿债有保证,贷款不会有太大的风险。

(2)从股东的角度看,由于企业通过举债筹措的资金与股东所提供的资金在经营中发挥同样的作用,所以股东所关心的是全部资本利润率是否超过借入款项的利率,即借入资本的代价。在企业所得的全部资本利润率超过因借款而支付的利息率时,股东所得到的利润就会加大。如果相反,运用全部资本所得的利润率低于借款利息率,则对股东不利,因为借入资本的多余的利息要用股东所得的利润份额来弥补。因此,从股东的立场看,在全部资本利润率高于借款利息率时,负债比例越大越好,否则反之。

(3)从经营者的角度看,如果举债很大,超过债权人心理承受程度,则认为是不保险的,企业就借不到钱。如果企业不举债或负债比例很小,说明企业畏缩不前,对前途信心不足,利用债权人资本进行经营活动的能力很差。借款比率越大,越显得企业活力充沛。

(4)从财务管理的角度来看,企业应当审时度势,全面考虑,在利用资产负债率制定借入资本决策时,必须充分估计预期的利润和增加的风险,在两者之间权衡利害得失,做出正确决策,合理确定资本结构。至于资产负债率为多少才是合理的,并没有一个确定的标准。不同的行业、不同类型的企业都是有较大差异的。一般而言,处于高速成长时期的企业,其负债比率可能会高一些,这样所有者会得到更多的杠杆利益。但是,作为财务管理者在确定企业的负债比率时,充分考虑企业内部各种因素和企业外部的市场环境,在收益与风险之间权衡利弊得失,然后才能做出正确的财务决策。保守的观点认为资产负债率不应高于50%,而国际上通常认为资产负债率等于60%时较为恰当。

【例 7-4】 根据表 7-1 的资产负债表,该企业 2020 年度的资产负债率为:

$$年初资产负债率 = 5\ 400 \div 20\ 000 \times 100\% = 27\%$$
$$年末资产负债率 = 6\ 500 \div 23\ 000 \times 100\% = 28.3\%$$

2. 股东权益比率与权益乘数

股东权益比率是股东权益总额与资产总额的比率,该比率反映企业资产中有多少是所有者投入的。其计算公式为:

$$股东权益比率 = \frac{股东权益总额}{资产总额} \times 100\%$$

从上述公式可知,股东权益比率与负债比率之和等于1。因此,这两个比率是从不同的侧面来反映企业长期财务状况的,股东权益比率越大,负债比率就越小,企业的财务风险也越小,偿还长期负债的能力就越强。

【例7-5】　根据表7-1资料,天佳公司2020年的股东权益比率为:

$$年初股东权益比率＝14\ 600÷20\ 000×100\%＝73\%$$
$$年末股东权益比率＝16\ 500÷23\ 000×100\%＝71.7\%$$

股东权益比率的倒数,称权益乘数,即资产总额是股东权益的多少倍。该乘数越大,说明股东投入的资本在资产中所占的比重越小。

3. 产权比率与有形净值负债率

产权比率是指负债总额与所有者权益总额的比率,又称债务股权比率,它是企业财务结构稳健与否的重要标志。其计算公式如下:

$$产权比率＝\frac{负债总额}{所有者权益总额}×100\%$$

产权比率反映了企业所有者权益对债权人的保障程度,即在企业清算时债权人权益的保障程度。这一比率越低,表明企业的长期偿债能力越强,债权人权益保障程度越高,承担的风险越小,但企业不能充分地发挥负债的财务杠杆效应。该项指标反映由债权人提供的资本比股东提供的资本较好,但也不能一概而论。从股东角度来看,在通货膨胀加剧时期,企业多借债可以把损失和风险转嫁给债权人;在经济繁荣时期,多借债可以获得额外的利润;在经济萎缩时期,少借债可以减少利息负担和财务风险。产权比率高,是高风险、高报酬的财务结构;产权比率低,是低风险、低报酬的财务结构。

【例7-6】　根据表7-1资料,公司2020年的产权比率为:

$$年初产权比率＝5\ 400÷14\ 600×100\%＝37\%$$
$$年末产权比率＝6\ 500÷16\ 500×100\%＝39.4\%$$

资产负债率与产权比率具有共同的经济意义,两个指标可以相互补充。因此,产权比率的分析可以参见对资产负债率指标的分析。但两个比率侧重点又不同,资产负债率侧重于分析债务偿付安全性的物质保障程度,产权比率则侧重于提示财务结构的稳健程度,以及自有资金对偿债风险的承受能力。

同时,为了更加谨慎和保守地反映企业清算时债权人投入的资本受到股东权益的保障程度,通常设置有形净值负债率进行计算、分析。其计算公式为:

$$有形净值负债率＝\frac{负债总额}{有形净值总额}×100\%$$

其中:
$$有形净值总额＝净资产－无形资产$$

【例7-7】　根据表7-1资料,该企业2020年的有形净值负债率为:

$$年初有形净值负债率＝5\ 400÷(14\ 600－500)×100\%＝38.3\%$$
$$年末有形净值负债率＝6\ 500÷(16\ 500－550)×100\%＝40.8\%$$

4. 利息保障倍数

利息保障倍数又称已获利息倍数,是指企业生产经营所获得的息税前利润与利息费用的比率。它反映了获利能力对债务的保证程度。其计算公式如下:

$$利息保障倍数 = \frac{息税前利润}{利息费用}$$

或:

$$利息保障倍数 = \frac{净利润 + 利息费用 + 所得税费用}{利息费用}$$

为了准确地反映利息的保障程度,利息费用应包括财务费用的利息和资本化利息两部分。利息保障倍数不仅反映了企业获利能力的大小,而且反映了获利能力对偿还到期债务的保障程度,它既是企业举债经营的前提依据,也是反映企业长期偿债能力大小的重要标志。如何合理确定企业的利息保障倍数,这需要将企业的这一指标与其他企业,特别是本行业平均水平进行比较,来决定本企业的指标水平。同时,从稳健性角度出发,最好比较本企业以前年度指标情况,并选择最低指标年度的数据作为标准。

【例 7-8】 根据表 7-2 资料,天佳公司的利息保障倍数计算结果如下(假定表中财务费用全部为利息费用):

2019 年利息保障倍数 =(4 000 + 200)÷ 200 = 21

2020 年利息保障倍数 =(4 200 + 300)÷ 300 = 15

(三)影响企业偿债能力的其他因素

上述财务比率是分析企业偿债能力的主要指标,分析者可以比较最近几年的有关财务比率来判断企业偿债能力的变化趋势,也可以比较某一企业与同行业其他企业的财务比率,来判断该企业的偿债能力强弱。但是,在分析企业偿债能力时,除了使用上述指标以外,还应考虑到以下因素对企业偿债能力的影响,这些因素既可影响企业的短期偿债能力,也可影响企业的长期偿债能力。

1. 或有负债

或有负债是指企业在经营活动中有可能会发生的债务。根据《企业会计准则》的规定,或有负债不作为负债在资产负债表的负债类项目中进行反映,除了已贴现未到期的商业承兑汇票在资产负债表的附注中列示外,其他的或有负债在会计报表中均未得到反映,如销售的产品可能会发生质量事故赔偿、诉讼案件和经济纠纷可能败诉并需赔偿的金额等。这些或有负债在资产负债表编制日还不能确定未来的结果如何,一旦将来成为企业现实的负债,则会对企业的财务状况产生重大的影响,尤其是金额巨大的或有负债项目。在进行财务分析时不能不考虑这一因素的影响。

2. 担保责任

在经济活动中,企业可能会发生以本企业的资产为其他企业提供法律担保,如为其他企业的银行借款担保、为其他企业履行有关经济合同提供法律担保等。这种担保责任,在被担保人没有履行合同时,就有可能会成为企业的负债,增加企业的债务负担,但是,这种担保责任在会计报表中并未得到反映,因此,在进行财务分析时,必须要考虑到企业是否有巨额的法律担保责任。

3. 租赁活动

企业在生产经营活动中，可能通过财产租赁的方式解决急需的设备。财产租赁通常有融资租赁和经营租赁两种形式。采用融资租赁方式，租入的固定资产都作为企业的固定资产入账，租赁费用作为企业的长期负债入账，这在计算前面有关的财务比率中都已经计算在内。但是，经营租赁的资产，其租赁费用并未包含在负债之中，如果经营租赁的业务量较大、期限较长或者具有经常性，则其租金虽然不包括在负债之中，但对企业的偿债能力也会产生较大的影响。因此，在进行财务分析时，也应考虑这一因素。

4. 可动用的银行贷款指标

可动用的银行贷款指标是指银行已经批准而企业尚未办理贷款手续的银行贷款限额。这种贷款指标可以随时使用，增加企业的现金，这样可以提高企业的支付能力，缓解目前的财务困难。

二、营运能力指标分析

企业的营运能力反映了企业资金周转状况，对此进行分析，可以了解企业的营业状况及经营管理水平。资金周转状况好，说明企业的经营管理水平高，资金利用效率高。企业的资金周转状况与供、产、销各个经营环节密切相关，任何一个环节出现问题，都会影响到企业的资金正常周转。资金只有顺利地通过各个经营环节，才能完成一次循环。在供、产、销各环节中，销售有着特殊的意义。产品只有销售出去，才能实现其价值，收回最初投入的资金，顺利地完成一次资金周转。这样，就可以通过产品销售情况与企业资金占用量来分析企业的资金周转状况，评价企业的营运能力。评价企业营运能力的指标主要有营业周期、存货周转率、应收账款周转率、流动资产周转率和总资产周转率。

1. 营业周期

营业周期是指从取得存货开始到销售存货并收回现金为止的这段时间。它的长短取决于存货周转天数和应收账款周转天数。营业周期的计算公式如下：

$$营业周期＝存货周转天数＋应收账款周转天数$$

营业周期的计算原理是需要多长时间才能将期末存货全部变成现金。一般情况下，营业周期短，说明资金周转速度快；营业周期长，说明资金周转速度慢。

2. 存货周转率

在流动资产中，存货所占的比重较大。存货的流动性将直接影响企业的流动比率。因此，必须特别重视对存货的分析。存货的流动性一般用存货的周转速度指标来反映，即存货周转率或存货周转天数。

存货周转率是指一定时期内企业销售成本与平均存货余额的比率。它是衡量和评价企业购入存货、投入生产、销售收回等各环节管理状况的综合性指标。用时间表示的存货周转率就是存货周转天数。

（1）存货周转率（次数）的计算公式为：

$$存货周转率（次数）＝\frac{营业成本}{平均存货}$$

其中：

$$平均存货 = \frac{期初存货 + 期末存货}{2}$$

（2）存货周转天数的计算公式为：

$$存货周转天数 = \frac{计算期天数}{存货周转率}$$

其中：计算期天数通常按年计算，即360天。公式中的销售成本数据来自利润表，平均存货来自资产负债表中的"期初存货"与"期末存货"的平均数。

存货周转率说明了一定时期内企业存货周转次数，可以用来测定企业存货的变现速度，衡量企业的销售能力及存货是否过量。存货周转率反映了企业的销售效率和存货使用效率。在正常情况下，如果企业经营顺利，存货周转率越高，说明存货周转得越快，企业的销售能力越强，营运资金占用在存货上的金额也会越少。但是，存货周转率过高，也可能说明企业管理方面存在一些问题，如存货水平太低，甚至经常缺货，或者采购次数过于频繁，批量太小等。存货周转率过低，常常是库存管理不力，销售状况不好，造成存货积压，说明企业在产品销售方面存在一定的问题，但也可能是企业调整了经营方针，因某种原因增大库存的结果。因此，对存货周转率的分析，要深入调查企业库存的构成，结合实际情况做出判断。

在通常情况下，存货周转次数越多，相应周转天数越少，存货周转越快，则利润越大，营运资金中用于存货上的金额越小，企业的存货管理水平越高；反之，存货周转次数越小，相应周转天数越多，存货周转越慢，则利润越小，存货储存越多，占用资金越多，企业的存货管理水平越低。如果一家公司存货周转速度放慢，则可能是由于存货中出现过多残次品，不适应生产或销售需要，或者可能是由于投资于存货的资金过多等。总之，存货周转率低，是经营情况欠佳的一种迹象。但存货周转率过高，并不一定就说明企业存货状况最佳，因为存货投入资金过少，有可能出现存货储备不足，影响生产或销售业务的继续发展，特别是那些采购困难的存货。可见，存货周转率不仅是考核企业流动资产周转情况的指标，而且是反映其获利能力、存货管理状况的重要指标。在计算存货周转率时应注意存货计价方法的口径一致问题和分子、分母数据时间上的对应性。

【例7-9】 根据表7-1和表7-2，假定天佳公司2018年年末存货余额为3 800万元，该公司2019年、2020年存货周转率的计算如表7-3所示。

表7-3　　　　　　　　　　　　　存货周转率计算表

项目	2018年	2019年	2020年
销货成本（万元）		12 320	14 100
年末存货（万元）		4 000	5 200
平均存货（万元）	3 800	3 900	4 600
存货周转次数（次）		3.16	3.06
存货周转天数（天）		113.9	117.6

以上计算结果表明，该企业2020年存货周转率比2019年有所延缓，次数由3.16次降为

3.06 次,周转天数由 113.9 天增为 117.6 天。反映出该企业 2020 年存货管理效率不如 2019 年,其原因可能与 2020 年存货增长幅度过大有关。

3.应收账款周转率

在市场经济体制条件下,商业信用被广泛应用,应收账款成为一项重要的流动资产,应收账款周转率是评价应收账款流动性大小的一个重要财务比率,它反映了企业在一个会计年度内应收账款的周转次数,可以用来分析企业应收账款的变现速度和管理效率。这一比率越高,说明企业催收账款的速度越快,可以减少坏账损失,而且资产的流动性强,企业的短期偿债能力也会增强,在一定程度上可以弥补流动比率低的不利影响。但是,如果应收账款周转率过高,可能是企业奉行了比较严格的信用政策,或信用标准和付款条件过于苛刻的结果。这样会限制企业销售量的扩大,从而会影响企业的盈利水平。这种情况往往表现为存货周转率同时偏低。如果企业的应收账款周转率过低,则说明企业催收账款的效率太低,或者信用政策十分宽松,这样会影响企业资金利用率和资金的正常周转。

反映应收账款周转速度的指标是应收账款周转率,也就是年度内应收账款转为现金的平均次数,也是平均应收账款流动的速度。用时间表示的周转速度是企业从取得应收账款的权利到收回款项并转换为现金所需要的时间。

(1)应收账款周转率的计算公式为:

$$应收账款周转率 = \frac{营业收入}{平均应收账款}$$

其中:

$$平均应收账款 = \frac{期初应收账款 + 期末应收账款}{2}$$

(2)收账款周转期(天数)的计算公式为:

$$应收账款周转期(天数) = \frac{计算期天数}{应收账款周转率}$$

影响该指标正确计算的因素有:①季节性经营的企业使用这个指标时不能反映实际情况;②大量使用分期付款方式结算;③大量的销售使用现金结算;④年末大量销售或年末销售大幅度下降。这些因素都会对该指标计算结果产生较大的影响。财务报表的外部使用人可以将计算出的指标与该企业前期、与行业平均水平或其他类似企业相比较,判断该指标的高低。但仅根据指标的高低是分析不出上述各种原因的。

【例 7-10】　天佳公司 2019 和 2020 年度应收账款周转率的计算如表 7-4 所示。

表 7-4 　　　　　　　　　　　　　应收账款周转率计算表

	2018 年	2019 年	2020 年
销售收入净额(万元)		18 800	21 300
年末应收账款(万元)		1 200	1 300
平均应收账款(万元)	1 100	1 150	1 250
应收账款周转次数(次)		16.35	17.04
应收账款周转天数(天)		22.02	21.13

以上计算结果表明,该公司 2020 年应收账款周转率比 2019 年有所改善,周转次数由 16.35 次提高为 17.04 次,周转天数由 22.02 天缩短为 21.13 天。这不仅说明公司的营运能力有所增强,而且对流动资产的变现能力和周转速度也会起到促进作用。

上述 3 个指标是反映企业运用资产效果的最主要的指标,除此之外,流动资产周转率和总资产周转率也是两个常见的反映营运能力的比率。

4. 流动资产周转率

流动资产周转率是主营业务收入净额与全部流动资产的平均余额的比值。

其计算公式为:

$$流动资产周转率 = \frac{业务收入}{平均流动资产}$$

其中:

$$平均流动资产 = \frac{期初流动资产 + 期末流动资产}{2}$$

流动资产周转率反映资产的周转速度,周转速度越快,会相对节约流动资产,等于相对扩大资产投入,增强企业盈利能力;而延缓周转速度,需要补充流动资产参加周转,容易造成资金浪费,降低企业盈利能力。

【例 7-11】 假设天佳公司 2018 年流动资产年末余额为 6000 万元,则 2019 年、2020 年流动资产周转率的计算如表 7-5 所示。

表 7-5　　　　　　　　　　　　流动资产周转率计算表

项目	2018 年	2019 年	2020 年
产品销售收入净额(万元)		18 800	21 300
年末流动资产(万元)		7 100	8 050
平均流动资产(万元)	6 000	6 550	7 575
流动资产周转次数(次)		2.87	2.81
流动资产周转天数(天)		128.11	125.44

由此可见,该公司 2020 年流动资产周转速度比 2019 年延缓了 2.67 天。

流动资金占用增加的数额可计算如下:

$$流动资金占用增加额 = (128.11 - 125.44) \times 21\ 300 \div 360 = 947.85(万元)$$

5. 总资产周转率

总资产周转率是企业主营业务收入净额与平均资产总额的比率。其计算公式为:

$$总资产周转率 = \frac{业务收入}{平均资产总额}$$

其中:

$$平均资产总额 = \frac{期初资产总额 + 期末资产总额}{2}$$

总资产周转率可用来分析企业全部资产的使用效率。如果这个比率较低,说明企业利用其资产进行经营的效率较差,会影响企业的获利能力,企业应该采取措施提高销售收入或处置资产,以提高总资产利用率。

【例7-12】　假设天佳公司2018年年末全部资产总额为19 000万元,则该公司2019年和2020年总资产周转率的计算如表7-6所示。

表7-6　　　　　　　　　　　　　　　总资产周转率计算表

项目	2018年	2019年	2020年
销售收入净额(万元)		18 800	21 300
年末资产总额(万元)	19 000	20 000	23 000
平均资产总额(万元)		19 500	21 500
总资产周转次数(次)		0.96	0.99

通过计算表明,公司2020年全部资产周转率比2019年略有加快。主要原因是固定资产平均净值的增加幅度低于销售收入净额增长幅度,但流动资产平均余额的增长程度却大大高于销售收入的增长程度,所以总资产的利用效率难以大幅提高。

三、盈利能力指标分析

盈利能力是指该企业获取利润的能力,也称为企业的增值能力,通常表现为一定时期内企业收益数额的多少及其水平的高低。不论是投资人、债权人还是企业经营人员,都十分重视和关心企业的盈利能力。

一般来说,企业的盈利能力只涉及正常的营业情况。非正常的营业状况,也会给企业带来收益或损失,但只是特殊状况下的个别结果,不能说明企业的能力。因此,在分析企业盈利能力时,应当排除以下因素所带来的影响:证券买卖等非正常项目,已经或将要停止的营业项目,重大事故或法律更改等特别项目,会计准则和财务制度变更带来的累积影响等。

反映盈利能力的指标很多,通常使用的主要有销售净利率、销售毛利率、资产净利率、净资产收益率等。

1. 销售净利率

销售净利率是指净利润额与销售收入净额的百分比。其计算公式为:

$$销售净利率 = \frac{净利润额}{营业收入} \times 100\%$$

其中,"净利润额"是指我国会计制度中的税后利润。

销售净利润率表示企业每一元产品或商品销售收入净额实现的净利润是多少。从销售净利率的指标关系看,净利润额与销售净利率成正比关系,而销售收入额与销售净利率又成反比关系。企业在增加销售额的同时,必须相应获得更多的净利润,才能使销售净利率保持不变或有所提高。通过分析销售净利率的升降变动,可以促使企业在扩大销售的同时,注意改进经营管理,提高盈利水平。销售净利率能够分解成为销售毛利率、销售成本率、销售期间费用率等,可以对此做进一步分析。

【例 7-13】 根据表 7-2 资料,天佳公司的销售净利率计算如下:

$$2019 年销售净利率 = \frac{3\ 000}{188\ 000} \times 100\% = 15.96\%$$

$$2020 年销售净利率 = \frac{3\ 150}{20\ 000} \times 100\% = 12.75\%$$

2. 销售毛利率

销售毛利率是毛利占产品或商品销售收入净额的百分比。其计算公式为:

$$销售毛利率 = \frac{营业收入 - 营业成本}{营业收入} \times 100\%$$

毛利是企业最基本的初始利润,它的多少往往左右着企业的命运。销售毛利率表明企业每一元产品或商品销售收入净额所实现的毛利润是多少。产品或商品销售收入实现毛利润是影响企业利润的主要因素,一个企业能否实现利润,首先要看毛利的实现情况。

【例 7-14】 根据表 7-2 资料,天佳公司的销售毛利率计算如下:

$$2019 年销售毛利率 = \frac{7\ 900}{188\ 000} \times 100\% = 42.02\%$$

$$2020 年销售毛利率 = \frac{8\ 800}{21\ 300} \times 100\% = 41.31\%$$

结合例 7-13 计算的销售净利率来看,公司 2020 年的净利率和毛利率比 2019 年都有所下降。进一步分析可以看到,这种下降趋势主要是由公司 2019 年的成本费用增加所致,公司应当深入检查导致成本费用上升的因素,改进有关工作,以便扭转效益指标下降的状况。

3. 资产净利率

资产净利率也称资产报酬率、资产收益率、资产利润率或投资报酬率,是企业在一定时期内的净利润与资产平均总额的比率。其计算公式为:

$$资产净利率 = \frac{净利润}{平均资产总额} \times 100\%$$

$$平均资产总额 = \frac{期初资产总额 + 期末资产总额}{2}$$

这一指标说明企业资产利用的综合效果。指标越高,表明资产的利用率越高,说明企业在增加收入和节约资金使用等方面取得了良好的效果,否则相反。资产净利率是一个综合指标,为了正确评价企业经济效益,挖掘提高利润水平的潜力,可以用该指标与企业前期、与计划、与本行业平均水平和本行业内先进企业进行对比,分析形成差异的原因,进而分析经营中存在的问题。影响资产净利率的因素主要有产品的价格、单位成本、产品的产量和销售数量、资金占用量等。

【例 7-15】 根据表 7-1、表 7-2、表 7-6 资料,天佳公司的资产净利率计算如下:

$$2019 年资产净利率 = \frac{3\ 000}{195\ 000} \times 100\% = 15.38\%$$

$$2020 年资产净利率 = \frac{3\ 150}{21\ 500} \times 100\% = 14.65\%$$

计算结果表明,企业资产综合利用效率 2020 年不如 2019 年,需对公司资产的使用情况、增产节约工作等情况做进一步的分析考察,以便改进管理,提高效益。

4.净资产收益率

净资产收益率,也称股东权益报酬率、净值报酬率、自有资金利润率或所有者权益报酬率,它是一定时期企业的净利润与股东权益平均总额的比率。其计算公式为:

$$净资产收益率 = \frac{净利润}{平均所有者权益} \times 100\%$$

其中:

$$平均所有者权益 = \frac{期初所有者权益 + 期末所有者权益}{2}$$

企业从事财务管理活动的最终目的是实现所有者财富最大化,从静态角度来讲,首先就是最大限度地提高自有资金净利率。因此,该指标是企业盈利能力指标的核心,而且也是整个财务指标体系的核心。

▶ **小心地雷**
XIAOXIN DILEI

企业的目标之一是获利,净资产收益率是反映企业获利能力最核心的指标,是整个财务指标体系的核心,然而影响企业获利的因素是多方面的,应分析影响企业获利的因素,以及各评价指标之间的逻辑关系。

【例 7-16】 根据有关资料,假设天佳公司 2018 年年末所有者权益合计为 1.3 亿元,则该公司 2019 年和 2020 年的净资产收益率计算如下:

$$2019 年净资产收益率 = \frac{3\,000}{(13\,000 + 14\,600) \div 2} \times 100\%$$
$$= 3\,000 \div 13\,800 \times 100\% = 21.7\%$$

$$2020 年净资产收益率 = \frac{3\,150}{(16\,500 + 14\,600) \div 2} \times 100\%$$
$$= 3\,150 \div 15\,550 \times 100\% = 20.3\%$$

天佳公司 2020 年的净资产收益率比 2019 年降低了 1.4%,这是由该公司所有者权益增长快于净利润的增长所引起的,根据前列资料可以计算出:

$$所有者权益净增长率 = \frac{16\,500 - 14\,600}{14\,600} \times 100\% = 13\%$$

$$净利润增长率 = \frac{3\,150 - 3\,000}{3\,000} \times 100\% = 5\%$$

▶ **你也能做**
NIYENENG ZUO

某企业 2020 年销售收入为 20 万元,毛利率为 40%,赊销比例为 80%,销售净利润率为 16%,存货周转率为 5 次,期初存货余额为 2 万元,期初应收账款余额为 4.8 万元,期末应收账款余额为 1.6 万元,速动比率为 1.6,流动比率为 2,流动资产占资产总额的 28%,该企业期初资产总额为 30 万元,该公司期末无待处理流动资产损失。试计算该公司应收账款周转率、总资产周转率、资产净利率。

四、上市公司财务指标分析

上市公司公开披露的财务信息多，投资人要想通过众多的信息正确把握企业的财务现状和未来，必须对几个重要的财务指标进行分析，这些指标有每股收益、市盈率、每股股利、股票获利率、股利支付率和每股净资产。证券信息机构定期公布按照这几项指标高低排序的上市公司排行榜，可见其重要性。

1. 每股收益

每股收益是指本年普通股净收益与年末普通股股数的比值。其计算公式为：

$$每股收益 = \frac{净利润 - 优先股股息}{年末普通股股数}$$

每股收益是衡量上市公司盈利能力最常见的财务指标，它反映了普通股的获利水平。在分析时，可以进行公司间的比较，以评价该公司的相对盈利能力；也可以进行不同时期的比较，了解该公司盈利能力的变化趋势；还可以进行经营实绩和盈利预测的比较，掌握该公司的管理能力。

但在使用每股收益时，要注意以下问题：

（1）每股收益不反映股票所含有的风险。例如，某公司原来经营日用品的产销，最近转向房地产投资，公司的经营风险增大了许多，但每股收益可能不变或提高，并不能反映风险增加的不利变化。

（2）在用每股收益进行公司间比较时要注意：不同股票的每一股在经济上不一定等量，它们所含有的净资产和市价（即每股收益的投入量）不一定相同。

（3）每股收益多，不一定意味着多分红，还要看公司股利分配政策。

【例7-17】 A公司是一个上市公司，当年净利润为1 500万元，发行在外的普通股为2 500万股，本年利润分配和年末股东权益的有关资料如表7-7所示。

表7-7 　　　　　　　　　　　A公司有关资料表 　　　　　　　　　　单位：万元

本年利润分配资料	金额
净利润	1 500
加：年初可分配利润	600
可分配利润	2 100
减：提取法定盈余公积金	225
可供股东分配的利润	1 875
减：已分配优先股股利	0
提取任意盈余公积	75
已分配普通股股利	1 000
未分配利润	800
年末股东权益资料：	

（续表）

本年利润分配资料	金额
股本（每股面值1元，市价6元）	2 500
资本公积	2 600
盈余公积	1 400
未分配利润	800
所有者权益合计	7 300

根据表7-7资料，计算A公司的每股收益。

解： 每股收益＝1 500÷2 500＝0.6（元/股）

2. 市盈率

市盈率是指普通股每市价为每股收益的倍数。其计算公式为：

$$市盈率（倍数）＝\frac{普通股每股市价}{普通股每收益}$$

市盈率是人们普遍关注的指标，有关证券刊物几乎每天都会报道各类股票的市盈率。该比率反映投资人对每元净利润所愿意支付的价格，可以用来估计股票的投资报酬格风险。它是市场对公司的共同期望指标，市盈率越高，表明市场对公司的未来越看好，同时表明投资风险越大。但该指标不能用于不同行业公司比较，充满扩展机会的新兴企业市盈率普遍较高，而成熟工业的市盈率普遍较低，这并不说明后者的股票没有投资价值。

由于一般的期望报酬率为5%～20%，所以正常的市盈率为5至20倍。

【例7-18】 接例7-17，A公司的普通股每股收益为0.6元，每股市价为6元，每股市价为6元，则：

$$A公司市盈率＝6÷0.6＝10$$

3. 每股股利

每股股利是指普通股股利总额与期末普通股股数之比。其计算公式为：

$$每股股利＝\frac{普通股股利总额}{期末普通股股数}$$

【例7-19】 接例7-18，则：

$$A公司的每股股利＝1 000÷2 500＝0.4（元／股）$$

4. 股票获利率

股票获利率是指每股股利与股票市价的比率。其计算公式为：

$$股票获利率＝\frac{普通股每股股利}{普通股每股市价}$$

股票持有人取得收益的来源有两个：取得股利和取得股价上涨的收益。只有股票持有人认为股价将上升，才会接受较低的股票获利率。如果预期股价不能上升，股票获利率就成了衡量股票投资价值的主要依据。

【例 7-20】 接例 7-19,则:

$$A 公司的股票获利率 = 0.4 \div 6 \times 100\% = 6.67\%$$

5. 股利支付率

股利支付率是指普通股净收益中股利所占的比重,它反映公司的股利分配政策和支付股利的能力。其计算公式为:

$$股利支付率 = \frac{普通股每股股利}{普通股每股收益}$$

或:

$$股利支付率 = \frac{普通股股利总额}{普通股净收益}$$

【例 7-21】 接例 7-20,则:

$$A 公司的股利支付率 = 0.4 \div 0.6 = 67\%$$

延伸指标:

$$留存收益率 = \frac{净利润 - 全部股利}{净利润} \times 100\%$$

其中:全部股利 = 普通股股利 + 优先股股利

若企业无优先股,则:

$$留存收益率 + 股利支付率 = 1$$

6. 每股净资产

每股净资产也称每股账面价值或每股权益,是指期末净资产(即股东权益)与期末普通股股数的比值。其计算公式为:

$$每股净资产 = \frac{期末股东权益}{期末普通股股数}$$

【例 7-22】 接例 7-20,则:

$$A 公司的每股净资产 = 7\,300 \div 2\,500 = 2.92(元/股)$$

每股净资产在理论上提供了股票的最低价值。如果公司的股票价格低于净资产的成本,成本又接近变现价值,说明公司已无存在价值,清算是最好的选择。正因为如此,新建公司不允许折价发行。

▶**你也能做**
NIYENENG ZUO

某上市公司 2020 年年底发得在外的普通股股数为 1 000 万股,2021 年 1 月 31 日以 2020 年年底总股数为基数,实施 10 送 2 股分红政策,红股于 3 月 15 日上市流通,2021 年分配的净利润为 300 万元。试算该公司 2021 年分配的每股收益。

▶**要点回顾**
YAODIAN HUIGU

财务分析与评价的基础和依据是常用的各种财务报表,包括资产负债表、损益表、现金流量表及其他财务报告资料,每个分析者必须了解它们的结构及所反映的财务信息。财务分析与评价的方法包括比较分析法、比率分析法、因素分析法和趋势分析法等。财务比率有结构比率、动态比率和相关比率，比率分析是财务分析的主要工具。

　　财务分析与评价的内容主要包括企业偿债能力分析、营运能力分析、获利能力分析和发展能力分析。企业偿债能力分析包括短期偿债能力和长期偿债能力分析，通过分析借以反映企业资产的流动性和偿还债务的保障程度。计算各种周转率指标主要用来反映企业资金周转状况，了解企业营业状况和经营管理水平，反映企业运用资金的能力。而盈利是企业重要的经营管理目标，盈利能力分析是利用各种利润率指标反映企业赚取利润的能力。发展能力分析反映企业发展壮大的潜力和后劲。

任务三　综合财务分析与评价

一、财务综合分析与评价的含义

　　财务分析与评价的最终目的在于全面地、准确地、客观地揭示与披露企业财务状况和经营管理的成果，并借以对企业经济效益的优劣做出系统的、合理的评价。而事实上，仅仅测算出几项财务指标，是很难全面评价企业的财务状况和经营成果的，有时甚至会做出自相矛盾甚至是错误的结论。因此，要想对企业财务状况和经营成果有一个总的评价，仅仅分析某些财务指标，或者将一些孤立的财务分析指标堆砌在一起，彼此毫无联系地观察，是达不到理想的分析目的的，必须将企业偿债能力、营运能力、盈利能力及发展能力等各项分析指标作为一个整体，系统、全面地得出正确的分析结论，即必须对企业进行综合的财务分析与评价。

　　综合财务分析与评价，就是将各有关财务指标作为一个整体，系统、全面、综合地对企业财务状况和经营业绩进行剖析、解释和评价，说明企业总体运行中存在的问题，以及企业在市场竞争中具有的优势，从而为相应的后续投资与经营决策提供可利用的财务支持，这也是财务分析与评价的最终目的。

二、财务综合分析与评价的特点

　　财务综合分析的特点体现在其财务指标体系的要求上。综合财务指标体系的建立应当符合以下要求：

　　（一）指标要素齐全适当

　　这是指所设置的评价指标必须能够涵盖营运能力、偿债能力、盈利能力等诸方面总体考核的要求。

　　（二）主辅指标功能匹配

　　这里要强调两个方面：第一，在确立营运能力、偿债能力、盈利能力诸方面评价的主要指标与辅助指标的同时，进一步明确总体结构中各项指标的主辅地位；第二，不同范畴的主要考核指标所反映的企业经营状况、财务状况的不同侧面与不同层次的住处有机统一，应当能够全面而详实地揭示出企业经营理财的实绩。

　　（三）满足多方信息需要

　　这要求评价指标体系必须能够提供多层次、多角度的信息资源，既能满足企业内部管理当局实施决策对财务信息的需要,同时又能满足外部投资者和政府凭以决策和实施宏观调控的要求。

三、财务综合分析与评价方法

综合财务分析与评价的方法很多,这里介绍两种常用的综合分析法:沃尔评分法和杜邦分析法。

(一) 沃尔评分法

沃尔评分法最早是在 20 世纪初,由亚历山大·沃尔选择七项财务比率对企业的信用水平进行评分所使用的方法。这种方法是通过对选定的几项财务比率进行评分,然后计算出综合得分,并据此评价企业的综合财务状况,也称为财务比率综合评分法。财务比率反映了企业财务报表各项目之间的对比关系,以此来揭示企业财务状况。但是,一项财务比率只能反映企业某一方面的财务状况。为了进行综合的财务分析,可以编制财务比率汇总表(详见表 7-8),将反映企业财务状况的各类财务比率集中在一张表中,一目了然地反映出企业各方面的财务状况。并且,在编制财务比率汇总表时,可以结合比较分析法,将企业财务状况的综合分析与比较分析相结合。

采用财务比率综合评分法,进行企业财务状况的综合分析,一般要遵循如下程序:

(1) 选定评价企业财务状况的财务比率。在选择财务比率时,一要具有全面性,要求反映企业的偿债能力、营运能力和获利能力的三大类财务比率都应当包括在内;二要具有代表性,即要选择能够说明的重要的财务比率;三要具有变化方向的一致性,即当财务比率增大时,表示财务状况的改善;反之,财务比率减小时,表示财务状况的恶化。

(2) 根据各项财务比率的重要程度,确定其标准评分值,即重要性系数。各项财务比率的标准评分值之和等于 100 分。各项财务比率评分值的确定是财务比率综合评分法的一个重要问题,它直接影响到对企业财务状况的评分多少。对各项财务比率的重要程度,不同的分析者会有截然不同的态度,但是,一般来说,应根据企业经营活动的性质、企业的生产经营规模、市场形象和分析者的分析目的的等因素来确定。

(3) 规定各项财务比率评分值的上限和下限,即最高评分值和最低评分值。这主要是为了避免个别财务比率的异常给总分造成不合理的影响。

(4) 确定各项财务比率的标准值。财务比率的标准值是指各项财务比率在本企业现时条件下最理想的数值,即最优值。财务比率的标准值,通常可以参照同行业的平均水平,并经过调整后确定。

(5) 计算企业在一定时期各项财务比率的实际值。

(6) 计算出各项财务比率实际值与标准值的比率,即关系比率。关系比率等于财务比率的实值除以标准值。

(7) 计算出各项财务比率的实际得分。各项财务比率的实际得分是关系比率和标准评分值和乘积,每项财务比率的得分都不得超过上限和下限,所有各项财务比率实际得分的合计数就是企业财务状况的综合得分。企业财务状况的综合得分就反映了企业综合财务状况是否良好。如果综合得分等于或接近于 100 分,说明企业的财务状况是良好的,达到了预先确定的标准;如果综合得分低于 100 分很多,就说明企业的财务状况较差,应当采取适当的措施加以改善;如果综合得分超过 100 分很多,就说明企业的财务状况很理想。

下面应用财务比率综合评分法,对天佳公司 2020 年的财务状况综合评价,结果如表 7-8 所示。

表 7-8　　　　　　　　　　天佳公司 2020 年财务比率综合评分表

财务比率	评分值 (1)	上/下限 (2)	标准值 (3)	实际值 (4)	关系比率 (5)=(4)/(3)	实际得分 (6)=(1)×(5)
流动比率	10	20 / 5	2	2.01	1.005	10.05
速动比率	10	20 / 5	1.2	0.71	0.5917	5.92
资产/负债	12	20 / 5	2.0	3.5	1.75	20.00(上限)
存货周转率	10	20 / 5	6.5	3.1	0.4769	5.00(下限)
应收账款周转率	8	20 / 4	13	17.04	1.3108	10.49
总资产周转率	10	20 / 5	2.1	0.99	0.4714	5.00(下限)
资产报酬率	15	30 / 7	15%	14.65%	0.9767	14.65
股权报酬率	15	30 / 7	25%	20.30%	0.812	12.18
销售净利率	10	20 / 5	10%	12.75%	1.275	12.75
合计	100					96.04

根据表 7-8 所示,应用财务比率综合评分,计算出天佳公司财务状况的综合得分为 96.04 分,低于 100 分,说明该公司的财务状况一般。这主要是因为企业资产管理水平不高,获利能力不强。

(二)杜邦分析法

利用前面介绍的沃尔评分法,虽然可以了解企业各方面的财务状况,但是不能反映企业各方面财务状况之间的关系。实际上,企业的财务状况是一个完整的系统,内部各种因素都是相互依存、相互作用的,任何一个因素的变动都会引起企业整体财务状况的改变。因此,财务分析者在进行财务状况综合分析时,必须深入了解企业财务状况的全貌。杜邦分析法正是这样一种分析方法。

杜邦分析法是美国杜邦公司率先采用的一种方法,是以净资产利润率为核心,对该指标进行层层分解,依次列出各因素指标之间的关系,从而形成反映企业财务系统内影响净资产利润率变动的指标分析体系,利用指标分析体系查找影响净资产收益率变动的原因,采取相应的管理措施,提高企业盈利能力的分析方法。杜邦分析法如图 7-1 所示。

杜邦分析法主要反映了以下几种主要的财务比率关系。

1. 净资产收益率

净资产收益率是一个综合性极强、最有代表性的财务比率,它是杜邦系统的核心。企业财务管理的重要目标之一就是实现股东财富的最大化,净资产收益率正是反映了股东投入资金的获利能力,即企业筹资、投资和生产运营等各方面经营活动的效率。净资产收益率取决于总资产净利率和权益乘数。总资产净利率主要反映企业的运用资产进行生产经营活动的效率如何,而权益乘数则主要反映了企业的筹资情况,即企业资金来源结构如何。

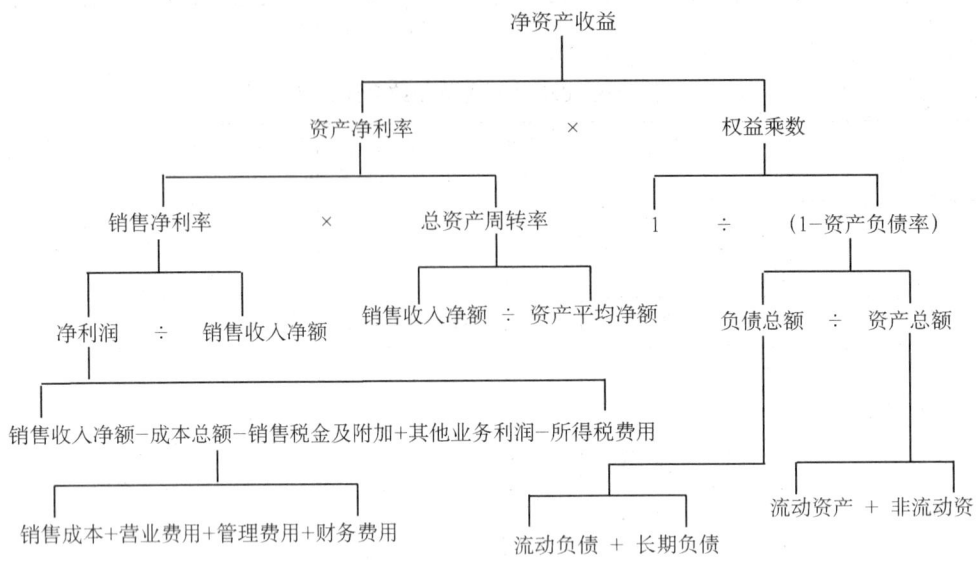

图 7-1 杜邦分析法

2．资产净利率

资产净利率是反映企业获利能力的一个重要财务比率，它揭示了企业生产经营活动的效率，综合性也极强。企业的销售收入、成本费用、资产结构、资产周转速度以及资金占用量等各种因素，都直接影响到资产净利率的高低。资产净利率是销售净利率与总资产周转率的乘积。因此，可以从企业的销售活动与资产管理两个方面来进行分析。

3．销售净利率

从企业的销售方面看，销售净利率反映了企业净利润与销售收入之间的关系。一般来说，销售收入的增加，企业的净利润也会随之增加，但是，要想提高销售净利率，必须一方面提高销售收入，另一方面降低各种成本费用，这样才能使净利润的增长高于销售收入的增长，从而使销售净利率得到提高。由此可见，提高销售净利率必须从以下两个方面下功夫：

一是开拓市场，增加销售收入。在市场经济中，企业必须深入调查研究市场情况，了解市场的供需关系：在战略上，从长远的利益出发，努力开发新产品；在策略上，保证产品的质量，加强营销手段，努力提高市场占有率。这些都是企业面向市场的外在功夫。

二是加强成本费用控制，降低耗费，增加利润。从杜邦系统中，可以分析企业的成本费用结构是否合理，以便发现企业在成本费用管理方面存在的问题，为加强成本费用管理提供依据。企业要想在激烈的市场竞争中立于不败之地，不仅要在营销与产品质量上下功夫，还要尽可能降低产品的成本，这样才能增强产品在市场上的竞争力。同时，要严格控制企业的管理费用、财务费用等各种期间费用，降低耗费，增加利润。这里尤其要研究分析企业的利息费用与利润总额之间的关系，如果企业所承担的利息费用太多，就应当进一步分析企业的资金结构是否合理，负债比率是否过高。

4．总资产周转率

在企业资产方面，主要应该分析以下两个方面：

一是分析企业的资产结构是否合理，即流动资产与非流动资产的比例是否合理。资产结构实际上反映了企业资产的流动性,它不仅关系到企业的偿债能力,也会影响企业的获利能力。一般来说,如果企业流动资产中货币资金占的比重过大,就应当分析企业现金持有量是否合理,有无现金现象,因为过量的现金会影响企业的获利能力;如果流动资产中的存货与应收账款过多,就会占用大量的资金,影响企业的资金周转。

二是结合销售收入,分析企业的资产周转情况。资产周转速度直接影响到企业的获利能力,如果企业资产周转较慢,就会占用大量资金,增加资金成本,减少企业的利润。资产周转情况的分析,不仅要分析企业总资产周转率,更要分析企业的存货周转率与应收账款周转率,并将其周转情况与资金占用情况结合分析。

基于上述两方面的分析,可以发现企业资产管理方面存在的问题,以便加强管理,提高资产的利用效率。

▶**他山之石**
TASHAN ZHI SHI

分析和评价问题的关键是理清思路,抓住问题的关键,把复杂的问题简单化,美国杜邦公司结合实际,提出并创造了杜邦分析法,为分析公司财务,解决公司生产、经营管理问题提供了思路。杜邦分析法的优点有哪些,是如何体现出来的?

总之,从杜邦分析法可以看出,企业的获利能力涉及的生产经营活动的方方面面。净资产收益率与企业的筹资结构、销售规模、成本水平、资产管理等因素密切相关,这些因素构成一个完整的系统,系统内部各因素之间相互作用。只有协调好系统内部各个因素之间的关系,才能使净资产收益率得到提高,从而实现股东财富最大化的理财目标。

▶**要点回顾**
YAODIAN HUIGU

为了对企业财务状况和经营状况作全面了解,必须进行综合分析。因此,必须借助沃尔评分法和杜邦分析法。前者是通过综合评分反映企业财务状况是否理想;后者则通过一张展开的图表反映企业资产构成及其资金来源、收入、耗费、利润状况及其相互关系等。

任务四　财务分析报告

一、财务分析报告内容

(一) 财务分析报告概念

财务分析报告是以企业的财务报告等会计资料为基础,运用特定方法对企业的财务状况和经营成果进行分析和评价的一种书面报告性文件。财务分析报告不仅是对企业经营状况、资金管理水平的综合反映和高度概括,也是企业经营者、投资人、债权人及其他关系人进行分析评价作出相关决策的指导性文件。

(二) 财务分析报告内容

财务分析报告由于分析人不同、分析的角度不同、要求不同等,其内容也有较大差异,但一般都包括以下内容:

(1) 企业基本情况;

(2) 企业分析期的主要经营业绩;

（3）企业分析期的主要财务指标分析评价；

（4）企业分析期存在的主要问题；

（5）企业分析期的重大事项分析说明；

（6）建议和措施；

（7）其他需要分析说明的问题。

二、财务分析报告撰写要求

撰写财务分析报告是一项专业性、技术性和综合性都很强的工作，尽管不同的财务分析报告要求不同，但一般都应注意以下几方面：

（一）要明确报告阅读的对象及报告分析的范围

报告阅读对象不同，报告的写作也因人而异。比如，提供给财务部门领导可以专业化一些，而提供给其他部门领导尤其是对本专业相当陌生的领导的报告则要力求通俗一些；同时提供给不同层次阅读对象的分析报告，则要求分析人员在写作时准确把握好报告的框架结构和分析层次，以满足不同阅读者的需要。再如，报告分析的范围若是某一部门或二级公司，分析的内容可以稍细、具体一些；而分析的对象若是整个集团公司，则文字的分析要力求精练，不能对所有问题面面俱到，应集中性地抓住几个重点问题进行分析。

（二）了解报告阅读者需求的信息

有些财务分析人员水平很高，撰写的财务分析报告内容很多，写得很长，结果是阅读者不需要的信息太多，而想真正获得的信息却太少，最终白忙一场。因此，在撰写财务分析报告前，财务分析人员要尽可能地多与阅读者沟通，了解他们需要了解的信息，这样才能有的放矢。

（三）报告写作前要有一个清晰的框架和分析思路

财务分析报告的框架具体如下：报告目录及内容摘要—具体分析和评价—问题重点综述及相应的改进措施。"报告目录及内容摘要"告诉阅读者本报告所分析的内容及所在页码，其中，"报告内容摘要"是对报告内容的高度浓缩，一定要言简意赅；"具体分析和评价"应根据不同阅读者要求分类表述；"问题重点综述及相应的改进措施"一方面是对上期报告中问题执行情况的跟踪汇报，一方面对本期报告"具体分析"部分中揭示出的重点问题进行集中阐述，并有针对性地提出建议和措施。

（四）财务分析报告一定要与企业经营业务紧密结合

财务人员在撰写分析报告时，由于不了解业务，往往得出错误的分析结论。因此，有必要强调的一点是：各种财务数据并不仅仅是通常意义上数字的简单拼凑和加总。每一个财务数据背后都有特定的业务内容。财务分析人员通过对业务的了解和分析，并具备对财务数据敏感性的职业判断，才可以判断经济业务发生的合理性、合规性，由此写出来的分析报告也就能真正为业务部门提供有用的决策信息。

（五）恰当运用财务分析方法，注意财务数据和指标的准确性及其勾稽关系

本任务中介绍了各种不同财务分析方法，但这些方法并不是在所有财务分析报告中都能运用到的，在实际运用时应根据不同情况，灵活选择。此外，要特别注意财务数据和指标的准确性，把握各种数据和指标之间的勾稽关系，切忌自相矛盾。

（六）分析过程中应注意的其他问题

（1）对企业近期重大决策和发展方向的准确把握。在分析中还应尽可能立足当前，瞄

准未来,以使财务分析报告发挥"导航器"作用。

（2）财务人员应多了解国家宏观经济环境、同行业竞争对手资料。因为,企业最终面对的是复杂多变的市场。在这个大市场里,任何宏观经济环境的变化或行业竞争对手政策的改变,都会或多或少地影响着公司的竞争力,甚至决定着公司的命运。

（3）不要轻易下结论。财务分析人员在报告中的所有结论性词语对报告阅读者的影响相当之大,如果财务人员在分析中草率地下结论,很可能形成误导。

（4）财务分析报告的行文要尽可能流畅、通顺、简明、精练,避免口语化、冗长化。

▶**你也能做**
NIYENENG ZUO

本任务案例中的天佳公司是成立于 2007 年的电脑销售和服务企业。现因资金困难,拟向银行申请贷款,你能根据本任务所给资料,撰写一份天佳公司的财务分析报告吗？

▶**相关链接**
XIANGGUAN LIANJIE

关于财务分析报告的格式,可以参阅各上市公司网站、《中国证券报》《会计辅导文库》等,或在网上搜索。

▶**要点回顾**
YAODIAN HUIGU

财务分析与评价是以企业的财务报告等会计资料为基础,对企业的财务状况和经营成果进行分析和评价的一种方法。三大报表是财务分析的主要依据。财务分析和评价指标通常包括偿债能力、营运能力、盈利能力和发展能力四个方面,每一方面又包括若干具体指标。由于任何一类财务指标都具有相对片面性,都不能全面评价企业的财务状况和经营成果,只有把各种指标和相关比率综合在一起进行系统分析,才能全面、客观、合理的评价。财务比率综合评分法和杜邦分析法是综合分析评价的两种常用方法。财务分析报告是以企业的财务报告等会计资料为基础,运用特定方法对企业的财务状况和经营成果进行分析和评价的一种书面报告性文件。

▶**本项小结**
BENXIANG XIAOJIE

财务分析是以财务报表等资料为依据,运用一定的分析方法和技术,对企业的经营和财务状况进行分析,评价企业以往的经营业绩,衡量企业现在的财务状况,预测企业未来的发展趋势,为企业正确的经营和财务决策提供依据的过程。财务分析的主体分为内部主体(指企业管理当局及相关人员)和外部主体(与企业有着利害关系的企业外部的个人或组织)。财务分析的方法主要有比率分析法、比较分析法、因素分析法、趋势分析法、图表分析法等。

财务分析使用的数据大部分来源于企业公开发布的财务报表,由于各种因素的限制,企业财务报表、财务分析指标和财务分析方法存在一定的局限性,从而对财务报表分析产生不利影响,财务分析的结果并非绝对准确。

财务分析常用的财务比率有企业偿债能力的比率、资产管理效率的比率、评价企业盈利能力的比率及上市公司分析股票价格和股利分配等方面的比率。偿债能力的比率又分为短期偿债能力比率和长期偿债能力比率,短期偿债能力比率包括流动比率、速动比率、现金比率等,长期偿债能力比率包括资产负债率、产权比率、利息保障倍数等;资产管理效率的比率包括营业周期、存货周转率、应收账款周转率、资产周转率等;盈利能力比率包括净资产收益率、总资产报酬率、销售净利率等;上市公司的财务比率包括每股收益、市盈率、每股账面价值、市净率等。

财务综合分析的方法主要有杜邦财务分析体系、沃尔比重评分法。杜邦财务分析体系是利用各种财务比率指标之间的内在联系构建一个综合指标体系,净资产收益率是杜邦财务分析体系的核心,是一个综合性最强的指标;沃尔评分法通过对选定的多项财务比率进行评分,然后计算综合得分,并据此评价企业综合的财务状况。

▶专业术语
ZHUANYE SHUYU

1. 财务分析与评价	2. 企业偿债能力	3. 企业的资产管理水平
4. 企业的获利能力	5. 企业的发展趋势	6. 比率分析法
7. 比较分析法	8. 因素分析法	9. 趋势分析法
10. 图表分析法	11. 资产负债率	12. 股东权益比率
13. 权益乘数	14. 产权比率	15. 利息保障倍数
16. 营业周期	17. 存货周转率	18. 应收账款周转率
19. 流动资产周转率	20. 总资产周转率	21. 销售净利率
22. 销售毛利率	23. 资产净利率	24. 净资产收益率
25. 每股收益	26. 市盈率	27. 每股股利
28. 股票获利率	29. 股利支付率	30. 每股净资产
31. 沃尔评分法	32. 杜邦分析法	

▶复习思考
FUXI SIKAO

1. 什么是财务分析?简述财务分析的程序。

2. 财务分析的内容和意义是什么?

3. 上市公司财务报表体系的组成内容是什么?三张报表之间的关系如何?

4. 财务报表分析技术方法有哪些?它们各有什么特点?

5. 利用企业财务信息对企业财务状况进行分析有哪些局限性。

6. 财务分析的方法有哪些?应用这些方法时应注意哪些问题?

7. 财务信息与决策有着密切的关系,我们进行财务报表分析的具体目标有哪些?试从不同的决策主体角度分别加以说明。

8. 什么是企业偿债能力?如何进行企业偿债能力分析?

9. 营运能力分析指标有哪些?

10. 盈利能力分析指标有哪些?

11. 试分析资产的流动性对企业短期偿债能力的影响。

12. 论述企业资金周转状况分析。

13. 通过现金流量分析所揭示的信息有哪些方面的作用?

14. 利用财务信息对企业财务状况进行分析的基本方法有哪些?

15. 什么是杜邦财务分析体系?该分析体系的主要作用是什么?其指标是如何分解的?

16. 财务综合分析的基本方法有哪些?

▶课后练习
KEHOU LIANXI

一、单项选择题

1. 在财务分析中,最关心企业资本保值增值状况和盈利能力的利益主体是( )。

　　A. 企业所有者　　　　B. 企业经营决策者　　　　C. 企业债权人　　　　D. 政府经济管理机构

2. 企业的财务报告不包括( )。

　　A. 现金流量表　　　　　　　　　　B. 财务状况说明书

　　C. 利润分配表　　　　　　　　　　D. 比较百分比会计报表

3. 资产负债表不提供的财务信息为( )。

    A. 资产结构   B. 负债水平   C. 经营成果   D. 资金来源状况

4. 现金流量表中的现金不包括( )。

    A. 存在银行的外币存款   B. 银行汇票存款

    C. 期限为 3 个月的国债   D. 长期债券投资

5. 下列指标中,可用于衡量企业短期偿债能力的是( )。

    A. 产权比率   B. 现金比率   C. 资产负债率   D. 利息保障倍数

6. 如果流动比率大于1,则下列结论成立的是( )。

    A. 速动比率大于 1   B. 现金比率大于 1

    C. 营运资金大于 0   D. 短期偿债能力绝对有保障

7. 衡量企业偿还到期债务能力的直接标志是( )。

    A. 有足够的资产   B. 有足够的流动资产

    C. 有足够的存货   D. 有足够的现金

8. 企业增加速动资产,一般会( )。

    A. 降低企业的机会成本   B. 提高企业的机会成本

    C. 增加企业的财务风险   D. 提高流动资产的收益率

9. 既是企业盈利能力指标的核心,也是整个财务指标体系的核心指标的是( )。

    A. 销售利润率   B. 总资产报酬率

    C. 净资产收益率   D. 资本保值增值率

10. 某企业净值报酬率为 40%,销售净利率为 10%,平均资产为 1 000 万元,总资产周转率为 2,期初资产 800 万元,期初资产负债率为 50%,则该企业的期末资产负债率为( )。

    A. 40%   B. 75%   C. 80%   D. 50%

11. 下列各项中,会引起企业销售利润率下降的是( )。

    A. 增加销售   B. 提高售价   C. 加速折旧   D. 加快应收账款周转

12. 可用于企业财务状况趋势分析的方法是( )。

    A. 比率分析法   B. 比较分析法

    C. 杜邦分析法   D. 财务比率综合分析方法

13. 速动比率与流动比率相比,主要在于计算时扣除了流动资产中变现能力较差的项目,如( )。

    A. 预付账款   B. 存货   C. 无形资产   D. 应收账款

14. 下列财务比率中,反映企业营运能力的是( )。

    A. 资产负债率   B. 流动比率   C. 存货周转率   D. 资产报酬率

15. 下列经济业务中,会使企业的速动比率提高的是( )。

    A. 销售产成品   B. 收回应收账款

    C. 购买短期债券   D. 用固定资产对外进行长期投资

16. 下列各项经济业务中,会影响到企业资产负债率的是( )。

    A. 以固定资产的账面价值对外进行长期投资   B. 收回应收账款

    C. 接受所有者以固定资产进行的投资   D. 用现金购买股票

17. 短期债权人在进行财务分析时,最为关心的是( )。

    A. 企业获利能力   B. 企业支付能力

    C. 企业社会贡献能力   D. 企业资产营运能力

18. 某企业应收账款周转次数为 4.5 次,假设一年按 360 天计算,则应收账款周转天数为( )天。

    A. 0.2   B. 81.1   C. 80   D. 730

19. 某企业本期资产负债率为 47%,则( )。

A. 企业已资不抵债　　　　　　　　　　　　B. 企业有较好的偿债能力

C. 不说明什么问题　　　　　　　　　　　　D. 企业不具备负债经营能力

20. 某企业的产权比率为 3/4,则权益乘数为(　　　)。

A. 4/3　　　　　　　　B. 7/4　　　　　　　　C. 7/3　　　　　　　　D. 3/4

21. 某公司本年度和上年度的流动资产年初占用额分别为 230 万元和 220 万元,流动资产周转次数分别为 4 次和 3 次,则该公司本年比上年销售收入增加了(　　　)万元。

A. 10　　　　　　　　B. 80　　　　　　　　C. 190　　　　　　　　D. 260

22. 某公司年初资产总额为 600 万元,年末资产总额为 680 万元,利润总额为 120 万元,所得税为 4 万元,利息支出为 10 万元,则该公司的总资产报酬率为(　　　)。

A. 18.13%　　　　　　B. 18.75%　　　　　　C. 19.38%　　　　　　D. 20.94%

23. 某公司经营杠杆系数为 3,固定成本为 8 万元,利息费用为 2 万元,则该公司的已获利息倍数为(　　　)。

A. 2　　　　　　　　B. 4　　　　　　　　C. 6　　　　　　　　D. 8

24. 产权比率与权益乘数的关系是(　　　)。

A. 产权比率×权益乘数=1　　　　　　　　B. 权益乘数=1/(1−产权比率)

C. 权益乘数=(1+产权比率)/产权比率　　　D. 权益乘数=1+产权比率

25. 其他条件不变的情况下,如果企业过度提高现金比率,则可能导致的结果是(　　　)。

A. 财务风险加大　　　　　　　　　　　　B. 获利能力提高

C. 运营效率提高　　　　　　　　　　　　D. 机会成本增加

26. 用于评价企业获利能力的总资产报酬率指标中的"报酬"是指(　　　)。

A. 息税前利润　　　　B. 营业利润　　　　C. 利润总额　　　　D. 净利润

27. 下列各项中,可能导致企业资产负债率变化的经济业务是(　　　)。

A. 收回应收账款

B. 用现金购买债券

C. 接受所有者投资转入的固定资产

D. 以固定资产对外投资(按账面价值作价)

28. 运用杜邦体系进行财务分析的核心指标是(　　　)。

A. 净资产收益率　　　B. 资产利润率　　　C. 销售利润率　　　D. 总资产周转率

二、多项选择题

1. 企业财务分析的基本内容包括(　　　)。

A. 偿债能力分析　　　B. 营运能力分析　　　C. 发展能力分析　　　D. 盈利能力分析

2. 可以用于财务分析的方法有(　　　)

A. 趋势分析法　　　　B. 结构分析法　　　　C. 比率分析法　　　　D. 因素分析法

3. 提高应收账款周转率有助于(　　　)。

A. 加快资金周转　　　　　　　　　　　　B. 提高生产能力

C. 增强短期偿债能力　　　　　　　　　　D. 减少坏账损失

4. 以下指标中,可能可以来分析长期偿债能力的有(　　　)。

A. 资产负债率　　　　B. 速动比率　　　　C. 营业周期　　　　D. 产权比率

5. 如果偿债能力过高,可能意味着企业(　　　)。

A. 存在闲置现金　　　　　　　　　　　　B. 存在存货积压

C. 应收账款周转缓慢　　　　　　　　　　D. 偿债能力很差

6. 在运用比率分析法时,应选择科学合理的对比标准,常用的标准有(　　　)。

A. 预定标准　　　　　B. 历史标准　　　　C. 行业标准　　　　D. 公认标准

7. 下列各项指标中,可用于分析企业长期偿债能力的有(　　　)。

A. 产权比率　　　　　　B. 流动比率　　　　　　C. 资产负债率　　　　　　D. 速动比率

8. 企业盈利能力分析可以运用的指标有（　　　）。

A. 总资产报酬率　　　　B. 总资产周转率　　　　C. 资本保值增值率　　　　D. 成本利润率

9. 下列关于应收账款周转率的说法中，正确的有（　　　）。

A. 应收账款周转率是评价应收账款流动性大小的一个重要财务比率

B. 应收账款周转率越高，说明企业收账迅速，账龄短

C. 应收账款周转率越小越好

D. 应收账款周转率越高，说明资产流动性越强，短期偿债能力越强

10. 下列指标中，能反映资产运营能力的有（　　　）。

A. 销售利润率　　　　B. 流动资产周转率　　　　C. 固定资产周转率　　　　D. 总资产周转率

11. 由杜邦分析体系可知，提高净资产收益率的途径有（　　　）。

A. 提高总资产周转率　　　　　　　　B. 提高销售利润

C. 降低资产负债率　　　　　　　　　D. 提高权益乘数

12. 杜邦分析系统主要反映的财务比率关系有（　　　）。

A. 股东权益报酬率与资产报酬率及权益乘数之间的关系

B. 资产报酬率与销售净利率及总资产周转率之间的关系

C. 销售净利率与净利润及销售收入之间的关系

D. 总资产周转率与销售收入及资产总额之间的关系

13. 关于市盈率的说法，正确的有（　　　）。

A. 反映投资人对每元净利润所愿支付的价格

B. 反映市场对公司的期望和信赖

C. 可用于不同行业公司的比较

D. 仅从市盈率高低的横向比较看，高市盈率说明公司具有良好的前景

14. 如果流动比率过高，可能意味着企业（　　　）。

A. 存在闲置现金　　　　　　　　　　B. 存在存货积压

C. 应收账款周转缓慢　　　　　　　　D. 偿债能力很差

15. 对资产负债率的正确评价有（　　　）。

A. 从债权人角度看，负债比率越大越好

B. 从债权人角度看，负债比率越小越好

C. 多股东角度看，负债比率越高越好

D. 从股东角度看，当资产利润率高于债务利息率时，负债比率越高越好

16. 下列经济业务中，会影响流动比率的有（　　　）。

A. 销售产成品　　　　　　　　　　　B. 偿还应付账款

C. 用银行存款购买固定资产　　　　　D. 用银行存款购买短期有价证券

17. 下列财务比率中，属于反映企业营运能力的有（　　　）。

A. 存货周转率　　　　　　　　　　　B. 现金流量比率

C. 固定资产周转率　　　　　　　　　D. 总资产周转率

18. 下列经济业务中，会影响企业应收账款周转率的有（　　　）。

A. 赊销产成品　　　　　　　　　　　B. 现销产成品

C. 期末收回应收账款　　　　　　　　D. 发生销售退货

三、判断题

1. 财务分析的目的是了解企业各方面的财务状况。　　　　　　　　　　（　　　）

2. 流动比率越高，表明企业的偿债能力越强，经营管理水平越高。　　　（　　　）

3. 一般认为,企业的流动比率越大越好。 （　　）

4. 资产负债率大于1时,说明企业有较好的偿债能力和负债经营能力。 （　　）

5. 所有者最关心的是企业的偿债能力,债权人最关心的是企业的盈利能力。 （　　）

6. 存货周转次数越多,表明企业的经营状况越好。 （　　）

7. 一般而言,已获利息倍数越大,企业可以偿还债务的可能性也越大。 （　　）

8. 企业拥有的各种资产都可以作为偿还债务的保证。 （　　）

9. 资产负债率与产权比率的乘积等于1。 （　　）

10. 在其他因素不变的情况下,权益乘数越大,则财务杠杆系数越大。 （　　）

11. 资产营运能力的强弱主要取决于资产的周转速度。 （　　）

12. 影响速动比率可信性的最主要因素是存活的变现能力。 （　　）

13. 某企业的全部资产由流动资产和固定资产构成,已知流动资产周转率为5,固定资产周转率为2,则总资产周转率为3.5。 （　　）

14. 某企业的产权比率为0.6,则权益乘数为1.6。 （　　）

15. 企业增加速动资产,一般会降低企业的机会成本。 （　　）

16. 在杜邦分析体系中,假设其他条件不变,则权益乘数越大,总资产报酬率越大。 （　　）

17. 在其他条件不变的条件下,用银行存款支付销售费用,有可能使总资产报酬率下降。 （　　）

18. 分析利用三年利润平均增长率,可以反映企业的利润增长趋势和效益稳定程度,较好地体现企业的发展状况和发展能力,避免因少数年份利润不正常增长而对企业发展潜力做出错误判断。 （　　）

19. 一般增长率指标在分析时具有"滞后性",仅仅反映当前期情况。 （　　）

20. 权益乘数的高低取决于企业的资金结构;资产负债率越高,权益乘数越高,财务风险越大。 （　　）

▶项目训练
XIANGMU XUNLIAN

一、计算分析题

1. 资料:蓝天公司 2020 年 12 月 31 日的资产负债表和利润表如表 7-9 和表 7-10 所示。

表 7-9 　　　　　　　　　　　　　　资产负债表

编制单位:蓝天公司　　　　　　　2020 年 12 月 31 日　　　　　　　单位:万元

资　　产	年初数	年末数	负债及所有者权益	年初数	年末数
流动资产:			流动负债:		
货币资金	2 850	5 020	短期借款	650	485
以公允价值计量且其变动计入当期损益的金融资产	425	175	应付账款	1 945	1 295
应收账款	3 500	3 885	应付职工薪酬	585	975
预付账款	650	810	应付股利	1 620	2 590
存货	2 610	2 820	一年内到期的非流动负债	385	485
一年内到期的非流动资产	75	80			
流动资产合计	10 110	12 790	流动负债合计	5 185	5 830
非流动资产:			长期负债:		
长期股权投资	975	1 650	长期借款	650	975
固定资产	5 650	6 280	应付债券	400	640

（续表）

资　产	年初数	年末数	负债及所有者权益	年初数	年末数
无形资产	90	75	长期负债合计	1 050	1 615
递延所得税资产	75	55	所有者权益:		
			实收资本	4 860	5 850
			资本公积	1 560	2 370
			盈余公积	2 595	3 240
			未分配利润	1 650	1 945
其他非流动资产			所有者权益合计	10 665	13 405
资产总计	16 900	20 850	负债及所有者权益总计	16 900	20 850

表 7-10   **利润表**

编制单位:蓝天公司   2020 年度   单位:万元

项　目	上年数	本年累计金额
一、营业收入	37 500	49 000
减:营业成本	22 500	27 500
税金及附加	1 875	2 450
销售费用	1 575	1 750
管理费用	2 450	2 750
财务费用	165	195
资产减值损失		
加:公允价值变动收益(损失以"-"号填列)	80	100
投资收益(损失以"-"号填列)	245	350
其中:对联营企业和合营企业的投资收益		
二、营业利润(亏损以"-"号填列)	9 260	14 805
加:营业外收入	195	165
减:营业外支出	165	95
其中:非流动资产处置损失		
三、利润总额(亏损总额以"-"号填列)	9 290	14 875
减:所得税费用	2 322.5	3 718.75
四、净利润(净亏损以"-"号填列)	6 967.5	11 156.25
五、每股收益:		
(一)基本每股收益		
(二)稀释每股收益		

假设企业的销售收入均为赊销,企业无销售折扣与折让,财务费用中均为利息费用。

要求:根据财务报表上资料计算以下各个比率指标:

(1)流动比率;(2)速动比率;(3)负债比率;(4)应收账款周转率;

(5)存货周转率;(6)流动资产周转率;(7)总资产周转率;(8)产权比率;

(9)利息保障倍数;(10)销售毛利率;(11)销售净利率;(12)总资产报酬率;

(13)净资产收益率。

2. 某公司流动资产由速动资产和存货构成,年初存货为 145 万元,年初应收账款为 125 万元,年末流动比率为 3,年末速动比率为 1.5,存货周转率为 4 次,年末流动资产余额为 270 万元。一年按 360 天计算。

要求:

(1)计算该公司流动负债年末余额;

(2)计算该公司存货年末额和平均余额;

(3)计算该公司本年销货成本;

(4)假定本年赊销净额为 960 万元,应收账款以外的其他速动资产忽略不计,计算该公司应收账款周转期。

3. 甲公司年初存货为 15 000 元,年初应收账款为 12 700 元;年末流动比率为 3.0,速动比率为 1.3,存货周转率为 4 次,流动资产合计为 27 000 元。

要求:

(1)计算公司的主营业务成本;

(2)如果本年销售收入为 96 000 元,且除应收账款以外的速动资产是微不足道的,其应收账款周转天数为多少天?

4. 某企业上年营业收入净额为 6 900 万元,全部资产平均余额为 2 760 万元,流动资产平均余额为 1 104 万元;本年营业收入净额为 7 938 万元,全部资产平均余额为 2 940 万元,流动资产平均余额为 1 323 万元。

要求:

(1)计算上年与本年的全部资产周转率(次)、流动资产周转率(次)和资产结构(流动资产占全部资产的百分比)。

(2)运用差额分析法计算流动资产周转率与资产结构变动对全部资产周转率的影响。

5. 某公司对 2021 年的财务预测部分结果如下:

销售收入 200 万元,流动比率 2.2,速动比率 1.2,销售净利率 5%,净资产收益率 25%,产权比率 80%,流动负债与股东权益之比为 1:2,应收账款与销售额之比为 1:10。

要求:根据以上信息,编制简化的资产负债表(表 7-11)。

表 7-11 资产负债表 单位:万元

资产项目	余额	负债与所有者权益项目	余额
现金 应收账款 存货 固定资产净值		流动负债 长期负债 股东权益	
总计		总计	

6. 某企业年末速动比率为 2,长期负债是短期投资的 4 倍,应收账款 8000 元,是速动资产的 50%,是流动资产的 25%,并与固定资产相等,所有者权益总额等于运营资金,实收成本是未分配利润的 2 倍。要求:根据上述资料编制该企业的资产负债表(表 7-12)。

表 7-12　　　　　　　　　　　　资产负债表　　　　　　　　　　　单位:元

资　产	金　额	负债与所有者权益	金　额
货币资金		流动负债	
短期投资		长期负债	
应收账款		负债合计	
存货		实收成本	
流动资产合计		未分配利润	
固定资产		所有者权益	
合　计		合　计	

7. 某公司 2020 年年末的有关数据如表 7-13 所示。

表 7-13　　　　　　　　　某公司 2020 年年末的某些数据　　　　　　　单位:万元

项目	金额	项目	金额
货币资金	600	短期借款	600
短期资金	400	应付账款	400
应收票据	204(年初 336)	长期负债	1 950
应收账款	196(年初 164)	所有者权益	2 050(年初 1 550)
存货	1 000(年初 920)	主营业务收入	6 000
固定资产净值	2 572(年初 428)	主营业务成本	4 800
无形资产	28	财务费用	20
		税前利润	180
		税后利润	108

要求:

(1) 根据以上资料,计算该公司 2020 年的流动比率、速动比率、存货周转率、应收账款周转天数、资产负债率、已获利息倍数、主营业务净利率和净资产收益率。

(2) 假设该公司同行业的各项比率的平均水平如表 7-14 所示,试根据(1)的计算结果,对该公司财务做出简要评价。

表 7-14　　　　　　　某公司同行业的各项比率的平均水平

比率名称	同行业平均水平	比率名称	同行业平均水平
流动比率	2.0	资产负债率	40%
速动比率	1.0	已获利息倍数	8
存货周转率	6 次	销售净利率	9%
应收账款周转天数	30	净资产收益率	10%

二、案例题

案例一——光明玻璃股份有限公司财务分析

(一)案例目的

掌握财务综合分析技术并运用。

（二）案例问题及资料

光明玻璃股份有限公司是一个拥有30多年历史的大型玻璃生产基地。该公司颇有战略头脑,十分重视新产品和新工艺的开发,重视对老设备进行技术改造,引进国外先进技术,拥有国内一流的浮法玻璃生产线。该公司生产的浮法玻璃、汽车安全玻璃以及高档铅品质玻璃器皿在国内具有较高的市场占有率。该公司还十分重视战略重组,大力推行前向一体化和后向一体化,使公司形成了一条由原材料供应到产品制造再到产品销售一条龙的稳定的价值生产链。由于该公司战略经营意识超前,管理得法,使公司规模迅速扩展,销量和利润逐年递增,跃居国内排头兵位置。但由于近两年企业扩展太快,经营效率有所下降。

该公司为了把握未来,对公司未来几年面临的市场和风险进行了预测。预测结果表明,在未来的几年里,随着国民经济的快速发展,安居工程的启动以及汽车工业的迅猛崛起,市场对各种玻璃的需求剧增,这种市场发展势头为公司带来了千载难逢的发展机会。预测结果还表明,公司未来面临的风险也逐步加大,国内介入浮法生产线的企业逐渐增多,国外玻璃生产公司意欲打入中国市场,重油和能源的涨价等,都会给公司未来的市场、生产经营的经济效益提出严峻的挑战。

公司为了确保在未来市场逐渐扩展的同时,使经济效益稳步上升,维持行业排头兵的位置,拟对公司近两年的财务状况和经济效益情况,运用杜邦财务分析方法进行全面分析,以便找出公司在这方面取得的成绩和存在的问题,并针对问题提出改进措施,扬长避短,以利再战,实现公司的自我完善。

公司近3年的资产负债表和利润表资料如表7-15、表7-16所示。

表7-15　　　　　　　　　　　　　　资产负债表　　　　　　　　　　　　单位:万元

资产				负债及所有者权益			
项目	金额			项目	金额		
	前年	上年	本年		前年	上年	本年
流动资产合计	398 400	1 529 200	1 745 300	流动负债合计	395 000	493 900	560 000
长期股权投资	14 200	68 600	20 900	长期负债合计	31 400	86 200	128 300
固定资产净值	313 200	332 300	473 400	负债合计	426 400	580 100	688 300
在建工程	21 510	31 600	129 500				
工程物资			6 900				
无形及其他资产		147 500	155 500	所有者权益合计	320 910	1 629 100	1 834 200
资产总计	747 310	2 209 200	2 531 500		747 310	2 209 200	2 531 500

表7-16　　　　　　　　　　　　　　利润表　　　　　　　　　　　　　　单位:万元

项　目	金额		
	前年	上年	本年
一、营业收入	881 000	948 800	989 700
减:营业成本	316 400	391 000	420 500
税金及附加	95 300	99 600	89 000
销售费用	9 900	52 700	43 500

（续表）

项　　目	金额		
	前年	上年	本年
管理费用	164 900	107 000	97 200
财务费用	13 400	3 600	18 500
资产减值损失			
加：公允价值变动收益（损失以"－"号填列）			
投资收益（损失以"－"号填列）			
其中：对联营企业和合营企业的投资收益			
二、营业利润（亏损以"－"号填列）	281 100	294 900	321 000
加：营业外收入			
减：营业外支出			
其中：非流动资产处置损失			
三、利润总额（亏损总额以"－"号填列）	281 100	294 900	321 000
减：所得税费用	84 330	88 470	96 300
四、净利润（净亏损以"－"号填列）			
五、每股收益：			
（一）基本每股收益			
（二）稀释每股收益			

（三）案例要求

（1）计算该公司上年和本年的权益净利润，并确定本年较上年的总差异。

（2）对权益净利率的总差异进行总资产净利率和权益乘数的两个因素分析，并确定各因素变动对总差异影响的份额。

（3）对总资产净利率的总差异进行销售净利率和总资产周转率的两个因素的两个因素分析，确定各因素变动对总资产净利率的总差异影响的份额。

（4）对两年销售净利率的变动总差异进行构成比率因素分析，找出各构成比率变动对总差异的影响份额。

（5）运用上述分析的结果，归纳影响该公司权益净利率变动的有利因素和不利因素，找出产生不利因素的主要问题和原因，并针对问题提出相应的改进意见，使这些改进建议付诸实施，促使该公司的生产经营管理更加完善，竞争力更加提高。

案例二——通达公司综合财务分析与评价

（一）案例目的

掌握杜邦财务综合分析与评价原理。

（二）案例问题及资料

通达公司2020年的销售额为62 500万元，比上年提高28%，有关的财务比率如表7-17所示。

表 7-17   通达公司 2019—2020 年相关财务比率分析表

财务比率	2019 年同业平均数值	2019 年本公司数值	2020 年本公司数值
应收账款回收期(天)	35	36	36
存货周转率	2.50	2.59	2.11
销售毛利率(%)	38	40	40
销售利润率(息税前)(%)	10	9.6	10.63
销售利息率(%)	3.73	2.4	3.82
销售净利率(%)	6.27	7.20	6.81
总资产周转率	1.14	1.11	1.07
固定资产周转率	1.4	2.02	1.82
资产负债率(%)	58	50	61.3
已获利息倍数	1.68	4	2.78

备注:该公司处于免税期。

(三)案例分析要求

(1)运用杜邦财务分析原理,比较 2019 本公司与同业平均的净资产收益率,定性分析其差异的原因。

(2)运用杜邦财务分析原理,比较本公司 2019 年与 2020 年的净资产收益率,定性分析其变化的原因。

案例三——华安公司主要指标计算分析

(一)案例目的

训练主要财务比例计算分析。

(二)案例资料

华安公司近三年的主要财务数据和财务比率如表 7-18 所示。

表 7-18   华安公司近三年的主要财务数据和财务比率

	2018 年	2019 年	2020 年
销售额(万元)	4 000	4 300	3 800
总资产(万元)	1 430	1 560	1 695
普通股(万元)	100	100	100
保留盈余(万元)	500	550	550
所有者权益(万元)	600	650	650
流动比率	1.19	1.25	1.20
平均收现期(天)	18	22	27
存货周转率(次)	8.0	7.5	5.5
长期债务/所有者权益	0.5	0.46	0.46
销售毛利率	20.0%	16.3%	13.2%
销售净利率	7.5%	4.7%	2.6%

假设该公司没有营业外收支和投资收益,所得税税率不变。

(三) 案例要求

(1) 利用因素分析法,分析说明该公司近三年净资产收益率的变化及其原因。

(2) 分析说明该公司资产、负债和所有者权益的变化及其原因。

(3) 假如你是该公司的财务经理,在 2020 年应从哪些方面改善公司的财务状况和经营业绩。

项目八　企业常见财务活动与财务关系

学习目标

知识目标：

1. 掌握验资的含义和内容；

2. 把握验资的分类；

3. 掌握资产评估的含义；

4. 熟悉资产评估的基本方法；

5. 了解资产评估报告的编制程序；

6. 掌握纳税登记与含义和内容；

7. 掌握纳税申报的概念和方式；

8. 熟悉银行账户的种类和办理；

9. 了解企业解散清算相关事宜。

能力目标：

1. 清楚验资的要求，知道如何接受并通过验资；

2. 初步懂得资产评估的基本方法；

3. 懂得如何办理纳税登记和进行纳税申报；

4. 知道企业在日常生产经营中应该开立哪些账户；

5. 初步了解企业清算的程序。

重点与难点

教学重点：

1. 验资、资产评估等相关概念；

2. 资产评估的基本方法；

3. 纳税登记的内容；

4. 纳税申报的方式；

5. 银行结算账户的种类。

教学难点：

1. 验资的程序和方法；

2. 资产评估的基本方法。

案例导入

　　小张、小王、小李打算每人出资 100 万元，成立了一家生产服装的有限责任公司，但是他们不明白该如何成立一家公司,于是他们咨询了赵律师,赵律师告诉他们,他们先应该去市场监管部门进行核名,购买或承租一间够公司生产和办公的厂房,另外他们三人应该在一起制订公司章程,还要印刻法人私章,刻完私章后要带上自己入股的那一部分资金、公司章程、市场监管部门的核名通知、法人代表的私章、身份证、空白询征函表格,到银行去开立公司验资账户。开立好公司账户后,他们应该按自己的出资额向公司账户中存入了相应的资金。然后再拿着银行出具的股东缴款单、银行盖章后的询征函,以及公司章程、核名通知、房租合同、房产证复印件,到会计师事务所办理验资报告。验资完毕去市场监管部门领取公司设立登记的表格。填好后,连同核名通知、公司章程、房租合同、房产证复印件、验资报告一起交给市场监管部门,大概 3 个工作日后就可领取营业执照了。但是还没有完,还要凭营业执照,到公安局指定的刻章处去刻公章、财务章。接下来要去银行开立基本存款账户,然后去税务机关办理税务登记和申请领购发票。最后就可以开始营业了。赵律师提醒他们每个月要按时向税务机关申报纳税,即使没有开展业务不需要缴税,也要进行零申报,否则会被罚款。

讨论:如果你毕业后想自己创业,跟几个同学一起成立一家公司,你打算怎么做? 如果只是自己开一个网店,又该怎么做?

任务一　验资

一、验资概述

(一) 验资的含义

验资是注册会计师接受委托,按照《独立审计实务公告第一号——验资》的要求,对被审验单位的注册资本的实收或变更情况进行审验,并出具验资报告。

根据我国《公司法》规定:"股东全部缴纳出资后,必须经法定的验资机构验资并出具证明。"根据我国《公司登记管理条例》规定,"公司变更注册资本的,应当提交具有法定资格的验资机构出具的验资证明"。因此,验资是我国法律赋予的一项法定审计业务。凡是在我国境内拟设立或已设立需要变更注册资本的企业,必须聘请我国法定验资机构所属的注册会计师进行验资。

资本验证,对明确企业产权,保障投资各方的合法权益,规范企业行为,维护社会经济秩序,以及使企业获得法律保护等具有重要的意义。

(二) 验资的分类

验资一般分为设立验资、变更验资和年检验资。

1. 设立验资

设立验资是指注册会计师对被审验单位申请设立登记的注册资本实收情况进行审验。设立验资的目的是验证被审计单位的注册资本是否符合法规的要求,是否按照章程、协议等规定的出资比例、出资方式和出资期限按时足额缴足资本。因此,设立验资的审验范围一般应限于与被审验单位注册资本实收情况有关的事项,包括出资者、出资金额、出资方式、出资比例、出资期限和出资币种等。

2. 变更验资

变更验资是指被审验单位因合并、分立、发行新股、转让股权或被审验单位实收资本比原注册资本增加或减少超过 20%，依法向市场监督管理机关申请变更登记而进行的资本审验。变更验资的主要目的是验证企业变更注册资本，变更企业登记是否符合法定程序，增减的资本是否真实，相关的会计处理是否合规、正确。因此，变更验资的审验范围一般应限于与被审验单位注册资本和实收资本（股本）增、减变动情况有关的事项。增加注册资本时，审验范围包括与增资相关的出资者、出资金额、出资方式、出资比例、出资期限、出资币种及相关会计处理等。减少注册资本时，审验范围包括与减资相关的减资者、减资金额、减资方式、减资期限、减资币种、债务清偿或担保情况、相关会计处理以及减资后的出资者、出资金额和出资比例等。

3. 年检验资

年检验资是指依照我国公司登记法规的规定进行年检时，委托注册会计师对企业的实有资本进行的审验。年检验资的主要目的是审验企业资本是否保全，所有者权益是否发生大幅度增减变化，有无擅自抽逃资本、随意增减所有者权益的情况等。其审验范围通常包括注册资本（股本）和所有者权益（股东权益）。

（三）验资的依据

根据验资的性质，验资的依据可分为四个层次。

（1）法律法规。如《中华人民共和国注册会计师法》《中华人民共和国公司法》《中华人民共和国公司登记管理条例》《中外合资经营企业法》《中外合作经营企业法》《外资企业法》和《银行外汇业务管理规定》等法律法规。

（2）审计准则。如《独立审计准则》以及《独立审计实务公告第一号——验资》等。

（3）政府部门的有关批文、批复以及投资者和（或）被审验单位的有关合同、协议、章程、决议等。

（4）投入资本、所有者权益项目变动以及相关资产、负债的证明材料等。

二、验资的程序与方法

验资的程序是指注册会计师自接受验资委托时起，到实施验资取得充分适当的验资证据，据以出具验资报告为止的整个工作程序。一般分为三个阶段：接受验资委托阶段、验资实施阶段和验资报告阶段。

（一）接受验资委托阶段

注册会计师在验资的接受委托阶段，主要应做好如下工作。

1. 了解被审验单位的具体情况

在委托人委托验资事项时，会计师事务所应当首先了解被审验单位的基本情况，考虑其自身能力和能否保持独立性，初步评价验资风险后，确定是否接受委托。其需要了解的基本情况包括：被审验单位的名称、性质、所处行业、规模大小、组织结构和人员情况等；验资的目的、范围、时间要求和验资报告的用途；是否按会计制度建立了验资所应有的会计账目；以前是否有委托会计师事务所承办的业务，对注册会计师的工作是否有基本的认识等。

注册会计师在此基础上，初步评估验资风险后，确定是否接受委托。如接受委托，会计师事务所应当与委托人签订验资业务约定书。

2.签订验资业务约定书

在会计师事务所确定接受委托的意向后,应进一步与委托人商议验资委托事项的有关具体内容,包括介绍验资工作程序、明确被审验单位需提供的材料、收费标准及双方的责任等。会计师事务所应根据同委托人商定达成的意向,向被审验单位送约定书,约定书一经双方签章认可后即表示委托事项成立。验资业务约定书的具体内容应包括验资的性质、目的、范围和工作程序,要求查阅的文件、实物、计费依据和付费方式,验资报告的用途以及其他需要说明的事项等。

3.组成验资小组,编制验资计划

在签订约定书后,应根据验资项目的性质和业务量的大小,指定有关审计人员成立验资小组,并制定验资工作计划,包括验资的目的、范围、重点、程序、方法、人员分工和验资时间安排等。

（二）验资实施阶段

该阶段是验资过程中的关键性阶段和实质性阶段。由于验资种类、投资者出资方式和被审验单位类型等的差异,具体验资业务在实施阶段的工作也不相同,但取证和审验都是其工作的重点环节。

1.取证

注册会计师在验资过程中应采取各种方法获取验资证据,以支持注册会计师形成验资意见。以设立验资为例,审计人员应获取下列有关的文件、资料:被审验单位的设立申请报告、可行性论证报告及审计机关的批复等;被审验单位的合同、协议及章程;投资者的法人资格证明或者身份证明、投资者的营业执照及会计报表资料;被审验单位法定代表人的身份证明;证明投入货币资金的银行单证、被审验单位出具的收款依据等;证明投入实物资产的财产清单、财产移交及验收证明、作价依据等;证明投入无形资产的协议、专利证书、商标注册证书,土地管理部门关于划拨或出让土地的批文、土地使用权证、土地红线图、作价依据等。

注册会计师在取得有关证据后,应注意审查其真实性和合法性。

2.审验

即对验资相关的会计账目进行必要的审计,进一步讲,是对被审验单位所有者权益以及资产、负债项目分别进行审查,以确保所有者权益或注册资本的真实性、合法性。坚持验资时做必要的审计,目的在于保证执业质量,减少验资风险。不同的验资种类,其审验也有所不同。设立验资时,注册会计师应根据国家财务制度的规定,重点审计与投入相关的会计处理,包括实收资本、资本公积、相关的货币资金、固定资产、无形资产和存货等项目的会计报表数据与有关的总账、明细账、日记账、记账凭证和原始凭证是否相符,确认其真实性、正确性和完整性;变更验资时,应按会计报表审计的基本要求来审验资产和负债,以审定后的资产数额扣除审定后的负债数额,得出被审验单位的所有者权益数额。在执行验证业务过程中,对取得的证据资料应做好记录,形成验资业务的工作底稿。

（三）验资报告阶段

注册会计师在实施了必要的验资程序后,应对在工作底稿中记载的验资依据进行认真的分析和评价,鉴定和综合各项证据,形成初步的审计意见,并在此基础上,草拟验资报告,并向委托单位征求意见。如存在不妥之处,应对报告草案进行修正。修改后的验资报告经负责人审核签署后,提交给委托单位。

注册会计师在审验过程中,遇有下列情形之一时,应当拒绝出具验资报告并解除业务约定:被审验单位或其出资者不提供真实、合法、完整的验资资料的;被审验单位或其出资者对注册会计师应当实施的审验程序不予合作,甚至阻挠审验的;被审验单位或其出资者坚持要求注册会计师作不实证明的。

三、验资的内容

根据《独立审计实务公告第一号——验资》第十条的规定:"注册会计师验资的范围包括实收资本(股本),形成实收资本(股本)的货币资金、实物资产和无形资产,以及相关的负债等。"因此,验资的基本内容主要包括验证投资者投入的货币资金、实物资产和无形资产三个方面。审计人员应按投资者不同的出资方式、采用不同的方法加以验证。这里着重介绍设立验证的主要内容。

(一)一般验证内容

1.货币资金投入的验证

货币资金投入的审验目标是审验出资者是否按照协议、合同、章程的规定将其认缴的货币资金如期、足额存入被审验单位与其所在地银行开设的账户。

货币资金投入的审验程序主要是以货币出资的,应当在检查被审验单位开户银行出具的收款凭证、对账单及银行函证等的基础上审验出资者的实际出资金额。对于股份有限公司向社会公开募集的股本,还应当检查承销协议、募股清单和股票发行费用清单等。

当投资者以货币资金投入时,审计人员主要验证:货币资金出资清单是否与经批准的合同、政策很能够和协议等的规定相一致;投资者认缴的投资款是否按规定如数、如期缴入被审验单位开立的银行正式账户或临时账户;收款单位是否为被审验单位;缴款单位是否为被审验单位的投资者;投入货币的币种是否符合合同、协议和章程的规定;缴付款项的用途是否明确为投资款;银行回单上是否加盖收讫章或转讫章,必要时可向银行函证;与投入货币资金有关的实收资本以及相关的资产、负债的会计处理是否准确。

2.实物出资的验证

实物资产投入的审验目标主要是审验出资者是否按照协议、合同和章程的规定,将其认缴的实物资产如期、足额投入被审验单位,并办理有关财产权转移手续。

实物资产投入的审验程序:以房屋、建筑物、机器设备和材料等实物出资的,应当观察、监盘实物,验证其产权归属,并按照国家有关规定在资产评估基础上审验其价值。

具体审验内容如下:实物资产出资清单所列的实物名称、规格、数量、质量和作价依据等内容是否齐全,与合同、协议、章程的规定是否一致,是否经被审验单位验收签章并获得各投资人的确认;实物资产的交付方式、交付时间及交付地点是否符合合同、协议和章程的规定;投资者以房屋、建筑物出资时,应索取房屋、建筑物的平面图和位置图;投资者以机器设备和材料等实物出资的,应审验是否提供制造厂家或销售商的发票、货物运输单、提货单、保险单,实物资产的产权是否归投资者所有;以房屋建筑物、机器设备和材料等实物资产出资属于国有资产的,是否经具有资产评估资格的评估机构评估,评估结果是否获得国有资产管理部门的确认;如果不属于国有资产,是否依据国家规定办理非国有资产证明,其作价依据是否得到各投资者的认可;各投资者与被审验单位之间是否在规定期间办妥财产转移手续;实地观察和抽查实物资产,并与实物投资交接单核对相符;与投入实物资产有关的实收资本及相关的资产、负债的会计处理是否正确。

3. 无形资产出资的验证

无形资产投入的审验目标是审验出资者是否按照协议、合同、章程的规定,将其认缴的知识产权、非专利技术、土地使用权等无形资产如期、足额地投入被审验单位,并办理有关产权转移手续。

无形资产投入的审验程序:以知识产权、非专利技术和土地使用权等无形资产出资的,应当验证其产权归属,并按照国家有关规定在资产评估或者各自出资者商定的基础上审验其价值。

具体审验内容如下:无形资产出资清单填列的内容是否与经批准的设立合同、协议、章程等的规定相一致;以工业产权和非专利技术出资的,其提供的相关资料如名称、专业证书、作价依据是否齐全;是否经被审验单位和各投资者的确认,是否办理了财产转移手续;以土地使用权出资的,应取得土地使用权证明和土地位置平面图,核实其名称、地点、面积、用途、使用年限及作价依据是否正确;是否经被审验单位和各投资方确认;是否经土地管理部门批准转让;是否办理土地使用权证明的变更登记手续;土地使用权、工业产权及专利技术的有效年限是否少于被审验单位的经营年限;以无形资产(不含土地使用权)出资的,除国家另有规定外,投资额是否超过被审验单位注册资本的20%;与投入无形资产有关的实收资本及相关的资产、负债的会计处理是否正确。

(二)有限责任公司的特殊验证内容

除按一般验证内容审验外,有限责任公司的特殊验证内容,还要审验以下内容:是否具备我国《公司法》关于设立有限责任公司的条件;股东名册所记载的股东出资额是否与各股东实际缴存于被审验单位开设的银行正式账户或临时账户中的金额相一致;投资实物是否办妥财产转移手续,其作价是否得到股东的认可;实物资产验收清单列示的实物资产项目是否与合同、协议章程的规定相一致;投入的无形资产是否经过评估确认;投入的无形资产是否依法办理了财产权的转移手续;以工业产权、非专利技术作价出资的金额是否超过了有限责任公司注册资本的20%(国家对采用高新技术超过有特别规定的除外)。

(三)股份有限公司的特殊验证内容

除按一般验证内容审验外,还要审验以下内容:是否具备我国《公司法》关于设立股份有限责任公司的条件;发起设立的股份有限公司,各股东认缴的股款是否已如数缴存于被审验单位开设的银行正式账户或临时账户,存入数是否与合同、发起人协议、章程的规定相一致;发起设立的股份有限公司,发起人投入的实物资产是否符合合同或发起人协议的要求;投资实物是否经过资产评估机构评估,评估机构是否获得国有资产管理部门的认可;发起设立的股份有限公司,发起人投入的无形资产是否经过评估确认;发起人以工业产权、非专利技术或者土地使用权抵作股款的,是否依法办理了其财产的转移手续;工业产权和非专利技术等无形资产(不含土地使用权)出资的,除国家对采用高新技术成果有特殊规定的以外,其金额是否超过被审验单位注册资本的20%;对募集设立的股份有限公司,应审验向社会公众实际募集的股款是否与承销协议、同银行签订的代收股款协议,以及证券承销机构的承销报告相一致;发起人认购的股份是否不少于股份总额的35%,向社会公开发行的股份是否已达到股份总额的25%以上。

四、验资报告

验资报告格式。

验资报告

（委托人名称）：

我们接受委托，对拟设立的××有限公司截至××年×月×日止的实收资本及相关的资产和负债的真实性和合法性进行了审验。在审验过程中，我们按照《独立审计实务公告第一号——验资》的要求，实施了必要的审验程序。××有限责任公司的责任是提供真实、合法、完整的验资资料，保护资产的安全、完整。我们的责任是按照《独立审计实务公告第一号——验资》的要求，出具真实、合法的验资报告。

××有限公司申请的注册资本为××万元人民币。根据我们的审验，截至××年×月×日止，××有限公司已经收到其发起人股东投入的资本××（大写）万元，其中：股本××万元，资本公积××万元；与上述投入资本相关的资产总额为××万元，其中：货币资金××万元，实物资产××万元，无形资产××万元。

一、验资报告的编制基础

审计人员应当在完成预定的验资程序，取得充分、适当的验资证据，分析、评价验资结论，形成验资意见等工作后，才可以编制、出具验资报告。

二、验资报告的内容

验资报告是注册会计师验资工作的最终产品，是具有法律效力的证明文件。应包括以下主要内容：标题应统一规范为"验资报告"；委托单位的名称，即验资报告的收件人，应写全称；范围段应当说明验资范围、验资依据及已实施的验资程序，明确被审验单位责任和验资责任；意见段应当明确说明注册会计师的验资意见，即截至验资报告日止，注册会计师确认的被审验单位实收资本（股本）及相关的资产、负债的数额；签章和会计师事务所地址；报告日期；附件包括"投入资本（股本）明细表"及"验资事项说明"，注册会计师应根据具体情况，加附有关项目明细表。

三、出具验资报告应注意的问题

1. 说明被审验单位责任和验资责任

注册会计师的"验资报告"范围段中应明确说明"提供真实、合法、完整的验资资料，保护资产的安全和完整"是被审验单位的责任；按照《独立审计实物公告第一号——验资》的要求，出具真实、合法的验资报告是注册会计师的责任。

2. 说明截至验资报告日的实收资本

注册会计师在发表验资意见时，应明且说明截至验资报告日止确认的被审验单位实收资本（股本）及相关的资产、负债的数额。

3. 说明段披露事项

如果注册会计师与被审验单位在注册资本的实收或变更情况的确认方面存在差异，且无法协商一致时，应当在验资报告说明段中清晰地反映有关事项及其差异的理由。

4. 验资报告的使用责任

验资报告按照约定要求，送交委托人，无需其他单位审定。委托人或其他第三者因使用验资报告不当所造成的后果，与注册会计师及其所在的会计师事务所无关。

附件（一）：投入资本明细表（略）

附件（二）：验资事项说明（略）

会计师事务所（公章）　中国注册会计师：（签名盖章）

地址：

报告日期：　年　月　日

▶ 要点回顾
YAODIAN HUIGU

验资是注册会计师接受委托,按照《独立审计实务公告第一号——验资》的要求,对被审验单位的注册资本的实收或变更情况进行审验,并出具验资报告。根据我国《公司法》的规定:"股东全部缴纳出资后,必须经法定的验资机构验资并出具证明。"资本验证,对明确企业产权,保障投资各方的合法权益,规范企业行为,维护社会经济秩序,以及使企业获得法律保护等具有重要的意义。验资一般分为设立验资、变更验资和年检验资。验资的程序是指注册会计师自接受验资委托时起,到实施验资取得充分适当的验资证据,据以出具验资报告为止的整个工作程序。一般分为三个阶段:接受验资委托阶段、验资实施阶段和验资报告阶段。验证的基本内容主要包括验证投资者投入的货币资金、实物资产和无形资产三个方面。审计人员应按投资者不同的出资方式、采用不同的方法加以验证。审计人员应当在完成预定的验资程序,取得充分、适当的验资证据,分析、评价验资结论,形成验资意见等工作后,才可以编制、出具验资报告。

任务二　资产评估

一、资产评估的含义

(一)资产评估的概念

资产评估是指由专门机构和人员,依据国家规定和有关资料,根据特定的目的,遵循适用的原则,选择适当的价值类型,按照法定的程序,运用科学的方法,对资产价值进行评定和估算的过程。

资产评估主要由六大要素组成,即资产评估的主体、客体、特定目的、程序、价值类型和方法。评估的主体是指资产评估由谁来承担,它是资产评估工作得以进行的重要保证;评估的客体是指资产评估的对象,它是对资产评估内容上的界定;评估的特定目的是指资产业务发生的经济行为,直接决定和制约资产评估价值类型和方法的选择;评估的价值类型是对评估价值的质的规定,对资产评估方法的选择具有约束性;资产评估方法是确定资产评估价值的手段和途径。

(二)资产评估的特点

1. 现实性

现实性是指以评估基准期为时间参照,按这一时点的资产实际状况对资产进行的评定估算。

2. 预测性

资产评估的预测性是指用资产的未来时空的潜能说明现实。现实的评估价值必须反映资产的未来潜能,未来没有潜能和效益的资产,现实评估价值是不存在的。因此,通常用未来预期收益来折算反映整体资产的现实价值,用预期使用年限和功能,评估某类资产的净值,等等,这是预测性特点的现实表现。

3. 咨询性

咨询性是指资产评估结论是为资产业务提供专业化估价意见,这个意见本身并无强制执行的效力,评估者只对结论本身合乎职业规范要求负责,而不对资产业务定价决策负责。事实上,资产评估为资产交易提供的估价往往由当事人作为要价和出价的参考,最终的成交价取决于讨价还价的本领。咨询性除具有上述有限法律责任这一含义以外,还有另一含义,即资产评估是职业化专家活动,其表现是一定数量结构的专家组成专业评估机构,形成专业化的社会分工,评估活动专业化、市场化。这种专门化、市场化的评估业,拥有大量的市场信息,能够更好地为资产业务的优化和实现服务。

4. 市场性

资产评估是服务于市场的活动,在市场交易活动发生的条件下,资产评估通过模拟市场条件对资产价值做出评定估算和报告,并且,这一估算和报告结果必须接受市场检验。

5. 公正性

公正性是指资产评估行为对于评估当事人具有独立性,它服务于资产业务的需要,而不是服务于资产业务当事人的任何一方的需要。公正性的表现有两点:一是资产评估是按公允、法定的准则和规程进行的,具有公允的行为规范和业务规范,这是公正性的技术基础;二是评估人员通常是资产业务没有利害关系的第三者,这是公正性的组织基础。

(三) 资产评估与会计计价的区别

资产评估有广义和狭义之分,广义的资产评估包括所有涉及资产价值的行为。但是,理论的界定和实践的运用中,我们所称的资产评估是狭义的,反映的是产权变动、资产流动等资产特定行为下的估价过程。资产评估与会计计价具有明显的区别,表现为:

1. 二者发生的前提条件不同

资产评估是用于发生产权变动、会计主体变动或者作为会计主体的企业生产经营活动中断,以持续经营为前提的资产计价无法反映企业资产价值时的估价行为。

而会计计价的前提是相反的,它严格遵循历史成本原则,同时是以企业会计主体不变和持续经营为假设前提的。

2. 二者的目的不同

简单来说,会计学中的会计计价是就资产论资产,使货币量能够客观地反映资产的实际(历史)价值量。资产评估则是就资产论权益,资产评估价值反映资产的效用,并以此作为取得收入或确定在新的组织、实体中的权益依据。同时,会计学中会计计价的目的是为投资者、债权人和经营管理者提供有效的会计信息,资产评估价值则是为资产的交易和投资提供公平的价值尺度。

3. 执行操作者不同

会计计价是由本企业的财会人员来完成的,只要涉及与资产有关的经济业务均需要计价,是一项经常的、大量的工作。资产评估则是由独立于企业以外的具有资产评估资格的社会中介机构完成的。而且,资产评估工作除需要有资产评估学、财务会计知识以外,还需要工程技术、经济法律等多方面的知识才能完成,其工作难度和复杂程度远超过会计计价。

当然,资产评估与会计计价也是有联系的,会计计价有时需要以资产评估价值为依据,还在会计制度中有相应规定。但资产评估与会计计价毕竟是两个不同的经济范畴,无论从理论上还是实际工作中都必须明确区分。

二、资产评估的对象

(一) 资产的含义

资产评估的对象,是指被评估的资产,即资产评估的客体。然而,什么是资产,却不是轻易可以回答的问题。从资产评估角度来说,评估一个企业的价值,其客体可以是全部资产,可以是净资产,也可以是普通股权益。

对于作为资产评估对象的资产,可以从以下三个方面理解。

1. 资产是一种权利

面对众多不同类型和形态的资产,要科学估算其价值,首先应判断其价值的内容。资产是一种权利,同样的资产载体,其权利是不同的。评估者评估的不是资产本身,而是其某种权利。诸如商标权的评估,其所有权价值和许可权使用体验价值是不同的。

例如,有两套房子,一套是租的,租期5年,另一套是买的,使用期限当然是很长的。假设两套房子是一个单元的,一个地方的,且是一模一样的,那么,对这两套房子进行估价的时候,评价的价值是不一样的,具有所有权的资产,由于它的权利,虽然资产还是这个资产,但是它的价值还是比较高,而同样的另外一套一模一样的资产,由于租期是5年,所以其评估价值只是5年的价值。

所以,对于资产不应该看载体或实物,而应该看的是权利,权利能够创造的一种价值。

2. 资产是一种获利能力

依上例,两套一模一样的房子,一套是租的,一套是买的,它们拥有的权利是不一样的,带来的获利能力也随之不一样,因此价值也是不一样的。

判断和评估一项财产是否是资产,其价值如何,首要问题是判断其是否具有获利能力。如果不具备获利能力,也不就具备资产的特征,也就无所谓价值存在。资产的价值是由资产所具有的获利能力决定的,不是评估人员评估出来的。评估人员只是采用适当的方法将其价值反映出来。

3. 资产必须为某一主体所拥有和支配

资产评估的前提是资产的产权交易,它的拥有主体会出现变化。如果一项资产不被拥有或者支配,它是不能作为资产的。如空气,对人的价值是可想而言的,如果空气被破坏了,那个地方便无法生活,但是空气不被任何一个人所拥有,所以,对于空气进行评估不太可能。资产作为具有获利能力的权利,必须有其拥有和支配的主体,权属问题也是资产的本质内容,如有关定理、公式等,是社会共有财富,无从判断其价值。而且,若权属模糊不清,就无法界定资产范围,也就无从估算其价值。

(二) 资产的分类

为了科学地进行资产评估,应对资产评估对象按不同的标准进行合理的分类。

1. 按资产存在形态分类

按存在的形态,资产可以分为有形资产和无形资产。有形资产是指那些具有实体的形态的资产;无形资产是指那些没有物质而以某种特殊权利和技术知识等经济资源存在并发挥作用的资产。

2. 按资产是否具有综合获利能力分类

按是否具有综合获利能力,资产可以分为单项资产和整体资产。单项资产是指单台、单件的资产;整体资产是指由一组单项资产组成的具有获利能力的资产综合体。

3. 按资产能否独立存在分类

按能否独立存在,资产可以分为可确指的资产和不可确指的资产。可确指的资产是指能独立存在的资产,如前面所列的有形资产和无形资产,除商誉以外都是可确指的资产;不可确指的资产指不能独立于有形资产而单独存在的资产,如商誉。

三、资产评估的价值类型

(一) 资产评估价值的含义

资产评估最终评估出来的价值是资产评估的最终结果和目的,价值在市场中接受检验,那么评估的价值和市场最终实现的交易价值越接近,则表示工作做得越好,所以说,价值是非常重要的。但是,价值的数量值又因为价值的报价、不同的类别而有所不同。

资产评估价值具有以下特点:

1. 时效性

与前面讲的资产评估的现实性相同,资产评估价值反映的是特定时点的价值。评估基准日是资产评估报告的重要内容,而评估报告有效期的规定,则是对报告使用人的约束。

2. 估计性

资产评估价值是基于客观事实,凭借评估机构及操作人员的经验和专业知识,对资产价值进行系统分析和逻辑判断,从而根据资产的功能及评估目的对该资产在某一时间内的价值做出合理的结论。

3. 意见性

资产评估属于咨询行业,资产评估价值只是为资产评估委托者提供的参考意见,是买卖双方交易的底价,并不是实际成交价,最后的成交价由资产买卖双方确定。当然,评估值也可以作为成交价,但这只是一种特殊情形。

4. 目的性

相同的资产,在同一时期,同一空间,因评估目的不同而适用不同的价值类型,具有不同的价值。同样地,相同资产对于不同所有者(或占有者)也会表现出不同的价值。

(二) 资产评估价值类型

不同的评估目的,决定了不同的价值类型。一般地,评估价值类型主要有以下几种。

1. 公开市场价值

公开市场价值是指资产在公开市场上应该实现的价值。所谓公开市场,是指资产的买卖双方均可在正常的、公开的资产交易场所买卖,买卖双方都有足够的时间去了解实际情况,买卖双方都具有独立判断能力和理智选择能力,不具有垄断性和强制性。

2. 投资价值

投资价值是指以资产的收益能力为依据确定评估价值。资产的投入和产出往往存在较大的差异,有的资产投入量较高,但产出较小。投资价值是以产出效率为依据衡量其价值的。

3. 重置价值

重置价值是指以在现在市场条件下,按功能重置资产并使资产处于在用状态所耗费的成本作为资产评估价值。如果说投资价值是从产出角度评估资产价值,重置价值则是从投入角度评估资产价值。就一个企业而言,如果企业的收益率与行业平均收益率相同的话,其投资价值和重置价值趋向一致;如果企业收益率超过行业平均收益率,其投资价值就会高于重置价值;如果企业收益率低于行业平均收益率投资价值就会低于重置价值。

4. 清算价格

清算价格是指非正常市场上限制拍卖的价格。清算价格一般低于现行市价,这是由市场供求状况决定的。

四、资产评估的原则

资产评估的原则是调节资产评估委托者、评估业务承担者以及资产业务有关权益各方在资产评估中的相互关系,规范评估行为和业务的准则。它包括两个层次的内容,即资产评估的工作原则和资产评估的经济原则。

(一) 资产评估的工作原则

1. 独立性原则

独立性原则要求在资产评估过程中摆脱资产业务当事人利益的影响,评估工作始终坚持独立的第三者立场。

评估机构是独立的社会公正性机构,不能为资产业务各方的任何一方所拥有,评估工作不应受外界干扰和委托者意图的影响,评估机构和评估人员不应与资产业务有任何利益上的联系。

2. 客观性原则

客观性原则是指评估结果应以充分的事实为依据。评估人员要从实际出发,认真进行调查研究,在评估过程中排除人为因素的干扰,坚持客观、公正的态度和采用科学的方法。评估的指标具有客观性,评估过程中的预测、推理和逻辑判断等只有建立在市场和现实的基础资料上,才具有意义。

3. 科学性原则

在资产评估过程中,必须根据评估的特定目的,选择适用的价值类型和方法,制定科学的评估实施方案,使资产评估结果科学合理。

4. 专业性原则

专业性原则要求资产评估机构必须是提供资产评估服务的专业技术机构。

其含义包括:资产评估机构必须拥有一支由工程、技术、营销、财务会计、法律和经济管理等多学科的专家组成的资产评估专业队伍;这支专业队伍的成员必须具有良好的教育背景、专业知识和丰富的经验,这是确保资产评估方法正确、评估结果公正的技术基础。专业性原则还要求资产评估行业内部存在专业技术竞争,以便为委托方提供广阔的选择余地,这是确保资产评估公平的市场条件。

(二) 资产评估的经济原则

1. 预期原则

预期原则是指在资产评估过程中,资产的价值可以不按照过去的生产成本或销售价格决定,而是基于对未来收益的期望值决定。资产评估价值的高低,取决于现实资产的未来效用或获利能力。一项资产取得时的成本很高,但对购买者来说,其效用不高,评估值就不会很高。预期原则要求在进行资产评估时,必须合理预测其未来的获利能力以及拥有获利能力的有效期限。

2. 贡献原则

贡献原则是指某一资产或资产的某一构成部分的价值,取决于它对其他相关的资产或资产整体的价值贡献,或者根据当缺少它时对整体价值下降的影响程度来衡量确定。贡献原则要求在评估一项由多个资产构成的整体资产的价值时,必须综合考虑该项资产在整体资产构成中的重要性,而不是孤立地确定该项资产的价值。

3. 替代原则

替代原则是指当同时存在几种效能相同的资产时,最低价格的资产需求最大。这是因为,有经验的买方对某一资产不会支付高于能在市场上找到相同效用替代物的费用。评估时,某一资产的可选择性和有无替代性是需要考虑的一个重要因素。

五、资产评估的方法

(一)市场法

1. 市场法的含义

市场法也称市场价格比较法,是指通过比较被评估资产与最近售出类似资产的异同,将类似资产的市场价格进行调整,从而确定被评估资产价值的一种资产评估方法。市场法是一种最简单、有效的方法,其评估过程中的资料直接来源于市场,同时又为即将发生的资产行为估价。

应用市场法进行资产评估,必须具备以下前提条件:第一,需要有一个充分发育、活跃的资产市场;第二,参照物及其与被评估资产可比较的指标、技术参数等资料是可搜集到的。

运用市场法进行资产评估有两种方式:

(1)直接比较法。一般地说,在市场上如能找到与被评估资产完全相同的参照物,就可以把参照物价格直接作为被评估资产的评估价值。

(2)市场成交价格比较法。一项被评估资产需要评估时,在公开市场上找不到与之完全相同的资产,但能找到与之相类似的资产,此时应以相类似的资产为参照物,并依其价格再做相应的差异调整,确定被评估资产价值。

2. 运用市场法评估资产的程序及其优缺点分析

运用市场法评估资产时,一般按下列步骤进行:

(1)明确评估对象。

(2)进行公开市场调查,收集相同或相类似资产的市场基本信息资料,寻找参照物。

(3)分析整理资料并验证其准确性,判断选择参照物。

(4)把被评估资产与参照物比较。

(5)分析调整差异,做出结论。

(6)一般来说,市场越活跃,市场法运用的空间越大,评估结论越准确。

市场法的优点:能够客观反映资产目前的市场情况,其评估的参数、指标直接从市场获得;评估值更能反映市场现实价格;评估结果易于被各方理解和接受。

市场法的缺点:需要有公开活跃的市场作为基础,有时因缺少可对比数据而难以应用;不适用于专用机器设备、大部分无形资产,以及受到地区、环境等严格限制的一些资产的评估。

(二)成本法

1. 成本法的含义

成本法是指在评估资产时按被评估资产的现时重置成本扣减其各项损耗价值来确定被评估资产价值的方法。

采用成本法评估资产应当具备以下两个前提条件:

第一,要有可利用的历史资料。成本法的应用是建立在历史资料基础上的,许多信息资料、指标需要通过历史资料获得,这就要求现时资产与历史资产具有相同性或可比性。

第二,形成资产价值的耗费是必须的。耗费是形成资产价值的基础,但耗费包括有效耗费和无效耗费。采用成本法评估资产,首先要确定这些耗费是必须的,而且应体现社会或行业平均水平。

2. 具体方法

计算被评估资产评估值具体有两种方法。

方法一:被评估资产评估值＝重置成本－实体性贬值－功能性贬值－经济性贬值

方法二:被评估资产评估值＝重置成本×(综合)成新率

(1) 单项资产重置成本的估算一般可以采用重置核算法、物价指数法、功能价值法、规模经济效益指数法以及统计分析法等。

(2) 资产的实体性贬值是资产由于使用和自然力作用形成的贬值。实体性贬值的估算,一般可以采用观察法(成新率法)和公式计算法。

(3) 功能性贬值又分一次性功能性贬值和营运性功能贬值。

所谓一次性功能性贬值是指被评估资产与当前新资产相比,因结构、材料和设计上的差别而导致的贬值。它是由于科学技术进步使得新的同样功能的资产价格降低而引起的原有资产价值的贬值。事实上,它是超额投资成本引起的功能性贬值。功能性贬值的估算还可以通过超额投资成本的估算进行,即超额投资成本可视同为功能性贬值。其计算公式为:

$$功能性贬值＝复原重置成本－更新重置成本$$

(4) 所谓营运性功能贬值是指被评估资产与全新状态的资产相比,由于资产的效用,生产加工能力,工耗、物耗、能耗水平等功能方面的差异造成的成本增加和效益降低;同时,还要重视技术进步因素,注意替代设备、替代技术、替代产品的影响,以及行业技术装备水平现状和资产更新换代速度。

通常,功能性贬值的估算可以通过计算超额营运成本获得,具体计算步骤如下:

① 将被评估资产的年运营成本与功能相同但性能更好的新资产的年运营成本进行比较。

② 计算二者的差异,确定净超额运营成本。由于企业支付的运营成本是在税前扣除的,企业支付的超额运营成本会引致税前利润额下降,所得税额降低,使得企业负担的运营成本远远低于其实际支付额。因此,净超额运营成本是超额运营成本扣除所得税以后的余额。

③ 估计被评估资产的剩余寿命。

④ 以适当的折现率将被评估资产在剩余寿命内每年的超额运营成本折现,这些折现值之和就是被评估资产的功能性损耗(贬值)。其计算公式为:

$$被评估资产功能性贬值额＝\sum(被评估资产年净超额运营成本×折现系数)$$

经济性贬值是指由于外界因素引起的,与新置资产相比较获利能力下降而造成的损失。

$$资产的经济性贬值率＝1－(现在生产线的实际生产量÷设计生产能力)^r$$

$$资产的经济性贬值＝资产的重置成本×资产的经济性贬值率$$

（5）成新率是反映评估对象的现行价值与其全新状态重置价值的比率。成新率的估算方法有观察法、修复费用法和使用年限法。

3. 成本法的程序及其优缺点

运用成本法评估资产一般按下列程序进行：首先确定被评估资产，并估算重置成本，然后确定被评估资产的使用年限，其次估算被评估资产的损耗或贬值，最后计算确定被评估资产的价值。

采用成本法评估资产的优点有：比较充分地考虑了资产的损耗，评估结果更趋于公平合理，有利于单项资产和特定用途资产的评估，在不易计算资产未来收益或难以取得市场参照物的条件下可广泛地应用，有利于企业资产保值。

成本法的缺点有：工作量较大，以历史资料为依据确定目前价值，必须充分分析这种假设的可行性，经济性贬值也不易全面准确计算。

（三）收益法

1. 收益法及其适用的前提条件

收益法是指通过估算被评估资产未来预期收益并折算成现值，借以确定被评估资产价值的一种资产评估方法。

采用收益法对资产进行评估，所确定的资产价值，是指为获得该项资产以取得预期收益的权利所支付的货币总额。这里不难看出，资产的评估价值与资产的效用或有用程度密切相关。资产的效用越大，获利能力越强，它的价值也就越大。

2. 收益法应用的前提条件

应用收益法评估资产必须具备的两个前提条件，一是被评估资产必须是能用货币衡量其未来期望收益的单项或整体资产；二是资产所有者所承担的风险也必须是能用货币衡量的。

应该注意的是，运用收益法对资产评估时，是以资产投入使用后连续获利为基础的。资产作为特殊商品，在现实买卖中，人们购买的目的往往并不在于资产本身，而是资产的获利能力。如果在资产上进行投资不是为了获利，进行投资后没有预期收益或预期收益很少而且又很不稳定，则不能采用收益法。

3. 收益法评估资产的程序及其优缺点

运用收益法评估资产首先应收集验证有关经营、财务状况的信息资料；其次计算和对比分析有关指标及其变化趋势；然后需要预测资产未来预期收益，确定折现率或本金化率；最后将预期收益折现或本金化处理，确定被评估资产价值。

采用收益法评估资产能真实和较准确地反映企业本金化的价值，另外与投资决策相结合，应用此法评估的资产价值也易为买卖双方所接受。但是预期收益额预测难度较大，受较强的主观判断和未来不可预见因素的影响，并且收益法适用范围较小，一般适用企业整体资产和可预测未来收益的单项资产评估。

（四）资产评估方法的比较和选择

资产评估方法很多，各种方法都有其各自的特点。同时，这些方法之间又是相互关联的

1. 资产评估方法之间的联系

（1）评估方法的共同目标就是获得令人信服的可靠的评估价值。

（2）从整体上来说，评估方法是由互相关联的、内在相关的不可分割的技巧和程序组

成的。

（3）成本和市场销售数据的分析通常是收益法运用中不可缺少的部分。

（4）折现和本金化的运用也常常运用于市场法和成本法中。

2. 市场法与成本法的区别

（1）确定价值的角度不同。成本法是按现行市场价格确定重新购买该项资产的价值，而市场法则是按市场上该项资产的交易价格确定的。前者主要从买者角度，即以购建某项资产的耗费来确定；后者则是从卖者角度，即市场上销售价格来确定。

（2）评估价值构成可能不完全一样。市场法中的现行市价指的是资产的独立的价格，是交易过程中采用的。而重置成本不仅包括该项资产的自身价格（购建价格），还包括该项资产的运杂费、安装调试费等。

（3）与原始成本资料的关系不同。市场法的运用与原始成本没有直接联系，而成本法中的某些计算，则要利用被评估资产的原始成本和原始资料。

（4）两种方法具有不同的操作程序，资料的获得和指标确定有着不同的思路。

成本法是按全新资产的购建成本扣除被评估资产的各项损耗（或贬值）后确定评估价值；市场法则是按参照物价格，并考虑被评估资产与参照物的各项差异因素并进行调整来确定评估值。

▶ 你也能做
NIYENENG ZUO

对于机器设置的评估与建筑房屋的评估，采用的评估方法是一样的吗？

六、资产评估报告

（一）资产评估报告的含义

1. 资产评估报告定义

资产评估报告是评估机构在完成评估工作后向委托方提交的说明评估目的、程序、价值类型、依据、方法、结果及其适用条件等基本情况的报告书。这份报告书是受托评估机构提供的资产作价的意见，也是对评估机构履行委托协议或合同情况的总结，同时据以界定了评估机构应承担的法律责任。

2. 编写评估报告的目的

（1）评估机构通过简明扼要的文字描述，介绍他们对受托资产进行评估的目的、所依据的前提条件、计价的依据、程序和方法及其评估结果，向委托方简要报告履行评估委托合同或协议的情况，委托方如无异议，评估服务工作即可结束，委托方应按事先签订的委托合同协议向评估机构支付评估费用。

（2）评估机构通过对自己工作的过程、方法以及资料搜集情况的描述，证明其评估的依据是充分的，评估的方法是科学的，评估的结果是公正可靠的，报告所附录的资料是通过评估机构取得的法律文件资料，如房产证、土地使用权证、合同协议及相关取证资料，进一步证明结论的可靠性。

（3）也预示评估机构和评估人员将对评估的结论承担相应的法律责任，一旦发生纠纷，评估人员将有能力，并有充分的依据为自己的评估结果进行辩护。

（4）从资产评估管理机构的角度看，由于资产评估报告在一定程度上反映了评估机构的工作质量好坏和工作水平的高低,因此,评估报告又是评估管理机构对评估机构进行资格审查和日常监督管理的手段之一。

(二)资产评估报告的基本内容

资产评估报告包括正文和附件两部分,资产评估报告正文的基本内容如下:

(1)资产评估机构。写明评估机构名称、评估资格的类型及审批部门。

(2)委托方及资产占有方。写明单位名称、隶属关系、产权持有单位、上级主管部门,简述资产占有方的概况。

(3)评估目的。写明经济情形类型、涉及有关各方的名称、产权隶属关系及经济情形进展情况等。

(4)评估范围和对象。说明经济情形涉及资产的范围、类型、所处位置、归属的生产经营单位、处置方式等。

(5)评估过程。写明评估起止时间、主要步骤。

(6)评估原则。概括写明评估中遵循的主要原则。

(7)评估依据。概括写明评估依据的主要法律法规和标准。

(8)评估基准日。写明唯一的评估基准日期,说明一切取价标准均为评估基准日有效的价格标准。

(9)评估结果。报告各类资产、负债、总资产和净资产的评估价及重置价。

(10)评估结果有效期。按现行规定,有效期为一年,即评估目的在评估基准日后的一年内实现时,要以评估结果作为底价或作价依据(还需结合评估基准日的期后事项的调整)。超过一年,需重新进行资产评估。

(11)评估基准日后的调整事项。

(12)评估结果有效的其他条件。

(13)资产评估报告书的使用范围。写明未经评估机构同意,不得向委托方和评估报告审查部门之外的单位和个人提供,报告的全部或部分内容不得发表于任何公开媒体上。

(14)其他需要说明的问题。

(15)评估报告提出日期。

(16)签章。资产评估机构法人代表、两名以上注册资产评估师签名或盖章,资产评估机构盖章。

(三)资产评估报告的编制

1. 编写的资产评估报告目的和要求

编写的资产评估报告目的是明确资产评估机构的义务和责任,规避评估风险。

编写资产评估报告时应该做到实事求是、内容全面、准确而简练;文字表达的含义要准确肯定,以免由此引起异议,同时还要求使用统一的货币计量单位(同一币种);报告要及时。

2. 资产评估报告的编制步骤

(1)评估资料的分类整理。要求评估小组按工作的分工情况,将全部评估资料进行分类整理,包括评估作业分析表的审核,评估依据的说明、分类明细表的编制,最后要求形成分类评估的文字材料。

(2)评估资料的分析讨论。对评估的情况和初步结论进行分析讨论。如果发现其中提法不妥、计算错误、作价不合理等方面的问题,要进行必要的调整。

（3）评估资料的汇总和评估报告的编排。

（4）评估报告先由项目经理（或负责人）审核，再报评估机构经理（负责人）审核签发，必要时组织有关专家会审。

▶要点回顾
YAODIAN HUIGU

资产评估是由专门机构和人员，依据国家规定和有关资料，根据特定的目的，遵循适用的原则，选择适当的价值类型，按照法定的程序，运用科学的方法，对资产价值进行评定和估算的过程。资产评估的对象，是指被评估的资产，即资产评估的客体。资产评估最终评估出来的价值是资产评估的最终结果和目的，价值在市场中接受检验，那么评估的价值和市场最终实现的交易价值越接近，工作做得越好，所以说，价值是非常重要的。评估价值类型主要有以下几种：公开市场价值、投资价值、重置价值、清算价格。资产评估的基本方法有市场法、成本法、收益法等。资产评估报告是评估机构在完成评估工作后向委托方提交的说明评估目的、程序、价值类型、依据、方法、结果及其适用条件等基本情况的报告书。这份报告书是受托评估机构提供的资产作价的意见，也是对评估机构履行委托协议或合同情况的总结，同时据以界定评估机构应承担的法律责任。

任务三　纳税登记与纳税申报

一、纳税登记

（一）纳税登记的概念与范围

纳税登记，是指纳税人为履行纳税义务就有关纳税事宜依法向税务机关办理登记的一种法定手续。反过来也可以说，税务登记是纳税机关对纳税人的开业、变更、注销、外出经营报验、停业、复业以及生产经营情况进行登记管理的法定程序。纳税登记是整个税收征收管理的起点。纳税登记的作用在于掌握纳税人的基本情况和税源分布情况。从纳税登记开始，纳税人进入到税务管理的事业，纳税人的身份及征纳双方的法律关系得到确认。

企业，企业在外地设立的分支机构和从事生产、经营的场所，个体工商户和从事生产、经营的事业单位（以下统称从事生产、经营的纳税人），均应当办理纳税登记。

根据税收法律、行政法规的规定负有扣缴税款义务的扣缴义务人（国家机关除外），应当办理扣缴税款登记。

纳税登记证件包括税务登记证及其副本、临时纳税登记证及其副本。扣缴税款登记证件包括扣缴税款登记证及其副本。

纳税人办理下列事项时，必须提供纳税登记证件：开立银行账户；领购发票。

纳税人办理其他税务事项时，应当出示纳税登记证件，经税务机关核准相关信息后办理手续，包括：申请减税、免税、退税；申请办理延期申报、延期缴纳税款；申请开具外出经营活动税收管理证明；办理停业、歇业；其他有关税务事项。

纳税人应当按照国家有关规定，持纳税登记证件，在银行或者其他金融机构开立基本存款账户和其他存款账户，并自开立基本存款账户或者其他存款账户之日起15日内，将其全部账号向主管税务机关报告；发生变化的，应当自变化之日起15日内，向主管税务机关书面报告。银行和其他金融机构应当在从事生产、经营的纳税人的账户中登录纳税登记证件号码,并在纳税登记证件中登录从事生产、经营的纳税人的账户账号。

纳税人应当按照国务院税务主管部门的规定使用纳税登记证件。纳税登记证件不得转借、涂改、损毁、买卖或者伪造。

税务机关对纳税登记证件实行定期验证和换证制度。纳税人应当在规定的期限内持有关证件到主管税务机关办理验证或者换证手续。

纳税人应当将纳税登记证件正本在其生产、经营或者办公场所公开悬挂,接受税务机关检查。纳税人遗失纳税登记证件的,应当在15日内书面报告主管税务机关,并登报声明作废。

县级以上(含本级,下同)国家税务局(分局)、地方税务局(分局)是纳税登记的主管税务机关,负责纳税登记的设立登记、变更登记、注销登记和纳税登记证验证、换证以及非正常户处理、验报登记等有关事项。

国家税务局(分局)、地方税务局(分局)按照国务院规定的税收征收管理范围,实施属地管理,采取联合登记或分别登记的方式办理纳税登记。符合有关条件的城市,国家税务局(分局)、地方税务局(分局)可以按照"各区分散受理,全市集中处理"的原则办理纳税登记。

国家税务局(分局)、地方税务局(分局)执行统一纳税登记代码。纳税登记代码由省级国家税务局、地方税务局联合编制,统一下发各地执行。

(二) 纳税登记的内容

我国现行纳税登记制度包括设立(开业)纳税登记、变更纳税登记、注销纳税登记、外出经营报验登记以及停业、复业登记等。

1. 设立纳税登记

设立纳税登记是指纳税人依法成立并经市场监督管理机关登记后,为确认其纳税人的身份,纳入国家税务管理体系而到税务机关进行的登记。

从事生产、经营的纳税人,向生产、经营所在地税务机关办理纳税登记。税务机关对纳税人纳税登记地点发生争议的,由其共同的上级税务机关指定管辖。

申报办理纳税登记有以下时限要求:从事生产、经营的纳税人领取工商营业执照(含临时工商营业执照)的,应当自领取工商营业执照之日起30日内申报办理纳税登记,税务机关核发纳税登记证及副本(纳税人领取临时工商营业执照的,税务机关核发临时纳税登记证及副本);从事生产、经营的纳税人未办理工商营业执照但经有关部门批准设立的,应当自有关部门批准设立之日起30日内申报办理纳税登记,税务机关核发纳税登记证及副本;从事生产、经营的纳税人未办理工商营业执照也未经有关部门批准设立的,应当自纳税义务发生之日起30日内申报纳税登记,税务机关核发临时纳税登记证及副本;有独立的生产经营权、在财务上独立核算并定期向发包人或者出租人上交承包费或租金的承包承租人,应当自承包承租合同签订之日起30日内,向其承包承租业务发生地税务机关申报办理纳税登记,税务机关核发临时纳税登记证及副本;从事生产、经营的纳税人外出经营,自其在同一县(市)实际经营或提供劳务之日起,在连续的12月内累计超过180日的,应当自期满之日起30日内,向生产、经营所在地税务机关申报办理纳税登记,税务机关核发临时纳税登记证及副本;境外企业在中国境内之日起承包建筑、安装、装配、勘探工程和提供劳务的,应当自项目合同或协议签订之日起30日内,向项目所在地税务机关申报办理纳税登记,税务机关核发临时纳税登记证及副本;非从事生产经营但依法按照规定负有纳税义务的单位和个人,除国家机关、个人和无固定生产经营场所的流动性农村小商贩外,均应当自纳税义务发生之日起 30 日内,向纳税义务发生地税务机关申报办理纳税登记,税务机关核发临时纳税登记证及副本。

纳税人在申报办理纳税登记时,应当根据不同情况向税务机关如实提供以下证件和资料:工商营业执照或其他核准执业证件;有关合同、章程、协议书;组织机构统一代码证书;法定代表人或负责人或业主的居民身份证、护照或其他合法证件。

其他需要提供的有关证件、资料,由省、自治区、直辖市税务机关确定。

纳税人在申报办理纳税登记时,应当如实填写《纳税登记表》。

纳税登记表主要内容包括:单位名称、法定代表人或者业主姓名及其居民身份证、护照或者其他合法证件的号码;住所、经营地点;核算方式;生产经营方式;生产经营范围;注册资金(资本)、投资总额;生产经营期限;财务负责人、联系电话;国家税务总局确定的其他有关事项。

纳税人提交的证件和资料齐全且《纳税登记表》的填写内容符合规定的,税务机关应及时发放纳税登记证件。

纳税人提交的证件和资料不齐全或《纳税登记表》的填写内容不符合规定的,税务机关应当场通知其补正或重新填报。纳税人提交的证件和资料明显有疑点的,税务机关应进行实地调查,核实后予以发放纳税登记证件。

纳税登记证件的主要内容包括:纳税人名称、纳税登记代码、法定代表人或负责人、生产经营地址、登记类型、核算方式、生产经营范围(主营、兼营)、发证日期、证件有效期等。

已办理纳税登记的扣缴义务人应当自扣缴义务发生之日起 30 日内,向纳税登记地税务机关申报办理扣缴税款登记。税务机关在其纳税登记证件上登记扣缴税款事项,不再发放给扣缴税款登记证件。根据税收法律、行政法规的规定可不办理纳税登记的扣缴义务人,应当自扣缴义务发生之日起 30 日内,向机构所在地税务机关申报办理扣缴税款登记。税务机关核发扣缴税款登记证件。

2. 变更纳税登记

变更纳税登记是指纳税人办理设立纳税登记后,因登记内容发生变化,需要对原有登记内容进行更改,而向主管税务机关申请办理的纳税登记。变更纳税登记的主要目的在于及时掌握纳税人的生产经营情况,减少税款的流失。

纳税人已在市场监督管理机关办理变更登记的,应当自市场监督管理机关变更登记之日起 30 日内,向原纳税登记机关如是提供下列证件、资料,申报办理变更纳税登记:营业执照;变更登记的有关证明文件;国家税务机关发放的原税务登记证件(包括税务登记证及其副本、税务登记表等);其他有关证件。

纳税人按照规定不需要在市场监督管理机关办理注册登记的,应当自有关机关批准或者宣布变更之日起 30 日内,持有关证件向原主管国家税务机关提出变更登记书面申请报告。

纳税人办理变更登记时,应当向主管国家税务机关领取变更税务登记表,一式三份,按照表式内容逐项如实填写,加盖企业或业主印章后,于领取变更税务登记表之日起 10 日内报送主管国家税务机关,经主管国家税务机关核准后,报有权国家税务机关批准予以变更的,应当按照规定的期限到主管国家税务机关领取填发的税务登记证等有关证件,并按规定缴付工本管理费。

3. 注销纳税登记

纳税人发生破产、解散、撤销以及其他依法应当终止履行纳税义务的,应当在向市场监督管理机关办理注销登记前,持有关证件向原主管国家税务机关提出注销税务登记书面申请报告;未办理工商登记的应当自有权机关批准或者宣布终止之日起15日内,持有关证件向原主管国家税务机关提出注销税务登记书面申请报告。

纳税人因变动经营地点、住所而涉及改变主管国家税务机关的,应当在向市场监督管理机关申报办理变更或者注销工商登记前,或者在经营地点、住所变动之前申报办理注销税务登记,同时纳税人应当自迁达地市场监督管理机关办理工商登记之日起15日内或者在迁达地成为纳税人之日起15日内重新办理税务登记。其程序和手续比照开业登记办理。

纳税人被市场监督管理机关吊销营业执照的,应当自营业执照被吊销之日起15日内,向原主管国家税务机关提出注销税务登记书面申报报告。

纳税人在办理注销税务登记前,应当向原主管国家税务机关缴清应纳税款、滞纳金、罚款,缴销原主管国家税务机关核发的税务登记证及其副本、注册税务登记证及其副本、未使用的发票、发票领购簿、发票专用章以及税收缴款书和国家税务机关核发的其他证件。

纳税人办理注销税务登记时,应当向主管国家税务机关领取注销税务登记表,一式三份,并根据表内的内容逐项如实填写,加盖企业印章后,于领取注销税务登记表之日起10日内报送主管国家税务机关,经主管国家税务机关核准后,报有权国家税务机关批准予以注销。

▶**身边的事**
SHENBIAN DE SHI

小胡在北京市海淀区设立了甲个人独资企业,其住所即为其经营地点。后根据经营情况,小胡将企业搬至北京市西城区。请问:小胡要办理何种税务登记?

二、纳税申报

(一) 纳税申报的概念

纳税申报是纳税人按照税法规定的期限和内容向税务机关提交有关纳税事项书面报告的法律行为,是纳税人履行纳税义务、界定纳税人法律责任的主要依据,是税务机关管理信息的主要来源和税务管理的重要制度。

(二) 纳税申报方式

纳税申报方式是指纳税人和扣缴义务人在发生纳税义务和代扣代缴、代收代缴义务后,在其申报期限内,依照税收法律、行政法规的规定到指定税务机关进行申报纳税的形式。具体来说,有以下几种申报方式:

1. 自行申报

纳税人、扣缴义务人按照规定的期限自行到税务机关办理纳税申报手续,是一种传统的申报方式。

2. 邮寄申报

经税务机关批准,纳税人、扣缴义务人使用统一规定的纳税申报特快专递信封,通过邮政部门办理交寄手续,并向邮政部门索取收据作为申报凭证。

3. 电文申报

数据电文,是指税务机关批准的纳税人经由电子手段、光学手段或类似手段生成、储存或传递信息的电子方式。这些手段包括电话语音、电子数据交换和网络传输等。

4. 代理申报

纳税人、扣缴义务人可以委托注册税务师办理纳税申报。

（三）直接纳税申报的办理

1. 直接纳税申报的一般程序

纳税人、扣缴义务人应先向税务机关领购各种纳税申报表、费用缴纳申报表及代扣代缴、代收代缴税款报告表,如实填写,连同其他申报资料到办税服务厅纳税申报窗口办理申报手续。

2. 纳税申报资料

纳税人进行纳税申报需报送以下资料：（1）各类税种的申报表,如城市维护建设税申报表、教育费附加申报表、个人所得税申报表、资源税申报表、印花税申报表、企业所得税申报表、城镇土地使用税申报表、房产税（城市房地产税）申报表、车船使用税（车船使用牌照税）申报表、土地增值税申报表；（2）资产负债表和损益表；（3）税务机关要求提供的其他资料。

3. 纳税申报期限

纳税申报期限是指法律、行政法规规定或者税务机关依据法律、行政法规的规定确定的纳税人、扣缴义务人向税务机关申报应纳或应解缴税款的期限。

4. 延期申报

延期申报是指纳税人、扣缴义务人不能按照税法规定的期限办理纳税申报或扣缴税款报告。

凡纳税人因不可抗力或财务处理的特殊原因需要延期申报纳税的,税务机关本着保护纳税人、扣缴义务人合法权益的原则,经纳税人在法定的纳税期限之前提出书面延期申请后,经税务机关核准,可在核准的期限内办理。凡纳税人和扣缴义务人完全出于主观原因或有意拖缴税款而不按期办理纳税申报的,应按照税法的有关规定给予处罚。

纳税人、扣缴义务人在规定的纳税申报期限内,向主管征收分局提出申请,呈交以下资料,领取和填写《延期申报申请审批表》一式两份。

（1）延期申报纳税申请表；（2）税务登记证副本；（3）不可抗力或财务处理特殊原因的相关证明资料。

按要求如实填写完《延期申报申请审批表》后报送到主管征收分局。经主管征收分局同意,可在核准的延期申报期限内办理纳税申报。

5. 审核处理

《税收征管法》第27条第二款规定：经核准延期办理纳税申报的,应当在纳税期限内按照上期实际缴纳的税额或者税务机关核定的税额预缴税款,并在核准的延期内办理纳税结算。

根据上述规定,纳税人经税务机关批准延期申报后,除不可抗力的原因外,纳税人应先按上期实际缴纳或税务机关核定的税额预缴,然后在税务机关批准的延期申报期限内办理纳税结算。

▶**小心地雷**
XIAOXIN DILEI ···

小胡将企业搬至西城区后,税务机关给予了免税的优惠,于是小胡则认为既然免税,就不用再去办理纳税申报了,这种观点正确吗?

(四) 纳税申报违章处理

纳税人未按照规定的期限办理纳税申报,或者扣缴义务人未按规定期限向税务机关报送代扣代缴、代收代缴报告表(含零申报)的,由主管税务机关发出《责令限期改正通知书》和《税务行政处罚事项告知书》,告知纳税人改正内容和处罚事项,纳税人无异议的,主管征收机关送达《税务行政处罚决定书》,按照规定的处罚标准处罚。税务机关责令限期改正,可以处以 2 000 元以下的罚款;情节严重的,可以处以 2 000 元以上 10 000 元以下的罚款。

▶**要点回顾**
YAODIAN HUIGU ···

纳税登记,是指纳税人为履行纳税义务就有关纳税事宜依法向税务机关办理登记的一种法定手续。我国现行纳税登记制度包括设立(开业)纳税登记、变更纳税登记、注销纳税登记、外出经营报验登记以及停业、复业登记等。纳税申报是纳税人按照税法规定的期限和内容向税务机关提交有关纳税事项书面报告的法律行为,是纳税人履行纳税义务、界定纳税人法律责任的主要依据,是税务机关管理信息的主要来源和税务管理的重要制度。纳税申报方式是指纳税人和扣缴义务人在发生纳税义务和代扣代缴、代收代缴义务后,在其申报期限内,依照税收法律、行政法规的规定到指定税务机关进行申报纳税的形式。常见的申报方式有自行申报、邮寄申报、代理申报、电文申报等。

任务四　银行账户管理与结算

一、银行结算账户的开立、变更和撤销

银行结算账户是资金从一方当事人向另一方当事人转移的起点和终点,单位或个人之间的人民币转账结算离不开银行结算账户。

银行结算账户,是指银行为存款人开立的办理资金收付的人民币活期存款账户。其中,"银行",是指在中国境内经批准经营支付结算业务的银行业金融机构;"存款人",是指在中国境内开立银行结算账户的机关、团体、部队、企业、事业单位、其他组织(以下统称单位)、个体工商户和自然人。

银行结算账户按存款人不同分为单位银行结算账户和个人银行结算账户。存款人以单位名称开立的银行结算账户为单位银行结算账户。单位银行结算账户按用途分为基本存款账户、一般存款账户、专用存款账户和临时存款账户。个体工商户凭营业执照以字号或经营者姓名开立的银行结算账户纳入单位银行结算账户管理。存款人凭个人身份证件以自然人名称开立的银行结算账户为个人银行结算账户。

财政部门为实行财政国库集中支付的预算单位在商业银行开设的零余额账户(简称预算单位零余额账户)按专用存款账户管理。

(一) 银行结算账户的开立

存款人应在注册地或住所地开立银行结算账户。符合异地(跨省、市、县)开户条件的,也

可以在异地开立银行结算账户。开银行结算账户应遵循存款人自主原则。除国家法律、行政法规和国务院另有规定外,任何单位和个人不得强令存款人到指定银行开立银行结算账户。

存款人申请开立银行结算账户时,应填制开立银行结算账户申请书。申请开立单位银行结算账户时,存款人应填写"开立单位银行结算账户申请书",并加盖单位公章。存款人有组织机构代码、上级法人或主管单位的,应在"开立单位银行结算账户申请书"上如实填写相关信息。存款人有关联企业的,应填写"关联企业登记表"。申请开立个人银行结算账户时,存款人应填写"开立个人银行结算账户申请书",并加其个人签章。

银行应对存款人的开户申请书填写的事项和相关证明文件的真实性、完整性、规范性进行认真审查。开户申请书填写的事项齐全,符合开立核准类账户条件的,银行应将存款人的开户申请书、相关的证明文件和银行审核意见等开户资料报送中国人民银行当地分支行,经其核准后办理开户手续。需要中国人民银行能够核准的账户包括基本存款账户、临时存款账户(因注册验资和增资验资开立的除外)、预算单位专用存款账户和合格境外机构投资者在境内从事证券投资开立的人民币特殊账户个人民币结算账户(简称 QFII 专用存款账户)。符合开立一般存款账户,其他专用存款账户和个人银行结算账户条件的,银行应办理开户手续,并向中国人民银行当地分支行备案。

中国人民银行应于 2 个工作日内,对银行报送的核准类账户的开户资料的合规性予以审核,符合开户条件的,予以核准,颁发基本(或临时或专用)存款账户开户许可证;不符合开户条件的,应在开户申请书上签署意见,连同有关证明文件一并退回报送银行,由报送银行转送开户申请人。

开户许可证是中国人民银行依法准予申请人在银行开立核准类银行结算账户的行政许可证,是核准类银行结算账户合法性的有效证明。开户许可证有正本和副本之分,正本由申请人保管;副本由申请人开户银行留存。开户许可证的记载事项包括"开户许可证"字样、开户许可证编号、开户核准号、中国人民银行当地分支行账户管理专用章、核准日期、存款人姓名、存款人的法定代表人或单位负责人姓名、开户银行名称、账户性质、账号。临时存款账户开户许可证还应注明临时存款账户的有效期限。

开立银行结算账户时,银行应与存款人签订银行结算账户管理协议,明确双方的权利与义务。银行应建立存款人预留签章卡片,并将签章式样和有关证明文件的原件或复印件留存归档。存款人为单位的,其预留签章为该单位的公章或财务专用章加其法定代表人(单位负责人)或其授权的代理人的签名或者盖章;存款人为个人的,其预留签章为该个人的签名或者盖章。

存款人在申请开立单位银行结算账户时,其申请开立的银行结算账户的账户名称、出具的开户证明文件上记载的存款人名称以及预留银行签章中公章或财务专用章的名称应保持一致。

(二)银行结算账户的变更

银行结算账户的变更,是指存款人的账户信息资料发生的变化或改变。根据账户管理的要求,存款人的下列账户资料变更后,应及向开户银行办理变更手续,填写变更银行结算账户申请书:

(1)存款人的账户名称;

(2)单位法定代表人或主要负责人;

(3)地址等其他开户资料。

属于申请变更单位银行结算账户的,应加盖单位公章;属于申请变更个人银行结算账户的,应加盖其个人签章。

存款人更改名称,但不改变开户银行及账号的,应于 5 个工作日内向开户银行提出银行结算账户的变更申请,并出具有关部门的证明文件。

单位的法定代表人或主要负责人、住址以及其他开户资料发生变更时,应于 5 个工作日内书面通知开户银行并提供有关证明。

属于变更开户许可证记载事项的,存款人办理变更手续时,应交回开户许可证,由中国人民银行当地分支行换发新的开户许可证。

(三) 银行结算账户的撤销

银行结算账户的撤销,是指存款人因开户资格或其他原因终止银行结算账户使用的行为。存款人申请撤销银行结算账户时,应填写撤销银行结算账户申请书。属于申请撤销单位银行结算账户的,应加盖单位公章;属于申请撤销个人银行结算账户的,应加其个人签章。银行在收到存款人撤销银行结算账户的申请后,对于符合销户条件的,应在 2 个工作日内办理撤销手续。

存款人撤销银行结算账户,必须与开户银行核对银行结算账户存款余额,交回各种重要的空白票据及结算凭证和开户许可证,银行核对无误后方可办理销户手续。

存款人尚未清偿其开户银行债务的,不得申请撤销该账户。对于按照账户管理规定应撤销而未办理销户手续的单位银行结算账户,银行应通知该单位银行结算账户的存款人自发出通知之日起 30 日内办理销户手续,逾期视同自愿销户,未划转款项列入久悬未取专户管理,存款人撤销核准类银行结算账户时,应交回开户许可证。

二、基本存款账户

(一) 基本存款账户的概念

基本存款账户,是指存款人因办理日常转账结算和现金收付需要开立的银行结算账户。

可以申请开立基本存款账户的存款人主要有:企业法人;非企业法人;机关、事业单位;团级(含)以上军队、武警部队及分散执勤的支(分)队;社会团体;民办非企业组织;异地常设机构;外国驻华机构;个体工商户;居民委员会;村民委员会、社区委员会;单位设立的独立核算的附属机构,包括食堂、招待所、幼儿园;其他组织,即按照现行的法律、法规规定可以成立的组织,如业主委员会、村民小组等组织。

根据《人民币银行结算账户管理办法》和《人民币银行结算账户管理办法实施细则》的有关规定,开立基本存款账户需提供以下证明文件:

(1) 企业法人,应出具企业法人营业执照正本。

(2) 非企业法人,应出具企业营业执照正本。

(3) 机关和实行预算管理的事业单位,应出具政府人事部门或编制委员会的批文或登记证书和财政部门同意其开户的证明;非预算管理的事业单位,应出具政府人事部门或编制委员会的批文或登记证书。

(4) 军队、武警团级(含)以上单位以及分散执勤的支(分)队,应出具军队军级以上单位财政部门、武警总队财务部门的开户证明。

(5) 社会团体,应出具社会团体登记证书,宗教组织还应出具宗教事务管理部门的批文或证明。

（6）民办非企业组织，应该出具民办非企业登记证书。

（7）异地常设机构，应出具其驻在地政府主管部门的批文。

（8）外国驻华机构，应出具国家有关主管部门的批文或证明；外资企业驻华代表处、办事处、应出具国家登记机关颁发的登记证。

（9）个体工商户，应出具个体工商户营业执照正本。

（10）居民委员会、村民委员会、社区委员会，应出具其主管部门的批文或证明。

（11）独立核算的附属机构，应出具其主管部门的基本存款账户开户许可证和批文。

（12）其他组织，应出具政府部门的批文或证明。

上述存款人如果为从事生产、经营活动的纳税人的，还应出具税务部门颁发的税务登记证。

（二）基本存款账户的使用

基本存款账户是存款人的主办账户，一个单位只能开立一个基本存款账户。存款人日常经营活动的资金收付及其工资、奖金和现金的支取，应通过基本存款账户办理。存款人通过基本存款账户提取现金不得违反《现金管理暂行条例》的规定。

三、一般存款账户

（一）一般存款账户的概念

一般存款账户，是指存款人因借款或其他结算需要，在基本存款账户开户行以外的银行营业机构开立的银行结算账户。

存款人申请开立一般存款账户，应向银行出具其开立基本存款账户规定证明文件、基本存款账户开户许可证和下列证明文件：

（1）存款人因向银行借款需要，应出具借款合同。

（2）存款人因其他结算需要，应出具有关证明。

（二）一般存款账户的使用

一般存款账户用于办理存款人借款转存、借款归还和其他结算的资金收付。一般存款账户可以办理现金缴存，但不得办理现金支取。

四、专用存款账户

（一）专用存款账户的概念

专用存款账户，是指存款人按照法律、行政法规和规章，对其特定用途资金进行专项管理和使用而开立的银行结算账户。

（二）专用存款账户的适用范围

专用存款账户适用于对下列资金的管理和使用：

（1）基本建设资金；

（2）更新改造资金；

（3）粮、棉、油收购资金；

（4）证券交易结算资金；

（5）期货交易保证金；

（6）信托基金；

（7）政策性房地产开发资金；

（8）单位银行卡备用金；

（9）住房基金；

（10）社会保障基金；

（11）收入汇缴资金和业务支出资金；

（12）党、团、工会设在单位的组织机构经费；

（13）其他需要专项管理和使用的资金。

（三）专用存款账户的开户证明文件

存款人申请开立专用存款账户，应向银行出具其开立基本存款账户规定的证明文件、基本存款账户开户许可证和下列证明文件：

（1）基本建设资金、更新改造资金、政策性房地产开发资金、住房基金、社会保障基金，应出具主管部门批文。

（2）粮、棉、油收购资金，应出具主管部门批文。

（3）单位银行卡备用金，应按照中国人民银行批准的银行卡章程的规定出具有关证明和资料。

（4）证券交易结算资金，应出具证券公司或证券管理部门的证明。

（5）期货交易保证金，应出具期货公司或期货管理部门的证明。

（6）收入汇缴资金和业务支出资金，应出具基本存款账户存款人的有关证明。

（7）党、团、工会设在单位的组织机构经费，应出具该单位或有关部门的批文或证明。

（8）其他按规定需要专项管理和使用的资金，应出具有关法规、规章或政府部门的有关文件。

（四）专用存款账户的使用

（1）单位银行卡账户的资金必须有其基本存款账户转账存入。该账户不得办理现金收付业务。

（2）证券交易结算资金、期货交易保证金和信托基金专用存款账户不得支取现金。

（3）基本建设资金、更新改造资金、政策性房地产开发资金账户需要支取现金的，应在开户时报中国人民银行当地分支行批准。

（4）粮、棉、油收购资金，社会保障基金，住房基金和党、团、工会经费等专用存款账户支取现金应按照国家现金管理的规定办理。银行应按照国家对粮、棉、油收购资金使用管理的规定加强监督，不得办理不符合规定的资金收付和现金支取。

（5）收入汇缴资金和业务支出资金，是指基本存款账户存款人附属的非独立核算单位或派出机构发生的收入和支出的资金。收入汇缴账户除向其基本存款账户或预算外资金财政专用存款户划缴款项外，只收不付，不得支取现金。业务支出账户除从其基本存款账户拨入款项外，只付不收，其现金支取必须按照国家现金管理的规定办理。

（五）预算单位零余额账户的设立、使用和管理

（1）预算单位使用财政性资金，应当按照规定的程序和要求，向财政部门提出设立零余额账户的申请，财政部门同意预算单位开立零余额账户后通知代理银行。

（2）代理银行根据《人民币银行结算账户管理办法》的规定，具体办理开设预算单位零余额账户业务，并将所开账户的开户银行名称、账号等详细情况书面报告财政部门和中国人民银行，应由财政部门通知一级预算单位。

（3）预算单位根据财政部门的开户通知，具体办理预留印鉴手续。印鉴卡内容如有变动，预算单位应及时通过一级预算单位向财政部门提出变更申请，办理印鉴卡更换手续。

（4）一个基层预算单位开设一个零余额账户。

（5）预算单位零余额账户用于财政授权支付，可以办理转账、提取现金等结算业务，可以向本单位按账户管理规定保留相应账户划拨工会经费、住房公积金及提租补贴，以及财政部门批准的特殊款项，不得违反规定向本单位其他账户和上级主管单位、所属下级单位账户划拨资金。

五、临时存款账户

（一）临时存款账户的概念

临时存款账户，是指存款人因临时需要并在规定期限内使用而开立的银行结算账户。

（二）临时存款账户的适用范围

（1）设立临时机构，如工程指挥部、筹备领导小组、摄制组等。

（2）异地临时经营活动，如异地建筑施工及安装活动等。

（3）注册验资、增资。

（4）军队、武警单位承担基本建设或者异地执行作战、演习、抢险救灾、应对突发事件临时任务。

（三）临时存款账户的开户证明文件

存款人申请开立临时存款账户，应向银行出具下列证明文件：

（1）临时机构，应出具其所在地主管部门同意设立临时机构的批文。

（2）异地建筑施工及安装单位，应出具其营业执照正本或其隶属单位的营业执照正本，以及施工及安装地建设主管部门核发的许可证或建筑施工及安装合同。

（3）异地从事临时经营活动的单位，应出具其营业执照正本以及临时经营地工商行政部门的批文。

（4）注册验资，应出具市场监督管理部门核发的企业名称预先核准通知书或有关部门的批文。

以上第（2）（3）项，还应出具其基本存款账户开户许可证。

对于合格境外机构投资者在境内从事证券投资开立的人民币特殊账户和人民币结算资金账户，均纳入专用存款账户管理。其开立人民币特殊账户时，应出具国家外汇管理部门的批复文件；开立人民币结算资金账户时，应出具证券管理部门的证券投资业务许可证。

（四）临时存款账户的使用

临时存款账户用于办理临时机构以及存款人临时经营活动发生的资金收付。临时存款账户应根据有关开户证明文件确定的期限或存款人的需要确定其有效期限，最长不得超过2年。临时存款账户支取现金，应按照国家现金管理的规定办理。注册验资的临时存款账户在验资期间只收不付。

六、个人银行结算账户

(一) 个人银行结算账户的概念

个人银行结算账户，是指存款人因投资、消费、结算等需要而凭个人身份证件以自然人名称开立的银行结算账户。

(二) 个人银行结算账户的使用

个人银行结算账户用于办理个人转账收付和现金存取。下列款项可以转入个人银行结算账户：

(1) 工资、奖金收入；

(2) 稿费、演出费等劳务收入；

(3) 债券、期货、信托等投资的本金和收益；

(4) 个人债权或产权转让收益；

(5) 个人贷款转存；

(6) 证券交易结算资金和期货交易保证金；

(7) 继承、赠与款项；

(8) 保险理赔、保险退还等款项；

(9) 纳税退还；

(10) 农、副、矿产品销售收入；

(11) 其他合法款项。

单位从其银行结算账户支付给个人银行结算账户的款项，每笔超过5万元(不包含5万元)的，应向其开户银行提供下列付款依据：

(1) 代发工资协议和收款人清单；

(2) 奖励证明；

(3) 新闻出版、演出主办等单位与收款人签订的劳务合同或支付给个人款项的证明；

(4) 证券公司、期货公司、信托投资公司、奖券发行或承销部门支付或退还给自然人款项的证明；

(5) 债权或产权转让协议；

(6) 借款合同；

(7) 保险公司的证明；

(8) 税收征管部门的证明；

(9) 农、副、矿产品购销合同；

(10) 其他合法款项的证明。

从单位银行结算账户向个人银行结算账户支付款项，对单笔超过5万人民币，付款单位在付款用途栏或备注栏注明事由的，可不再另行出具付款依据，但付款单位必须对支付款项事由的真实性、合法性负责。

从单位银行结算账户支付给个人银行结算账户的款项应纳税的，税收代扣单位付款时应向其开户银行提供完税证明。

当个人持出票人为单位的支票向开户银行委托收款，将款项转入其个人银行结算账户的，或个人持申请人为单位的银行汇票和银行本票向开户银行提示付款，将款项转入其个人银行结算账户的,个人应出具上述第(1)~(10)项中规定的有关收款依据。

存款人应对其提供的收款依据或付款依据的真实性、合法性负责。

▶**身边的事**
SHENBIAN DE SHI

某生产自行车的公司在 A 开户银行开立有基本存款账户。2020 年 5 月 8 日,该公司因贷款需要又在 B 银行开立了一个一般存款账户(账号为:998123668976)。5 月 8 日,该公司财务人员签发了一张现金支票(支票上的出票人账号为:998123668976),并向 B 银行提示付款,要求提取现金 50 万元。B 银行工作人员对该支票进行审查后,拒绝为该公司办理现金取款手续。请问:B 银行工作人员的做法正确吗?

七、银行结算账户的管理

(一)银行结算账户的实名制管理

(1)存款人应以实名开立银行结算账户,并对其出具的开户(变更、撤销)申请资料实质内容的真实性负责,法律、行政法规另有规定的除外。

(2)存款人应按照账户管理规定使用银行结算账户办理结算业务,不得出租、出借银行结算账户,不得利用银行结算账户套取银行信用或进行洗钱活动。

(二)银行结算账户变更事项的管理

存款人申请临时存款账户展期,变更、撤销单位银行结算账户以及补(换)发开户许可证的,可由法定代表人或单位负责人直接办理,也可授权他人办理。由法定代表人或单位负责人直接办理的,除出具相应的证明文件外,还应出具法定代表人或单位负责人的身份证件;授权他人办理的,除出具相应的证明文件外,还应出具法定代表人或单位负责人的身份证及其出具的授权书,以及被授权人的身份证件。

(三)存款人预留银行签章的管理

(1)单位遗失预留公章或财务专用章的,应向开户银行出具书面申请、开户许可证、营业执照等相关证明文件;更换预留公章或财务专用章时,应向开户银行出具书面申请、原预留公章或财务专用章等相关证明文件。单位存款人申请更换预留公章或财务专用章但无法提供原预留公章或财务专用章的,应向开户银行出具原印章卡片、开户许可证、营业执照正本、司法部门的证明等相关证明文件。单位存款人申请变更预留公章或财务专用章,可由法定代表人或单位负责人直接办理,也可授权他人办理。由法定代表人或单位负责人直接办理的,除出具相应的证明文件外,还应出具法定代表人或单位负责人的身份证件;授权他人办理的,除出具相应的证明文件外,还应出具法定代表人或单位负责人的身份证件及其出具的授权书,以及被授权人的身份证件。

(2)个人遗失或更换预留个人印章或更换签字人时,应向开户银行出具经签名确认的书面申请,以及原预留印章或签字人的个人身份证件。银行应留存相应的复印件,并凭以办理预留银行签章的变更。单位存款人申请变更预留个人签章,可由法定代表人或单位负责人直接办理,也可授权他人办理。由法定代表人或单位负责人直接办理的,应出具加盖该单位公章的书面申请以及法定代表人或单位负责人的身份证件。授权他人办理的,应出具加盖该单位公章的书面申请、法定代表人或单位负责人的身份证件及其出具的授权书、被授权人的身份证件。无法出具法定代表人或单位负责人的身份证件的,应出具加盖该单位公章的书面申请、该单位出具的授权书以及被授权人的身份证件。

（四）银行结算账户的对账管理

银行结算账户的存款人应与银行按规定核对账务。存款人收到对账单或对账信息后，应及时核对账务并在规定期限内向银行发出对账回单或确认信息。

▶**要点回顾**
YAODIAN HUIGU

银行结算账户是银行为存款人开立的办理资金收付的人民币活期存款账户。银行结算账户按存款人不同分为单位银行结算账户和个人银行结算账户。单位银行结算账户按用途分为基本存款账户、一般存款账户、专用存款账户和临时存款账户。基本存款账户，是指存款人因办理日常转账结算和现金收付需要开立的银行结算账户。基本存款账户是存款人的主办账户，一个单位只能开立一个基本存款账户。存款人日常经营活动的资金收付及其工资、奖金和现金的支取，应通过基本存款账户办理。一般存款账户，是指存款人因借款或其他结算需要，在基本存款账户开户行以外的银行营业机构开立的银行结算账户。存款人申请开立一般存款账户，应向银行出具其开立基本存款账户规定证明文件、基本存款账户开户许可证和相关证明文件。存款人应以实名开立银行结算账户，并对其出具的开户（变更、撤销）申请资料实质内容的真实性负责。存款人应按照账户管理规定使用银行结算账户办理结算业务，不得出租、出借银行结算账户，不得利用银行结算账户套取银行信用或进行洗钱活动。

任务五　企业解散与清算

一、企业清算的原因及清算种类

（一）企业清算的含义

企业清算是指企业因各种原因而解散，终止其生产经营活动，全面清查企业财产、债权、债务，处理企业未了事项，收取债权、变卖财产、偿还债务、分配剩余财产等一系列工作的总称。

（二）清算的原因及种类

企业清算原因是企业出现各种事由而必须解散或终止。不同类型的企业解散或终止的具体原因不尽相同，但也有许多共同之处。根据我国《公司法》《全民所有制工业企业法》《中外合资经营企业法》等的有关规定，企业清算的原因可以概括为一下几个方面：①企业经营期限届满；②企业设立的宗旨已经实现或者企业经营业务已经完成；③合营一方不履行合营协议、合同、章程规定的义务，致使企业无法继续经营；④因自然灾害、战争等不可抗力遭受严重损失，无法继续经营；⑤企业未达到经营目的，已无发展前途；⑥企业老板和股东大会决议解散；⑦因公司企业合并或分立需要解散；⑧公司、企业依法被宣告破产；⑨公司、企业因违法被依法责令关闭；⑩公司、企业章程规定其他解散事由已经出现；⑪公司、企业财务严重困难，无力偿债，债权人并不立即将其诉讼法律而合作清算。

清算有自然清算、解散清算和破产清算之分。上述原因一旦出现，公司、企业都要进行清算。具体而言：原因①～⑦及⑩出现，均由公司或企业按法律规定自行组成清算组或清算委员会负责解散清算；原因⑧出现，由法院主持成立破产清算组负责破产清算；原因⑨出现，由公司、企业主管部门主持成立清算组负责撤销清算；原因⑪出现，由公司、企业与其他债权人合作进行自然清算。

二、解散清算

公司、企业解散清算，并非由于其无力偿债，而是因规定解散事实已出现。解散清算时，公司资产总额一般大于负债总额，债务能够全部还清。这种清算的关键是偿还债务以后的所有者之间利益关系的处理。

（一）解散清算的程序

（1）宣告解散。当企业解散原因出现时，企业应刊登公告或直接通知债权人前来办理债权登记或结清债权、债务，并从解散清算日算起，停止一切正常生产经营业务，转入解散清算阶段。

（2）成立清算组织。公司、企业解散清算组由主管部门组织有关人员成立。中外合资企业解散清算委员会人选由董事会提出，报经合资企业主管部门审核监督。有限责任公司、股份有限公司应当在解散决议之日起 15 日内成立清算组，有限责任公司清算组由股东组成，股份有限公司清算组人选由股东大会确定。公司逾期不成立清算组进行清算的，债权人可以申请法院指定有关人员进行清算。

（3）清理财产，收回债权，偿还债务。

（4）将剩余财产在所有者之间分配。

（5）办理注销登记。

（二）财产清理与剩余财产分配

解散清算的财产清理是指由清算组织进行的公司财产的清理工作，包括对公司财产、债权、债务进行全面清查，编制资产负债表和财产目录或清单，提出财产作价依据，指定偿债方案，清偿债务等。

剩余财产分配是解散清算中的一项重要内容。确定可分配的剩余财产是其中的一项重要工作。

可分配财产是指企业还清债务后剩余的净资产。其计算公式为：

$$可分配剩余财产＝资产总额－清理费用＋清理收益－负债总额$$

【例 8-1】 某合资企业的中方出资比例为 70％，外方出资比例为 30％，现因合营期满而解散清算。解散清算的资产负债表如表 8-1 所示。

表 8-1　　　　　　　　　　　　　解散清算的资产负债表　　　　　　　　　　　单位：万元

项　目	金　额	项　目	金　额
银行存款	40	应付账款	50
应收账款	20	其他应付款	20
存货	10		
固定资产	100	实收资本	100
资产合计	170	负债及权益合计	170

解：企业在清理过程中，发生各项清理费用 12 万元；应收账款收回 18 万元，损失 2 万元；存货变卖收入 9 万元，损失 1 万元；固定资产变卖收入 110 万元，净收益 10 万元；应付账

款如数还清;其他应付款偿还 16 万元,4 万元已无法查找债权人,成为无主债务。将资产和负债清理完毕后,可分配的剩余财产＝170－12－3＋14－70＝99(万元)。

其中,中方分得剩余财产 69.3 万元(99×70％);外方分得剩余财产 29.7 万元(99×30％)。

▶要点回顾
YAODIAN HUIGU

企业清算是企业因各种原因而解散,终止其生产经营活动,全面清查企业财产、债权、债务,处理企业未了事项,收取债权、变卖财产、偿还债务、分配剩余财产等一系列工作的总称。公司、企业解散清算,并非由于其无力偿债,而是因规定的结算事实已出现。解散清算时,公司资产总额一般大于负债总额,债务能够全部还清。这种清算的关键是偿还债务以后的所有者之间利益关系的处理。解散清算的程序一般包括宣告解散、成立清算组织、清理财产、收回债权、偿还债务、将剩余财产在所有者之间分配、办理注销登记等。

▶本项小结
BENXIANG XIAOJIE

验资是注册会计师接受委托,按照《独立审计实务公告第一号——验资》的要求,对被审验单位的注册资本的实收或变更情况进行审验,并出具验资报告。验资一般分为三个阶段:接受验资委托阶段、验资实施阶段和验资报告阶段。验资的基本内容主要包括验证投资者投入的货币资金、实物资产和无形资产三个方面。资产评估是由专门机构和人员,依据国家规定和有关资料,根据特定的目的,遵循适用的原则,选择适当的价值类型,按照法定的程序,运用科学的方法,对资产价值进行评定和估算的过程。资产评估的基本方法有市场法、成本法、收益法等。纳税登记,是指纳税人为履行纳税义务就有关纳税事宜依法向税务机关办理登记的一种法定手续。纳税申报是纳税人按照税法规定的期限和内容向税务机关提交有关纳税事项书面报告的法律行为,是纳税人履行纳税义务、界定纳税人法律责任的主要依据,是税务机关管理信息的主要来源和税务管理的重要制度。纳税申报方式有自行申报、邮寄申报、代理申报、电文申报等。银行结算账户是银行为存款人开立的办理资金收付的人民币活期存款账户。银行结算账户按存款人不同分为单位银行结算账户和个人银行结算账户。单位银行结算账户按用途分为基本存款账户、一般存款账户、专用存款账户和临时存款账户。解散清算的程序一般包括宣告解散、成立清算组织、清理财产、收回债权、偿还债务、将剩余财产在所有者之间分配、办理注销登记。

▶专业术语
ZHUANYE SHUYU

1. 审计	2. 验资	3. 验资实施阶段
4. 验资报告	5. 资产评估	6. 评估价值
7. 独立性	8. 公开市场价值	9. 投资价值
10. 重置价值	11. 清算价格	12. 功能性贬值
13. 实体性贬值	14. 纳税登记	15. 设立纳税登记
16. 变更纳税登记	17. 注销纳税登记	18. 纳税申报
19. 银行结算账户	20. 基本存款账户	21. 一般存款账户
22. 专用存款账户	23. 临时存款账户	24. 企业清算
25. 解散清算	26. 财产清理	27. 剩余财产分配

▶复习思考
FUXI SIKAO

1. 设立验资与变更验资的审验目的、审验范围是什么?
2. 注册会计师拒绝出具验资报告的情况有哪些?
3. 简述验资的一般程序。
4. 简述验资的主要内容和方法。

5. 验资报告有哪些内容,如何编制验资报告?

6. 资产评估的特点有哪些?

7. 资产评估的基本方法有哪些?

8. 简述编制资产评估报告的目的。

9. 什么是税务登记?税务登记的种类有哪些?

10. 什么叫纳税申报?纳税申报的方式有哪些?

11. 什么是银行结算账户?银行结算账户的种类有哪些?

12. 开立基本存款账户需要哪些证明文件?

13. 基本存款账户的使用范围是什么?

14. 简述解散清算的程序。

▶课后练习
KEHOU LIANXI

一、单项选择题

1. 变更验资的审验范围主要包括(　　)。

　　A. 实收资本 　　　　　　　　　　　　　B. 资产、负债和所有者权益

　　C. 实收资本及相关的资产、负债等 　　　D. 注册资本的增减变动情况

2. (　　)是执行整个验资业务中的关键性和实质性阶段。

　　A. 验资计划阶段　　　B. 验资实施阶段　　　C. 验资报告阶段　　　D. 商讨收费阶段

3. 会计师事务所与委托人签订的验资业务约定书主要应明确(　　)。

　　A. 验资风险 　　　　　　　　　　　　　B. 验资目的

　　C. 验资范围 　　　　　　　　　　　　　D. 双方的责任与义务

4. 在验证货币资金投入时,最主要的验资依据来自(　　)。

　　A. 被审单位的管理当局 　　　　　　　　B. 被审单位的投资者

　　C. 被审单位的开户银行 　　　　　　　　D. 被审单位的会计资料

5. 在以下各种情形中,需要聘请注册会计师进行变更验资的情形不包括(　　)。

　　A. 企业合并与分立 　　　　　　　　　　B. 企业发行新股、转让股权

　　C. 增资减资幅度超过原注册资本的 20% 　D. 申请营业执照

6. 在国有资产评估的法定程序中,资产评估的最后一个阶段是(　　)。

　　A. 申报立项阶段　　　B. 资产清查阶段　　　C. 验证确认阶段　　　D. 评定估算阶段

7. 某资产可以持续使用,年收益额为 50 万元,适用本金化率为 20%,则其评估值为(　　)万元。

　　A. 200　　　　　　　　B. 250　　　　　　　　C. 300　　　　　　　　D. 350

8. 已知资产的价值与功能之间存在线性关系,重置全新机器设备一台,其价值为 5 万元,年产量为 500 件,现知被评估资产年产量为 400 件,其重置成本为(　　)。

　　A. 4 万元　　　　　　　B. 5 万元　　　　　　　C. 4～5 万元之间　　　D. 无法确定

9. 一项科学技术进步较快的资产,采用物价指数法往往会比采用重置核算法估算的重置成本(　　)。

　　A. 高　　　　　　　　　B. 低　　　　　　　　　C. 相等　　　　　　　　D. 不能确定

10. 某被评估资产 2020 年购建账面价值为 50 万元,2019 年进行评估,已知 2020 年与 2019 年该类资产的定基物价指数分别为 120% 与 170%,则被评估资产重置全价为(　　)万元。

　　A. 50　　　　　　　　　B. 70.83　　　　　　　C. 35.29　　　　　　　D. 85

11. 资产评估的主体是指(　　)。

　　A. 从事资产评估的机构和人员 　　　　　B. 被评估资产占有人

　　C. 资产评估委托人 　　　　　　　　　　D. 被评估资产

12. 对生产不固定、账册不健全的纳税人所采用的税款征收方式是(　　)。

A. 查账征收   B. 查定征收   C. 查验征收   D. 定期定额征收

13. 纳税人因有特殊困难,不能按期缴纳税款的,经省级国家税务局、地方税务局批准,可以延期缴纳税款,但最长不得超过( )个月。

     A. 1   B. 2   C. 3   D. 6

14. 采取税收保全措施后,纳税人在规定的限期内未缴纳税款的,经( ),可以采取强制执行措施。

     A. 税务所局长批准

     B. 稽查局(分局)局长批准

     C. 县级以上税务局(分局)局长批准

     D. 设区的市、自治州以上税务局(分局)局长批准

15. 纳税人采取在账簿上多列支出或者不列、少列收入的手段,不缴或少缴应纳税款的行为是( )。

     A. 偷税   B. 欠税   C. 骗税   D. 抗税

16. 因纳税人、扣缴义务人计算错误等失误,未缴或者少缴税款,税务机关在( )年内可以追征税款、滞纳金。

     A. 2   B. 3   C. 5   D. 10

17. 税务机关在规定的纳税期之前,对有逃避纳税义务行为的纳税人所采取的税款征收措施是( )。

     A. 税收强制执行措施   B. 税收优先权措施

     C. 税收保全措施   D. 阻止出境措施

18. 扣缴义务人应扣未扣、应收而不收税款的,由税务机关向纳税人追缴税款,对扣缴义务人处应扣未扣、应收未收税款( )。

     A. 1 倍以上 3 倍以下的罚款   B. 50% 以上 3 倍以下的罚款

     C. 1 倍以上 5 倍以下的罚款   D. 50% 以上 5 倍以下的罚款

19. 虚开增值税专用发票骗取出口退税,数额特别巨大,情节特别严重,给国家利益造成特别重大损失的,依照《刑法》规定处( )。

     A. 3 年以下有期徒刑或者拘役,并处 2 万元以上 20 万元以下罚金

     B. 3 年以上 10 年以下有期徒刑,并处 5 万元以上 50 万元以下罚金

     C. 10 年以上有期徒刑或无期徒刑,并处 5 万元以上 50 万元以下罚金或者没收财产

     D. 无期徒刑或者死刑,并处没收财产

20. 个体工商户凭营业执照以字号或经营者姓名开立的银行结算账户纳入( )管理。

     A. 单位银行结算账户   B. 临时存款账户

     C. 个人银行结算账户   D. 基本存款账户

21. 存款人更改名称,但不改变开户银行及账号的,应于( )个工作日内向开户银行提出银行结算账户变更申请。

     A. 2   B. 5   C. 10   D. 15

22. 下列可用于支付工资及奖金的账户是( )。

     A. 基本存款账户   B. 一般存款账户   C. 临时存款账户   D. 专用存款账户

23. 下列各项中,属于存款人申请开立基本存款账户证明文件的是( )。

     A. 承包双方签订的承包协议

     B. 当地市场监督管理机关合法的《营业执照》正本

     C. 借款合同或借据

     D. 个人的居民身份证和户口簿

24. 下列各项中,按规定可以在银行申请开立基本存款账户的是( )。

     A. 单位附设的食堂   B. 外国驻华机构

     C. 企业法人内部实行独立核算的销售部门   D. 个人

二、多项选择题

1. 验资过程可以分为(   )。
   - A. 验资计划阶段
   - B. 验资实施阶段
   - C. 验资取证阶段
   - D. 验资报告阶段

2. 投资者可以以(   )作为投入资本。
   - A. 货币资金
   - B. 实物资本
   - C. 无形资产
   - D. 土地使用权

3. 下列各项中,能作为货币资金投入验证证据的有(   )。
   - A. 被审单位开户银行出具的收款凭证
   - B. 被审单位的会计记录
   - C. 被审单位向出资人出具的出资证明
   - D. 被审单位开户银行出具的银行对账单和函证回函

4. 验资报告附件主要包括(   )。
   - A. 会计报表
   - B. 投入资本
   - C. 验资事项说明
   - D. 被审单位营业执照

5. 在执行设立验资业务时,注册会计师编制的验资事项说明应当包括被审单位的(   )。
   - A. 组建及审批情况
   - B. 申请注册资本情况及出资规定
   - C. 变更注册资本的原因及审批情况、变更注册资本的规定
   - D. 审验结果

6. 资产评估的原则是规范评估行为的基本准则,具体包括(   )。
   - A. 真实性原则
   - B. 可行性原则
   - C. 公平性原则
   - D. 科学性原则

7. 在确定预期收益时,应着重注意(   )对预期收益的影响。
   - A. 企业所有制
   - B. 企业的管理水平和职工素质
   - C. 企业现有的物质技术基础
   - D. 可预见的外部经济环境变化

8. 采用重置成本法进行资产评估时,确定重置成本的方法包括(   )。
   - A. 细节分析法
   - B. 收益法
   - C. 物价指数法
   - D. 功能价值法

9. 在采用现行市价法进行资产评估时,所选择的参照物应与被评估对象在(   )等方面具有可比性。
   - A. 价格
   - B. 功能
   - C. 市场环境
   - D. 交易条件

10. 有形资产的损耗分为有形损耗和无形损耗,建筑物的有形损耗包括(   )。
    - A. 建筑物自然老化
    - B. 建筑物磨损
    - C. 自然灾害引起的建筑物功能减退
    - D. 由于生产工艺改进引起建筑物设备陈旧

11. 在采用现行市价法进行资产评估时,应注意(   )等因素对现行市价的影响。
    - A. 资产的现时状态
    - B. 资产的再生产价值
    - C. 资产的功能状况
    - D. 同类资产的市场供求情况

12. 在我国,《税收征管法》规定的税收征收管理机关包括(   )。
    - A. 财政机关
    - B. 国家税务局
    - C. 地方税务局
    - D. 海关

13. 纳税人办理纳税申报时,在填写纳税申报表的同时,应根据不同情况报送下列有关证件和资料(   )。
    - A. 财务会计报表及其说明资料
    - B. 与纳税有关的合同、协议书
    - C. 外出经营活动税收管理证明
    - D. 税务机关规定应当报送的其他有关证件、资料

14. 税款征收措施包括(   )。
    - A. 税收保全
    - B. 强制执行
    - C. 加收滞纳金
    - D. 吊销营业执照

15. 税务机关有权核定纳税人应纳税额的情况有(   )。

A. 依法可以不设置账簿的

B. 依法应设置但未设置账簿的

C. 账目混乱，难以查账的

D. 成本资料、收入凭证、费用凭证残缺不全，难以查账的

16. 根据《税收征管法》及其实施细则的规定，税款征收的方式包括（   ）。

    A. 代扣代缴　　　　　　B. 查验征收　　　　　　C. 邮寄申报纳税　　　　D. 纳税申报

17. 下列各项中，属于虚开增值税专用发票的行为有（   ）。

    A. 为他人虚开增值税专用发票　　　　　　　　B. 为自己虚开增值税专用发票

    C. 让他人为自己虚开增值税专用发票　　　　　D. 介绍他人虚开增值税专用发票

18. 下列属于税收保全措施的有（   ）。

    A. 书面通知纳税人开户银行冻结纳税人的金额相当于应纳税款的存款

    B. 书面通知纳税人开户银行从其存款中扣税款

    C. 扣押、查封纳税人价值相当于应纳税款的商品、货物或其他财产

    D. 依法拍卖、变卖纳税人的价值相当于应纳税款的商品、货物或其他财产

19. 下列各项中，按规定可以在银行申请开立基本存款账户的有（   ）。

    A. 事业单位　　　　　　　　　　　　　　　　B. 外国驻华机构

    C. 企业法人内部实行独立核算的销售部门　　　D. 个人

20. 下列银行账户中，肯定可以办理现金支付的有（   ）。

    A. 一般存款账户　　　　B. 临时存款账户　　　　C. 基本存款账户　　　　D. 专用存款账户

21. （   ）是办理支付结算的主体。

    A. 银行　　　　　　　　B. 农村信用合作社　　　C. 单位　　　　　　　　D. 个人

22. 一般存款账户用于办理存款人的（   ）。

    A. 借款转存　　　　　　B. 借款归还　　　　　　C. 现金缴存　　　　　　D. 现金支取

23. 专用存款账户用于办理各项专用资金的收付，适用于（   ）等专项管理和使用的资金。

    A. 基本建设资金　　　　　　　　　　　　　　B. 更新改造资金

    C. 单位银行卡备用金　　　　　　　　　　　　D. 工会设在单位的组织机构经费

三、判断题

1. 验资过程中的关键性阶段应该是验资报告阶段。　　　　　　　　　　　　　　　　　（　　）

2. 由于验资业务比较简单，一般来说不必编制验资计划。　　　　　　　　　　　　　　（　　）

3. 在执行验资业务时，注册会计师所使用的验资银行函证属于肯定式。　　　　　　　　（　　）

4. 注册会计师进行设立验资时，也要审查企业的会计科目。　　　　　　　　　　　　　（　　）

5. 注册会计师应该对验资报告的使用后果负责。　　　　　　　　　　　　　　　　　　（　　）

6. 收益现值是反映本金市场等价交换特征的计价概念，它的本质是产品价值的本金化。　（　　）

7. 资产评估中，可采用观察法对资产的实体性贬值进行估算。　　　　　　　　　　　　（　　）

8. 为节省资源和减少污染，政府规定年产1万吨以下的造纸厂必须关闭，由此造成年产1万吨以下企业的设备产生贬值，这种贬值属于破产清算贬值。　　　　　　　　　　　　　　　　（　　）

9. 收益现值法一般只适用于整体资产评估和可预测未来收益的单项资产评估。　　　　　（　　）

10. 评估流动资产时，在价格变化不大的情况下，用账面原值作为流动资产的评估值最为合理。（　　）

11. 一台1978年出厂的机床，出厂后至今一直闲置没有投入使用，由于该机床没有任何坏损，因而也没有任何损耗。　　　　　　　　　　　　　　　　　　　　　　　　　　　　　　　（　　）

12. 评估以出售为目的的旧机器设备，应以变现价格为基础，扣除变现时所应支付的变现费用。（　　）

13. 在流动资产评估中，对非实物形态的流动资产应按其可收回的变现价值和变现风险作为评估计价的依据。　　　　　　　　　　　　　　　　　　　　　　　　　　　　　　　　　（　　）

14. 查验征收方式主要对生产不固定、账册不健全的单位采用。 （　　）

15. 纳税人因有特殊困难，不能按期缴纳税款的，经县级以上国家税务局、地方税务局批准，可以延期缴纳税款，但是最长不得超过3个月。 （　　）

16. 纳税人对税务机关的处罚决定、强制执行措施或者税收保全措施不服的，可以依法申请行政复议，也可以依法向人民法院起诉。 （　　）

17. 纳税人、扣缴义务人、纳税担保人与税务机关在纳税上发生争议时，可以暂缓缴纳税款，然后依法申请行政复议。 （　　）

18. 因纳税人计算错误，未缴或者少缴税款的，税务机关在3年内可以追征税款，但不得加收滞纳金。 （　　）

19. 只有从事生产、经营的纳税人才需要办理税务登记或注销税务登记。 （　　）

20. 会计核算不健全的一般纳税人不可以领购使用增值税专用发票。 （　　）

21. 没有开立银行存款账户的个人不能通过银行办理支付结算。 （　　）

22. 为了便于结算，一个单位可以同时在几家金融机构开立银行基本存款账户。 （　　）

23. 银行应当依法为存款人保密，不得代任何单位和个人查询、冻结、扣划存款人账户内的存款。 （　　）

24. 存款人的工资、奖金等现金的支取，只能通过一般存款账户办理。 （　　）

▶ 项目训练
XIANGMU XUNLIAN

一、计算分析题

1. 某企业将某资产与国外企业合资，要求对该资产进行评估。具体资料如下：

该资产账面原值270万元，净值108万，按财务制度规定，该资产折旧年限为30年，已计折旧20年。经调查分析确定：按市场现在材料价格和工资费用水平，新购建相同结构的资产的全部费用支出为480万元。经调查原始材料和企业记录，该资产截至评估基准日的法定利用时间为57 600小时，实际累计利用时间是50 400小时。经专业人员勘查计算，该资产还能使用8年。又知该资产由于设计不合理，造成耗电量大，维修费用高，与现在同类资产相比，每年多支出运营成本3万元（该企业所得税率33%，假定折现率为10%）

要求：根据以上资料，采用成本法对该资产进行评估。

2. 待估建筑物为砖混结构单层住宅，宅基地300平方米，建筑面积200平方米，月租金3 000元，土地还原利率为7%，建筑物还原利率为8%，评估时建筑物的剩余使用年限为25年，取得租金收入的年总费用为7 600元，评估人员另用市场比较法求得土地使用权价格每平方米1 000元。

要求：试用建筑物估价残余法估测建筑物的价值。

3. 评估某企业一套自制非标设备。该设备购建于2007年12月，评估基准日为2017年12月31日。根据设计图纸，该设备的主材为钢材，耗量为15吨，评估基准日钢材的不含税市价为3 850元/吨，主要外购件不含税费用为55 000元，成本主材费率为55%，成本利润率为15%，设计费率为14%，产量1台，销售税金率为18.7%。另外，经工程技术人员现场鉴定，该设备还可使用10年。与该企业最近生产的同类设备相比，被评估设备每个月多耗电500度，每度电0.5元，该企业所得税率为25%，该企业所在行业平均投资收益率为10%。

要求：（1）计算该设备的重置成本；

（2）计算该设备的成新率和功能性贬值额；

（3）计算该设备的评估值。

二、案例题

案例一——未按期进行税务登记和纳税申报的案例分析

（一）案例目的

掌握纳税申报的相关知识。

（二）案例资料

瑞兴电脑软件开发公司于 2020 年 6 月 9 日在市场监管机关领取了营业执照，开业经营并已取得应税收入，7 月 18 日税务机关发现该公司既未办理税务登记又未申报纳税（申报期限为每月 1 日至 10 日）。

（三）案例要求

(1) 瑞兴电脑软件开发公司的做法是否合法？

(2) 如若不合法，税务机关应当如何处理？

案例二——注册会计师验资案例

（一）案例目的

练习公司设立验资的操作。

（二）案例资料

天泰有限责任公司经批准，由甲公司（合资中方，下略）和乙公司（合资外方，下略）共同出资筹建。根据经批准的协议、合同和章程的规定，天泰公司注册资本为 3 000 万美元（记账本位币），由出资各方分两期于 2020 年 6 月 30 日之前缴足，其中第 1 期于 2019 年 6 月 30 日前缴足。甲公司应出资 1 800 万美元，其中，货币出资 200 万美元（应于第 1 期出资到位），房屋、建筑物出资 1 150 万美元（第一期应出资 400 万美元）、土地使用权出资 450 万美元（应于第一期出资到位）。乙公司应出资 1 200 万美元，其中货币资金出资 600 万美元（第 1 期应出资到位 450 万美元），机器设备出资 400 万美元（第一期应出资 150 万美元），无形资产出资 200 万美元（应于第二期到位）。经出资双方商定并经出资协议约定：

(1) 甲公司以人民币投入货币资金，缴存于天泰公司设立地的 D 开户银行；投入的实物资产的价值以评估值为依据；投入的土地使用权的价值均按评估确认，但评估值超出规定份额的部分计入资本公积；甲方各种方式的出资均按 1∶8.30 的比率折合为记账本位币。

(2) 乙公司以美元投入其货币资金，缴存于天泰公司设立地的 D 开户银行，投入的实物资产以商检部门出具的价值鉴定书的价值为准；出资的无形资产以中国境内的资产评估机构出具的评估价为准，但评估值超过出资份额的部分列入资本公积。

上海东方会计师事务所的注册会计师王豪、李民，于 2019 年 7 月 1 日进驻天泰有限责任公司，对截至 2019 年 6 月 30 日止的注册资本实收情况进行验资，7 月 6 日完成外勤审验工作。经审验，王豪、李民确认了甲公司和乙公司的下列出资情况：

① 甲公司于 2019 年 6 月 16 日缴付第一期资金，其中缴存天泰公司开户银行人民币 1 665 万元，出资的房屋、建筑物的会计账面记录为人民币 3 400 万元，2019 年 6 月 30 经评估并经各方确认的价值为人民币 3 500 万元，经出资各方认可的土地使用权的评估价为人民币 3 800 万元。6 月 16 日市场汇率为 1 美元兑换 8.31 元人民币。

② 乙公司于 2019 年 6 月 26 日缴存 D 开户银行 500 万美元，于 6 月 28 日到达天泰公司的机器设备原始发票价为 187 万美元，商检部门出具的商品鉴定证书鉴定为 172 万美元。至 7 月 6 日完成外勤审验工作时，甲公司和乙公司所出资的实物和无形资产均未办理相关的法律手续，但均承诺按照经批准的期限于领取营业执照之日起的 3 个月内办妥相关手续。

（三）案例要求

(1) 对于甲、乙双方的实物资产出资，注册会计师应实施哪些主要的审验程序？

(2) 请指出，对第一期出资中，甲乙双方在各种出资方式下出资额超过第一期规定出资额的部分应进行怎样的处理？

(3) 代王豪、李民编制验资报告。

综合实训

综合实训一——筹资决策综合分析

一、实训名称

上海现代家具公司筹资决策。

二、实训目的

熟悉和掌握资本成本计算、各种筹资方式的优缺点、财务风险分析以及筹资决策的方法。

三、实训资料

2021年1月,上海现代家具公司管理层研究公司资金筹措问题,其有关情况如下:

(一) 基本情况

上海现代家具公司成立于2000年,经过20年的发展,到2020年资产达到794万元,销售收入达到1620万元,净利达到74万元。尽管2020年是家具行业的萧条年,但该公司销售收入和净利仍比上年分别增长了8.7%和27.6%。目前,该公司规模偏小,生产线较少,不能在每年向市场推出大量的新产品,因而利润的增长幅度相对降低。公司必须扩大生产规模,计划新建一家分厂,到2025年年末,使生产能力翻一番。分厂直接投资需要800万元,其中,2021年投资500万元,2022年投资300万元。这将是同行业中规模最大、现代程度最高的工厂。此外,需要50万元的资金整修和装备现有的厂房和设备,300万元的流动资金弥补生产规模扩大而引起的流动资金不足。这三项合计共需资金1150万元。在未来几年中,通过公司内部留用利润和提高流动资金利用效果,可解决350万元资金,但此外的800万元资金必须从外部筹措。2021年1月4日董事会将正式讨论筹资问题。

(二) 行业情况

家具业是高度分散的行业,在1000多家家具企业中,销售收入超过15000万元的不到30家。在过去的几年中,家具行业一直经历着兼并和收购的风险,而且其趋势愈演愈烈。但该行业的发展前景是可观的,随着经济不景气时期过去,该行业也会随着经济的复苏而发展起来。

(三) 上海现代家具公司财务状况

上海现代家具公司2020年的财务资料如表9-1所示。

表 9-1   **公司 2020 年主要财务指标**   单位:万元

项目	财务指标	项目	财务指标
销售收入	1 620	销售净利率(%)	4.58
净利	74	股东权益报酬率(%)	13.6

（续表）

项目	财务指标	项目	财务指标
流动比率	4.08	普通股每股收益	1.23
流动资金	425	普通股每股股利	0.30
资产负债率(%)	28.1	市盈率	9.6
流动资金占普通股权益(%)	74.4		

上海现代家具公司现有长期借款85万元,其中,10万元在1年内到期,年利率为5.5%。每年年末偿还本金10万元。借款合约规定公司至少要保持225万元的流动资金。公司于2015年以每股5元公开发行普通股170 000股。目前,公司发行在外的普通股共计600 000股,其股利政策保持不变,年股利支付率为35%。此外,公司2021年固定资产投资30万元。

公司近几年的资产负债表及损益表如表9-2和表9-3所示。

表 9-2 　　　　　　　　　　　公司资产负债表　　　　　　　　　　单位:万元

项目	2018 年	2019 年	2020 年
资产			
现金	26	23	24
应收账款	209	237	273
存货	203	227	255
其他流动资产	8	10	11
流动资产合计	446	497	563
固定资产原值	379	394	409
减:累计折旧	135	155	178
固定资产净值	244	239	231
资产总计	690	736	794
负债及股东权益			
应付账款	62	90	102
一年内到期的长期借款	10	10	10
应付股利			
应付税款	36	25	26
流动负债合计	108	125	138
长期负债	105	95	85
股东权益	477	516	571
负债及股东权益合计	690	736	794

表 9-3		公司损益表		单位:万元	
项目	2016 年	2017 年	2018 年	2019 年	2020 年
销售净额	1 062	1 065	1 293	1 491	1 620
销售成本	853	880	1 046	1 201	1 274
销售毛利	209	185	247	290	346
销售及管理费用	111	122	142	160	184
利息费用	8	7	7	6	5
税前利润	90	56	98	124	157
所得税(50%)	44	27	51	66	83
净收益	46	44	47	58	74
普通股每股收益	0.77	0.73	0.78	0.97	1.23
每股现金股利	0.27	0.27	0.27	0.30	0.30
折旧			21	22	22

(四)上海现代家具公司预计财务资料

相关资料如表 9-4 所示。

表 9-4		公司预息税前利润表		单位:万元	
项目	2021 年	2022 年	2023 年	2024 年	2025 年
销售净额	2 080	2 500	3 100	3 700	4 200
销售成本	1 574	1 890	2 347	2 800	3 179
销售毛利	506	610	753	900	1 021
销售及管理费用	223	270	335	400	454
息税前利润	283	340	418	500	567
折旧费	23	75	100	100	100

(五)筹资方式

公司管理部门最初倾向于发行股票筹资,公司目前股价 10.53 元,扣除预计 5% 的发行费用,每股可筹资 10 元;发行股票 800 000 股,可筹集资金 800 万元。这种方案必须在董事会讨论决定后于 2021 年年初实施。

但投资银行建议通过借款方式筹资,他们认为借款筹资可以降低资金成本。贷款的有关条件为:

(1)年利率 7%,期限 10 年。

(2)从 2021 年年末开始还款,每年年末偿还本金 80 万元。

(3)借款的第一年,公司的流动资金必须保持在借款总额的 50%,以后每年递增 10%,直到达到未偿还借款的 80%。

(4)股东权益总额至少为 600 万元。

(5)借款利息在每年年末支付。

四、实训要求

(1)计算两种筹资方式的资本成本。

（2）分析不同筹资方式对公司财务状况的影响。

（3）为该公司做出筹资决策并说明理由。

五、实训步骤

（一）编制上海现代家具公司 2021—2025 年利息计算表（借款筹资）

表 9-5 　　　　　　　　　 2021—2025 年利息计算表（借款筹资）　　　　　 单位：万元

年份	2021 年	2022 年	2023 年	2024 年	2025 年
年初借款余额					
本年借款					
本年还款					
年末借款余额					
本年利息					

（二）编制上海现代家具公司 2021—2025 年预计损益表部分项目（借款筹资）

表 9-6 　　　　　　　　　 2021—2025 年预计损益表部分项目（借款筹资）　　　　 单位：万元

年份	2021 年	2022 年	2023 年	2024 年	2025 年
销售净额					
息税前利润					
利息					
税前利润					
税后利润					
分配股利					
留用利润					
成本费用中的折旧额					

（三）编制上海现代家具公司 2021—2025 年预计资产负债表部分项目（借款筹资）

表 9-7 　　　　　　　　 2021—2025 年预计资产负债表部分项目（借款筹资）　　　 单位：万元

年份	2021 年	2022 年	2023 年	2024 年	2025 年
流动资产					
固定资产净值					
资产总计					
流动负债					
长期负债					
股东权益					
负债及股东权益总计					

（四）编制上海现代家具公司 2021—2025 年有关财务指标表（借款筹资）

表 9-8　　　　　　　**2021—2025 年有关财务指标表（借款筹资）**　　　　单位：万元

年份	2021 年	2022 年	2023 年	2024 年	2025 年
流动比率					
流动资本					
资产负债表(%)					
流动资本占股东权益%					
营业现金净流量					
债务偿还保证倍数					
财务杠杆系数					
销售净利率(%)					
股东权益报酬率(%)					
每股收益					
每股股利					
流动资金最低限额					

注：债务偿还保证倍数＝营业现金流量/（偿还借款＋利息）×100%。

（五）编制上海现代家具公司 2021—2025 年资本成本及公司价值计算表（借款筹资）

表 9-9　　　　　　　**2021—2025 年资本成本及公司价值计算表（借款筹资）**　　　　单位：万元

年份	2021 年	2022 年	2023 年	2024 年	2025 年
借款					
股票市价					
股票市值					
公司价值					
借款比重(%)					
股票比重(%)					
借款成本(%)					
股票成本(%)					
综合资本成本(%)					

注：股票市价＝每股收益×市盈率（市盈率按当前值 10 倍计算）；
　　股票市值＝股本数×股票市价；
　　股票成本＝当年每股股利/上年股票市价×（1－发行费率）；
　　借款成本＝当年利息/年初借款数×（1－所得税率）×100%；
　　公司价值＝借款＋股票市值。

（六）编制上海现代家具公司 2021—2025 年利息计算表（股票筹资）

表 9-10　　　　　　　　2021—2025 年利息计算表（股票筹资）　　　　单位：万元

年份	2021 年	2022 年	2023 年	2024 年	2025 年
年初借款余额					
本年借款					
本年还款					
年末借款余额					
本年利息					

（七）上海现代家具公司 2021—2025 年预计损益表部分项目（股票筹资）

表 9-11　　　　　　2021—2025 年预计损益表部分项目（股票筹资）　　　　单位：万元

年份	2021 年	2022 年	2023 年	2024 年	2025 年
销售净额					
息税前利润					
利息					
税前利润					
税后利润					
分配股利					
留用利润					
成本费用中的折旧额					

（八）编制上海现代家具公司 2021—2025 年预计资产负债表部分项目（股票筹资）

表 9-12　　　　　　2021—2025 年预计资产负债表部分项目（股票筹资）　　　　单位：万元

年份	2021 年	2022 年	2023 年	2024 年	2025 年
流动资产					
固定资产净值					
资产总计					
流动负债					
长期负债					
股东权益					
负债及股东权益总计					

（九）编制上海现代家具公司 2021—2025 年有关财务指标表（股票筹资）

表 9-13　　　　　　2021—2025 年有关财务指标表（股票筹资）　　　　单位：万元

年份	2021 年	2022 年	2023 年	2024 年	2025 年
流动比率					
流动资本					

年份	2021年	2022年	2023年	2024年	2025年
资产负债表(%)					
流动资本占股东权益%					
营业现金净流量					
债务偿还保证倍数					
财务杠杆系数					
销售净利率(%)					
股东权益报酬率(%)					
每股收益					
每股股利					
流动资金最低限额					

（十）编制上海现代家具公司2021—2025年资本成本及公司价值计算表（股票筹资）

表9-14　　　　　2021—2025年资本成本及公司价值计算表（股票筹资）　　　单位：万元

年份	2021年	2022年	2023年	2024年	2025年
借款					
股票市价					
股票市值					
公司价值					
借款比重(%)					
股票比重(%)					
借款成本(%)					
股票成本(%)					
综合资本成本(%)					

综合实训二——联营体投资新产品的风险决策

一、实训名称

联营体投资新产品的方案决策。

二、实训目的

树立风险观念，掌握投资项目的风险决策方法。

三、实训资料

长海公司与东和公司协商进行联营投资，联营体拟生产一种新产品。根据市场研究，这种新产品今后十年的销路可能出现三种状态：畅销、平销和滞销，发生的概率分别为0.4、0.4和0.2。

联营生产这种新产品有三种投资方案可供选择：一是改造长海公司的一个生产分厂（作价 10 万元），东和公司投资 10 万元，作为联营体；二是扩建东和公司一个新产品车间（作价 40 万元），长海公司投入现金 20 万元，作为联营体；三是新建一个生产工厂，双方各投资 50 万元，作为联营。上述联营的三个方案的总投资额分别为 20 万元、60 万元和 100 万元。预计三个方案的年净现金流量如表 9-15 所示。设该行业的基准贴现率为 10%。

表 9-15　　　　　　　　　　　各种方案的年净现金流量表　　　　　　　　　　单位：万元

市场销路	概率	方案一 （投资 20 万元）	方案二 （投资 60 万元）	方案三 （投资 100 万元）
畅销	0.4	15.5	28.5	40
平销	0.4	10.5	15.0	18
滞销	0.2	1.0	0.5	0.5

四、实训要求

从风险角度对上述三个方案进行决策分析。

五、实训步骤

（1）计算三个方案的净现值期望值；
（2）计算各方案的标准差和标准差系数；
（3）进行风险分析、决策。

综合实训三——生产销售和利润综合决策

一、实训名称

红云制鞋如何决策？

二、实训目的

练习生产、销售和利润的综合决策，培养全局财务决策能力。

三、实训资料

上海红云制鞋厂产生一种高级室内拖鞋，年生产能力为 100 000 双，根据销售预测编制的计划年度预计利润表如表 9-16 所示。

表 9-16　　　　　　　　　　　计划年度预计利润表　　　　　　　　　　单位：元

销售收入（80 000 双）	（每双售价 10 元）	800 000
项目	单位成本	总成本
生产成本	8.125	650 000
其中：原材料	4.025	322 000

销售收入(80 000 双)	(每双售价 10 元)	800 000
加工费	0.975	78 000
管理费用	3.125	250 000
销售费用	1.50	120 000
其中:门市部销售计件工资	0.50	40 000
管理费用	1.00	80 000
税前利润 0.375	30 000	

注:管理费用 80% 是固定成本。

年初,东方宾馆直接来厂订货 30 000 双,但每双只愿出价 7.50 元,而且必须一次全部购置,否则不要。此项业务不会影响该厂在市场上的正常需要量。

对东方宾馆的订货,厂长认为对方出价 7.50 元,大大低于生产和销售成本,而且还影响 10 000 双的正常销售,可能造成亏损,不应接受。生产科长算了一笔账,认为即使减少正常销售 10 000 双,按 7.50 元接受 30 000 双订货对企业还是有利的,应该接受。销售科长认为正常销售量应该保证,不能减少。接受 30 000 双订货,缺少的 10 000 双可采取加班的办法来完成,但要支付加班费每双 1.80 元,其他费用不变。生产科长对销售科长的建议竭力反对,认为这 30 000 双肯定亏本;销售科长坚持认为这样对企业更有利。他们带着这个问题要求财务科长答复:

(1) 厂长的意见对吗?

(2) 生产科长的账是怎样算的? 企业的利润是多少?

(3) 按销售科长的建议,企业的利润是多少?

(4) 应该采用哪一个方案?

(5) 如果加班生产 10 000 双,各方面费用要增加 40 000 元(包括加班费),应如何决策?

四、实训要求

如果你是上海红云的财务科长,请你对上述问题做出答复。

综合实训四——设备更新决策

一、实训名称

C.George(Controls)Ltd.关于设备更新的决策。

二、实训目的

练习固定资产投资决策,提高项目投资决策能力。

三、实训资料

C.George(Controls)Ltd.生产一系列可用于厨房用具的温度计。目前的制造过程是半自动化的。生产设备的成本价是£540 000。净账面值是£300 000。产品的需求是稳定的。在最近几年,生产量都维持在每年 50 000 个单位。(£:英镑)

根据目前产量准备的有关该产品的资料如表9-17所示。

表 9-17　　　　　　　　　　　　现有设备单位产品相关数据资料

项目	每单位	
	£	£
售价		12.40
减:人工	3.30	
材料	3.65	
生产费用——变动的	1.58	
——固定的	1.60	
成本	10.13	
溢利		2.27

该设备预期还可多用四年,残值预计是£40 000。该公司目前正考虑购买新设备,使大部分生产程序完全自动化。新设备的成本将为£670 000,而它的可用年期是四年,残值预计是£70 000。如果购买新设备的话,旧设备可立即变卖,售价为£150 000。

公司的会计助理编制了一份报告,帮助评估这一建议的可行性。有关的资料如表9-18所示

表 9-18　　　　　　　　　　　　新设备单位产品预计相关数据资料

项目	每单位	
	£	£
售价		12.40
减:人工	1.20	
材料	3.20	
生产费用——变动的	1.40	
——固定的	3.30	
成本	9.10	
溢利		3.30

购买新设备后,每年的折旧增加£85 000。但是,其他固定成本预期不会改变。在报告里,公司会计助理这样表述:

"以上有关建议的资料,是根据现在的产量和新购买的设备每年的折旧£150 000 计算。购买新设备,使净利润与销售比率从18.3%增加到26.6%。另外,购买新设备能立即减少存货£1 300 000。根据以上事实,我建议购买新设备。"

此外,该公司的资本成本是12%。

四、实训要求

如果你是该公司经理,是否接受会计助理的建议,为什么?

综合实训五——项目投资决策

一、实训名称

Thomas 先生的思考。

二、实训目的

练习投资决策分析,提高决策分析能力。

三、实训资料

Thomas 先生正考虑从事新的商业投资。他的一位朋友承包了平整一大片开发区土地的合同,并愿把运土工作分包给他。据估计,整个工程计划需要费时 4 年,挖掘并运走 2 000 000 立方米泥土。Thomas 先生打算用 10 辆运货汽车来完成他所承包的任务。尽管他近来并没有从事这方面的业务,但以前还是接触过一些。他仔细地计算了每辆货车所需行驶的里程、可能发生的停工期以及各类费用水平。每立方米泥土的合同运价为£1.1,他预计每辆货车每年能运走 50 000 立方米,也即年收入为£55 000/辆。其中还须减 Thomas 先生认为每辆货车每年所需支付的表 9-19 中的各项费用:

表 9-19 每辆货车每年所需支付的费用

项目	金额£	项目	金额£
劳动力和雇佣成本	16 000	油料	5 000
养路费	1 500	该项目所导致的增量管理费/与总务费	8 000
保险费	1 000	合计	40 500
维修、保养和轮胎更换	9 000		

他计划购买 10 辆新货车来完成工作,每辆价格为£40 000,使用寿命恰可完成 4 年合约期,4 年后没有剩余价值。

Thomas 先生没有受过正规的财务训练,但从过去干过的几个行业里积累了一些财务知识。依他计算,他自信每辆车每年能给他带来利润£14 500,占收入的 26％以上。他也计算出运用资本的平均利润率将是 72.5％,若以回收期方法计,他将在不到 3 年的时间里收回投资。

在推行他的计划之前,Thomas 先生决定向您请教一下,吃颗定心丸。开始时,您先与他讨论资本成本的概念,并确定为 15％是最低的资本成本。您也确认了他的实际公司税率为 50％,他在购买货车的那年里可以享受货车价 100％的资本减免优惠。公司所得税在计税后下一年支付。Thomas 先生预计能从他的其他业务活动中赚取大量利润,资本减免总额可从第一年的利润中扣除。

四、实训要求

(1) 编制报表,反映:

① 四年的税后总利润;

② 税后利润占销售收入的百分比;

③ 会计报酬率(年平均税后利润占平均运用资本的百分比);

④ 回收期(考虑了所有现金流量)。

(2) 计算项目净现值(使用税后资本成本 15%)。

(3) 计算项目的现金流量折现报酬率或内含报酬率,(试使用 12% 和 15% 为折现率)。

(4) 对下面几点加以简单评论:

① 您所计算的数字与 Thomas 先生计算的相应数字之间有何差异?

② 评价计算结果的意义。

综合实训六——财务分析与评价

一、实训名称

蓝天公司财务分析与评价。

二、实训目的

练习财务分析与评价,学习撰写财务分析报告。

三、实训资料

资料:蓝天公司 2020 年 12 月 31 日资产负债表和利润表如表 9-20 和表 9-21 所示。

表 9-20　　　　　　　　　　　　资产负债表

编制单位:蓝天公司　　　　　　　2020 年 12 月 31 日　　　　　　　　单位:万元

资　产	年初数	年末数	负债及所有者权益	年初数	年末数
流动资产:			流动负债:		
货币资金	2 850	5 020	短期借款	650	485
交易性金融资产	425	175	应付账款	1 945	1 295
应收账款	3 500	3 885	应付职工薪酬	585	975
预付账款	650	810	应付股利	1 620	2 590
存货	2 610	2 820	一年内到期的非流动负债	385	485
一年内到期的非流动资产	75	80			
流动资产合计	10 110	12 790	流动负债合计	5 185	5 830
非流动资产:			长期负债:		
长期股权投资	975	1 650	长期借款	650	975
固定资产	5 650	6 280	应付债券	400	640
无形资产	90	75	长期负债合计	1 050	1 615
递延所得税资产	75	55	所有者权益:		
			实收资本	4 860	5 850
			资本公积	1 560	2 370

资 产	年初数	年末数	负债及所有者权益	年初数	年末数
			盈余公积	2 595	3 240
			未分配利润	1 650	1 945
其他非流动资产			所有者权益合计	10 665	13 405
资产合计	16 900	20 850	负债及所有者权益合计	16 900	20 850

表 9-21 　　　　　　　　　　　　**利润表**

编制单位:蓝天公司 　　　　　　　2020 年 12 月 31 日 　　　　　　　单位:万元

项　目	上年数	本年累计金额
一、营业收入	37 500	49 000
减:营业成本	22 500	27 500
营业税金及附加	1 875	2 450
销售费用	1 575	1 750
管理费用	2 450	2 750
财务费用	165	195
资产减值损失		
加:公允价值变动收益(损失以"－"号填列)	80	100
投资收益(损失以"－"号填列)	245	350
其中:对联营企业和合营企业的投资收益		
二、营业利润(亏损以"－"号填列)	9 260	14 805
加:营业外收入	195	165
减:营业外支出	165	95
其中:非流动资产处置损失		
三、利润总额(亏损总额以"－"号填列)	9 290	14 875
减:所得税费用	2 322.5	3 718.75
四、净利润(净亏损以"－"号填列)	6 967.5	11 156.25
五、每股收益:		
(一)基本每股收益		
(二)稀释每股收益		

注:假设企业的销售收入均为赊销。企业无销售扣与折让;财务费用中均为利息费用。

四、实训要求

(1) 对蓝天公司财务状况做出分析评价。

(2) 以蓝天公司财务负责人名义向公司经理撰写财务分析报告。

n \ i（%）	1	2	3	4	5	6	7	8	9	10	11
1……	1.010	1.020	1.030	1.040	1.050	1.060	1.070	1.080	1.090	1.100	1.110
2……	1.020	1.040	1.061	1.082	1.103	1.124	1.145	1.166	1.188	1.210	1.232
3……	1.030	1.061	1.093	1.125	1.158	1.191	1.225	1.260	1.295	1.331	1.368
4……	1.041	1.082	1.126	1.170	1.216	1.262	1.311	1.360	1.412	1.464	1.518
5……	1.051	1.104	1.159	1.217	1.276	1.338	1.403	1.469	1.539	1.611	1.685
6……	1.062	1.126	1.194	1.265	1.340	1.419	1.501	1.587	1.677	1.772	1.870
7……	1.072	1.149	1.230	1.316	1.407	1.504	1.606	1.714	1.828	1.949	2.076
8……	1.083	1.172	1.267	1.369	1.477	1.594	1.718	1.851	1.993	2.144	2.305
9……	1.094	1.195	1.305	1.423	1.551	1.689	1.838	1.999	2.172	2.358	2.558
10……	1.105	1.219	1.344	1.480	1.629	1.791	1.967	2.159	2.367	2.594	2.839
11……	1.116	1.243	1.384	1.539	1.710	1.898	2.105	2.332	2.580	2.853	3.152
12……	10127	1.268	1.426	1.601	1.796	2.012	2.252	2.518	2.813	3.138	3.498
13……	1.138	1.294	1.469	1.665	1.886	2.133	2.410	2.720	3.066	3.452	3.883
14……	1.149	1.319	1.513	1.732	1.980	2.261	2.579	2.937	3.342	3.797	4.310
15……	1.161	1.346	1.558	1.801	2.079	2.397	2.759	3.172	3.642	4.177	4.785
16……	1.173	1.373	1.605	1.873	2.183	2.540	2.952	3.426	3.970	4.595	5.311
17……	1.184	1.400	1.653	1.948	2.292	2.693	3.159	3.700	4.328	5.054	5.895
18……	1.196	1.428	1.702	2.206	2.407	2.854	3.380	3.996	4.717	5.560	6.544
19……	1.208	1.457	1.754	2.107	2.527	3.026	3.617	4.316	5.142	6.116	7.263
20……	1.220	1.486	1.806	2.191	2.653	3.207	3.870	4.661	5.604	6.727	8.062
25……	1.282	1.641	2.094	2.666	3.386	4.292	5.427	6.848	8.623	10.835	13.585
30……	1.348	1.811	2.427	3.243	4.322	5.743	7.612	10.063	13.268	17.449	22.892
40……	1.489	2.208	3.262	4.801	7.040	10.286	14.974	21.725	31.409	45.259	65.001
50……	1.645	2.692	4.384	7.107	11.467	18.420	29.457	46.902	74.358	117.39	184.57

系数表（F/P，i，n）

12	13	14	15	16	17	18	19	20	25	30
1.120	1.130	1.140	1.150	1.160	1.170	1.180	1.190	1.200	1.250	1.300
1.254	1.277	1.300	1.323	1.346	1.369	1.392	1.416	1.440	1.563	1.690
1.405	1.443	1.482	1.521	1.561	1.602	1.643	1.685	1.728	1.953	2.197
1.574	1.630	1.689	1.749	1.811	1.874	1.939	2.005	2.074	2.441	2.856
1.762	1.842	1.925	2.011	2.100	2.192	2.288	2.386	2.488	3.052	3.713
1.974	2.082	2.195	2.313	2.436	2.565	2.700	2.840	2.986	3.815	4.827
2.211	2.353	2.502	2.660	2.826	3.001	3.185	3.379	3.583	4.768	6.276
2.476	2.658	2.853	3.059	3.278	3.511	3.759	4.021	4.300	5.960	8.157
2.773	3.004	3.252	3.518	3.803	4.108	4.435	4.785	5.160	7.451	10.604
3.106	3.395	3.707	4.046	4.411	4.807	5.234	5.696	6.192	9.313	13.786
3.479	3.836	4.226	4.652	5.117	5.624	6.176	6.777	7.430	11.642	17.922
3.896	4.335	4.818	5.350	5.936	6.580	7.288	8.064	8.916	14.552	23.298
4.363	4.898	5.492	6.153	6.886	7.699	8.599	9.596	10.699	18.190	30.288
4.887	5.535	6.261	7.076	7.988	9.007	10.147	11.420	12.839	22.737	39.374
5.474	6.254	7.138	8.137	9.266	10.539	11.974	13.590	15.407	28.422	51.186
6.130	7.067	8.137	9.358	10.748	12.330	14.129	16.172	18.488	35.527	66.542
6.866	7.986	9.276	10.761	12.468	14.426	16.672	19.244	22.186	44.409	86.504
7.690	9.024	10.575	12.375	14.463	16.879	19.673	22.091	26.623	55.511	112.46
8.613	10.197	12.056	14.232	16.777	19.748	23.214	27.252	31.948	69.389	146.19
9.646	11.523	13.743	16.367	19.461	23.106	27.393	32.429	38.338	86.736	190.05
17.000	21.231	26.462	32.919	40.874	50.658	62.669	77.388	95.396	264.70	705.64
29.960	39.116	50.950	66.212	85.850	111.07	143.37	184.68	237.38	807.79	2620.0
93.051	132.78	188.88	267.86	378.72	533.87	750.38	1051.7	1469.8	7523.2	36119
289.00	450.74	700.23	1083.7	1670.7	2566.2	3927.4	5988.9	9100.4	70065.	497929

附录二　复利现值

$n \backslash i（\%）$	1	2	3	4	5	6	7	8	9	10	11	12
1······	0.990	0.980	0.971	0.962	0.952	0.943	0.935	0.926	0.917	0.909	0.901	0.893
2······	0.980	0.961	0.943	0.925	0.907	0.890	0.873	0.857	0.842	0.826	0.812	0.797
3······	0.971	0.942	0.915	0.889	0.864	0.840	0.816	0.794	0.772	0.751	0.731	0.712
4······	0.961	0.924	0.888	0.855	0.823	0.792	0.763	0.735	0.708	0.683	0.659	0.636
5······	0.951	0.906	0.863	0.822	0.784	0.747	0.713	0.681	0.650	0.621	0.593	0.567
6······	0.942	0.888	0.837	0.790	0.746	0.705	0.666	0.630	0.596	0.564	0.535	0.507
7······	0.933	0.871	0.813	0.760	0.711	0.665	0.623	0.583	0.547	0.513	0.482	0.452
8······	0.923	0.853	0.789	0.731	0.677	0.627	0.582	0.540	0.502	0.4670	0.434	0.404
9······	0.914	0.837	0.766	0.703	0.645	0.592	0.544	0.500	0.460	0.424	0.391	0.361
10······	0.905	0.820	0.744	0.676	0.614	0.558	0.508	0.463	0.422	0.386	0.352	0.322
11······	0.896	0.804	0.722	0.650	0.585	0.527	0.475	0.429	0.388	0.350	0.317	0.287
12······	0.887	0.788	0.701	0.625	0.557	0.497	0.444	0.397	0.356	0.319	0.286	0.257
13······	0.879	0.773	0.681	0.601	0.530	0.469	0.415	0.368	0.326	0.290	0.258	0.229
14······	0.870	0.758	0.661	0.577	0.505	0.442	0.388	0.340	0.299	0.263	0.232	0.205
15······	0.861	0.743	0.642	0.555	0.481	0.417	0.362	0.315	0.275	0.239	0.209	0.183
16······	0.853	0.728	0.623	0.534	0.458	0.394	0.339	0.292	0.252	0.218	0.188	0.163
17······	0.844	0.714	0.605	0.513	0.436	0.371	0.317	0.270	0.231	0.198	0.170	0.146
18······	0.836	0.700	0.587	0.494	0.416	0.350	0.296	0.250	0.212	0.180	0.153	0.130
19······	0.828	0.686	0.570	0.475	0.396	0.331	0.277	0.232	0.194	0.164	0.138	0.116
20······	0.820	0.673	0.554	0.456	0.377	0.312	0.258	0.215	0.178	0.149	0.124	0.104
25······	0.780	0.610	0.478	0.375	0.295	0.233	0.184	0.146	0.116	0.092	0.074	0.059
30······	0.742	0.552	0.412	0.308	0.231	0.174	0.131	0.099	0.075	0.057	0.044	0.033
40······	0.672	0.453	0.307	0.208	0.142	0.097	0.067	0.046	0.032	0.022	0.015	0.011
50······	0.608	0.372	0.228	0.141	0.087	0.054	0.034	0.021	0.013	0.009	0.005	0.003

系数表(P/F,i,n)

13	14	15	16	17	18	19	20	25	30	35	40	50
0.885	0.877	0.870	0.862	0.855	0.847	0.840	0.833	0.800	0.769	0.741	0.714	0.667
0.783	0.769	0.756	0.743	0.731	0.718	0.706	0.694	0.640	0.592	0.549	0.510	0.444
0.693	0.675	0.658	0.641	0.624	0.609	0.593	0.579	0.512	0.455	0.406	0.364	0.296
0.613	0.592	0.572	0.552	0.534	0.516	0.499	0.482	0.410	0.350	0.301	0.260	0.198
0.543	0.519	0.497	0.476	0.456	0.437	0.419	0.402	0.320	0.269	0.223	0.186	0.132
0.480	0.456	0.432	0.410	0.390	0.370	0.352	0.335	0.262	0.207	0.165	0.133	0.088
0.425	0.400	0.376	0.354	0.333	0.314	0.296	0.279	0.210	0.159	0.122	0.095	0.059
0.376	0.350	0.327	0.305	0.285	0.266	0.249	0.233	0.168	0.123	0.091	0.068	0.039
0.333	0.300	0.284	0.263	0.243	0.225	0.209	0.194	0.134	0.094	0.067	0.048	0.026
0.295	0.270	0.247	0.227	0.208	0.191	0.176	0.162	0.107	0.073	0.050	0.035	0.017
0.261	0.237	0.215	0.195	0.178	0.162	0.148	0.135	0.086	0.056	0.037	0.025	0.012
0.231	0.208	0.187	0.168	0.152	0.137	0.124	0.112	0.069	0.043	0.027	0.018	0.008
0.204	0.182	0.163	0.145	0.130	0.116	0.104	0.096	0.055	0.033	0.020	0.013	0.005
0.181	0.160	0.141	0.125	0.111	0.099	0.088	0.078	0.044	0.025	0.015	0.009	0.003
0.160	0.140	0.123	0.108	0.095	0.084	0.074	0.065	0.035	0.020	0.011	0.006	0.002
0.141	0.123	0.107	0.093	0.081	0.071	0.062	0.054	0.028	0.015	0.008	0.005	0.002
0.125	0.108	0.093	0.080	0.069	0.060	0.052	0.045	0.023	0.012	0.006	0.003	0.001
0.111	0.095	0.081	0.069	0.059	0.051	0.044	0.038	0.018	0.009	0.005	0.002	0.001
0.098	0.083	0.070	0.060	0.051	0.043	0.037	0.031	0.014	0.007	0.003	0.002	0
0.087	0.073	0.061	0.051	0.043	0.037	0.031	0.026	0.012	0.005	0.002	0.001	0
0.047	0.038	0.030	0.024	0.020	0.016	0.005	0.010	0.004	0.001	0.001	0	0
0.026	0.020	0.015	0.012	0.009	0.007	0.001	0.004	0.001	0	0	0	0
0.008	0.005	0.004	0.003	0.002	0.001	0.001	0.001	0	0	0	0	0
0.002	0.001	0.001	0.001	0	0	0	0	0	0	0	0	0

附录三　年金终值

n \ i (%)	1	2	3	4	5	6	7	8	9	10	11
1……	1.000	1.000	1.000	1.000	1.000	1.000	1.000	1.000	1.000	1.000	1.000
2……	2.010	2.020	2.030	2.040	2.050	2.060	2.070	2.080	2.090	2.100	2.110
3……	3.030	3.060	3.091	3.122	3.153	3.184	3.215	3.246	3.278	3.310	3.342
4……	4.060	4.122	4.184	4.246	4.310	4.375	4.440	4.506	4.573	4.641	4.710
5……	5.101	5.204	5.309	5.416	5.526	5.637	5.751	5.867	5.985	6.105	6.228
6……	6.152	6.308	6.468	6.633	6.802	6.975	7.153	7.336	7.523	7.716	7.913
7……	7.214	7.434	7.662	7.898	8.142	8.394	8.654	8.923	9.200	9.487	9.783
8……	8.286	8.583	8.892	9.214	9.549	9.897	10.260	10.637	11.028	11.436	11.859
9……	9.369	9.755	10.159	10.583	11.027	11.491	11.978	12.488	13.021	13.579	14.164
10……	10.462	10.950	11.464	12.006	12.578	13.181	13.816	14.487	15.193	15.937	16.722
11……	11.567	12.169	12.808	13.486	14.207	14.972	15.784	16.645	17.560	18.531	19.561
12……	12.683	13.412	14.192	15.026	15.917	16.870	17.888	18.977	20.141	21.384	22.713
13……	13.809	14.680	15.618	16.627	17.713	18.882	20.141	21.495	22.953	24.523	26.212
14……	14.947	15.974	17.086	18.292	19.599	21.015	22.550	24.215	26.019	27.975	30.095
15……	16.097	17.293	18.599	20.024	21.579	23.276	25.129	27.152	29.361	31.772	34.405
16……	17.258	18.639	20.175	21.825	23.657	25.673	27.888	30.324	33.033	35.950	39.190
17……	18.430	20.012	21.762	23.698	25.840	28.213	30.840	33.750	36.974	40.545	44.501
18……	19.615	21.412	23.414	25.645	28.132	30.906	33.999	37.450	41.301	45.599	50.396
19……	20.811	22.841	25.177	27.671	30.539	33.760	37.379	41.446	46.018	51.159	56.939
20……	22.019	24.297	26.870	29.778	33.066	36.786	40.995	45.762	51.160	57.275	64.203
25……	28.243	32.030	36.459	41.646	47.727	54.865	63.249	73.106	84.701	98.347	114.41
30……	34.785	40.588	47.575	56.085	66.439	79.058	94.461	113.28	136.31	164.49	199.02
40……	48.886	60.402	75.401	95.026	120.80	154.76	199.64	259.06	337.89	442.59	581.83
50……	64.463	84.579	112.80	152.67	209.35	290.34	406.53	573.77	815.08	1163.9	1668.8

系数表（$F/A, i, n$）

12	13	14	15	16	17	18	19	20	25	30
1.000	1.000	1.000	1.000	1.000	1.000	1.000	1.000	1.000	1.000	1.000
2.120	2.130	2.140	2.150	2.160	2.170	2.180	2.190	2.200	2.250	2.300
2.374	3.407	3.440	3.473	3.509	3.539	3.572	3.606	3.640	3.813	3.990
4.779	4.850	4.921	4.993	5.066	5.141	5.215	5.291	5.368	5.766	6.187
6.353	6.480	6.610	6.742	6.877	7.014	7.154	7.297	7.442	8.207	9.043
8.115	8.323	8.536	8.754	8.977	9.207	9.442	9.683	9.930	11.259	12.756
10.089	10.405	10.730	11.067	11.414	11.772	12.142	12.523	12.916	15.073	17.583
12.300	12.757	13.233	13.727	14.240	14.773	15.327	15.902	16.499	19.842	23.858
14.776	15.416	16.085	16.786	17.519	18.285	19.086	19.923	20.799	25.802	32.015
17.549	18.420	19.337	20.304	21.321	22.393	23.521	24.701	25.959	33.253	42.619
20.655	21.814	23.045	24.349	25.733	27.200	28.755	30.404	32.150	42.566	56.405
24.133	25.650	27.271	29.002	30.850	32.824	34.931	37.180	39.581	54.208	74.327
28.029	29.985	32.089	34.352	36.786	39.404	42.219	45.244	48.497	68.760	97.625
32.393	34.883	37.581	40.505	43.672	47.103	50.818	54.841	59.196	86.949	127.91
37.280	40.417	43.842	47.580	51.660	56.110	60.965	66.261	72.035	109.69	167.29
42.753	46.672	50.980	55.717	60.925	66.649	72.939	79.850	87.442	138.11	218.47
48.844	53.739	59.118	65.075	71.673	78.979	87.068	96.022	105.93	173.64	285.01
55.750	61.725	68.394	75.836	84.141	93.406	103.74	115.27	128.12	218.05	371.52
63.400	70.749	78.969	88.212	98.603	110.29	123.41	138.17	154.74	273.56	483.97
72.052	80.947	91.025	102.44	115.38	130.03	146.63	165.42	186.69	342.95	630.17
133.33	155.62	181.87	212.79	249.21	292.11	342.60	402.04	471.98	1054.8	2348.8
241033	293.20	356.79	434.75	530.31	647.44	790.95	966.7	1181.9	3227.2	8730.0
767.09	1013.7	1342.0	1779.1	2360.8	3034.5	4163.21	5519.8	7343.9	30089.	120393.
2400.0	3459.5	4994.5	7217.7	10436.	15090.	21813.	31515.	45497.	280256.	165976.

附录四　年金现值

n \ i（%）	1	2	3	4	5	6	7	8	9	10	11	12
1……	0.990	0.980	0.971	0.962	0.952	0.943	0.935	0.926	0.917	0.909	0.901	0.893
2……	1.970	1.942	1.913	1.886	1.859	1.833	1.808	1.783	1.759	1.736	1.713	1.690
3……	2.941	2.884	2.829	2.775	2.723	2.673	2.624	2.577	2.531	2.487	2.444	2.402
4……	3.902	3.808	3.717	3.630	3.546	3.465	3.387	3.312	3.240	3.170	3.102	3.037
5……	4.853	4.713	4.580	4.452	4.329	4.212	4.100	3.993	3.890	3.791	3.696	3.605
6……	5.795	5.61	5.417	5.242	5.076	4.917	4.767	4.623	4.486	4.355	4.231	4.111
7……	6.728	6.472	6.230	6.002	5.786	5.582	5.389	5.206	5.033	4.868	4.712	4.564
8……	7.652	7.325	7.020	6.733	6.463	6.210	5.971	5.747	5.535	5.335	5.146	4.968
9……	8.566	8.162	7.786	7.435	7.108	6.802	6.515	6.247	5.995	5.759	5.537	5.328
10……	9.471	8.983	8.530	8.111	7.722	7.360	7.024	6.710	6.418	6.145	5.889	5.650
11……	10.368	9.787	9.253	8.760	8.306	7.887	7.499	7.139	6.805	6.495	6.207	5.938
12……	11.255	10.575	9.954	9.385	8.863	8.384	7.943	7.536	7.161	6.814	6.492	6.194
13……	12.134	11.348	10.635	9.986	9.394	8.853	8.358	7.904	7.487	7.103	6.750	6.424
14……	13.004	12.106	11.296	10.563	9.899	9.295	8.745	8.244	7.786	7.367	6.982	6.628
15……	13.865	12.849	11.938	11.118	10.380	9.712	9.108	8.559	8.061	7.616	7.191	6.811
16……	14.718	13.578	12.561	11.652	10.838	10.106	9.447	8.851	8.313	7.824	7.379	6.974
17……	15.562	14.292	13.166	12.166	11.274	10.477	9.763	9.122	8.544	8.022	7.549	7.102
18……	16.398	14.992	13.754	12.659	11.690	10.828	10.059	9.372	8.756	8.201	7.702	7.250
19……	17.26	15.678	14.324	13.134	12.085	11.158	10.336	9.604	8.950	8.365	7.839	7.366
20……	18.046	16.351	14.877	13.290	12.462	11.470	10.594	9.818	9.129	8.514	7.963	7.469
25……	22.023	19.523	17.413	15.622	14.094	12.783	11.654	10.675	9.823	9.077	8.422	7.843
30……	25.808	22.396	19.600	17.292	15.372	13.765	12.409	11.258	10.274	9.427	8.694	8.055
40……	32.835	27.355	23.115	19.793	17.159	15.046	13.332	11.925	10.757	9.779	8.951	8.244
50……	39.196	31.424	25.730	21.482	18.256	15.762	13.801	12.233	10.962	9.915	9.042	8.304

系数表（$P/A, i, n$）

13	14	15	16	17	18	19	20	25	30	35	40	50
0.885	0.877	0.870	0.862	0.855	0.847	0.840	0.833	0.800	0.769	0.741	0.714	0.667
1.668	1.647	1.626	1.605	1.585	1.566	1.547	1.528	1.440	1.361	1.289	1.224	1.111
2.361	2.322	2.283	2.246	2.210	2.174	2.140	2.106	1.952	1.816	1.696	1.589	1.407
2.974	2.914	2.855	2.798	2.743	2.690	2.639	2.589	2.362	2.166	1.997	1.849	1.605
3.517	3.433	3.352	3.274	3.199	3.127	3.058	2.991	2.689	2.436	2.220	2.035	1.737
3.889	3.889	3.784	3.685	3.589	3.498	3.410	3.326	2.951	2.643	2.385	2.168	1.824
4.288	4.288	4.160	4.039	3.922	3.812	3.706	3.605	3.161	2.802	2.508	2.263	1.883
4.639	4.639	4.487	4.344	4.207	4.078	3.954	3.837	3.329	2.925	2.598	2.331	1.922
4.946	4.946	4.472	4.607	4.451	4.303	4.163	4.031	3.463	3.019	2.665	2.379	1.948
5.216	5.216	5.019	4.833	4.659	4.494	4.339	4.192	3.571	3.092	2.715	2.414	1.965
5.453	5.453	5.234	5.029	4.836	4.656	4.486	4.327	3.656	3.147	2.752	2.438	1.977
5.660	5.660	5.421	5.197	4.988	4.793	4.611	4.439	3.725	3.190	2.779	2.456	1.985
5.842	5.842	5.583	5.342	5.118	4.910	4.715	4.533	3.780	3.223	2.799	2.469	1.990
6.002	6.002	5.724	5.468	5.229	5.008	4.802	4.611	3.824	3.249	2.814	2.478	1.993
6.142	6.142	5.847	5.575	5.324	5.092	4.876	4.675	3.859	3.268	2.825	2.484	1.995
6.265	6.265	5.954	5.668	5.405	5.162	4.938	4.730	3.887	3.283	2.834	2.489	1.997
6.373	6.373	6.047	5.749	5.475	5.222	4.988	4.775	3.910	3.295	2.840	2.492	1.998
6.467	6.467	6.128	5.818	5.534	5.273	5.033	4.812	3.928	3.304	2.844	2.494	1.999
6.550	6.550	6.198	5.877	5.584	5.316	5.070	4.843	3.942	3.311	2.848	2.496	1.999
6.623	6.623	6.259	5.929	5.628	5.353	5.101	4.870	3.954	3.316	2.850	2.497	1.999
6.873	6.873	6.464	6.097	5.766	5.467	5.195	4.948	3.985	3.329	2.856	2.499	2.000
7.003	7.003	6.566	6.177	5.829	5.517	5.235	4.979	3.995	3.332	2.857	2.500	2.000
7.105	7.105	6.642	6.233	5.871	5.548	5.258	4.997	3.999	3.333	2.000	2.500	2.000
7.133	7.133	6.661	6.246	5.880	5.554	5.262	4.999	4.000	3.333	2.000	2.500	2.000